Abschied vom Gott der Theologen

Abschied vom Gott der Theologen

Zum Gedenken an Joseph Wittig (1879–1949)
– fünfzig Jahre nach seinem Tod

Dokumentationen

Herausgegeben von
Josef Hainz

Hainz, Josef (Hrsg.):
Abschied vom Gott der Theologen.
Zum Gedenken an Joseph Wittig (1879-1949). Dokumentationen.
Selbstverlag Eppenhain 2000

ISBN 3-00-007184-9

Druckvorlage durch den Herausgeber.
Druck durch Weihert-Druck GmbH Darmstadt.

Bildnachweis Einband: Nach einer verloren gegangenen Originalzeichnung von Herbert von Krumhaar im Besitz des Verlages Leopold Klotz, Gotha.

Inhalt

Inhalt	VII
Vorwort	10
Prof. Dr. Josef Hainz, Frankfurt	
I A	14
Akademische Feier anlässlich der Übernahme des Nachlasses von Joseph Wittig durch die Gemeinsame Bibliothek der Fachbereiche Evangelische und Katholische Theologie der Johann Wolfgang Goethe-Universität Frankfurt am Main	14
Begrüßung durch den Vorsitzenden des Beirats der Gemeinsamen Bibliothek der Fachbereiche Ev. und Kath. Theologie	15
Prof. Dr. Josef Hainz, Frankfurt	
Grußwort der Vertreterin des Bischofs Dr. Franz Kamphaus, Limburg, der Referentin für Schule und Hochschule	22
Dr. Magdalena Seeliger, Limburg	
Das Alter der Kirche **als Weggenosse**	25
Dr. Fritz Herrenbrück, Löffingen	
Erzählend dem eigenen Leben begegnen	
Zur autobiographischen Theologie Joseph Wittigs	27
Dr. Siegfried Kleymann, Münster	
„… von treuesten Hütern umgeben"	
Anmerkungen zur Editionsgeschichte des *Roman mit Gott*	34
Dr. Christian Löhr, Brandenburg	
„Sich einfach in die Arme Gottes schließen lassen"	62
Zur Naivität Joseph Wittigs	
Benno Haunhorst, Hildesheim	

I B 73

Nachträge zur akademischen Feier anlässlich der Übernahme des Nachlasses von Joseph Wittig 73

Aus den Geheimnissen des Lebens leben 74
Zu Joseph Wittigs 50. Todestag
Dr. Fritz Herrenbrück, Löffingen

„Wittig ist ein Prophet" 94
Eine frühe Begegnung mit Joseph Wittig
Prof. Dr. Michael Raske, Frankfurt

II 118

„Er existiert nicht – der Gott, den ihr euch vorstellt" Notwendige Erinnerungen an den verfemten Theologen Joseph Wittig 118

Lebensbegegnung mit Joseph Wittig 119
Prof. Dr. Dieter Nestle, Schopfheim

Lutherus redivivus? – 138
Joseph Wittig, die Evangelischen und einige Grund-Sätze der Reformation 138
Prof. Dr. Dieter Nestle, Schopfheim

„Der Mensch muss schreiben, was er erfahren hat"
Joseph Wittigs Abschied vom Gott der Theologen 154
Prof. Dr. Joachim Köhler, Tübingen

Joseph Wittig und die Zukunft der Kirche 177
Rudolf Kremers, Heidelberg

III A 195

Symposion „Beherztes Sprechen: *Die Kreatur*" 195

„Die Kreatur" - Eine Zeitschrift (1926–1930).
Konzepte, Realisation, Wirkung 196
Dr. Christoph Michel, Freiburg

„Martin Buber auf dem schmalen Grat schöpfungsgläubiger Humanität" 224
Martin Buber in und um die Zeitschrift „Die Kreatur"
Prof. Dr. Werner Licharz, Eschborn

„Und ich bin wie eine Kornähre im Hochsommer ..."
Joseph Wittig und „Die Kreatur" 242
Prof. Dr. Joachim Köhler, Tübingen

Leben im Zwischen – 268
Viktor von Weizsäcker und „Die Kreatur" – Grundtexte der Gestaltkreislehre
Rainer-M. E. Jacobi, Bonn

III B 292

Nachtrag zum Symposion 292

Joseph Wittig und seine jüdischen Freunde:
Martin Buber – Ernst Simon – Emanuel bin Gorion 293
Dr. Rudolf Hermeier, Dreieich

IV 332

Anhang 332

Biographische Daten zu Joseph Wittig 333
Prof. Dr. Dieter Nestle, Schopfheim

Das „Joseph Wittig-Archiv" (JWA) –
Ein erster Überblick 340
Nicole Rust, Frankfurt

Bibliographie zu Joseph Wittig 345
Prof. Dr. Dieter Nestle, Schopfheim

Literaturverzeichnis 347

Vorwort

Prof. Dr. Josef Hainz, Frankfurt

50 Jahre nach seinem Tod (+ 22. August 1949) übernahm die Gemeinsame Bibliothek der Fachbereiche Evangelische und Katholische Theologie der Johann Wolfgang Goethe-Universität Frankfurt am Main den Nachlass des Breslauer Kirchenhistorikers Joseph Wittig. Aus diesem Anlass fand am 8. Mai 1999 eine Akademische Feier statt, die im I. Teil dieses Sammelbands dokumentiert wird. Bei Gelegenheit dieser Feier wurden sämtliche Werke Joseph Wittigs und in Schaukästen seine wichtigsten Lebensstationen und Gesprächspartner vorgestellt.

Den Festvortrag verdanken wir Studiendirektor Benno Haunhorst, der über „Die Naivität Joseph Wittigs" sprach. Die verschiedenen Kurzbeiträge wurden zum Teil für den Druck bearbeitet.

Zwei Beiträge wurden nachträglich vorgelegt und in den Sammelband aufgenommen: Dr. Fritz Herrenbrück würdigt das Datum des 50. Todestags von Joseph Wittig, Prof. Dr. Michael Raske stellt das Prophetische im Wirken Wittigs dar in Auswertung des Tagebuchs eines betroffenen Zeitgenossen, Dr. Alfons Beil, zuletzt Pfarrer in Heidelberg.

Der Nachlass von Joseph Wittig wird seither durch Frau Nicole Rust aus Frankfurt bearbeitet; sie beschreibt im Anhang den Aufbau des „Joseph-Wittig-Archivs (JWA)".

Zusammen mit den schon 1994 übernommenen Nachlässen von Ernst Michel und Hans Trüb stellt das JWA eine wichtige Quelle für den „Reformkatholizismus" der 20er Jahre des 20. Jahrhunderts dar. Die Bibliothek und Professoren beider theologischen Fachbereiche sind lebhaft daran interessiert, die genannten Nachlässe nicht nur zu verwalten, sondern sie auch auszuwerten und fruchtbar zu machen.

Aus diesem Grund veranstalteten sie am 21./22. Januar 2000 im „Geistlichen Zentrum der Ursulinen" in Königstein/Taunus – in Zusammenarbeit mit der von Prof. Dr. Josef Hainz gegründeten und geleiteten „Bibelschule Königstein e.V." – ein erstes Symposion mit dem Titel: „Beherztes Sprechen".

Vorwort

Thema des Symposions war die Zeitschrift *Die Kreatur*. Sie wurde in den Jahren 1926–1930 von dem Juden Martin Buber, dem Katholiken Joseph Wittig und dem Protestanten Viktor von Weizsäcker als konfessionen-, ja religionenüberschreitende Dialogzeitschrift herausgegeben. Ernst Michel und Hans Trüb haben daran mitgearbeitet.

Die Beiträge zu diesem Symposion werden im III. Teil dieses Sammelbands abgedruckt. Sie wurden für die Drucklegung überarbeitet und teilweise neu gefasst.

Der Vortrag von Dr. Christoph Michel sollte einen allgemeinen Überblick geben; darum wurde es als öffentlicher Vortrag in der Aula des St. Angela-Gymnasiums gehalten. Die weiteren Referate waren Teile des Symposions, zu dem fast 50 TeilnehmerInnen gekommen waren. Das erste von Prof. Dr. Werner Licharz galt dem Initiator der Zeitschrift, Martin Buber. Prof. Dr. Joachim Köhler würdigte den Anteil Joseph Wittigs, und Rainer-M.E. Jacobi den Viktor von Weizsäckers.

Ermutigt durch den großen Zuspruch und das erfreuliche Echo ist für den März 2001 ein weiteres Symposion über „Joseph Wittig und der Reformkatholizismus der 20er Jahre" geplant.

Als wertvollen Nachtrag zu dieser Tagung haben wir den Beitrag von Dr. Rudolf Hermeier über Wittigs jüdische Freude aufgenommen. Dazu zählten – neben Martin Buber – Ernst Simon und Emanuel bin Gorion.

Zum Zeitpunkt der Planung und des Erscheinens der Zeitschrift *Die Kreatur* war Joseph Wittig bereits von der katholischen Kirche exkommuniziert worden. Er hatte 1922 im *Hochland* unter dem Titel *Die Erlösten* einen Beitrag veröffentlicht, der sich kritisch mit der damaligen Buß- und Beichtpraxis auseinander setzte. Weil dieser Beitrag das Missfallen einiger kirchlicher Leser erregt hatte, sah sich Kardinal Bertram von Breslau veranlasst, gegen den Artikel und seinen Verfasser einzuschreiten. Es ist das Verdienst Bubers und von Weizsäckers, erkannt zu haben, dass man Wittig ganz zu Unrecht verfolgte und schließlich auch noch exkommunizierte, weil er sich weigerte, seinen Treueeid zu erneuern, den er nie gebrochen zu haben sicher war. Die Mitherausgeber hielten an Wittig fest, weil sie ihn – trotz seiner Exkommunizierung – als „katholischen" Partner schätzten.

Als „notwendige Erinnerung an den verfemten Theologen Joseph Wittig" veranstaltete das Bildungswerk der Erzdiözese Freiburg am 22./ 23. Oktober 1999 in Heidelberg ein „Theologisches Wochenendseminar" unter dem Titel „Er existiert nicht – der Gott, den ihr euch vorstellt".

Wir sind dankbar, die bei dieser Veranstaltung gehaltenen Vorträge als Teil II in unseren Sammelband aufnehmen zu dürfen. Ihnen haben wir auch den Titel entnommen „Abschied vom Gott der Theologen", der anzeigen will, daß und wie sehr sich Joseph Wittigs theologisches Denken in neuen Bahnen bewegte und wie deutlich er unterschied zwischen der „Kirche des Klerus" und der „Kirche des Volks".

Alle drei Veranstaltungen, die wir in diesem Sammelband dokumentieren, verstanden sich als Hommage an Joseph Wittig – 50 Jahre nach seinem Tod. Sie wollen die Erinnerung an ihn lebendig halten und sein Andenken ehren.

Als Herausgeber möchte ich allen danken, die zur Herstellung dieses Gedenkbandes für Joseph Wittig beigetragen haben. Besonderen Dank schulde ich meinem früheren und meinem jetzigen Assistenten, Dr. Martin Schmidl und Alexander Bauer. Sie haben sich viel Arbeit gemacht mit der Bearbeitung und formalen Vereinheitlichung der sehr verschiedenartigen Beiträge. Unterstützt wurden sie von meinem Mitarbeiter Benjamin Metz und meiner Mitarbeiterin Isabel Dresch, die allerlei Kontrollarbeiten durchführten.

Herzlicher Dank gilt auch Frau Bianca Maria Prinz und Herrn Dr. Christoph Michel für die gemeinsamen Beratungen über die Gestaltung des Gedenkbandes.

Josef Hainz

I A

Akademische Feier anlässlich der Übernahme des Nachlasses von Joseph Wittig durch die Gemeinsame Bibliothek der Fachbereiche Evangelische und Katholische Theologie der Johann Wolfgang Goethe–Universität Frankfurt am Main

Samstag, 08. Mai 1999
Hausener Weg 120, Frankfurt am Main

Begrüßung
durch den Vorsitzenden des Beirats der Gemeinsamen Bibliothek der Fachbereiche Ev. und Kath. Theologie

Prof. Dr. Josef Hainz, Frankfurt

Verehrte Angehörige und Freunde von Joseph Wittig!

Als Vorsitzender des Beirats der „Gemeinsamen Bibliothek der Fachbereiche Evangelische und Katholische Theologie" an der Johann Wolfgang Goethe–Universität in Frankfurt am Main darf ich Sie herzlich begrüßen und Ihnen für Ihr Kommen danken.

Als wir im Februar 1994 den Nachlass von Ernst Michel und Hans Trüb übernahmen, deutete sich in Gesprächen schon an, dass dies nicht die einzigen Nachlässe bleiben würden. Kaum waren wir mit ihrer Bearbeitung fertig, wurde uns im vergangenen Jahr der Nachlass von Joseph Wittig angeboten.

Wir danken den Kindern von Joseph Wittig für dieses ehrenvolle Angebot. Der Bibliotheksbeirat und die beiden Fachbereichsräte stimmten der Übernahme ebenso einmütig wie freudig zu, und der Präsident der Universität, Prof. Dr. Werner Meißner, der leider heute verhindert ist, an dieser Feier teilzunehmen, stellte sogleich einen ersten Betrag für die Bearbeitung des Nachlasses zur Verfügung. Weitere Unterstützung dürfen wir vom „Kreis der Freunde und Förderer der Universität Frankfurt am Main" erwarten.

Der Nachlass wurde uns vor einem Monat, am 8. April 1999, in Soest von Joseph Wittigs Tochter Bianca Maria Prinz übergeben; er ist im 1. Stock – zusammen mit den Nachlässen Michel und Trüb – untergebracht, und Sie können gern nach dieser Akademischen Feier einen Blick darauf werfen. Dort werden künftig auch die beiden Großfotos von Joseph Wittig und seiner erst vor einem Jahr, fast hundertjährig, verstorbenen Frau Anca ihren Platz finden und die Erinnerung an sie wach halten.

Frau Prinz, die ich als erste ganz herzlich begrüßen möchte, hat ganz ausgezeichnete Vorarbeit geleistet, für die wir ihr herzlich danken: Sie

J. Wittig als Kaplan, 1907

hat den gesamten Nachlass von Vater und Mutter geordnet, sie hat vor allem bei den Manuskripten und Briefen dafür gesorgt, dass künftig ihre Datierung und die Identifizierung von Namen und Personen keine allzu großen Probleme mehr bereiten sollten. Die ca. 40 Bücher und Artikel von und die 14 über Joseph Wittig – die Sie hier zu meiner Rechten bzw. zu meiner Linken besichtigen können – stellen eine ziemlich komplette Sammlung dar; dasselbe gilt von den Manuskripten und Briefen; dem noch Fehlenden ist Frau Prinz nachdrücklich auf der Spur.

Mit ihr begrüße ich die beiden Söhne Joseph Wittigs samt ihren Familien, Dr. Johannes Raphael Wittig aus Mainz und Prof. Dr. Christoph Michael Wittig aus Reinheim. Zusammen mit den von ihnen benannten Kindern, die unsere künftigen Partner sein sollen, werden wir heute den Übernahme-Vertrag unterzeichnen.

In den Schaukästen haben wir versucht, Ihnen allen, die Sie heute zu uns gekommen sind und die Sie Joseph Wittig entweder gekannt oder von ihm gehört haben oder heute etwas hören möchten, einen Überblick über sein Leben zu verschaffen.

Da sind Bilder seiner Heimat zu sehen, der Grafschaft Glatz in Schlesien, seines Geburtshauses, seines von ihm selbst erbauten Wohnhauses in Neusorge – das als Museum „Wittighaus" wieder instand gesetzt wurde –, Portraits von Joseph Wittig von seiner Studenten- und Kaplanszeit, seiner Zeit als Breslauer Professor bis in die letzten Jahre vor seinem Tod, Bilder seiner besten Freunde und der wichtigsten Verle-

J. Wittig vor dem Elternhaus in Neusorge 1919/20

Erstkommunion von Bianca Maria 1941

ger, mit denen er zusammenarbeitete, und nicht zuletzt Bilder mit seiner Frau Anca und ein sehr bewegendes Bild von der Erstkommunion seiner Tochter Bianca Maria von 1941.

Man ahnt, was in dem Priester Joseph Wittig vorging, der zu dieser Zeit schon 15 Jahre exkommuniziert war und doch nie mit seiner Kirche gebrochen hat, die ihn – aus heutiger Sicht – so gnadenlos behandelte.

Unter den Exponaten finden Sie auch eine kleine Auswahl seiner Briefe, u. a. zwei an seinen Freund Martin Buber und seinen letzten Brief an Pfarrer Werner Keuk, in dem Wittigs Ringen um Veröffentlichung oder Nicht-Veröffentlichung des *Romans mit Gott* deutlich wird.

Nicht wenige, die heute gerne unter uns wären, sind durch andere Termine und Verpflichtungen gehindert. Ich will sie nicht alle aufzählen, so wenig ich alle Anwesenden einzeln willkommen heißen kann; aber das Fehlen meines Kollegen Prof. Raske bedauere ich doch sehr. Er erzählte mir von seinem Pfarrer, Dr. Alfons Beil in Heidelberg, dessen Kaplan er war und der seinerzeit in Rom studierte, als das Erscheinen des Artikels *Die Erlösten* jene Turbulenzen auslöste, von denen die Redner des heutigen Tages sicher noch ein plastischeres Bild entwerfen werden und die zur Indizierung einiger Werke Joseph Wittigs und schließlich zu seiner Exkommunizierung führten. In seinem Tagebuch hielt Dr. Beil seine damaligen Gedanken und Eindrücke fest, die Ihnen Kollege Raske heute gerne mitgeteilt hätte und die er demnächst veröffentlichen wird.[1] Sie laufen darauf hinaus, dass Joseph Wittig den jungen Studenten in Rom als ein „prophetischer Reformer" erschien, dessen Anliegen weit vorausgriffen und von den Vertretern des neuscholastischen Systemkatholizismus von damals einfach nicht verstanden werden konnten.

Das genau ist es, was uns so glücklich macht, nach den Nachlässen von Ernst Michel und Hans Trüb, jetzt auch den Nachlass eines weiteren „Reformkatholiken" der zwanziger Jahre betreuen zu dürfen. Auf diese Weise wird ja nicht nur ihr Andenken geehrt und wachgehalten; es geschieht auch ein Stück Wiedergutmachung. Zwar hat die Kirche 1946 die Exkommunikation Joseph Wittigs aufgehoben, aber – wie im Falle Ernst Michel – erfolgte keine wirkliche Rehabilitation. Unsere heutige Versammlung ist zwar nicht das Forum für eine solche wirkliche Rehabilitation, möchte aber doch als Teil einer wirksamen Wiedergutmachung verstanden werden. Daher begrüße ich ganz besonders herzlich Frau Dr. Magdalena Seeliger, die Referentin des Bischofs für Schule und Hochschule, die heute ein Grußwort des Bischofs überbringen wird.

---

1 Der Beitrag von Prof. Raske wird als Anhang zu dieser Übernahmefeier dokumentiert.

Freuen dürfen wir uns sodann auf 3 Kurzbeiträge zu wichtigen Stationen und Aspekten des Lebens und Schaffens von Joseph Wittig:

Pfarrer Dr. Fritz Herrenbrück aus Löffingen spricht über das neu herausgegebene Werk *Das Alter der Kirche* als Weggenosse.

Vikar Siegfried Kleymann aus Münster unternimmt eine Deutung von „Theologie als Lebensgeschichte – Lebensgeschichte als Theologie".

Und Pfarrer Dr. Christian Löhr aus Brandenburg spricht unter dem Titel: „ ... von treuesten Hütern umgeben" über die Edition des nachgelassenen Werkes *Roman mit Gott*.

Dankbar begrüße ich sodann Herrn Studiendirektor Benno Haunhorst aus Hildesheim, den wir gewinnen konnten, den Festvortrag unserer Akademischen Feier zu halten.

Er wird nicht wenigen von Ihnen bekannt sein als intimer Kenner des Werkes von Joseph Wittig. Er gab seinem Vortrag den Titel: „Sich einfach in die Arme Gottes schließen lassen. Zur Naivität Joseph Wittigs".

Ihnen, Herr Haunhorst, und den Herren Dr. Hellbrück, Kleymann und Dr. Löhr, sage ich ein besonders herzliches Willkommen und danke Ihnen für die Bereitschaft, uns das Vermächtnis Joseph Wittigs zu erschließen und seine Person vor uns lebendig werden zu lassen.

Ich selbst habe von Joseph Wittig erstmals gehört durch meinen Münchner Lehrer, den Breslauer Neutestamentler Otto Kuss. In seinen Lebenserinnerungen mit dem Titel *Dankbarer Abschied*, München 1982, kann man es auf Seite 13 nachlesen, wo er über die katholisch-theologische Fakultät von Breslau zur Zeit seines Studiums schreibt:

„Lebhaft ist meine Erinnerung an Joseph Wittig, der Alte Kirchengeschichte und Patrologie las; er war im Grunde ein Dichter, und so interpretierte er auch die ‚Väter': sein Vortrag war keineswegs flüssig, aber unter den zuweilen stockenden, mit vielen, auch reichlich subjektiven Urteilen versetzten Darlegungen lebte die alte Zeit auf, wurden die ehrwürdigen Gestalten des frühen Christentums unmittelbar lebendig.

Er konnte freilich auch sehr boshaft werden, und der umfassende kirchlich-religiöse Konflikt, Glauben und Leben betreffend, der ihn damals beschäftigte, ließ auch uns junge Anfänger nicht völlig ungeschoren: mit dem Herzen waren wir natürlich auf seiner Seite, auch wenn uns vieles schwer begreiflich blieb, aber zuletzt siegten Herkommen und kirchliche Disziplin."

J. Wittig im Seminar der Theologischen Fakultät Breslau, 1924

Schwer begreiflich blieb damals in der Tat viel. So bemerkt Otto Kuss, wenn er nach Wittig über seinen Lehrer Friedrich Wilhelm Maier schreibt, dessen Synoptikerkommentar von 1910–1912 aufgrund römischen Eingreifens nicht gedruckt werden durfte: „Heute versteht kein vernünftiger Mensch, was alles damals den Zensurbehörden so anstößig und verabscheuenswert schien." Und was er von Maier schreibt, gilt auch für Wittig: „Die bedrückende Erfahrung einer unsinnigen kirchlichen Verurteilung, die ungerechte Zerstörung großer Hoffnungen mitten im Frühling berechtigter Erwartungen – dieses Trauma ist er nie wieder losgeworden." „Die schwere und rachsüchtige Repression durch den damals geltenden Orthodoxie-Trend ließ es, wollte man ‚kirchlich überleben', ratsam erscheinen, vieles ‚zwischen den Zeilen' unterzubringen."

Aber auch das hatten die beiden Breslauer gemeinsam: Sie konnten und wollten das nicht, sondern sie suchten ihren Hörern und Schülern „etwas von dem mitzugeben, was nach ihrer Überzeugung redliche wissenschaftliche Arbeit, unabhängige, zuerst und vor allem dem eigenen Gewissen verpflichtete Erkenntnis war und zu sein hatte; dabei blieb ihre mitunter leidenschaftliche Kritik an der konkreten Kirche doch immer wieder mit einer Art verzweifelter ‚Dennoch-Liebe' verbunden" – vermutlich ein Stück jener Naivität, von der Herr Haunhorst im Untertitel seines Vortrags zu sprechen ankündigt.

Lassen Sie mich zum Abschluss meiner Begrüßung nun doch noch einige wenige mit Namen nennen: Aus der Familie Michel begrüße ich speziell Dr. Christoph Michel, der die Verbindungen herstellte zur Familie Wittig und zu Herrn Haunhorst und der am Ende unserer Feier einen Text von Joseph Wittig aus der Zeitschrift *Die Kreatur* lesen wird, sowie seinen aus der Schweiz angereisten Halbbruder Thomas Michel. Ebenfalls aus der Schweiz angereist ist Dr. Georg Trüb. Durch Ihre Anwesenheit und die der Angehörigen der Familie Michel wird deutlich, welch enge Verbindung zwischen den 3 Nachlässen besteht, die unsere Fachbereichsbibliothek betreut.

Ihre Leiterin, Frau Kexel, sowie deren Mitarbeiterinnen, Frau Herber und Frau Müller-Scheuring, begrüße ich ebenso herzlich wie Frau Engelhardt, die zwischenzeitlich Herrn Ochs abgelöst hat bei der Bearbeitung der Nachlässe. Einen dankbaren Gruß entbiete ich ferner Herrn Dr. Rudolf Hermeier. Er ist vielen von Ihnen bekannt als Mitwirker bei der Herausgabe eines Briefbandes mit dem Titel *Kraft in der Schwachheit* mit Briefen von Joseph Wittig; er wohnt in Dreieich nahe Frankfurt und hat sich freundlicherweise bereit erklärt, uns bei der Bearbeitung des Wittig-Nachlasses behilflich zu sein.

Dank schulden wir auch den beiden Musikern, Frau Bodenseh und Herrn Zimmer, die unserer heutigen Akademischen Feier einen würdigen musikalischen Rahmen verleihen.

Sollten Sie zwischenzeitlich Hunger verspüren, kann ich Sie vielleicht trösten, indem ich Ihnen am Ende der Feier ein leckeres Mittagsbüfett in Aussicht stelle, das uns Martin Michel vom Cafe im Frankfurter Filmmuseum zusammengestellt hat.

Nun darf ich zunächst Frau Dr. Seeliger um ihr Grußwort und dann die drei Herren um Ihre Kurzbeiträge bitten.

Grußwort der Vertreterin des Bischofs Dr. Franz Kamphaus, Limburg, der Referentin für Schule und Hochschule

Dr. Magdalena Seeliger, Limburg

Sehr geehrte Frau Prinz,
sehr geehrter Herr Dekan Schreijäck,
sehr geehrter Herr Professor Hainz, sehr geehrte Damen und Herren,

als ich Ihre freundliche Einladung zur heutigen Feierstunde erhielt, Herr Professor Hainz, war ich über den Zeitpunkt der Veranstaltung enttäuscht, weil ich wusste, dass ich nicht würde teilnehmen können, weil heute zeitgleich die wichtige Sitzung des Diözesansynodalrates ist, in der Herr Bischof Kamphaus sich zu der neuen Dezernatsstruktur im Rahmen der Reorganisation des Bischöflichen Ordinariats in Limburg äußern will. Eine so wichtige Weichenstellung im Entwicklungsprozess der Bischöflichen Behörde verlangt die Anwesenheit der Ressortchefs. Das war mir klar. Ich bedauerte die Terminüberschneidung umso mehr, als ich vor Jahren in Siegen bei Prof. Werbick noch die Gelegenheit hatte, Frau Anca Wittig persönlich kennenzulernen.

Nun bin ich aber doch hier, und zwar, weil mich Bischof Kamphaus gebeten hat, als seine Vertreterin an dieser Feierstunde teilzunehmen.

Joseph Wittig war nicht irgendein Theologe. Seinen Nachlass zu erhalten ist eine Ehre und eine Verpflichtung. Joseph Wittig, so möchte man meinen, ist jünger gewesen in seinem theologischen Denken als die meisten seiner theologischen Generation. Er nahm vieles von dem voraus, was wir gewöhnt sind, als Errungenschaft des *aggiornamento* des II. Vatikanischen Konzils zu betrachten. Das war sein Verdienst und sein persönliches Verhängnis.

Eine Parallele möchte ich besonders herausstellen:

Die Vorbereitung des Aufbruchs des II. Vatikanischen Konzils geschah durch intensive patristische Forschung, durch verstärkte Konzentration auf Gegenstände der Alten Kirchengeschichte. Joseph Wittigs

Fachrichtung war die alte Kirchengeschichte, die Patrologie. Er betreute unter anderem *das* Lehrbuch der Patrologie *Grundriß der Patrologie mit besonderer Berücksichtigung des Lehrgehalts der Väterschriften* von der 6. bis zur 9. Auflage, den späteren *Altaner*, den wir alle kennen. Für Joseph Wittig blieb Geschichte nicht bloß Geschichte. Er bemühte sich vermittels seiner eminenten literarischen Begabung, das Allerneueste mit dem Erforschten in kühner Zusammenschau zu verbinden. Gegenwart und frühes Christentum sollten in Korrespondenz gebracht werden, daraus sollten Anstöße für ein gläubiges Leben erwachsen. Das spürte er, das wollte er, das machte ihn zum theologischen Bestseller, zum begehrten Redner und Seelsorger – vor allem auch der Jugend seiner Zeit. Er konnte das mit Eugen Rosenstock zusammen 1927 verfasste und herausgegebene dreibändige Werk zur Kirchengeschichte *Das Alter der Kirche* wie folgt beginnen lassen: „In einem der vielen deutschnationalen Zirkel und Konventikel, die in den letzten Jahren dem großen Juden und großen Franzosen Gambetta die Geste der Revanche abzulauschen trachten, endete der Vorsitzende eine Aussprache, indem er geheimnisvoll die Augen schloss und wie ein blinder Seher sagte: ‚So lass uns bereit sein, bis dann zur rechten Zeit der kommt, ohne den alle Vorbereitung nichts nutzt, der große Führer.' Der Ruf nach dem Führer, nach dem großen Mann, dem Diktator oder Helden durchzittert das nationalgesinnte Volk." (5) Wie aktuell eine solche Passage damals war, spüren wir heute noch unmittelbar. Und einige Seiten weiter heißt es: „Die unangemessene Verehrung verdirbt beide, Volk und Führer, wenn nicht zuerst, so doch im dritten und vierten Glied. Den Machthaber verblendet sie, das Volk entnervt sie" ... und „aus Volk wird Herde, aus Menschen Masse ... und die Puppe des Monarchen." (9). Und noch einige Seiten weiter heißt es: „Nun, der erfolgreichste Mensch auf Erden ist Jesus; er hat ein Organ der Weite geschaffen, das nun 1900 Jahre währt. Damit scheint der politischen Forderung nach einer wirksamen Leistung Genüge getan. Aber gerade hier trennt sich die Leistung der Kirche von den gewöhnlichen Erfolgen. Jesus' Erfolg ist zweideutig. Ist er wirklich erfolgreich gewesen?" (14). Das ist kühn, das spüren wir heute noch unmittelbar. Diese Verknüpfung hat etwas Faszinierendes.

Die Kirche verkannte damals sein Vermittlungsgenie, strafte ihn hart für seine prophetische Kraft. Wer das unglückliche Lavieren und Taktieren von dem für Wittig damals schon zuständigen Kardinal Bertram von Breslau während der Nazi–Zeit verfolgt hat, erkennt klar, dieser

Bischof war nicht der Mann, Joseph Wittig angemessen zu würdigen. 1925 kamen seine Werke auf den Index. 1926 wurde er, der durch und durch fromme Katholik, exkommuniziert. Eine Tragik, die sich durch sein folgendes Leben zieht. Erst 1946, kurz bevor er, krank schon, aus Schlesien fliehen musste, gelang die Aufhebung der Exkommunikation auf Vermittlung des polnischen Primas Kardinal Hlond hin. Am 9. März 1946 empfingen die Wittigs die Heilige Kommunion.

Das war die späte, aber voll gültige kirchliche Rehabilitation von Joseph Wittig.

Nur drei Wochen später musste er mit seiner Familie die schlesische Heimat verlassen. Die Veröffentlichung der kirchlichen Rehabilitation konnte ihn kaum erreichen im Forsthaus Göhrde in der Lüneburger Heide. Am Tage vor dem Umzug nach Meschede, am 22.8.1949, starb er in der Fremde.

Der Nachlass dieses Mannes ist nun hier in der Gemeinsamen Bibliothek der Fachbereiche Evangelische und Katholische Theologie in Frankfurt. Ich hoffe, dass nun intensiv mit dem Nachlass gearbeitet wird. Ich hoffe auch, dass viele Studierende eigene Erfahrungen mit dem Theologen und Schriftsteller Joseph Wittig machen, mit diesem großen Vertreter des *aggiornamento*.

Das Alter der Kirche als Weggenosse

Dr. Fritz Herrenbrück, Löffingen

Sehr verehrte Angehörige der Familie Wittig, sehr geehrte Festgäste!

Von einem Werk soll die Rede sein, dessen letzter, fünfter Teil Anfang 1928 erschien und den einer der beiden Verfasser schon am Ende desselben Jahres in seinen Aussagen zur Una Sancta als *überholt* ansah: Eugen Rosenstock – Joseph Wittig, *Das Alter der Kirche*, Bd. I–III, Berlin 1927/1928. Was bewog die Herausgeber, dieses Werk trotzdem neu herauszugeben? Hören Sie auf das Gutachten vom 4. Oktober 1995 von Herrn Dr. Thomas Witt, Berlin[1]:

„Das vorliegende Werk ist in einer so schönen und edlen Sprache abgefaßt, daß Vertreter und Angehörige der historischen Zunft bei seiner Lektüre sich versucht sehen können, es mehr als Poesie denn als ein Produkt strenger Wissenschaft zu betrachten.

Die Verkennung des Tiefgangs des Inhalts des drei-bändigen Werkes ist freilich auch aus einem anderen Grunde möglich. Die Darlegungen Rosenstocks und Wittigs stehen in einer Tradition heilsgeschichtlichen Denkens, die heute Seltenheitswert genießt. In der Historiographie der christlichen Spätantike, des lateinischen Mittelalters und im Symbolismus des Hochmittelalters hat diese Tradition ihren Ursprung. Die Verfasser der Geschichtswerke dieser Zeit überwölbten die Erzählung ihres jeweiligen Themas mit der Erschaffung Adams und Evas am Beginn ihrer Werke und ließen diese mit der Schilderung der Ereignisse des Jüngsten Tages schließen. Berühmtestes Beispiel: die Chronik des Bischofs Otto von Freising aus dem 12. Jahrhundert, um deren Erforschung sich u. a. besonders Johannes Spoerl verdient gemacht hat.[2]

Rosenstock und Wittig unterlegen dieses Schema einer Sehweise, die mit dem In-die-Welt Kommen Jesu Christi beginnt und mit einem Ausblick in das dritte Jahrtausend endet.

---

1 Vgl. Mitteilungsblätter der Eugen-Rosenstock-Huessy-Gesellschaft e.V., Jahrgänge 1996–1999, 73.

Der geistige Tiefgang des Werkes hat einen derartigen Rang, daß noch mehrere Generationen damit beschäftigt sein werden, seine Irrtümer zu erkennen und auszumerzen! Wo Könige bauen, haben Kärrner zu tun! Auf einige, nicht zu völliger Klarheit gelangte Punkte hat Paul Tillich bald nach Erscheinen des Werks schon 1928 hingewiesen[3].

Für die Identitätsdiskussion, die in Deutschland seit den achtziger Jahren wieder in Gang gekommen ist, findet sich Seite 783 ein besonders wichtiger Gedanke: die Verfasser vertreten dort die These, daß für kein Land der Erde der Krieg derartig problematisch geworden ist wie für Deutschland seit dem Zusammenbruch der Hohenzollernmonarchie. Und das schon 1928, also vor den Katastrophen des zweiten Weltkrieges!

Die visionäre Kraft des Werkes lässt eine Neuauflage in unserer an Visionen so armen Zeit aus theologischen, geschichtswissenschaftlichen und volkspädagogischen Gründen als dringend geraten erscheinen!"

Ich danke Ihnen für Ihre Aufmerksamkeit!

---

2 Johannes Spoerl, Grundformen hochmittelalterlicher Geschichtsschreibung, München 1934, 32–50.
3 Paul Tillich, Das Alter der Kirche, in: Sämtliche Werke, Bd. 12, Stuttgart 1971, 248–250.

Erzählend dem eigenen Leben begegnen
Zur autobiographischen Theologie Joseph Wittigs

Dr. Siegfried Kleymann, Münster

1. Vielfältige Zuschreibungen – Joseph Wittig im Spiegel der Rezeptionsgeschichte

„Wer ist Joseph Wittig?" Mit biographischem Datenmaterial allein ist diese Frage nicht zu beantworten. Was ein Mensch ist, spiegelt sich in der Fülle der Selbstentwürfe und Außenwahrnehmungen wider, also in einer Vielfalt von Lebensgeschichten, in denen diese Person zur Sprache kommt. Das gilt für jede Biographie; es wird in besonderer Weise an der Gestalt Joseph Wittigs greifbar. So möchte ich Sie zunächst einladen zu einem kleinen Streifzug durch die Zuschreibungen, mit denen Zeitgenossen und Nachfahren sich der

J. Wittig am Gartenzaun, Neusorge 1931

Person Joseph Wittig nähern.[1]

Den einen gilt er als einer der „tiefsten und innigsten Theologen und Erzähler unserer Zeit", ein „innerlich reicher Mensch, der phrasenlos und doch aus der Fülle des Herzens zu anderen Menschen" spricht. Für andere ist er der „Führer zu neuer Religiosität, erstrebter Frömmigkeit, ja zu neubelebtem Christentum überhaupt". Wieder anderen erscheint er als der „Christophorus des 20. Jahrhunderts", der „das Christentum durch die wilden Fluten der Zeit an das jenseitige Ufer eines neu erblühenden Glaubens trägt" und der schließlich zum Opfer einer Kirche wird, die „eine in ihrem eigenen Grunde wurzelnde Menschenseele rücksichtslos zertritt".

So vielseitig wie die positive Wertung sind die negativen Kennzeichnungen: Wittig gilt als einseitig und „frauenzart"; er erscheint „theologisch nicht sehr imponierend" und „ohne den Schwung der großen Kunst". Man argwöhnt, er sei ein *Luther redivivus* und trage dazu bei, daß „der modernen menschlichen Schlappheit unmögliche Konzessionen" gemacht und „die Majestät Gottes in die Gemütlichkeit eines Biedermeierpapas" umgewandelt würden? Ihm müsse entschieden widersprochen werden, weil er mißverständlich und irreführend rede und außerdem versehen sei mit dem immensen „Sendungsbewußtsein, daß er dem Volke die volle Wahrheit wieder zu geben habe".

An Joseph Wittig scheiden sich die Geister. Die Vielfalt unterschiedlicher Einschätzungen, die zu seiner Person und seiner Theologie geäußert werden, wird im Laufe seines Lebens – nach seinem Ausschluß aus der katholischen Kirche 1926, nach seiner Rückkehr in seine Glatzer Heimat und seiner Familiengründung, nach seiner Rekonziliation und der Vertreibung aus der Grafschaft Glatz 1946 sowie dann nach seinem Tod im Jahr 1949 – nicht geringer. Er wird gefeiert als „Apostel des Friedens und allumfassender Liebe" und gilt als inspirierender, „prophetischer" Theologe und Wegbereiter der Ökumene. Wird er einerseits beschrieben als einer der „großen Gottsucher aus dem an die Polen verlorenen Lande Schlesien", so wird er für andere zum Botschafter deutsch-polnischer Verständigung. Auch die literarische Qua-

---

[1] Eine ausführliche Darstellung, die mit dem Verzeichnis der zitierten Stellen versehen ist, findet sich in meiner inzwischen erschienenen Dissertation: Siegfried Kleymann, „ ... und lerne, von dir selbst im Glauben zu reden." Die autobiographische Theologie Joseph Wittigs (1879–1949), Würzburg 2000, 39–75.

lität seiner Schriften bleibt umstritten: Ist Wittig Dichter oder Theologe? Hat er „volkstümlich, vordergründig und unverbindlich" und mit einer „ichbezogenen Glaubensnaivität" Erbauungsliteratur geschrieben oder begann er eine „Revolution theologischer Konventionen" in einer „Christologie von unten"? Kann er als Harmoniebedürftiger gelten oder ist er „Unruhestifter der Herzen" und „Aufwiegler der schläfrigen Gewissen"? Ist er „fünfzig Jahre zu früh" gekommen und wäre heute nicht mehr exkommuniziert worden oder würde sich an diesem „Märtyrer amtskirchlichen Übermutes" auch in der Gegenwart „jeder kirchliche Bürokrat verschlucken"? Ist Wittig ein „vergessener Theologe", ein narrativer Theologe, der Vertreter einer „mystagogischen Theologie", als „Modernist" ein Opfer der antimodernistischen Angst katholischer Theologie?

Wer ist Joseph Wittig? „Es gibt wenige Menschen in Deutschland, die so ganz eingesponnen sind in ein Netz von verschiedenen Meinungen, wie er" – bemerkt 1929 ein Gratulant zu Wittigs 50. Geburtstag. Die Stichproben, die ich Ihnen aus der Vielfalt von Zuschreibungen zitiert habe, verdanken sich zum Teil dem Schatz an Fundstücken, die heute der Universität Frankfurt im „Wittig-Archiv" übergeben werden. Die zitierten Texte sind keineswegs erschöpfend. Eine detailliertere Geschichte der Wittig-Rezeption zu schreiben, ist eine der Forschungsaufgaben, die aus diesem Archiv erwachsen kann. Der Fundus an Briefen und Tagebuchnotizen, Rundfunkbeiträgen und wissenschaftlichen Abhandlungen, Rezensionen und Würdigungen bietet hierzu eine umfassende Materialsammlung, mit deren Hilfe sich ein aufschlußreiches Spiegelbild einer theologischen Lebensgeschichte im 20. Jahrhundert rekonstruieren läßt.

2. Das Bild Joseph Wittigs – geprägt durch die Erinnerungsarbeit Anca Wittigs

Das Werk Joseph Wittigs ist für uns nicht zu trennen von der unermüdlichen Vermittlerin Anca Wittig (1899–1998) und ihrer „Erinnerungsarbeit". Mit nachdrücklicher Entschiedenheit knüpfte sie Kontakte zu verschiedensten Persönlichkeiten. Die Korrespondenz reicht von Ernst Simon, Hans Ehrenberg oder Viktor von Weizsäcker – als Zeitgenossen Joseph Wittigs – hin zu „Nachgeborenen". Die Theologen Walbert Bühlmann, Eugen Drewermann, Medard Kehl, Joachim Köhler, Aloizy Marcol, Thomas Ruster und Jürgen Werbick standen in per-

Anca Wittig, 1985

sönlichem oder brieflichen Kontakt mit Anca Wittig. Mittels der Briefe, die im heute offiziell übergebenen „Wittig-Nachlaß" erhalten sind, wird sich die kirchengeschichtliche Rolle Anca Wittigs neu erschließen und dokumentieren lassen. Es wird sich meines Erachtens zeigen lassen: Der Blick auf Joseph Wittig ist vielfach geprägt durch die liebevolle, kontinuierliche – wohl auch: hartnäckige – Erinnerungsarbeit seiner Frau. Daß ihr Bildnis bei dieser Feierstunde neben das Porträt ihres Mannes gestellt ist, erscheint mir als zutreffende und angemessene Würdigung.

3. Autobiographische Theologie

Wenn es ein „Netz von verschiedenen Meinungen" über Joseph Wittig gibt, so hängt das auch damit zusammen, daß Wittig selbst seine Lebensgeschichte zum Thema der Theologie gemacht hat. Er selbst geht der Frage „Wer ist Joseph Wittig?" immer wieder nach und kommt dabei zu bisweilen widersprüchlichen Antworten. Mit einer vergleichenden Rückversicherung eröffnet Wittig bereits seinen ersten Band mit Erzählungen: „Schon frühzeitig hätte ich gern gewußt, ob ich mehr nach meiner Mutter oder mehr nach meinem Vater gewesen sei."[2]

---

2 Joseph Wittig, Herrgottswissen von Wegrain und Straße. Geschichten von Webern, Zimmerleuten und Dorfjungen, Freiburg 1922, 2.

Nach den Horizonten des eigenen, persönlichen Daseins zu fragen, ist der Ausgangspunkt, von dem aus Wittig über das „Mysterium der menschlichen Handlungen" nachdenkt. Angesichts der Verunsicherung des Weltkrieges hatte er 1917 formuliert: „Nun aber geht uns das eigene Geschick, die eigene Zukunft unserer Seele verständlicherweise viel näher als irgendwelche Zukunftshoffnungen des Staates und der Kirche. Wie sollen wir diese Zeit überstehen, wie sollen wir die Schmerzen tragen, die uns die Seele zerschneiden, wie sollen wir teilnehmen an dem, was noch alles kommen wird."[3]

Damit ist die pastorale Ausrichtung, die Wittigs Schriften zugemessen wird, um eine wesentliche Dimension zu erweitern: „Ich wollte im Grund nur wissen, was mit mir selber sei."[4] Mit diesem Ansinnen rückt er neben die Anderen, um deren Heil es auch geht, den seiner selbst unsicher gewordenen, erlösungsbedürftigen Joseph Wittig in den Blickpunkt seines Erzählens: „Ich muß doch wissen, wie es mit meinem Leben steht."[5] Die Fragwürdigkeit des eigenen Daseins bleibt – bei aller Polemik gegen eine falsche Vergottung des menschlichen Ich[6] – ein entscheidender Impuls für das erinnernde Erzählen und lebensrettende Schreiben Joseph Wittigs. Schreibend wird er zu einem Erzähler, der im Glauben an die Wirkmacht Gottes in der eigenen Lebensgeschichte eine verklärende Veränderung dieser Geschichte erfährt. An diesem Prozeß literarischer Lebenssuche werden andere Menschen beteiligt. Er habe viel von den „Fußspuren des lebendigen Gottes" in seinem Leben erzählt, bemerkt Wittig; er habe von der „Lichterprozession", die sich durch sein Leben zog, manches „Lichtlein keck ergriffen" und in seine Bücher hineingesetzt, „so daß diese leuchteten wie Christbäume zur Weihnachtszeit oder wie Lichterringe auf den Geburtstagstischen"[7].

Ausdrücklich werden die Erlebnisse der eigenen Lebensgeschichte thematisiert in den drei großen autobiographischen Büchern Wittigs. Im

---

3 Johannes Strangfeld (Pseudonym für J. W.), Vom Reiche Gottes, in: Heliand 8 (1917) 236–241, 238.
4 Joseph Wittig, Aussichten und Wege, Heilbronn 1930, 29.
5 Joseph Wittig, Das Mysterium der menschlichen Handlungen und Geschehnisse, in: Heliand 10 (1919/20) 161–186. 184.
6 Vgl. a.a.O. 183.
7 Joseph Wittig, Fußspuren des lebendigen Gottes, in: Pastoralblatt 73 (1931/32) 7–17, 8.

Leben Jesu-Buch[8] wird die Vita Wittigs von der Geburt bis zur Priesterweihe erzählt und in die Lebensgeschichte Jesu hineinbuchstabiert. Das Buch *Höregott*[9] setzt den Schwerpunkt auf die Zeit nach der Priesterweihe bis zu Geburt und Tod des Sohnes Höregott. Der *Roman mit Gott*[10] beschränkt sich nicht auf eine fest umrissene Zeit, setzt aber faktisch den Schwerpunkt bei den Ereignissen der 40er Jahre. In allen drei Büchern geht es Wittig darum, sein Leben im Horizont seines Glaubens verstehen zu können und verstehbar zu machen. Jeweils mit dem „roten Faden" eines theologischen Themas wird ein hermeneutischer Horizont für das eigene Leben gesucht und vorgestellt: die Gegenwart Jesu im Leben des Joseph Wittig (im *Leben Jesu*), das Leben Wittigs in der Spannung von Geist und Glauben (im *Höregott*) und das Leben Wittigs inmitten der Alternative von Gott und Vater (im *Roman mit Gott*). Die Frage nach sich selbst und die Frage nach Gott lassen sich für ihn nicht auseinanderdividieren; Selbstvergewisserung – oder Selbstdarstellung – und Glaubenszeugnis gehören notwendig zusammen und bilden *eine* Wirklichkeit. Diese Verwobenheit gilt neben den drei genannten Werken auch für eine große Zahl von kürzeren autobiographischen Texten oder den biographischen Momentaufnahmen, in denen Wittig – wie in den Briefen oder in der Haus-Chronik – sein Leben zur Sprache bringt.

Wertet man dieses vielfältige Ineinanderbuchstabieren von Lebensgeschichte und biblischer Botschaft als „autobiographische Theologie", stellt sich damit die Frage nach den Kontexten, in denen diese Theologie steht. Autobiographien sind Sprachhandlungen. Ob eine Person etwas behauptet, fragt oder verspricht, ob sie sich bekennend, erzählend oder berichtend äußert: Immer sind ihre Worte gesprochen auf einen anderen hin, mit der Absicht etwas zu bewirken. Die sprichwörtliche Gegenüberstellung von Wort und Tat läßt außer acht, daß auch Sprache eine Form sozialen Handelns und Ausdruck eines agierenden Verhältnisses des Sprechenden zu seiner Umwelt ist. Für den Inhalt der autobiographischen Mitteilung ist es wesentlich, ob sie behauptenden

---

8 Joseph Wittig, Leben Jesu in Palästina, Schlesien und anderswo, 2 Bde., Kempten 1925.

9 Joseph Wittig, Höregott. Ein Buch vom Geiste und vom Glauben, Heilbronn 1929.

10 Joseph Wittig, Roman mit Gott. Tagebuchblätter der Anfechtung, Moers 1990.

oder fragenden Charakter hat, ob sie Dokumentation einer abgeschlossenen Perspektive oder Zeugnis einer suchenden Neuorientierung ist. Autobiographische Äußerungen können Teil einer Auseinandersetzung und damit – als Bekenntnis zur eigenen Geschichte – in einen Wechsel von Beschuldigung und Rechtfertigung verstrickt sein, sie können entspannt und unterhaltend erzählt werden oder auch in der Form eines nüchternen Berichts um präzise Informationsübermittlung bemüht sein.[11] Daher ist eng verknüpft mit der Frage nach der Form der Sprachhandlung die Frage nach den Kommunikationspartnern: Geschieht die Selbstthematisierung vor dem Forum der eigenen Person, ereignet sie sich im Angesicht einer Einzelperson, einer gesellschaftlichen Kleingruppe oder einer politischen, religiösen oder literarischen Öffentlichkeit, ist sie als Gebet an Gott gerichtet? Je nach angenommener Instanz wird die vorbildliche, abschreckende, banale oder bedeutende Seite des eigenen Lebens präsentiert. Allerdings ist auch der entworfene Adressat eine Stilisierung, mittels derer der Autor seine eigene Rolle zu definieren vermag: „Er bringt (angebliche) Bedürfnisse, Erwartungen und Interessen eines bestimmten Publikums zur Sprache und rechtfertigt auf diese Weise Umfang und Art seines autobiographischen Sprechens."[12]

Auf diesem Hintergrund sind hinsichtlich der autobiographischen Theologie Joseph Wittigs Fragen zu stellen nach den Adressaten seines Schreibens, nach der Intention, mit der die Lebensgeschichte jeweils neu (re-)konstruiert wird, und nach den Konsequenzen, mit denen diese Selbstthematisierung geschieht. Zur Erforschung des komplexen Verhältnisses sind die Dokumente, die heute der Gemeinsamen Bibliothek der theologischen Fachbereiche der Universität Frankfurt übergeben werden, von einem nicht zu unterschätzenden Wert. Ich danke der Familie Joseph Wittigs für die Möglichkeit, den Nachlaß Joseph Wittigs bereits anfanghaft bearbeiten zu können. Eine historische Situierung des schriftstellerischen Werkes Joseph Wittigs wäre – etwa hinsichtlich der *Kreatur*-Arbeit in den 20er Jahren, der Kommunikationssituation unter den Bedingungen des Nationalsozialismus oder der Position Wittigs im Nachkriegs-Deutschland – eine weiterführende Forschungsaufgabe. Erfreulich wäre es, wenn das „Joseph-Wittig-Archiv" zu dieser Arbeit motivierend und inspirierend beitragen könnte.

---

11 Vgl. Jürgen Lehmann, Bekennen – Erzählen – Berichten. Studien zur Theorie und Geschichte der Autobiographie, Tübingen 1988.

12 A.a.O. 49.

„ ... von treuesten Hütern umgeben"[1]
Anmerkungen zur Editionsgeschichte des *Roman mit Gott*

Dr. Christian Löhr, Brandenburg

1. Vorbemerkung

Der *Roman* erschien im Spätherbst des Jahres 1950, ein gutes Jahr nach dem Tode seines Verfassers. Er war eine schwere Geburt.

Erst hatte er seinen Verfasser umgetrieben, dann alle die, die der Verfasser ins Vertrauen zog, die geliebte Frau zuerst, danach den Verleger. Für den wurde der *Roman mit Gott* Wunsch- und Sorgenkind gleichermaßen.

Als Joseph Wittig starb, waren es wieder seine Frau, die Freunde – wohl- und weniger wohlmeinende – und noch einmal der Verleger, die umgetrieben wurden von dem *Roman*.

Sein Erscheinen wurde von den einen begrüßt, von den anderen beklagt und von einer Seite – einer interessierten![2] – totgeschwiegen.

Sieben Jahre später ist eines jedenfalls deutlich: Die für sein Erscheinen die Verantwortung tragen, haben ein Vermächtnis erfüllt. Zugleich

---

[1] Brief von Leopold Klotz an Anca Wittig vom 14.3.1950: „Sie sind also von treuesten Hütern umgeben und haben die Sicherheit, dass durch diese nichts in falsche Hände kommt, von denen etwa Querschläge zu erwarten sind."

Die vorliegenden Anmerkungen stützen sich weitgehend auf unveröffentlichtes Material aus dem Nachlass Joseph Wittigs, das seit dem 8. Mai 1999 in der Gemeinsamen Bibliothek für Evangelische und Katholische Theologie an der Johann Wolfgang von Goethe-Universität in Frankfurt am Main einzusehen ist. Soweit es sich darüber hinaus um Briefe handelt, die noch in Privatbesitz sind, ist dies mit dem Hinweis „privat" gekennzeichnet.

[2] Vgl. Brief Rudolf Lennert an Anca Wittig vom Pfingstsonnabend 1950, wo er von den „eigentlich fromm katholischen Kreisen" spricht. Gleichen Sinnes Leopold Klotz an Anca Wittig am 10.1.1952.

hat – unter verlegerischem Gesichtspunkt[3] – der *Roman* die in ihn gesetzten Erwartungen nicht erfüllt.

1990, vierzig Jahre nach seinem Erscheinen, erschien er wieder, nun mit einem neuen Copyright und begleitet von einem Drewermannschen Vorwort. Es ersetzt das Vorwort von Leopold Klotz – leider! Hinzugefügt ist ein Nachwort von Horst-Klaus Hofmann.[4] Da selbst die Druckfehler der Erstausgabe übernommen wurden, dürfen wir von einem Nachdruck ausgehen.

Ob – unter verlegerischem Gesichtspunkt – der *Roman* diesmal die in ihn gesetzten Erwartungen erfüllte, weiß ich nicht. Auf jeden Fall aber war eines der wichtigsten Werke Wittigs wieder zugänglich. Leider hatte der gleiche Verlag nicht den Mut, das bekannteste Werk Wittigs *Das Leben Jesu* ungekürzt wieder aufzulegen. Es erschien 1991 in einer gekürzten Fassung. Das dritte in dieser Reihe zu nennende Werk *Höregott* erblickte bisher noch nicht wieder das Licht der Welt.

Mit dem heutigen Wissenstand ist es zu bedauern, daß die Wieder-Ausgabe des *Roman mit Gott* so erfolgte, wie sie erfolgt ist. Der *Roman*, eines der großen Bekenntnisbücher unseres Jahrhunderts, hätte eine kritische Edition aus den Quellen verdient. Die folgenden Anmerkungen wollen dafür die nötige Vorarbeit leisten.

2. „Das Wahrste, was ich je geschrieben habe ... "[5] – der Roman zum *Roman*

2.1. Blick auf die Quellenlage

Als primäre Quellen sind vorhanden:

- das handschriftliche Manuskript zum *Roman*, 181 Din A4 Seiten (die Seite 173 ist doppelt nummeriert und markiert eine längere Unterbrechung in der Abfassungszeit), auf z.T. nicht sehr gutem Papier engzeilig mit Bleistift beschrieben;
- die *Chronik des Hauses* in drei Bänden, handgeschrieben mit vielen Fotos, eine Chronik der Ereignisse in der Familie ebenso wie ein Werktagebuch.[6]

---

3 So Ehrenfried Klotz in einem Brief an Anca Wittig vom 2.12.1957.
4 Neuausgabe Brendow-Verlag Moers 1990.
5 Joseph Wittig in einem Brief an Werner Keuck vom 19.7.1949 (privat).
6 Das Originalmanuskript des „Romans" liegt in Frankfurt am Main.

Das Manuskript weist kaum Korrekturen auf. Es ist – häufiger Stiftwechsel ändert nichts an diesem Gesamteindruck – flüssig durchgeschrieben in einer bis zuletzt gut lesbaren, sauberen und klaren Schrift (nur die Schriftgröße zeigt Schwankungen).

Dies ist verblüffend für denjenigen, der zuvor in der *Chronik des Hauses* gelesen hat, welche Schwierigkeiten Wittig beim Abfassen dieses Manuskripts empfunden hat. Er schrieb es weitestgehend zwischen Mitternacht und Morgen, stockend und zögerlich, mit Unterbrechungen. Immer wieder findet sich die Klage darüber, wie sein Kopf leer und er „verblödet" sei.[7]

Am Manuskript ist von alledem fast nichts wahrzunehmen. Angefangen hat Wittig am St. Michaelistage 1945 und fortlaufend geschrieben bis Epiphanias 1946. Es folgt eine ereignisbedingte Pause (Rekonziliation, Vertreibung, Krankenhausaufenthalt mit Operation, neues Obdach in Göhrde-Forst in der Lüneburger Heide). Im August 1946 nimmt Wittig das Manuskript wieder zur Hand. Etwa eine Woche brauchen die Durchsicht des bisherigen Manuskripts und seine Vollendung (ein Abschnitt von etwa 8 Seiten wird angefügt).

Im Vergleich mit der Druckfassung fallen beim Manuskript auf:
- nachträgliche Kapiteleinteilung ohne Überschriften;
- kein Vorwort;
- das Motto, das für die Druckfassung gestrichen wurde:

    „Es blies ein Jäger wohl in sein Horn,

    und alles, was er blies, war verlor'n.

    Soll denn mein Blasen verloren sein,

    viel lieber wollt' ich kein Jäger sein."

- Völlig fehlt der kurze Abschnitt „Aus Kirchengeschichte und Bibel".
- Für den Schluss des Manuskripts (173ff = Druckfassung 218ff) fehlt jede Kapitelgliederung.

Nach dem Hinweis auf den Abschluss des Manuskripts und seiner Weggabe zum Zwecke der Herstellung einer Schreibmaschinenfassung

---

Die „Chronik des Hauses Professor Dr. Joseph Wittig Schlegel bei Neurode, Neusorge 12a", Dritter Band, 14.7.1944 bis zur Vertreibung am 3.4.1946 und Weiterführung bis wenige Tage vor seinem Tode (privat).

7   Z.B. Notiz vom 21.10.1945 : „Einige Sonnenstrahlen. Ich bin müde, verstört und verblödet. Mein Manuskript stockte auf DinSeite 52. Gott sei mit uns!"

vermerkt die *Chronik des Hauses* außer gelegentlichen Gesprächen zum Thema nicht mehr viel über den *Roman*.
Dafür gibt es nun weitere Quellen.
Vorhanden sind zahlreiche Briefe der Verleger Leopold und Ehrenfried Klotz an Joseph Wittig und seine Frau Anca sowie an den Freund Rudolf Lennert.[8] Vorhanden sind weitere Freundesbriefe an Wittig und einige wenige Briefe von Wittig selber, in denen auf dieses letzte Werk Bezug genommen wird. Aus diesem Briefmaterial lässt sich die dramatische Editionsgeschichte nahezu lückenlos rekonstruieren.

2.2. Eine schwere Geburt

Am 3. November 1908 schreibt Wittig in einem Brief an seinen Freund Ferdinand Piontek: „Als Kind habe ich immer gedacht, daß jeder Mensch einmal eine große Enttäuschung, ich möchte sagen, eine Art Gottesroman erleben müße, wenn er selig werden wolle."[9]

Mag sich diese Erinnerung im November 1908 wegen konkreter Beschwerlichkeiten seines Kaplansdienstes und der Ungewissheit hinsichtlich seiner akademischen Laufbahn eingestellt haben – diese Beschwerlichkeiten sind nichts gemessen an dem, was seit Kriegsbeginn Wittig belastet.

Große existentielle Enttäuschungen nicht nur an seiner Kirche, auch an seinem Land und vor allem an seinem Gott treiben ihn um und lassen aus der frühen Erinnerung eine ahnungsvolle Prophetie werden, die sich nun zu erfüllen anschickt.

Der erste wahrnehmbare Ausgangspunkt ist die 1943 beginnende, höchst eigenartige und in ihrer Weise einmalige Freundschaft über die Konfessionsgrenzen hinweg mit dem damaligen Bischof der Evangelisch-Lutherischen Landeskirche von Mecklenburg Walter Schultz. Ei-

---

[8] Der Klotzbriefwechsel findet sich im Nachlass jetzt in Frankfurt am Main. Veröffentlichte Briefe Wittigs in „Kraft in der Schwachheit. Briefe an Freunde" (fortan zitiert: „Schwachheit"), hg. v. G. Pachnicke unter Mitwirkung von R. Hermeier, Moers 1993.

[9] Wittig an Piontek am 3.11.1908, Kopie privat (aus Beständen Kleymann); Original im Erzbischöflichen Archiv Wroclaw.

nige für ihn und die mecklenburgischen Pfarrer geschriebene Arbeiten dürfen als erste Vorstufen zum *Roman mit Gott* betrachtet werden.[10]

Die erste direkte Erwähnung des *Roman* findet sich in den Spätsommertagen des Jahres 1945. In der *Chronik des Hauses* notiert Wittig am 19.8.1945: „... Ich führe ein elendes Leben, möchte einen Roman schreiben mit dem Titel ‚Gott‘, wohl voll Verzweiflung ... Für mich ist der Himmel ohne Hilfe."

Am 2.9.1945 heißt es: „Nach sonniger Woche ist es heute trüb, und es (wird) wohl regnen ... Der Drang nach einem eigenen Buche (‚Gott, ein Roman') verstärkt sich."

Im *Roman* selbst findet sich folgende Schilderung der Entstehungsumstände: „So wuchsen mit dem Sommer und dem Getreide Hoffnung und Zuversicht. Nun ist aber wieder der Herbst mit seiner Kühle und Düsternis gekommen. Meine Schritte wurden wieder schwerer, meine Schmerzen lebhafter. Und immer noch blieb die Schlaflosigkeit. Bis Ende September hatte ich mich noch nicht ermannen können, eine literarische Zeile zu schreiben. Erst am St. Michaelistage ... "[11] tritt eine Veränderung ein. In der *Chronik* lesen wir unter diesem Tag: „Ich war recht verzagt. Kramte dann in meinen kirchlichen Akten, tieftraurig über die Vorgänge im Frühsommer (Fritsch-Negwer) und begann noch selbigen Tages ein neues Manuskript ‚Gott / Roman von Joseph Wittig', da will ich mir alles Leid und allen Trotz vom Herzen schreiben." Das steht in Spannung zum Beginn des *Roman*, wo die Zeit der Empfängnis des Werkes noch früher angesetzt wird, nämlich im Frühsommer 1945 – d. h. nach dem verhängnisvollen Krankenhausaufenthalt in der lang währenden, mühevollen Rekonvaleszenz-Zeit, als Wittig endlich wieder zu Hause ist.[12]

---

10 Es handelt sich vor allem um folgende Texte: „Unter dem krummen Apfelbaum" 1943; Gutachten zu einem Rundschreiben der Thüringer DC – umgearbeitet zu dem Text „Gegen den Dogmenglauben"; „Der Himmel".

Die Freundschaft mit Walter Schultz beginnt 1938 (so Brief Wittigs an Brüning vom 3.11.1938; vgl. Schwachheit 298f) und endete mit Wittigs Tod. Im Gästebuch aus dem Forsthaus Göhrde findet sich ein Eintrag über einen Besuch von Bischof Schultz am 24./25.11.1947 bei Wittigs. Der mir bisher letzte bekannte Brief von Schultz an Wittig datiert vom 11.1.1949 (privat).

11 Soweit im „Roman", Stuttgart 1950, 124.

12 Roman, 5.

Dabei findet sich von Anfang an im Titel das Stichwort *Roman*. „Er soll die Geschichte und den Ausgang meiner unglücklichen Liebe zu dem, was man gewöhnlich Gott nennt, erzählen."[13]

Bis in den Januar 1946 hinein ist Wittig mit dem Manuskript beschäftigt. Am Sonntag, dem 13.1.1946, heißt es: „Mein Ms macht keine Fortschritte mehr ... " Dem entspricht eine Stelle im *Roman* selbst. Er bricht ab mit dem Satz: „Ich trage Dornenkrone und Kreuz als Brautgeschenk Gottes und als Unterpfänder seiner Liebe." Die folgenden sieben Zeilen bis Kapitelende werden im nächsten Kapitel eigens erwähnt: „Ich hatte die Niederschrift meines Buches zu Epiphanias abgebrochen und in den späteren Januartagen bis etwa zum 17. Januar kaum sieben Zeilen hinzugefügt. Ich hatte gar nichts mehr zu sagen und zu schreiben ... "[14]

Mitte Februar 1946 wird noch eine erste Durchsicht notiert mit dem bezeichnenden Satz: „Ich begann mein Ms ‚Gott' zu revidieren, fand kaum einen Fehler." Dann brechen eine Fülle von Ereignissen über Wittig herein. In die Vorbereitungen auf die bevorstehende Evakuierung platzt die Nachricht von der überraschenden Rekonziliation.

Es folgen Vertreibung aus der Heimat und schwere Operation in Altena/Westfalen.

Kaum aber hat Wittig mit seiner Familie ein Unterkommen gefunden, lesen wir in einem Brief vom 18.5.1946 aus Altena: „Auch mein Geist ist nicht mehr sehr stark (nur noch bissig). Von St. Michael 1945 bis Epiphanie 1946 schrieb ich noch ein kleines Manuskript (170 eng beschriebene DinSeiten), ‚halt über den lieben Gott', nicht den Schulgötzen, dem gegenüber ich wie die Christen des 2. und 3. Jahrhunderts als ‚Atheist' bezeichnet werden kann. Mein Gott ist der Vater Jesu, unendlich klein, schwach, ohnmächtig, zarter als eine Hostie im Speisekelch, von jedem Windhauch zu verwehen, kindlicher als das Kindlein in der Krippe."[15]

Zwei Monate später, das Dauerquartier in Göhrde-Forst ist soeben bezogen, notiert Wittig am 22.7.1946: „Ein verzagter Tag. Wir sind ... hinaufgestiegen bis zur Höhe des Berges. Der Weg hat mich sehr er-

---

13   Roman, 12.
14   Roman, 218 und 219 entspricht Manuskript S. 173 – doppelt gezählt.
15   Brief an P. Chrysostomus Dahm CSB; vgl. Schwachheit, 403/404, das Zitat findet sich 404.

schöpft. Heute abend will ich noch anfangen, das Manuskript vom vorigen Winter fortzusetzen, um meinem öde werdenden Leben Inhalt zu geben. Es ist trübes gewittriges Wetter. Viel schlimme Fliegen. Aus dem Manuskript wurde nichts ... "

Er ahnt, dass es mit der Veröffentlichung dieses Manuskripts Schwierigkeiten geben wird. Doch hindert ihn das nicht, es zu vollenden. Am 28.8.1946 notiert er: „ ... Ich habe in dieser Woche das Ms ‚Gott' (oder ‚Gottvaters Brauttruhe') ergänzt und vollendet (jetzt 180 DinSeiten) ... "

Im *Roman* selbst (Druckfassung) beginnt die Ergänzung auf der Seite 218 mit dem Kapitel „Wiedergewinnung der kirchlichen Heimat". Sie umfasst im Manuskript 8 DinSeiten.

Zur Frage, wie Wittig selbst sein Werk und die Chancen seiner Veröffentlichung einschätzt, ist aufschlussreich ein bislang unveröffentlichter Brief Wittigs vom 22.10.1946 an Hermann Grosser. Im Anschluss an Ausführungen über seine Gotteserfahrung schreibt Wittig: „Zu Michaelis vorigen Jahres habe ich ein Manuskript begonnen, das ich mit DinSeite 172 zu Dreikönige mit der Absage an ihn (Gott – C.L.) beiseitelegte. Das Ziel der Arbeit war die Erlösung von Gott, die Leugnung des schulisch erlernten Gottes: ‚Es gibt keinen Gott, es gibt nur einen Vater im Himmel, einen Liebhaber unserer bräutlich suchenden Seele', nicht einen Allmächtigen, Allweisen, Allgerechten, sondern etwas unendlich Schwaches und Hilfloses, wie einen goldenen Schmetterling, der uns umflattert, wie das Kind in der Krippe von Bethlehem, wie die Hostie im Tabernakel, die von jedem Windhauch fortgeweht werden kann. Nur seine Liebe ist mein Dogma, nicht seine Macht und Stärke, nicht sein Helfenkönnen.

> Ich trag ein Kleid von Leide
> geschmückt und angetan
> als wär´s ein Kleid von Seide
> mit schimmernden Perlen dran.

Am 12. März kam, ohne besonderen Antrag meinerseits und ohne Bedingung, telegrafisch die Rekonziliation. Am 3. April verloren wir die Heimat. Vom 12.4. bis 10.8. standen wir in Altena/Westf. in einem reichen kirchlichen Leben, täglicher Kommunion. Das Ms, das ich im Zorn begonnen hatte, konnte ich jetzt in Frieden ergänzen. Aber ich wollte es nie veröffentlichen. Jetzt nach Ihrem Briefe sehe ich ein, daß ich es veröffentlichen muß. Es wird zu einem neuen Konflikt mit der Kirche führen, aber ich kann nicht anders. Einstweilen wird es in Marburg maschinegeschrieben. Es soll meine stärkste Arbeit sein."[16]

Das Manuskript trägt nun nach Wittigs Willen den Titel *Aus Gottvaters Brauttruhe*. Wir überinterpretieren diesen Titel nicht, wenn wir darin den Willen Wittigs dokumentiert finden, den *Roman* von seinem „Happy-End" her zu lesen. Die Brauttruhe enthält die Aussteuer für das künftige gemeinsame Leben. Mit anderen Worten: Dieser *Roman* ist keine Absage an sein religiöses Leben und seine Gottesbeziehung, vielmehr eine schonungslose Rechenschaft vor den Augen seiner Leser und Hörer, eine Bestandsaufnahme über die Grundlage des Glaubens, erwachsen aus tiefster Anfechtung und darum all denen nahe, die durch die Ereignisse des Krieges und der Vertreibung in ihrem Glauben angefochten sind. Deshalb kann Wittig auch schreiben, das Manuskript sei im Zorn geschrieben und im Frieden vollendet worden.

Zeitweilig firmierte das Manuskript auch unter dem – wie Wittig meinte viel nüchterneren – Titel *Christlicher Atheismus*. Auch dieser Titel gibt eine Lesart vor: strenger theologisch und provokativ-polemisch.

In den folgenden Jahren schwankt Wittig hin- und hergerissen zwischen dem Willen zur Veröffentlichung und vielfältigen Warnungen oder Ermutigungen von Freunden. Am deutlichsten wird seine Haltung vielleicht in einem Zitat aus einem seiner Briefe an einen nicht genannten Freund, das L. Klotz Viktor von Weizsäcker unter dem 1.3.1950 mitteilte:

„… sie haben zu große Angst um mich. Mir war Angst nie ein Wegführer, wohl aber die Liebe. Diese drängt mich zur Veröffentlichung. Der Kirche bin ich halt immer noch ein Ketzer. Der ‚Vater' aber gibt mir nur Bedenkliches ein. Ich erlebe den Vollsinn des Wortes scandalum als Grundwesen des ersten Christentums. Die ‚Kleinen', die wir nicht

---

16   Kopie im Besitz des Verfassers; unveröffentlicht, Original privat.
     Der Brief Grossers, auf den sich Wittig bezieht und der – nach Wittigs eigenem Bekunden – ihm die Notwendigkeit der Veröffentlichung klar gemacht habe, ist bisher nicht aufgetaucht.

Anmerkungen zur Editionsgeschichte 41

Der Verleger Leopold Klotz, Gotha 1949

ärgern sollen, sind doch halt nur die Kinder, nicht die Theologen. Es wird unser Beruf sein, zu ‚ärgern'."[17]

In einem Interview vom 22. Januar 1949 anlässlich seines 70. Geburtstages beklagte Wittig, dass sich kein Verleger fände, der den Mut hätte, das Manuskript zu veröffentlichen.

Doch zu diesem Zeitpunkt laufen bereits Vorverhandlungen mit Klotz. Das Interview scheint vor allem den Sinn zu haben, nun endlich die Verhandlungen voranzutreiben.[18] Das geschieht auch.

Am 27.1.1949 erinnert Ehrenfried Klotz in einem Brief an seinen Besuch bei Wittig und vermerkt, dass „in vielen wesentlichen Dingen bei Ihnen und mir ähnliche Anschauungen und Gefühle" vorliegen. Er schlägt als Titel vor: *Roman mit Gott. Tagebuchblätter von Joseph Wittig. Herausgegeben von ...* Weiter benennt er politische Probleme und erläutert Wittig, dass sein Vater Leopold Klotz nicht als Herausgeber

---

17 Der von Klotz zitierte Brief Wittigs ist bisher nicht aufgefunden worden. Klotz reagiert mit diesem Zitat auf Weizsäckers Vorschlag an Anca Wittig, sie möge Klotz das Manuskript abkaufen und so eine Veröffentlichung verhindern. Dieser Vorschlag Weizsäckers entstammt, wie er selbst in einem Brief an Rudolf Lennert vom 15.3.1950 schreibt, nicht der Kenntnis des Manuskripts, sondern dem Wunsch, auf Anca Wittig möge gebührend Rücksicht genommen und sie selbst nicht vom Verleger für seine Zwecke benutzt werden. Klotz seinerseits verweist gegenüber Weizsäcker auf seine Verantwortung als Freund und Verleger und schreibt am Ende seines Briefes vom 1.3.1950: „Bekenntnisse werden schon seit Augustin nicht zu dem Zwecke geschrieben, um unterschlagen zu werden, diejenigen, denen sie anvertraut, tragen die Verantwortung."
18 Vgl. dazu Ehrenfried Klotz an Wittig vom 27.1.1949 PS: „Ich versäumte nicht am Sonntag um 22.00 Uhr Ihre Stimme aus dem Hamburger Rundfunk zu hören. Aber ist nicht Ihre in dem Interview gemachte Bemerkung jetzt etwas überholt, daß Sie keinen Verleger hätten, der den Mut besitzt, Ihr Manuskript zu veröffentlichen?"

in Erscheinung treten kann, weil die Verlage im Osten der Prüfung durch die sowjetischen Behörden unterliegen, ob nichts von dem im Westen Veröffentlichten „gegen die Ostzone gerichtete Tendenzen verfolge".

In einem Telegramm vom 1.3.1949 teilt er schließlich Wittig mit: „Ms angenommen. wenige Korrekturen erwünscht."

Am 2.3. präzisiert Leopold Klotz die Korrekturwünsche und teilt Wittig mit, im Osten bestehe derzeit keine Möglichkeit der Veröffentlichung, im Westen übernähme es ein Verlag in Stuttgart. Es sollen einige Grobianismen getilgt werden. Vor allem muss für die politischen Ereignisse und die Erlebnisse im Zusammenhang von Krieg und Vertreibung eine neutrale Sprachregelung gefunden werden. Schließlich fordert Klotz dringend eine Titeländerung (weder „Brauttruhe" noch „Atheismus") und erbietet sich, ein Vorwort zu verfassen. Darüber hinaus ist der Verlag im Kontakt mit Wittigs Freund Oskar Schroeder. Der will in Absprache mit Wittig die theologische Front verkürzen, um Angriffsmöglichkeiten zu verringern.

Der offizielle Verlagsvertrag datiert laut Unterschrift vom 10.3. und 18.3.1949. Sein § 2 sieht die Genehmigung zu „kleinen Streichungen und Änderungen" vor, die in einer Vorrede begründet werden sollen.[19]

Alles scheint auf dem besten Wege zu sein, da widerruft Wittig in einem Brief an Klotz am 26. April 1949 auf Betreiben Ancas die Veröffentlichung. Wittig schreibt an Klotz: „Nach erregten Auseinandersetzungen am heutigen Tage fühle ich mich völlig vernichtet und verkauft und vermag nur noch das eine, daß ich Sie über den gegenwärtigen Stand der Angelegenheit kurz unterrichte. Wer kann mich noch achten? Ich möchte Ihnen heute nur danken für Ihre Hilfsbereitschaft und für alle Mühe, die Sie sich auch mit der Abfassung des Vorwortes gemacht haben. Ich bin an der Grenze meines guten Willens, meines Mutes, meines Helfenwollens und meines Vertrauens auf eine mir gewordene Berufung Gottes."[20]

---

19 Ein Exemplar des Vertrags findet sich im Nachlass im Zusammenhang mit den Klotz-Briefen. Dort auch alle vorhergehenden und nachfolgenden Zitate, soweit nicht anders vermerkt.

20 Dieser Brief Wittigs ist bisher nicht wieder aufgetaucht. Wir zitieren aus einem Brief von Leopold Klotz an Anca Wittig vom 4.6.1952 (dort die ausführliche Fassung; eine verkürzte Fassung findet sich im Brief von Klotz an Anca Wittig vom 2.3.1950).

Anmerkungen zur Editionsgeschichte 43

Werner Keuck, um 1950

Am 4.6.1952, der *Roman* ist längst erschienen, erinnert Leopold Klotz Anca Wittig an diesen Brief und fährt fort: „Dieser Brief und Ihr Begleitschreiben waren meinem Sohne und mir dann Anlass, auf die Herausgabe des Buches zunächst zu verzichten ... " – d.h. trotz gültigen Verlagsvertrags. Wittig hatte also seinerzeit den Vertrag nicht zurückgezogen, sondern nur ausgesetzt.

Es dürfte mehrere Gründe für die Intervention Anca Wittigs gegeben haben. Zunächst ist da wohl die Angst, den gerade mühsam erreichten kirchlichen Frieden neuerlich aufs Spiel zu setzen. Dann dürfte sich das Bild, das Anca von sich, ihren Kindern und ihrem Mann hatte und das zu pflegen sie bemüht war, von dem, was Wittig schrieb, erheblich unterschieden haben. Noch die später von ihr gewünschten Korrekturen sprechen da eine sehr deutliche Sprache. Schließlich mögen Rücksichten auf verschiedene Personen eine Rolle gespielt haben.

Wittig selbst hat den Verzicht auf die Veröffentlichung nicht wirklich verwunden. In einem Brief an Hans Franke vom 11. Mai 1949 lesen wir[21]: „Schweren Herzens habe ich mein letztes Manuskript von 1945–47 (gegen den scholastischen Gottesbegriff, für den Vater-Begriff Jesu als den einzigen adäquaten Gottesbegriff) aus dem Druck gezogen (bei L. Klotz). Es stehen ärgerliche Sachen darin, und Anca will um jeden Preis einen neuen Konflikt mit der Kirche vermeiden. Ach, wir brauchen so notwendig Geld! Wegen Meschede!"

Noch deutlicher wird einer der letzten bisher bekannten Briefe Wittigs vom 19. Juli 1949 an Werner Keuck[22]: „ ... daß ich jetzt nicht mehr die

---

21 Vgl. Schwachheit, 477/78.
22 Kopie im Besitz des Verfassers; unveröffentlicht, Original privat.

Veröffentlichung des ärgerlichen Manuskriptes betreiben will; ich habe mich einschüchtern lassen. Freund Schroeder, der mich bis zuletzt antrieb, wird mir zürnen und mich für feige halten. Ich habe nicht mehr die Kraft und den Mut zum Kampfe, ich bin doch und doch ein gebrochener Mann." Es folgen Äußerungen zu theologischen Einsichten, die sich ihm in der letzten Zeit aufdrängten. Dann fährt Wittig fort: „Du brauchst aber nicht zu fürchten, daß ich daraus ein neues Buch machen will. Es würde das Schicksal meines ärgerlichen Manuskriptes über den Gottesbegriff haben, das ich nun endgültig beiseite gelegt habe. Es ist das Wahrste, was ich je geschrieben habe, aber nicht für die Kirche der Wahrheit zu brauchen. Jetzt ist der Ärger und Kummer aus der Welt geschafft. Am liebsten ginge auch ich aus der Welt."

Nach dem Tod Wittigs liegt das Manuskript weiterhin druckfertig beim Verlag auf Eis. Vorsichtig fragt Klotz bei Anca Wittig nach, sichert ihr größte Diskretion zu und verspricht zugleich, nichts gegen ihren Willen zu unternehmen.[23] Freund Rudolf Lennert beklagt, daß er sich nie getraut habe, Wittig zu fragen, wie mit dem Manuskript im Falle seines Todes verfahren werden solle. Den Rücktritt von der Veröffentlichung zu Lebzeiten kann er nachvollziehen. Zugleich aber äußert er die Gewissheit, daß Wittig nur um seiner Familie willen auf die Publikation zu Lebzeiten verzichtet habe, daß aber niemand sagen könne, was er für den Fall seines Todes hinsichtlich des Manuskripts im Sinn gehabt habe. Da er es für sein wichtigstes Buch hielt, darf ein endgültiger Verzicht auf die Veröffentlichung als unwahrscheinlich gelten.[24]

Im Dezember 1949 kommt überraschend Bewegung in die Angelegenheit. In Nr. 13 des Kirchlichen Anzeigers für das Bistum Hildesheim erscheint unter dem Datum des 19.12.1949 eine Erklärung (datiert vom 9.12.1949) folgenden Wortlauts:

„Prof. Dr. Joseph Wittig ist auf e i g e n e n Wunsch am 24. April 1945 in Schlegel, Bez. Breslau, von den inkurrierten Zensoren absolviert worden, nachdem er w i e d e r h o l t eine Aussöhnung mit der katholischen Kirche erbeten, seine Irrtümer widerrufen und seine Anhänglichkeit an die Lehren der Kirche sowie seine Unterwerfung unter die

---

23 So im Brief von L. Klotz an Anca Wittig vom 25.10 1949 – s. Nachlass.
24 So im Brief Lennert an L. Klotz vom 2.2.1950 (privat), vgl. auch Brief von R. Lennert an Anca Wittig vom 24.9.1949 (s. Nachlass).

Gebote der kirchlichen Autorität erklärt hatte. Die von Wittig abgegebene Erklärung hinsichtlich seines Glaubens wurde von Sr. Eminenz dem Herrn Kardinal Bertram als ausreichend angesehen." Es folgt der lateinische Text mit den Bedingungen zur Laisierung, datiert vom 10.4.1946. Er enthält auch die Zulassung zu den Sakramenten.

Mit dieser Erklärung bezieht sich das Bistum auf ein Rescript vom 15.11.1949[25].

Diese in vielen katholischen Zeitungen nachgedruckte Erklärung veranlasst Anca Wittig, nun einer Veröffentlichung des *Romans* unter Auflagen zuzustimmen: „Da ich ja genau weiß, daß ich mich dagegen (die Erklärung des Ordinariats – C.L.) nicht wehren kann und das Ordinariat zu keiner Richtigstellung zwingen kann, sehe ich ein, daß wohl doch das Buch die einzige Antwort darauf ist ... "[26]

---

25 Ein Freund der Familie, Dr. W. Zimmermann, kommentiert die Veröffentlichung dieser Erklärung unter Berufung auf eine ihm gegenüber abgegebene Erklärung in einem Brief an Anca Wittig vom 2.2.1951 folgendermaßen: Daß Wittig das Rescript samt Bedingungen nicht erhalten, hätte daran gelegen, daß es – nach damaliger Rechtslage – zunächst an Kardinal Hlond gegangen und dann erst auf Umwegen über Münster nach Hildesheim gelangt sei. Auslöser sei ausschließlich eine Bemerkung von Rosenstock-Huessy in der Zeitschrift „Christ und Welt" (vom 25.9.1948, Geistesleben, 12, 2. Sp. unten) über die bedingungslose Wiederaufnahme Wittigs gewesen. Das angegebene Datum beziehe sich auf Wittigs Erklärung und die Billigung sei ebenso erfolgt, wie Wittig sie damals anstrebte: Trennung von Haus und Familie zwar gefordert, aber nicht möglich und – da geschwisterlich! – gebilligt. Zimmermann rät: Keinen neuen Streit. Das Schweigen Roms und des Generalvikariats über so lange Zeit zeigten: Es sei im Sinne aller, die Sache ruhen zu lassen, denn das eigentliche Problem ist bewältigt: die Wiederzulassung zu den Sakramenten.

Diese Deutung des Schreibens hinsichtlich der angegebenen Daten und Sachverhalte dürfte die Intention der päpstlichen Entscheidung ziemlich genau treffen, macht aber gerade dadurch deutlich, wie halbherzig die Rekonziliation Wittigs eigentlich vollzogen wurde. Der „Skandal" der Exkommunikation sollte beseitigt werden, ohne dabei die Wahrheitsfrage wirklich zu stellen. So wurden Wittigs wohl zu den Sakramenten wieder zugelassen. Aber dies geschah im Sinne eines Gnadenakts und nicht im Sinne einer Rehabilitation, die das Recht wieder herstellt und einen Irrtum zugeben kann.

26 Im Briefwechsel Klotz-Lennert findet sich die Abschrift des entscheidenden Briefes von Anca Wittig vom 20.2.1950 – s. Nachlass.

Die folgenden Wochen und Monate sind gekennzeichnet vom Ringen um die Endgestalt der Druckfassung. Klotz versichert Anca, sie und das Manuskript seien „von treuesten Hütern umgeben".

Im Einzelnen heißt das:
- alle bisherigen Korrekturvorstellungen werden reaktiviert;
- neue Korrekturwünsche Ancas werden mit geringfügigen Ausnahmen auf der ganzen Linie berücksichtigt;
- neben Oskar Schroeder wird auch noch Rudolf Lennert hinzugezogen;
- Lennert steuert noch ein Nachwort bei.[27]

Noch einmal melden sich gefragt und ungefragt wahre und vermeintliche Freunde zu Wort. Sie nötigen Klotz zu immer erneuten Ermutigungen gegenüber Anca Wittig, sie möge sich nun nicht mehr irre machen lassen in ihrem Entschluss, den Roman zur Veröffentlichung freizugeben. Die in den Briefen anklingenden Sorgen Ancas im Blick auf die möglichen Folgen einer Veröffentlichung gehören mit zu dem Beschämendsten in dieser dramatischen Geschichte. Hinter diesen Sorgen stehen Drohungen und Befürchtungen, die in den ohnehin schwierigen Nachkriegszeiten auf die Ängste der Wittig-Familie hinsichtlich ihrer wirtschaftlichen Lage spekulieren:

Wird bei Erscheinen des Buches womöglich die kleine Pension von Anca Wittig gekürzt/gestrichen?

Haben die Kinder, die in der Ausbildung sind, Nachteile zu befürchten (werden Stipendien nicht mehr gezahlt ...)?

---

27 Vgl. dazu den Brief von Klotz an Anca Wittig vom 14.3.1950 – s. Nachlass. Vom Lennertschen Nachwort existieren im Nachlass mehrere Fassungen. Die ursprüngliche Fassung, die zugleich die ihm liebste war, wurde durch Vorschläge von Anca Wittig, Leopold und Ehrenfried Klotz und Bernd Dietrich verändert. Es entstanden daraus eine Kurz- und eine Langfassung. Am Ende konnte sich R. Lennert – wie er an Anca am 18.6.1950 schreibt – nicht mehr entscheiden, welche der beiden Fassungen gedruckt werden sollte. Zentraler Streitpunkt war Lennerts Urteil, Wittig sei kein Theologe, sondern ein Schriftsteller gewesen. Anlässlich des 100. Geburtstags von Wittig hat Lennert in einem kurzen Gedenkartikel diese seine Wertung noch einmal begründet („Joseph Wittig 100 Jahre", in: Neue Deutsche Hefte 26,2 (Heft 162) 1979, 440–443). Zum Thema vgl. auch Ehrenfried Klotz in seinem Brief vom 20.5.1950.

Wie wird sich das menschliche Klima am neuen Wohnort Meschede gestalten?[28]

Dabei dürfen wir nicht vergessen: Wittig war offiziell rekonziliiert. Wie also konnten danach noch solche Dinge für möglich gehalten werden?

Es gibt nur eine Erklärung: Wittig war wohl rekonziliiert. A b e r : Seine Kirche hatte offenbar keinerlei Vertrauen zu ihm.

Endlich, im November 1950, erscheint der *Roman* im Verlag Ehrenfried Klotz in Stuttgart.

3. „Befreit von Giftpfeilen" und „in seiner klaren Sachlichkeit besser und unangreifbarer" – zum Charakter der Korrekturen[29].

Werfen wir nun einen Blick auf die für die Druckfassung vorgenommenen Korrekturen, so finden sich im Wesentlichen drei verschieden stark von außen in das Manuskript eingreifende Interessen: verlegerische, theologische und persönliche.

Die Verleger Leopold und Ehrenfried Klotz und der Theologenfreund Oskar Schroeder können sich darauf berufen, über ihre Korrekturwünsche noch mit Wittig selbst bei seinen Lebzeiten verhandelt zu haben. Dabei haben die Verleger ihre Änderungswünsche sich im Verlagsvertrag auch juristisch genehmigen lassen.

Wittigs Freund Oskar Schroeder hält seine Vorschläge für einen Beitrag, den *Roman* theologisch zu präzisieren.

Nach Wittigs Tod kommen die Korrekturwünsche von Anca Wittig hinzu.

Im Blick auf alle Korrekturen wird schließlich noch ein zweiter Freund Wittigs aus den letzten Jahren hinzugezogen: Rudolf Lennert. Sein Gutachten stärkt die Position der Verleger, die so wenig wie möglich Korrekturen vornehmen wollen.

---

28 Vgl. hierzu die Briefe von Klotz an Anca vom 2.3.1950, vom 14.3.1950 und vom 10.1.1952.

Zur Pensionsangelegenheit existiert ein Briefwechsel zwischen Rudolf Lennert und Dr. Geisler. Zur gesamten Situation vergleiche auch den Brief von Lennert an Klotz vom 2.2.1950.

29 Erstes Teilzitat Brief von L. Klotz an Anca Wittig vom 14.3.1950. Zweites Teilzitat aus Brief von E. Klotz an Anca Wittig vom 2.4.1950.

3.1. „Notwendig erscheinende kleine Streichungen oder Änderungen",[30] die in einer Vorrede des Verlags begründet werden – die Korrekturwünsche der Verleger

In den Verhandlungen zwischen Klotz und Wittig im Frühjahr 1949 geht es vor allem um drei Punkte:

1. Wegen der politischen Lage und der Hoffnung auf ein Erscheinen des *Romans* in beiden Teilen Deutschlands sollen neutrale Formulierungen bei den Schilderungen der Erlebnisse von Krieg und Vertreibung gefunden werden. Missverständliche Passagen sind auszumerzen. Dabei sind sich Vater und Sohn Klotz durchaus dessen bewusst, daß dies eine Gratwanderung ist: „All das, was Sie in Ihrer Heimat erduldet und erlitten haben, kann ja nun nicht aus dem Manuskript gestrichen werden, sondern bildet ja weitgehend den Anlaß zu der ganzen Arbeit."

Dennoch seien gewisse Korrekturen in diesem Sinne nötig, um ein Erscheinen des Buches im Osten nicht von vornherein unmöglich zu machen und zugleich damit die Chancen für den Verlag im Osten nicht völlig zu zerstören. Denn selbst, wenn der *Roman* nur im Westen erschiene, würde doch geprüft, ob diese Veröffentlichung der Interessenlage im Osten nicht abträglich wäre.

2. Um dem Charakter des Buches gerecht zu werden, muss ein Titel gefunden werden, der von vornherein eine Art Lesehinweis darstellt.

3. Schließlich soll dies durch ein geeignetes Vorwort noch eigens unterstrichen werden, um so die Gefahr möglichst gering zu halten, daß die Veröffentlichung zu neuerlichen Verwerfungen mit der Kirche führt.[31]

3.2. Für die Augen des Inquisitors entschärft[32] und theologisch ein wenig zurecht gestutzt – die Korrekturvorschläge Oskar Schroeders

Einen Tag, nachdem Wittig auf Betreiben Ancas die Veröffentlichung widerrufen hat, schreibt Wittigs Freund Oskar Schroeder – offensicht-

---

30 So im § 2 des Verlagsvertrages (s. Nachlass).
31 Vgl. dazu im Nachlass die Briefe von E. Klotz an Joseph Wittig vom 27.1.1949 (Zitat) und von L. Klotz an Joseph Wittig vom 2.3.1949.
32 Vgl. Brief von Oskar Schroeder an Joseph Wittig vom 27.4.1949: „Ich habe mir die Mühe gemacht, wie ein Inquisitor das Manuskript durchzuarbeiten ..."

lich noch in Unkenntnis über diesen Vorgang – einen ausführlichen Brief an Wittig.[33] In ihm unterbreitet er Wittig eine Reihe von Korrekturvorschlägen. Klotz hatte Schroeder das Manuskript zugänglich gemacht, das Wittig ihm schon längst hatte geben wollen. Von Schroeders Korrekturen erhofft sich Klotz insonderheit in der Frage eines möglichen Konfliktes mit der Kirche Entlastung.

Schroeder begründet seine Korrekturen in doppelter Weise:

- Weil Wittig nicht wirklich seine Treue zur Kirche aufkündigt, er seinen Fall vielmehr als eine Aufkündigung der Gemeinschaft ihm gegenüber seitens der Kirche empfindet, meint Schroeder, Wittigs Angriff könne sich nur auf eine bestimmte Gestalt der Kirche beziehen. Er schreibt: „Ich habe die Stellen verändert, an denen die Kirche als schlechthin vom heidnischen Gott beherrscht dargestellt wird."

- Weil er – voller Begeisterung! – Wittigs Manuskript als den Durchbruch im Kampf gegen die Scholastik feiert, irritieren ihn einige Facetten von Wittigs Gottesbegriff, wie sie im *Roman* begegnen. Darum schreibt er: „Ich habe Deinen Angriff lediglich auf die scholastische Dogmatik gelenkt ... " und auf den „Gott der Philosophen".

Das ist gut gemeint, stellt aber einen substantiellen theologischen Eingriff in Wittigs Manuskript dar. Wittigs *Roman* greift theologisch über eine Abrechnung mit der Scholastik weit hinaus. Deshalb ist Rudolf Lennert recht zu geben, wenn er in seinem Gutachten vom 17.5.1950 zu den Schroederschen Korrekturen anmerkt: „Auch zu den Änderungen Herrn Dr. Schroeders, also den theologischen, möchte ich die grundsätzliche Frage stellen: ginge es nicht auch so, daß man viel we-

---

33 Brief vom 27.4.1949 (privat), Kopie im Besitz des Verfassers.

Eingangs des Briefes nimmt Schroeder auf, was Wittig im „Roman" selbst schreibt, wenn er eine Linie zieht zu dem, was er einst in den „Erlösten" bezeugt hat. Er hält den „Roman" für ein zwar für Wittig und die Seinen gefährliches, für die innerhalb und außerhalb der Kirche mit Gott ringenden Menschen aber „erlösendes" Buch.

Der Brief belegt zugleich, dass sein Verfasser seit mindestens einem Jahr aus der Göhrde nichts mehr gehört hat.

Schroeder versteht Wittigs Bedenken, von denen er über Klotz erfahren hatte und meint nun, mit „gewissen Korrekturen, die dem Grundgedanken keinen Abbruch tun", könne eine harte Konfrontation mit der Amtskirche vermieden werden. Zu den folgenden Ausführungen vergleiche diesen Brief.

niger ändert ... " Insonderheit die dauernd eingebaute Formulierung vom „Gott der Philosophen" widerspreche den Intentionen Wittigs und wirke in der Regel eher verunklärend als klärend. Lennert schlägt vor, auf „empörende" Sätze Wittigs im geplanten Klotz'schen Vorwort eigens hinzuweisen und sie einzuordnen in die Tradition der Kirche, also auf vergleichbare Sätze beispielsweise christlicher Mystiker hinzuweisen und so die mögliche „Weisheit" dieser Sätze zu retten.[34]

Zwischenbilanz

Die bisher benannten Korrekturvorschläge hat Wittig gekannt. Briefliche Äußerungen von Rudolf Lennert machen aber deutlich, daß das nicht heißt, Wittig habe diese Vorschläge unterschiedslos gebilligt. Man wird eher das Gegenteil unterstellen dürfen. Am 2.2.1950 schreibt Rudolf Lennert an Klotz über Wittigs Reaktionen auf die Schroederschen Vorschläge: „ ... ich sehe noch, mit welchem Ausdruck innerer Qual, wie ich ihn nie ähnlich an ihm erlebt habe, er sich plötzlich im Verlauf dieses viel zu wortreichen Gespräches in seinem Bette von uns abwandte und uns den Rücken kehrte, weil er nichts mehr hören wollte." Diese Szene lässt keinen Zweifel daran: Wittig hielt im Grunde alle Überlegungen im Blick auf Änderungen des Textes für überflüssig, eines Textes, den er sich ja nicht erdacht, sondern den er gehorsam geschrieben hatte, ohne auf sich und andere Rücksicht zu nehmen.[35]

Als nach Wittigs Tod Anca unter dem Eindruck der offiziellen römischen Stellungnahme zur Rekonziliation Wittigs ihre Zustimmung zur Veröffentlichung des *Romans* gibt, werden zunächst alle bisherigen Korrekturvorschläge reaktiviert. Neu hinzu kommen jene Änderungen, Streichungen und Ergänzungen, die Anca Wittig fordert. Sie sind persönlich motiviert und liegen auf zwei unterschiedlichen Ebenen. Zuerst geht es um Tilgungen, die – modern gesprochen – mit Personenschutz zu tun haben. Dann handelt es sich aber auch um Änderungen und Richtigstellungen aus der Sicht von Anca Wittig auf die von Joseph Wittig geschilderten Ereignisse und Personen.

---

34 Vgl. im Nachlass Schreiben an Klotz, Anca Wittig und Schroeder vom 17.5.1950.

35 Vgl. oben Anm. 24. Aus diesen Erfahrungen rührt auch Lennerts Urteil über Wittig als Schriftsteller im kierkegaardschen Sinne.

3.3. Tilgungen

Leider ohne erkennbare Kriterien werden eine ganze Reihe von Personennamen getilgt, andere dagegen stehen gelassen. Ausgeschieden werden auch viele Formulierungen, die geeignet erscheinen, noch lebende oder verstorbene Personen zu beleidigen und herabzusetzen.[36]

Das ist verständlich, beschädigt aber den spontanen Stil Wittigs und nimmt von Fall zu Fall kuriose Züge an[37], wobei wir in einzelnen Fällen schon die zweite Ebene der Korrekturen berühren.

3.4. „Es ist nicht leicht, sich zum Schauspiel herzugeben"[38] – Joseph und Anca oder: Zweierlei Blickwinkel auf Ereignisse und Personen

Ein Großteil der von Anca Wittig gewünschten Korrekturen sind Ausdruck dafür, daß Ancas Selbstbild von sich, den Kindern, ihrem Mann

---

36 Vgl. dazu z.B. Brief von Ehrenfried Klotz an Anca Wittig vom 14.3.1950 (s. Nachlass).

37 Zu den „Kuriositäten" in diesem Zusammenhang vgl. aus dem Lennertschen Gutachten folgende Beispiele: Aus der Druckfassung „Roman", 39, Zeile 10 von unten, wurde folgender Satz aus dem Manuskript gestrichen: „Es gibt sicherlich sehr viele Menschen, denen es Mühe macht, sich einen Heiligen, einen Bischof oder Papst auf dem Klosett sitzend vorzustellen." Rudolf Lennert bemerkt dazu: „Muß wirklich die ‚Klosettstelle' gestrichen werden? Geht hier nicht durch das Glätten eine verborgene Weisheit verloren? Die Stelle hat geradezu einen kirchengeschichtlichen Hintergrund. Ein katholischer Lutherforscher ... hatte nämlich einmal aus den Selbstzeugnissen Luthers herausgefunden, dieser habe sein entscheidendes religiöses Erlebnis auf dem Klosett gehabt. Die protestantischen Historiker haben damals törichterweise alles daran gesetzt, diese Behauptung zu widerlegen, anstatt zu sagen: warum denn nicht? JW würde sagen: das hängt eben mit ihrem falschen Gottesbegriff zusammen."

Zur Druckfassung „Roman", 43 unten, findet sich im Lennertschen Gutachten der Hinweis: „ ... die obszöne Stelle (würde) ich auch streichen, nicht aber weiter unten die Worte ‚und bin es wohl bis heute geblieben'. Wer von uns hat das Recht, JW an dieser Beichte zu hindern, und wem schadet sie? Ohne diesen Zusatz wirkt die Stelle m.E. töricht (‚damals war ich ein schlechter Junge, aber später ist doch noch ein ganz honettes Glied der menschlichen Gesellschaft aus mir geworden'). Hier steckt wieder echtester JW." Mit diesem Hinweis konnte sich Lennert durchsetzen.

38 So Anca Wittig in ihrem gedruckten Rundbrief an die Freunde im Advent 1951.

und den Ereignissen dem „Fremdbild" widerspricht, das sich ihr im *Roman mit Gott* darbietet.

Da Wittig prinzipiell kein Blatt vor den Mund nimmt, wofür nicht nur eine Reihe von „Grobianismen" ein eindrücklicher Beleg sind, sondern auch ungeschminkte Situationsschilderungen ebenso wie die Darstellung eigener Schwächen, erhebt sich für Anca die Gefahr, daß Wittigs Bild für die Nachwelt verdunkelt, ja womöglich nachträglich daraus dann eine Rechtfertigung seiner Exkommunikation abgeleitet werden könne. Ihre Aufgabe ist es, das Andenken Wittigs über die Zeiten hinweg zu erhalten. Dieser Aufgabe hat sie sich mit einer bewunderungswürdigen Beharrlichkeit bis an ihr Lebensende unterzogen. Dass dabei von Wittig ein Idealbild entstand, war unvermeidlich. Dem könnte der *Roman* Abbruch tun. Das also musste verhindert werden.

Hinzu trat, was sie nach Veröffentlichung des *Romans* im Advent 1951 an Freunde schrieb: „Im Spätherbst des Vorjahres erschien nun das Buch so vieler Schmerzen, der *Roman mit Gott*, im Verlag Ehrenfried Klotz, Stuttgart. Ich habe mich sehr schwer dazu durchgerungen, den schon im Frühjahr 1949 geschlossenen Verlagsvertrag zu erfüllen. Wenn nach altem Moralbegriff im Zweifelsfalle das Richtige ist, was das Schwerere ist, so tat ich das Richtige. Es wäre für die Kinder und mich viel leichter gewesen, wenn das Buch nicht erschienen wäre. Es hat uns vor Vielen neu verfemt und vielleicht manche persönliche Zugeneigtheit zerstört. Das müssen wir tragen, so weh es mir persönlich darum ist! Es war nämlich so: wir wurden nach unserer Ausweisung aus der Heimat natürlich hier im Westen viel gefragt, wie es denn zu der Rekonziliation gekommen sei, und gaben daraufhin mündlich und schriftlich vielen hundert Menschen Bescheid. Nun erschien aber eine amtliche Veröffentlichung in vielen katholischen Zeitungen und Zeitschriften: ‚Um Joseph Wittig' – zwei Monate nach seinem Tode – die in eigentümlichen Gegensatz zu unserem Erlebnis und dem Bericht darüber stand, uns sozusagen als Lügner hinstellte. Wie sollte ich aber das auf unseren Verewigten kommen lassen! Die Wahrheit muß bekannt werden. Ich gab also meinen Widerstand bei dem Verlag auf. Denn in dem Buch sind die Ereignisse ohne jede Beschönigung dargestellt, ach, nur zu klar und rücksichtslos. Es ist nicht leicht, sich zum

Schauspiel herzugeben, aber ich tat, was ich tun mußte. Qod Deus bene vertat ... "[39]

Das Ringen um die von Anca geforderten Veränderungen wird im Briefwechsel der Verleger mit Anca und den Freunden Wittigs Rudolf Lennert und Oskar Schroeder besonders deutlich. Klotz macht keinen Hehl daraus, daß er die meisten Änderungswünsche Ancas – ähnlich wie auch Rudolf Lennert – für unnötig hält. Aber seine Loyalität gegenüber Anca in ihrer zweifellos schwierigen Lage veranlasst ihn, vielen Änderungen zuzustimmen.[40]

---

39 S. vorige Anmerkung. Diese Sicht Ancas bestätigt auf überraschende Weise die von R. Lennert in seinem Brief vom 2.2.1950 überlieferte Bemerkung Wittigs, dass auch ein Schriftsteller eigentlich ein Zölibatär sein müsse.

Leopold Klotz reagierte auf Ancas Brief am 10.1.1952. Seine Antwort gibt Einblick in das persönliche Engagement von L. Klotz im Blick auf Wittigs Werk. Zugleich aber macht er auch deutlich, dass es bei L. Klotz manche Irritationen gegeben hat im Blick auf das fehlende Engagement anderer, wenn es in der schwierigen Nachkriegszeit um den Einsatz für Wittigs Werk ging.

40 Vgl. besonders eindrücklich der Brief von Leopold Klotz an Anca Wittig vom 23.5.1950, wo es im Nachtrag um Einzelheiten bei von Anca gewünschten Korrekturen geht, die Sinnzusammenhänge von Sätzen zerstören oder Aussagen Wittigs ihre Pointe nehmen. Klotz schreibt da: „Bei einer letzten nochmaligen gewissenhaften Prüfung sind mir drei Stellen aufgefallen, auf die ich Sie hinweisen darf, weil mir in diesen Fällen Ihre Korrekturen zu schaffen machen:

<u>Spalte 28</u> haben Sie aus dem Urteil des Vaters des Mecklenburger Bischofs über die Geistlichkeit das Wort ‚Verräter' gestrichen, aber nicht dabei bedacht, dass die nachfolgenden Zeilen dann ihren Sinn verlieren, denn dort wird ja nun gesagt: ‚Man muß den Begriff des Verräters hier vorsichtig fassen, aber irgendwie stimmt dann das Urteil. Irgendwie verraten die Geistlichen alle den Gott ihres Herzens ... '. Lassen wir also ruhig die alte Form, den ‚Verräter' stehen. (Um diese Passagen, in der Druckfassung des ‚Roman' 54/55, besonders 55 oben, gab es verschiedene Vorschläge. Anca wollte den ganzen Passus streichen. Am Ende hat sich Klotz mit seinem Vorschlag durchgesetzt. – C.L.)

<u>Spalte 67:</u> Hier geht es um den Satz anlässlich des Berichtes über den Tod Kardinal Bertrams: „Der Mann ist unter meinem Fluch gestorben. Ich habe aber diesen Fluch sogleich zurückgenommen und das Gebetlein gesprochen ... '. Wenn Sie hier ändern wollen: ‚Ich habe aber für ihn das Gebetlein gesprochen', fehlt dem Wörtchen ‚a b e r' die Begründung. Ich plädiere dringend dafür, die Originalfassung in ihrer Schärfe, die ja dann gleich zurückgenommen wird, zu belassen. (Vgl. Druckfassung des ‚Roman', 126, Kapitelende! – C.L.)

Eine besondere Rolle spielen dabei die Ereignisse vom Frühjahr 1945 um die von Wittig selbst so bezeichnete „Unterwerfungserklärung" und den Besuch von Generalvikar Negwer bei Anca und Joseph Wittig. Vorausgegangen war dem ein Briefwechsel mit Kardinal Bertram im Jahr 1944.[41]

Es ist leicht nachvollziehbar, dass gerade an diesem Punkt, wo es um das für die Diskussion um Wittigs Rekonziliation entscheidende und den ganzen *Roman mit Gott* auslösende Ereignis ging, die Überlieferung und Interpretation des Geschehens besondere Aufmerksamkeit verdient. Auch ist zu bedenken, dass eine der handelnden Personen, der Generalvikar Negwer, noch lebt. War jener auf dem Krankenbett geäußerte Wunsch Wittigs nach einer Versöhnung mit seiner Kirche und das aus diesem Wunsch erwachsende Schreiben nun eine Unterwerfung Wittigs unter die Autorität der Kirche und also eine indirekte Bestätigung des Inhaltes der Erklärung des Bistums Hildesheim vom Dezember 1949 oder war es das nicht?

3.5. Unterwerfung?

Sehen wir zunächst, wie Wittig selbst den Vorgang im Frühjahr 1945 in der *Chronik des Hauses* schildert: „Am 20.4. verhandelte Pfarrer Hans Fritsch mit Anca wegen eines Besuches des Breslauer Generalvikars Negwer. Ich hatte mich entschlossen, dem Pfarrer Faber eine Unterwerfungserklärung abzugeben. Pfarrer wie Pater Gregor erklärten, mehr könne die Kirche nicht von mir erwarten ...

25.4. Verhandlung Ancas mit Generalvikar Negwer. Negwer holte sich ein klares Nein, das ich ihm bei einem kurzen Besuch im Krankenhaus bestätigte (Forderung: ich sollte nicht mehr nach Neusorge zurückkehren). Anca kam übernacht ins Krankenhaus."[42]

Spalte 97: Hier wird der entzückende Scherz berichtet von der Frage des Schulkindes an den Pfarrer, ob Gott auch in dem Keller sei; obwohl dann als Antwort kommt: ‚Ätsch, wir haben ja gar keinen Keller'. Sie streichen hier nachträglich den Schlußsatz: ‚Reingefallen, hochwürdiger Herr Pfarrer!' Warum wollen Sie diesem netten Geschichtchen den so schönen abrundenden Schlußsatz des Verfassers nicht lassen?" (Vgl. Druckfassung des „Roman", 180)

41 Vgl. zu den folgenden Ausführungen „Roman" Druckfassung 71ff (Briefwechsel mit Kardinal Bertram) und 110ff (zum Negwer-Besuch).

42 Vgl. oben Anm. 6.

Unzweifelhaft ist, daß Wittig die Verhandlungen zwischen Negwer und Anca nicht erlebt hat. Er lag zu diesem Zeitpunkt im Krankenhaus. Negwer kam erst nach dem Gespräch mit Anca zu Wittig ins Krankenhaus, um sich dann dort ebenfalls eine Abfuhr zu holen. Die Frage stellt sich, woher die im Romanmanuskript enthaltene und durch einen Brief Wittigs an Rosenstock-Huessy vom 7. Oktober 1946[43] bestätigte Fassung der Ereignisse stammt. Ist sie Wittig so erzählt worden? Hat er die Ereignisse für sich *so* verdichtet?

Im handschriftlichen Manuskript lesen wir auf Seite 98[44]: „Der Generalvikar kam, und meine Frau wurde auf den Pfarrhof bestellt. Ich berichte nun ohne jede Gewähr, denn als mir die Sache erzählt wurde, lag ich eben krank und ich hatte für alles, was da geschah, wenig Interesse und wenig Gedächtnis. Der Pfarrer stellte meine Frau dem Generalvikar vor, verließ aber dann sogleich das Zimmer, liess also meine Frau allein in dem Kampf um ihre und meine Ehre, was ich ihm bis heute noch nicht recht verzeihen kann. Nach allem, was wir bis dahin besprochen hatten, hätte er als Freund und Pfarrer auf unserer Seite stehen und kämpfen müssen. Aber in Sachen der Männlichkeit und Tapferkeit kann man niemandem Vorschriften machen oder Steine nachwerfen.

Der Generalvikar begann, den Titel Frau[45] vermeidend: Sie haben mich hierher bestellt! Darauf meine Frau verwundert: Ich habe Sie nicht bestellt, sondern ich bin bestellt worden!

Wir wissen nicht, ob es ein blanke Lüge war, mit der der Kanonist das Verhör begann. Es ist möglich, daß einer unserer katholischen Freunde dazwischen gespielt hat. Auf die Sache eingehend, erklärte nun der Generalvikar, er habe Kenntnis genommen von der Erklärung ...

Im ganzen Lande ist bekannt, wie ich an meinem Hause hänge, das ich mir selbst aufgebaut habe, und nur vertrocknete Zölibatäre können sich denken, daß ich um eines Paragraphen des Kanonischen Rechts willen ein so herrliches weibliches Wesen wie meine Frau und drei

---

43 Vgl. Schwachheit, 415ff. Leider ist das Datum des Briefes im Druck falsch, wie die Kopie des Briefes aus dem Rosenstock-Archiv zeigt. Außerdem fehlen im Druck Hinweise auf die handschriftlichen Randbemerkungen des Briefs.

44 S. Nachlass.

45 In der Druckfassung findet sich statt dessen: „jede Anrede".

helläugige Kinder verlassen könnte, <u>außer mit körperlicher Gewalt von ihnen losgerissen, mit Revolver und Reitpeitsche, wie es wenige Monate später von Seiten der Russen und Polen manchem Hauseigentümer und Familienvater in himmelschreiender Sünde geschah.</u>

Meine Frau antwortete dementsprechend und sprang schließlich dem Generalvikar mit der Frage ins Gesicht: Hat denn der Kardinal kein Herz im Leibe, daß er von meinem <u>Liebsten</u>[46] solches verlangen kann? Da sagte der Generalvikar mit der ganzen Kühle seines <u>verdorbenen</u> Wesens: <u>„Nein, ein Herz hat der Kardinal nicht!"</u>

Mit diesem Satz endet im Manuskript das Gespräch. Der Generalvikar fragt um Erlaubnis für einen Besuch im Krankenhaus bei Wittig, und Anca kündigt ihm an, er werde dort keine andere Antwort bekommen als von ihr.

Die unterstrichenen Passagen in diesem Text sind in der Druckfassung gestrichen oder – an zwei Stellen verweisen die Anmerkungen darauf – geändert.[47]

Der Schlussteil des Berichts in der Druckfassung ist verändert und umfangreich ergänzt[48]: „Da sagte der Generalvikar in der ganzen Kühle seines Wesens: ‚Das können Sie nicht verlangen.' Meine Frau darauf: ‚Ein grosses Wort für einen Nachfolger der Apostel, denen ihr Meister immer die Liebe als das höchste Gebot lehrte.' Er darauf: ‚Der Kardinal kann nicht anders.' Und sie: ‚Vor kurzem schrieb mir aber Professor Krebs, daß Josef Bernhard die Laienkommunion empfing. Also liegt es doch am guten Willen des Amtes, solches möglich zu machen.' Der Generalvikar: ‚Auf Joseph Wittig sehen zu viele Protestanten, deshalb muß die Kirche hier besonders scharf vorgehen.' Meine Frau: ‚Welch merkwürdige Ansicht in dieser Zeit, da endlich durch die bitterste Kriegsnot die Konfessionen freundschaftlich zusammengeführt werden und die ersehnte Una Sancta Gestalt gewinnt.' Er darauf: ‚Es gibt nur die Rückkehr zum wahren Glauben der katholischen Kirche für den Einzelnen und für die Häretiker im ganzen ... '"

---

46 In der Druckfassung findet sich statt dessen: „Mann".

47 Vgl. zum vorstehenden Text die Druckfassung S. 110ff, besonders die Seiten 115/116.

48 Wir folgen jetzt dem undatierten handschriftlichen Text von Anca Wittig, der ungeändert in die Druckfassung übernommen wurde.

Soweit die von Anca Wittig für den Druck freigegebene Fassung der Ereignisse. Unbesehen möchte man angesichts dieses Textbefundes sagen: Die Fassung von Anca Wittig hat die größte Wahrscheinlichkeit für sich – nicht zuletzt deswegen, weil sie brieflich immer wieder darauf hinweist, wie wichtig ihr gerade diese Änderung ist. Hängt doch daran der Anspruch, mit der Veröffentlichung des *Romans* die Darstellung des Ordinariats hinsichtlich der Rekonziliation Wittigs zu korrigieren. Überdies ist der Generalvikar noch am Leben und könnte also bei falschen Angaben dagegen vorgehen. Irritierend ist dennoch, daß in allen Briefen, die sich auf diese Änderung beziehen, zwischen der Darstellung der Begegnung und den Passagen über die Una Sancta unterschieden wird.[49] In der Tat bleibt da eine Frage.

Die letzten Sätze Ancas in der Unterredung mit Negwer zur Una Sancta passen nicht so sehr gut in den Kontext dieser Begegnung, lassen sich aber sehr gut als „Botschaft" in der Zeit des Erscheinens des *Romans* 1949/1950 verstehen. So wird offen bleiben müssen, wie die Auseinandersetzung im Detail verlaufen ist.

Eine kritische Edition des *Romans* müsste neben diesem Befund noch die Interpretation der Stellungnahme des Hildesheimer Ordinariats durch Dr. W. Zimmermann stellen[50]. Sie macht deutlich, daß tatsächlich bei den Umständen der Rekonziliation etliches im Dunkel bleibt.[51]

Bemerkenswert ist weiterhin, daß Anca Wittig aus begreiflichen Gründen durchgängig in der Druckfassung Wittigs eigene Formulierung von einer „Unterwerfungserklärung" neutralisiert zu „Erklärung".[52]

---

49 Vgl. nur den Brief von Ehrenfried Klotz an Anca Wittig vom 14.3.1950, wo Klotz von dem „von Ihnen für nötig erachteten Passus über die Una Sancta" spricht.

50 Vgl. dazu oben Anm. 25.

51 Eine Zusammenstellung des gesamten Materials zur Rekonziliation, soweit es bis jetzt zugänglich ist, bietet die Neuausgabe von Eugen Rosenstock-Huessy / Joseph Wittig, Das Alter der Kirche, Bd. III, 299ff.

52 Vgl. z.B. Druckfassung S. 126 und S. 146. Viel gravierender aber ist jener Abschnitt, der auf S. 121 der Druckfassung aus dem Manuskript rausgekürzt wurde. Dort hatte Wittig aus dem Brief des für ihn zuständigen Pfarrers zitiert: „Der verehrte Herr Professor leidet unsagbar an seiner Gewissensunsicherheit (???). Er sucht den Frieden der Kirche, der ihm auch den inneren Halt gegen die Krankheit und die Kraft zu ihrer Überwindung geben könnte. Er glaubt – wenn auch nicht ganz sicher (?) – für seine Überzeugung einstehen zu müßen. Sein eheliches Ja gegen sein einstiges Ja

Nachbemerkung

Im Herbst 1950 erscheint der *Roman mit Gott*. Den Lesern bleiben die dramatischen Umstände der Edition und das Ringen um Formulierungen ebenso verborgen wie die Ängste, die mit dem Erscheinen des Buches verbunden sind. Das Buch geht seinen Weg – zumeist in der Stille. Erst 1979 anlässlich des 100. Geburtstags von Joseph Wittig bricht Rudolf Lennert in einem kleinen Gedenkartikel das Schweigen derer, die an den Korrekturen mitgewirkt haben[53], freilich auf so diskrete Weise, daß man den Text schon mit einer Hermeneutik des Verdachtes lesen muss, will man ihm die entsprechenden Hinweise entnehmen.

Zu den Herausgebern der Wieder-Ausgabe des *Romans* 1990 scheint diese Nachricht nicht gedrungen zu sein. Auch war zu diesem Zeitpunkt das Manuskript nicht für eine Überprüfung der Druckfassung zugänglich.

Das der Edition des *Roman mit Gott* zugrunde liegende Problem lässt sich so formulieren: Die radikale Ehrlichkeit, mit der Wittig sich selbst, sein eigenes Glaubensleben als Argument einbringt, verunsichert nicht nur die berufenen Theologen, sondern auch enge Vertraute und Freunde und viele im traditionellen Sinn fromme Leser. Wo die Wahrheit der Existenz gegen die Wahrheit des Dogmas steht, gibt Wittig der Existenz Raum und verwirft das Dogma. Zugleich gelingt es

---

zum Zölibat halten zu müßen. Er ringt den ehrlichen Kampf eines aufrichtigen Herzens. Der Herrgott wird ihn einstmals nach seiner Überzeugung richten."

Es ist nicht erkennbar, was den Ausschlag gegeben hat, diesen ja eigentlich dokumentarischen Abschnitt zu streichen, wenn nicht die Angst, es könne diese fremde Beschreibung der Situation Wittigs zu dieser Zeit durchaus sachgerecht sein. Dann würde auch verständlich, warum Wittig durchaus von einer „Unterwerfungserklärung" sprechen kann. Schließlich fände auch die außerordentlich bestürzende späte Notiz vom 1.5.1948 in „Chronik des Hauses" ihre Erklärung: „Nachts Erkenntnis, daß der April 1945 und die Hinwendung zur Kirche die Wende zum gnaden- und gottlosen Leben gewesen ist wie eine Strafe für meine Untreue gegen meine Bekenntniszeit 1925 – 1945."

Joseph Wittig hat offensichtlich die erste Hälfte des Jahres 1945 als eine Zeit besonderer innerer geistlicher Schwäche und darin auch Versuchbarkeit erfahren.

53 Vgl. dazu Rudolf Lennert, „Joseph Wittig 100 Jahre", in: Neue Deutsche Hefte 26,2 (Heft 162) 1979, 440–443, ferner Briefe an Anca Wittig vom 17.8.1978 und 19.2.1979 (privat).

ihm, erstaunliche Berührungen zwischen der Wahrheit der Existenz und der Wahrheit des Dogmas aufzuzeigen. Hier wird das theologische Nachdenken wieder in seinen eigentlichen Ort eingesetzt: Es soll zur Antwort helfen auf die schweren Fragen und existentiellen Nöte unseres Lebens. Erkennbar wird so die eigentlich seelsorgerliche Ausrichtung aller Theologie.

Ich merke nur an, welch ein beklagenswerter Fehler den Herausgebern der Wieder-Ausgabe von 1990 unterlaufen ist, als sie Eugen Drewermann um das Vorwort baten. Drewermann kann Wittig beim besten Willen nicht verstehen. Er kann ihn nur soweit benutzen, wie er der eigenen Auseinandersetzung mit der Amtskirche dienlich ist. Das tut Drewermann denn auch und interpretiert den Bruch der Kirche mit Wittig und auch den narrativen und erfahrungsgesättigten Theologieansatz von Wittigs religiösem Schrifttum einigermaßen zutreffend. Dann aber ist alles Verstehen zu Ende, wo es doch gerade erst beginnen müsste, um Wittigs theologischen Beitrag zu würdigen. Wo Drewermann von unverdaulicher Erbauungsliteratur eines vergangenen Jahrhunderts spricht, wo er „Konservativismus" bescheinigt – leider in ganz unwittigschem Sinn! –, da finde ich das eigentlich Faszinierende dieses Lebenszeugnisses.[54]

Wo Wittigs zeitbedingte Begrenzungen besonders deutlich werden – und die gibt es! Keine Frage! –, da eben leuchten kostbaren Edelsteinen gleich höchst wundersame theologische Erkenntnisse und Erfahrungen auf, die es erst einmal aufzunehmen und für uns heute neu auszusprechen gilt, ehe die Latte der wissenschaftlichen Kritik an Wittigs Texte angelegt wird.

Weil die radikale Ehrlichkeit selbst ein Argument ist, erfahrungs- und lebensgesättigt, muss jeder Eingriff in den Text zum Problem werden. Nicht nur Wittigs „natürliches Gefühl zur Ehrlichkeit", sondern ebenso die ihm gewordene Berufung und die als Notwendigkeit erkannte Verifizierung aller Glaubenssätze an der eigenen Existenz, führen zu einer

---

54 Vgl. dazu die Neuausgabe des „Romans" Moers 1990, Vorwort VIII ff. Am verheerendsten ist die Einschätzung der Exkommunikation durch Drewermann. Er vergleicht ihre Wirkung auf Wittig mit der einer Querschnittslähmung. Dagegen vgl. die Würdigung der Exkommunikation Wittigs durch Rosenstock-Huessy in seinem Aufsatz „Religio depopulata", in: Eugen Rosenstock-Huessy / Joseph Wittig, Das Alter der Kirche, Bd. III, Neuausgabe Münster 1998, 98ff.

Art Verbalinspirationspraxis gemäß dem Wort, das die biblische Überlieferung Pilatus in den Mund legt: „Was ich geschrieben habe, das habe ich geschrieben".[55] Darin zeigt sich die Ehrfurcht vor dem, was ihm eingegeben wurde.

Dem entsprechen dann auch scheinbare Äußerlichkeiten, wie die Notiz in der *Chronik des Hauses*, als er bei Durchsicht des bisherigen Manuskriptes feststellt: „ ... fand kaum einen Fehler" [56] (und das Manuskript zeigt denn auch fast keine Korrekturen).

Dem entsprechen die Berichte der Verleger und Freunde darüber, wie schwer es gewesen sei, Wittig das Einverständnis zu kleineren Korrekturen abzuringen.

An Wilhelm Stodt schreibt Wittig am 27.10.1946 und fasst damit auf das Kürzeste zusammen, was ihn als Schriftsteller eigentlich bewegt: „Man muß sich nur selber treu bleiben, seine Seele rein und klar halten, und unbedingt um jeden Preis wahrhaftig sein. Für mich selber setze ich hinzu: man muß auch aufhören können, wenn Gott nicht mehr will. Soweit bin ich nun, freilich erst seit einigen Wochen ... "[57]

Keine Frage: das geht auf Kosten der Angehörigen. Eine Edition zu Lebzeiten wird darauf Rücksicht nehmen müssen. Insofern sind die vorgenommenen Korrekturen menschlich verständlich. Dennoch gilt: Die Beschädigung des Werkes ist eine sublime, aber es ist eine Beschädigung. Anders als um diesen Preis war die Erstveröffentlichung nicht zu haben. Dass vor einer Neuveröffentlichung die Quellenlage nicht geprüft wurde und so auf die Verhandlung über eine kritische Edition verzichtet wurde, ist ein nur schwer nachvollziehbares Verfahren. Wittig wurde damit jedenfalls kein guter Dienst erwiesen.

In diesem Bekenntnisbuch, das seinesgleichen in der religiösen Literatur unseres Jahrhunderts suchen muss, hat sich einer aufgemacht und sucht, durch die Situation, in der erlebt, zum Äußersten entschlossen, nach dem Gott, der uns Menschen nahe ist. Wohl möglich, dass wir alle erst noch in solche Situationen geraten müssen, in denen wir – zum Äußersten entschlossen – ihm folgen, um dann – nunmehr selbst erfahren – denen helfen zu können, die unter uns heute auf der Suche sind nach dem Gott, der ihr Leben erfüllt.

---

55 Darauf weist auch Rudolf Lennert noch einmal in seinem Gedenkartikel von 1979 hin, vgl. dazu oben Anm. 27 und 53.
56 S. oben Anm. 6, Notiz vom 11.2.1946.
57 Vgl. Schwachheit, 418/19.

„Sich einfach in die Arme Gottes schließen lassen"

Zur Naivität Joseph Wittigs

Benno Haunhorst, Hildesheim

I.

„Es hilft schon nichts", schreibt Joseph Wittig, „wer Jesum und die Kirche und alles, alles ein wenig verstehen will, muß ein wenig über die Grenzen kleinbürgerlicher Auffassung von Gott und seinem Leben hinausgehen. Es genügt nicht, seine Begriffe auf das Schachbrett zu stellen: dort Gott, hier die Menschen, dazwischen Jesus, die Kirche, der Papst, die Bischöfe, alle artig auf ihrem Quadratlein eingeschränkt und nur von großem Verlangen erfüllt, einander zu schlagen und zu gewinnen. Es ist vielmehr ein Ineinander des Lebens."[1]

J. Wittig, 1937

Wer so denkt, schickt sich an, die Theologie vom Kopf auf die Füße zu stellen. Die Füße der Theologie aber sind die einfachen Leute, von denen Wittig erzählt, und nicht die Theologen, über die er Judas sagen lässt: „Sie verknüpfen ihr Schicksal mit dem Schicksal des Gottesreiches erst, nachdem durch Verhandlungen zwischen Kurie und Regierung die Besoldungsverhält-

---

1 Joseph Wittig, Leben Jesu in Palästina, Schlesien und anderswo. 2. Teil, Gotha 1927, 137.

nisse wenigstens einigermaßen anständig geregelt sind."² Der Inhalt wittigscher Theologie erweist sich als narrative Soteriologie, deren Eckpunkte Schöpfung und Erlösung heißen und in die er Christologie, Gotteslehre und Ekklesiologie integrieren kann.

Die Erfahrungen der Kindheit und Jugendzeit dominieren in Wittigs Publikationen. Das hat damit zu tun, dass sich Wittig dem wahren „Herrgottswissen"³ nur naiv nähern kann. Wittig entdeckt so die „ungesicherte, offene Gotteswelt", wie sein Freund *Eugen Rosenstock-Huessy* treffend formuliert hat.⁴ „Gott und seine Offenbarung sind Wirklichkeiten, gegenüber denen die sichtbare Welt mit all ihrer Greifbarkeit nur eine nachgebildete Wirklichkeit sein kann", schreibt Wittig in seinem ersten Buch *Herrgottswissen von Wegrain und Straße*.⁵ Sein religiöses Bewusst-Sein gipfelt in dem Bekenntnis: „Die ganze Erde wird mir zur Eucharistie."⁶ Die Gegenwart Gottes und die Erfahrung der Kreatürlichkeit der Welt im alltäglichen Leben, also ein radikal sakramentales Deuten von Wirklichkeit, wird zu Wittigs Hauptanliegen.

„Ein Volk freier Kinder Gottes" fordert Wittig in *Die Erlösten,* seiner „Osterbotschaft", wie er sie später häufig genannt hat. „Froh wollte ich alle Leser machen in dem Gedanken, daß sie zum Volk der Erlösten gehören. Wie heimliche Königskinder sollten sie wieder unter dem anderen Volk einhergehen."⁷

In der Rückschau erscheint dies als ein recht harmloses Programm. Aber für Wittig geht es hier nicht um ein isoliertes Problem aus der pastoralen Praxis, sondern er legt damit den Nerv einer neuscholastischen und gegenreformatorischen Theologie bloß. Die unmittelbare Begegnung des Menschen mit Gott, die Wittigs Denken grundlegend

---

2   Ebd. 159.
3   Joseph Wittig, Herrgottswissen von Wegrain und Straße, Heilbronn 1928.
4   Eugen Rosenstock-Huessy, Ja und Nein. Autobiographische Fragmente, Heidelberg 1968, 113.
5   Joseph Wittig, Herrgottswissen von Wegrain und Straße, Heilbronn 1928, 42.
6   Joseph Wittig, Die Kirche im Waldwinkel, Kempen 1949 (erstmals 1924) 17.
7   Joseph Wittig, Meine Geschichte von den Erlösten. Eine Selbstverteidigung und Selbstkritik, in: Hochland 19 (1922) 585–597. 587.

durchzieht, führt zu einer Auffassung von der Mündigkeit des Laien und vom allgemeinen Priestertum, die seiner Zeit weit voraus ist.

Wittig schreibt aus dem alltäglichen Leben einfacher Leute heraus, aber dennoch findet der Alltag im eigentlichen Sinne in seinen Schriften nicht statt. Kapläne, Pfarrer und Ordensleute, seine Mutter und Großmutter und einige kuriose Persönlichkeiten seiner schlesischen Heimat sind mit Wittigs religiösem Erleben verbunden, das sich dann in Naturerlebnissen erweitert und vertieft. Aber der politische Alltag – im weitesten Sinne – kommt nicht vor. Für Wittig ist das personale Miterleben von entscheidender Bedeutung, darin unterscheidet er sich jedoch bereits erheblich von dem, was zu seiner Zeit kirchlich üblich und möglich war. „Leben" und „Erleben", „Seele" und „Glaube" lauten seine grundlegenden Topoi. Sie begegnen uns fortlaufend in Wittigs Schriften, ebenso wie „Alltag" und „Volk".

Von der Naivität Joseph Wittigs ist hier zu reden. Von seiner theologischen und politischen Naivität. Es ist die Naivität eines Mystikers, eines Gläubigen, der Gott erfahren hat.

Wir assoziieren mit dem Wort „Naivität" Arglosigkeit, Unbefangenheit und Offenheit, aber auch Leichtgläubigkeit. Ich sehe, dass sich Joseph Wittigs Lebenseinstellung innerhalb des gesamten Horizonts dieser Deutungen bewegt. Wir kommen dem Grund und seiner Naivität näher, wenn wir bedenken, dass das dazu gehörende französische Lehnwort auf das Lateinische „nativus" zurückgeht, was angeboren meint. Wittig ist nur dann authentisch und erhellend, wenn er über die Welt schreiben kann, in die er hineingeboren wurde.

II.

Im April 1922 teilt der Breslauer *Kardinal Bertram* Wittig mit, ein Pfarrer habe in scharfer Form Einspruch gegen *Die Erlösten* erhoben. Bertram rügt vor allem den „Spott über den Dogmatiker", den „Mangel an Pietät" und „fürchtet, daß der Aufsatz einen ungünstigen Einfluss auf das neue Konkordat ausüben wird"![8] Von Wittig wird eine Klarstellung verlangt und eine Erklärung, dass er nicht die kirchliche Bußdisziplin oder die Autorität des kirchlichen Lehramtes angreifen wollte. Wittig stellt richtig; Anfang 1923 ist der Streit beigelegt.

---

8 Eugen Rosenstock/Joseph Wittig, Das Alter der Kirche. Kapitel und Akten. Bd. III, Berlin 1927, 8.

Tatsächlich ist also nichts geschehen, was man Wittig hätte vorwerfen können. Aber wo sich der Schatten eines Verdachts breit macht, stellt sich auch bald die Dunkelheit der Verurteilung ein. 1924 befindet sich Wittig im Kampf mit den kirchlichen Zensurbehörden in Köln, Augsburg und Passau. In Köln wird ein Sonderdruck von Wittigs *Die Bergpredigt* in der katholischen *Kölnischen Volkszeitung* verboten und die Zeitung angewiesen, künftig keine Beiträge Wittigs mehr zu übernehmen. Der *Bergpredigt* – Wittig übernimmt sie später in den zweiten Band seines *Leben Jesu* – wird mit folgender Begründung das Imprimatur verweigert: „Es durchzieht das einen so erhabenen und wichtigen Gegenstand feuilletonistisch behandelnde Manuskript neben dem Mangel an Klarheit ein Spielen mit gewagten, z. T. trivialen, skizzenhaft-belletristisch hingeworfenen Gedanken, von denen man nicht weiß, was der Verfasser, der doch Priester und Theologieprofessor ist, eigentlich damit will, von denen man aber sicher voraussehen kann, daß sie auf viele Leser religiös verwirrend wirken werden."[9] Wittig versucht sich zu wehren, indem er dem Kölner *Kardinal Schulte* schreibt, dass das Imprimatur doch keine kirchliche Gnade sei und dass er hier um sein Recht und seine Ehre kämpfe, solange man ihm keine Verstöße gegen die Glaubens- und Sittenlehre der Kirche nachweisen könne. Der antwortende Generalvikar verbittet sich diesen Ton und bekräftigt die gefällte Entscheidung.

1925 erscheint das *Leben Jesu* ohne Imprimatur in der Sparte der schöngeistigen Literatur, für die eine kirchliche Druckerlaubnis nicht erforderlich ist. Wittig hat diesem Vorgehen letztlich zugestimmt, weil sich nach Erscheinen des von Kardinal Bertram bei dem Dogmatiker *Engelbert Krebs* eingeholten theologischen Gutachtens über seine Publikationen für ihn kein anderer Weg mehr bietet. Der Freiburger Dogmatiker benennt drei Hauptirrtümer Wittigs bezüglich der Freiheitslehre, der Sünden- und Rechtfertigungslehre und des Kirchenverständnisses der katholischen Kirche. Diese dogmatische Auseinandersetzung soll hier nicht nachgezeichnet werden, nur soviel:

Wittig muss notwendigerweise mit traditionellen theologischen Positionen kollidieren, wenn die Allgegenwart Gottes und die unergründliche Allwirksamkeit des göttlichen Willens sein gesamtes religiöses Empfinden und theologisches Nachdenken dominiert. Bevor Krebs zum

---

9 Ebd. 24.

Schluss seines Gutachtens seiner privaten Verehrung für Wittig Ausdruck verleiht und hervorhebt, dass er „schon seit langem täglich im Memento der heiligen Messe den Namen Wittig nennt"[10], unterbreitet er Kardinal Bertram Formulierungen für eine Erklärung Wittigs, mit der dieser Abstand von seinen zweifelhaften Formulierungen nehmen soll. Dabei legt ein scheinbar nebensächlicher Passus den Nerv des eigentlichen Streits offen: „Auch möge er gerade als Kirchenhistoriker zu erkennen geben, daß die Prägung und der Gebrauch theologischer Ausdrücke, durch welche biblische Worte und Sätze gegenüber den Häretikern geschützt werden, für notwendig zu erachten ist und auch im Volksunterricht nicht einfach durch bloßen Gebrauch rein biblischer Ausdrücke ersetzt werden könne, da Christus zu anderen Menschen und unter anderen Umständen und gegenüber anderen Gegnern redete, als die Kirche es in den einzelnen Jahrhunderten tut."[11] Hier wird deutlich, was neuscholastisches Systemdenken bedeutet, nämlich die Konservierung theologischer Begrifflichkeiten – Fixpunkt war das Tridentinum! – und somit die Gefahr einer andauernden Reproduktion von Tautologien. Wittig sprengt dieses System, indem er sich dem Einhalten der normierten Sprache als geforderter theologischer Aufgabe entzieht.

Wittig erklärt sich nicht dazu bereit, die ihm von Krebs vorformulierte Stellungnahme abzugeben. Am 3.8.1925 übermittelt Kardinal Bertram an Wittig den Spruch des Heiligen Officiums auf Ablegung der „Professio fidei". Gleichzeitig werden folgende Schriften Wittigs indiziert: Die Aufsätze: *Die Erlösten* im Hochland, *Das allgemeine Priestertum* und *Die Kirche als Auswirkung und Selbstverwirklichung der christlichen Seele* in Ernst Michels Buch *Kirche und Wirklichkeit* sowie seine Bücher *Herrgottswissen von Wegrain und Straße* und *Leben Jesu in Palästina, Schlesien und anderswo*. Wittig weigert sich, erneut den Antimodernisteneid abzulegen, weil er niemals dagegen verstoßen habe und sich nicht als Eidbrecher beschuldigen lasse. Er bittet um Beurlaubung als Hochschullehrer und ersucht Anfang 1926 um seine Emeritierung, um einer gütlichen Beilegung des Konfliktes behilflich zu sein. Im Mai 1926 fordert ihn Bertram ultimativ zur Eidesleistung und zum Widerruf auf. Wittig lehnt in dem Bewusstsein ab, „daß weder Feuer noch

---

10 Ebd. 73.
11 Ebd. 73.

Wasser noch der Canon 2314 mich trennen kann von der Liebe Christi"[12]. Am 12. Juni 1926 wird Joseph Wittig exkommuniziert „wegen Ungehorsams gegen die Vorschriften, welche die ... Hl. Kongregation zum Schutze der Reinheit des Glaubens erlassen hat ..."[13]. 1927 heiratet Joseph Wittig.

Eugen Rosenstock-Huessy hat wohl die treffendste Bewertung des „Falls Wittig" abgegeben, wenn er schreibt: „Sie begreifen nicht, daß er spricht, wo sie denken, erzählt, wo sie memorieren, das Dogma durchlebt wissen will, wo sie Dogmatik wissen wollen ... In Wittig wird nicht der Theologe verurteilt, sondern der Nichttheologe! Wittig ist nicht mit seinem Kopf der Kirche entwachsen, sondern mit seinem Herzen, das des Volkes ist, erliegt er der menschlich-irdischen Infiltration der Kirche des zweiten Jahrtausends."[14]

III.

Jede Rede von Gott muss befreiend wirken, das ist Wittigs theologischer Ansatz. Deshalb erkennt er die neuscholastische Theologie auch nicht als Rede von Gott an: „Ich hatte schon öfters gemerkt, daß mich das Studium der Theologie alt gemacht hatte, viel zu alt, um mit dem Volke von Galiläa staunen zu können über die Bergpredigt Jesu."[15] „Da ist gar keine Zeit zum Durstig- und Hungrigwerden!"[16] – „Ich glaube, daß wir in der Religion viel zuviel klingeln und erwachsen tun. Sich einfach in die Arme Gottes schließen lassen, das scheint das eine Notwendige zu sein. Man braucht ja in den Armen Gottes nicht gleich einzuschlafen ... Es sind ja die Arme eines stets tätigen Gottes, eines Gottes, der rein Tat ist."[17] Dieses naive Staunenkönnen, Hungrig- und Durstigwerden, sich in die Arme Gottes schließen lassen, ist die Stärke Wittigs.

Die befreiende Wirkung wittigscher Theologie für viele Menschen liegt wohl darin begründet, dass sich Wittig erzählend selbst befreit, indem er seine eigene Glaubens- und Leidensgeschichte paradigmatisch vor-

---

12 Ebd. 140.
13 Ebd. 141.
14 Ebd. 131f.
15 Joseph Wittig, Leben Jesu, 2. Teil, 1927, 41.
16 Joseph Wittig, Leben Jesu, 1. Teil, 1927, 171.
17 Joseph Wittig, Leben Jesu, 1. Teil, 1927, 329.

führt. Wittigs Erfahrungen sind dabei aber keine gesellschaftlichen, sondern sein persönliches Erleben Gottes. Wohl denkt er konsequent von *unten*, vom Volk her, aber letztlich sind seine Nöte und Erfahrungen nicht die Nöte und Erfahrungen des Volkes, sondern die Nöte und Erfahrungen, die der sensible Theologe Wittig macht, als er begreift, dass die befreiende Botschaft des Evangeliums Christi das Volk nicht erreicht, weil die Kirche diese Botschaft nicht mehr verkündet und lebt.

Letztlich – so meine ich – spiegelt sich auf tragische Weise die Wirklichkeitsferne der Theologie seiner Zeit bei Joseph Wittig selbst wider. Auch er lebt in einer hermetisch abgeschlossenen Welt. Ich vermag nicht zu erkennen, dass er die Umwälzungen in der bildenden Kunst, in der Literatur und in der Musik wahrnimmt oder die philosophischen, soziologischen und psychologischen Erkenntnisfortschritte oder die wirtschaftlichen, gesellschaftlichen und politischen Umbrüche in den ersten drei Jahrzehnten dieses Jahrhunderts aufgreift und bedenkt. Ein Grund für seine weltferne personalistische Beschränkung erblicke ich in einem von Wittig häufig zitierten Schriftwort. „Das Himmelreich ist in euch", lässt er Jesus an mehreren Stellen seiner Schriften sagen. In der Seele des Einzelnen geschieht die Ankunft Gottes in der Welt. Dieser Ansatz eint alle auf das Innerste orientierten Frommen, basiert aber auf der Jahrhunderte lang falsch übersetzten Stelle aus Lk 17,21, die richtig lauten müsste: „Das Reich Gottes ist mitten unter euch."

Aber für Joseph Wittig gilt: „Nirgendwo anders als in der Menschenseele liegen die Kräfte und Gesetze, welche die Geschichte bilden ..."[18]

Ich muss an dieser Stelle einfach jene Episode einfügen, die nur Wittigs reine Seele belegt, aber gleichzeitig zeigt, dass nicht die Menschenseelen die Kräfte der Geschichte bilden: Im Herbst 1936 wurde Joseph Wittig zum Blockwart der NSDAP ernannt. Eine nur schwer verständliche politische Naivität spricht aus der Darstellung, die er selbst im *Roman mit Gott* gibt: „Bei einer Sitzung dieser Organisation [der NSV-nationalsozialistische Volkswohlfahrt; B. H.] war ich zum ‚Blockleiter' ernannt worden. Da ich laut einer schriftlichen Anweisung als Block-

---

18   Joseph Wittig, Die Kirche als Auswirkung und Selbstverwirklichung der christlichen Seele, in: Ernst Michel (Hg.), Kirche und Wirklichkeit, Jena 1923, 189–210, 196f.

leiter in den benachbarten Häusern und Häuserschaften nur ungefähr das zu leisten hatte, was mir aus meinen Seelsorgerjahren zu einer lieben Gewohnheit geworden war, eben soziale und karitative Fürsorge für das Volk, so habe ich mich dagegen nicht gesperrt. Erst ein halbes Jahr später erfuhr ich durch meinen Briefträger, daß ich nicht Blockleiter der NSV, sondern der Partei sei. Jetzt gab es leider kein Entrinnen mehr ..."[19]

IV.

Wir müssen Joseph Wittigs Bemühungen verstehen als einen Versuch zur Entwicklung einer personalistischen Theologie als erstem Ansatz zur Überwindung einer subjektlosen neuscholastischen Theologie. Deshalb ist das Nachskizzieren seines Ansatzes von grundlegender Bedeutung. Ich möchte das zunächst im Überblick und dann punktuell vertiefend und auch kritisch nachfragend tun.

Die *erste* Phase prägt der Aufsatz *Die Erlösten* von 1922. Der Dissens zwischen dem real existierenden kirchlichen Katholizismus und der befreienden Erlösungsbotschaft Christi ruft Wittig zunächst als Kirchenkritiker auf den Plan. Er investiert hier noch seine Kraft, indem er sich gegen die dann folgenden Angriffe aus dem kirchlichen Binnenraum zur Wehr setzt. Aber bereits mit seinem Hauptwerk *Leben Jesu in Palästina, Schlesien und anderswo* beginnt die *zweite* Phase, die mit Wittigs 1929 erschienenen Buch *Höregott. Ein Buch vom Geiste und vom Glauben* ihren Höhepunkt erreicht. Diese Phase durchzieht die Suche nach einem neuen Fundament. Der nunmehr kirchlich heimatlos Gewordene muss sich abseits der Kirche gläubig und theologisch neu beheimaten. Die Nische, in der sich Wittig dann einrichtet, stürzt ihm schließlich um das Jahr 1940 herum ein. Und damit beginnt Wittigs *dritte* Phase, die er in seinem posthum veröffentlichten *Roman mit Gott. Tagebuchblätter der Anfechtung* verarbeitet. Durch Krankheit, Kriegswirren und Verlust der schlesischen Heimat durchlebt er die Tragik Hiobs. Wittig wendet sich gegen sein letztes Refugium, er wendet sich gegen Gott und begegnet ihm so schließlich neu.

Auf die zweite und dritte Phase möchte ich im folgenden etwas näher eingehen. Der Austausch und die Vergewisserung von Glaubenserfah-

---

19   Joseph Wittig, Roman mit Gott. Tagebuchblätter der Anfechtung, Stuttgart 1950, 63f.

rung kann immer nur narrativ vor sich gehen, ebenso wie die Vermittlung von Heil in der Geschichte. Mit dieser Intention schreibt Wittig sein *Leben Jesu*. Er erzählt die Geschichte eines Menschen mit Jesus; er schreibt ein Evangelium von dem, was ein Mensch heute mit Jesus erlebt. Und diese Geschichte ist seine Autobiographie zwischen dem achten Lebensjahr und der Priesterweihe. Wittig lebt von Christus her, deshalb weiß er sich im Reich Gottes. Und durch die Taufe weiß er sich dem allgemeinen Priestertum verbunden, trotz seiner Ausgrenzung seitens der Kirche. In seinem Buch *Höregott* kreisen Wittigs Gedanken um einen dritten Punkt: Das prophetische Leben, die lebendige, gläubige Verbindung mit Gott, findet weitgehend nicht mehr innerhalb, sondern außerhalb der Kirche statt. Man kann diese These natürlich auch von seiner Lebensgeschichte her deuten, tatsächlich aber ist sie in Wittigs Publikationen schon lange vor seiner Exkommunikation vorhanden, nun jedoch tritt sie in *Höregott* auch in aller polemischen Schärfe in den Vordergrund. Dabei reflektiert Wittig Themen, die ihn weit über seine persönliche Problematik hinaus als Vorreiter einer zeitgenössischen Theologie ausweisen. Die um sich greifende Entfremdung des Volkes vom Christentum und den vorhandenen religiösen Indifferentismus selbst im gläubigen Volk macht Wittig nämlich nicht allein zum Thema der kirchlichen Verkündigung, sondern der Theologie selbst.

Wittig versucht am Gegensatz „Glaube" und „Geist" einen Ausweg anzudeuten. Die Sprache des Geistes ist die Wissenschaft, die Sprache des Glaubens aber ist „das Erlebnis der Wirklichkeit". Der Verlust der Wirklichkeit in der Theologie zieht den Sieg des „kirchlichen Geistes" und den Tod des „kirchlichen Glaubens" nach sich. Der kirchliche Glaube starb drei Tode: den Tod der Bibel, verantwortet von einer allein philologisch und historisch interessierten Exegese; den Tod des Symbols, hervorgerufen von einer ausschließlich begrifflich ausgerichteten Theologie, die ihre eigenen Formulierungen und Erzeugnisse als den Glauben ausgab; den Tod der Liebe, hervorgerufen von einer Kirche, die sich von einer Glaubensgemeinschaft weg und hin zu einer Körperschaft entwickelte.

V.

Der Gegensatz von „Glaube" und „Geist" lässt sich sehr leicht auch reaktionär ausdeuten. Das hätte nicht der Intention Wittigs entsprochen, macht aber doch deutlich, dass Wittig mit seinen Überlegungen nicht mehr als seine eigene private Selbstvergewisserung erreichen kann, weil er den kirchlichen und gesellschaftlichen Ort einer neuen gläubigen Praxis und die sie tragenden Subjekte nicht benennen kann.

Ich spreche hier von Joseph Wittigs gewichtigen Beitrag zur Entwicklung einer personalistischen Theologie. Deshalb mag Ihnen die folgende Beobachtung widersprüchlich erscheinen: In Wittigs Werk bricht sich immer wieder Bahn seine Neigung zur Entpersönlichung und zur Dämonisierung, im ursprünglichen Wortsinn: dass unpersönliche Kräfte am Werk seien. In *Höregott* redet er vom „Geist", der sich ihm gegenüber als Gegenmacht aufbaut. Andererseits ist z. B. in dem Aufsatz *Die Kirche als Auswirkung und Selbstverwirklichung der Seele* in Ernst Michels Zeitbuch *Kirche und Wirklichkeit* – ich erwähnte es bereits – die „Seele" die handelnde Kraft in der Menschheitsgeschichte. Mir scheint, Joseph Wittig erwirbt sich seine gläubige Naivität durch den weitgehenden Verzicht auf ein handelndes Subjekt und auf eine zeitgenössische Prägnanz. Überall trifft Wittig auf „Mächte und Gewalten", die die Wirklichkeit formen: *die* Seele, *das* Leben, *der* Geist, *der* Glaube.

Seine einzigen, mir bekannten politischen Reflexionen finden sich in *Aussichten und Wege* von 1930. Dort äußert er sich über elf Seiten zur Demokratie unter der Überschrift „Königtum und Priestertum des Volkes"[20]. Auch hier wieder zwei Abstraktionen. Sie können sich denken, dass man zwischen den Polen „Königtum" und „Priestertum" der politischen Realität der Weimarer Jahre nicht gerade sehr nahe kommt.

VI.

Wittig muss sich nach 1927 mit seiner Frau und seinen drei Kindern mehr schlecht als recht durchs Leben schlagen. Eine kleine Pension als emeritierter Professor, einige Vorträge vor evangelischen Kreisen, Arbeiten als Heimatschriftsteller und -historiker sind seine einzigen Einnahmequellen. „Aber genau besehen war ich aus der Bahn geschleudert", schreibt Wittig später, „die römische Kirche hat mich als Schriftsteller wirklich tot gekriegt"[21]. Die dauernde Anspannung führt Wittig

---

20 Joseph Wittig, Aussichten und Wege, Heilbronn 1930, 204–215.
21 Joseph Wittig, Roman mit Gott, 52.

ab 1940/1941 dem körperlichen und seelischen Zusammenbruch entgegen.

Seine Tagebuchaufzeichnungen aus den letzten beiden Kriegsjahren kreisen um die Frage, wie Gott Gewalt, Not und Elend zulassen könne. Diese Frage radikalisiert den auf sich selbst zurückgeworfenen Wittig bis in sein theologisches Mark hinein: „Ja, ich lästere den Gott, den sie predigen und dessen Namen sie missbrauchen. Er ist nicht Gott; er ist ein Produkt des Heidentums und eine fixe Idee der Philosophen. Er ist der Ens a se, ein Unding für mein frommes Herz, eine schwere Bedrückung aller frommen Menschen."[22] Der „scholastische Gott", wie ihn Wittig nennt, der „heidnische Gott der römischen Kirche"[23] existiert nicht: „Nicht allmächtig, nicht allheilig, nicht allweise, nicht allgerecht, sondern unendlich klein und zart und schwach, flatternder als der goldene Falter und zerstörbarer als der Farbenstaub auf dessen Flügeln"[24] – so erfährt nun Wittig den Gott Jesu Christi.

Im *Roman mit Gott* erleben wir zunächst den verbitterten, dann den sehnsüchtig verlangenden und schließlich den demütigen Wittig, der zur Ruhe kommt in dem Bekenntnis: „Unsere Armut und Ohnmacht sind die Zeichen und Ausweise unserer Gotteskindschaft"[25], weil sich Gott in dieser Welt selbst nur als schwache, ohnmächtige, sich selbst verschenkende väterliche Liebe zeigt. Für Wittig ist seine eigene Leidensgeschichte damit in Gott aufgehoben. Weil sich Wittigs Leidensgeschichte aber nur am Leiden an einer starren kirchlichen Lehre und Praxis entzündet, wirkt seine Theologie auch nur gefährlich-befreiend innerhalb von Theologie und Kirche. Aber hier eröffnet Wittig neue Wege auch gerade deshalb, weil er „Trauerarbeit" über den Verlust des Menschen in der Theologie leistet.

Es bliebe noch viel auszuführen über Joseph Wittigs Naivität. Insbesondere auch über seine – ich möchte sagen – ungebrochene priesterliche Frömmigkeit über all die Jahre seines Kämpfens und Auseinandersetzens hinweg. Aber das wäre eine eigene Untersuchung wert, die sich, wie die eine oder andere offengelassene Frage, jetzt bearbeiten lässt über den Zugang zum Nachlass Joseph Wittigs in der hiesigen theologischen Bibliothek. Dafür darf ich den Initiatoren, insbesondere der Familie Wittig, Danke sagen.

---

22 Ebd. 57.
23 Ebd. 126.
24 Ebd. 21.
25 Ebd. 177.

I B

Nachträge zur akademischen Feier anlässlich der Übernahme des Nachlasses von Joseph Wittig

Aus den Geheimnissen des Lebens leben
Zu Joseph Wittigs 50. Todestag

Dr. Fritz Herrenbrück, Löffingen

J. Wittig kurz vor seinem Tod, August 1949

Ersehnt, dennoch völlig unerwartet erfährt Joseph Wittig im März 1946, dass er wieder in die kirchliche Gemeinschaft aufgenommen worden ist, aus der er 20 Jahre zuvor ausgeschlossen worden war. Diese überraschende Mitteilung gibt ihm inneren Halt, als er einen Monat später seine schlesische Heimat verlassen muss, die ihm ein Born unerschöpflicher Inspiration war. Im Westen Deutschlands findet der Schwerkranke zunächst in Altena in Westfalen Zuflucht, in einem Krankenhaus, dann in Göhrde-Forst, in einem einsam gelegenen

Forsthaus in der Lüneburger Heide.[1] Er stirbt dort am 22. August 1949 – im Begriff, nach Meschede im Sauerland umzuziehen, wo er eine Wohnung in einer Gegend gefunden hatte, die mehr seiner heimatlichen entsprach. Dort findet er nur seine letzte Ruhestätte.

Abendgebet[2]

O heilige Dreifaltigkeit
mein Ewig und mein Nu,
als Tag bist du mir Tätigkeit,
als Nacht bist du mir Ruh.

Von Dir, mit Dir und in Dir bin
ich Tag und Nacht Dein Bild.
Nun geb ich mich dem Schlafe hin,
in deine Falten eingehüllt.

Gott Vater, Sohn und Heiliger Geist,
mein Schifflein, Segel, Kiel und Mast,
drauf meine frohe Seele reist
ins Himmelreich als Gottes Gast.

Joseph Wittig zählt mit zu den Wegbereitern des II. Vatikanischen Konzils, wahrhaft ökumenische Lebenshaltung verbunden mit Treue zur Kirche seiner Väter.

Die Alte Kirche weist neue Wege

Zunächst ist Wittig als Seelsorger seiner schlesischen Heimat zu nennen, der sich der Laien und ihrer Glaubensnot seit 1914 als Volksschriftsteller anzunehmen versucht. Zu Ostern 1922 veröffentlicht er *Die Erlösten*, einen Artikel, der viele Katholiken aufatmen lässt und

---

1   „Wir wohnen allzu entlegen. Mir fehlen die Berge und die Blumen am Wege und auf den Wiesen. Es ist hier gar kein ‚Wittigland'" (Brief an Eugen Rosenstock-Huessy v. 17.5.1947, in: Wittig, Joseph, Kraft in der Schwachheit, Moers 1993, Nr. 418, 442 [zitiert: J. Wittig, Briefe]).

2   Aus: Joseph Wittig, Die Christgeburt auf der Straße nach Landeck, Leimen/Heidelberg 1981, 127.

ihnen neuen Zugang zum christlichen Glauben schenkt.³ Umgehend wird Wittig von dem Churer Dogmatiker Anton Gisler als „Luther redivivus" – als der wiedererstandene Luther – verschrien. Damit geschieht eine grundlegende Weichenstellung, der sich der Breslauer Fürstbischof Adolf Kardinal Bertram genauso wenig entzieht wie der Denunziation durch den zu seiner Diözese gehörenden Geistlichen Rat Pfarrer Georg Hauptfleisch von St. Bonifaz in Breslau, so dass drei Jahre später der *Erlösten*-Aufsatz indiziert und der Verfasser im darauffolgenden Jahr exkommuniziert wird.

Bis dahin wirkt Joseph Wittig als Professor für Alte Kirchengeschichte, Patrologie und kirchliche Kunst in Breslau. Seine altkirchlichen Forschungen hinterlassen in seiner Persönlichkeitsstruktur tiefe Spuren. „Lieber ist mir, daß ich weder lutherische noch tridentinische Theologie lehre, sondern daß ich aus der Zeit komme, in der noch alle Christen gemeinsam beteten und glaubten und hofften, und daß ich alle Wunder und Gnaden jener Zeit verkündigen dürfe. Ich muß die geschichtliche Trennung der Christenheit anerkennen, weigere mich aber, sie in meinem Herzen zu vollziehen." Das steht im Vorwort seines *Leben Jesu in Palästina, Schlesien und anderswo*, dessen Vorarbeiten in das Jahr 1922 hinabreichen und das nach vielem Hin und Her endlich 1925 bei Kösel & Pustet in München wenn auch nicht mit dem ersehnten Imprimatur, der kirchlichen Druckgenehmigung, sondern nur in der Rubrik „schöngeistige Literatur" erscheinen kann – zur Ehre des Verlags sei dies festgehalten!⁴

---

3   „Die Erlösten" wurde veröffentlicht in der führenden katholischen Zeitschrift „Hochland", einer „Zeitschrift für alle Gebiete des Wissens und der schönen Künste", die von Carl Muth herausgegeben und auch von evangelischen Christen gern und aufmerksam gelesen wurde. Schnell war das Oster-Heft des „Hochland" vergriffen. Von Hand abgeschrieben, im folgenden Jahr als Volksausgabe in der Sammlung „Bücher der Wiedergeburt" erhältlich, fand der Artikel eine ungeahnte rasche und weite Verbreitung.

4   Vgl. Hacker, Friedrich H., Um die religiöse Mündigkeit im Romkatholizismus, in: Alt-katholisches Volksblatt 58 (Nr. 51, v. 23.12.1927) 403a: „Wer einmal eine Geschichte der Kirche ... unserer Zeit schreiben will, in die doch in erster Reihe auch das katholische Verlagswesen gehört, wird in diesen Akten den Schlüssel zu manchen Dingen finden, die ihm sonst rätselhaft blieben. Es mag ja vielleicht heute für einen katholischen Verlag wie Kösel peinlich sein, daß alle Welt lesen kann, wie führende Persönlichkeiten des Verlags sich für Wittig eingesetzt haben, um seine Schriften zum Druck zu bringen, welch deutliche Sprache von seinen Vertretern gespro-

Dass Wittig mit der Alten Kirche lebt und atmet, zeigt sich beispielsweise in dem ebenfalls 1922 in dem katholischen Sonderheft *Die Tat* erstmals erschienenen Aufsatz „Die Kirche als Auswirkung und Selbstverwirklichung der christlichen Seele".[5] Er orientiert sich dabei nicht an der Frage, ob es eine „Gründungsurkunde" der Kirche gibt, wie die berühmte Bibelstelle aus dem Matthäusevangelium nahelegen könnte. Er vertraut sich vielmehr dem Wort „Seele" an,[6] das die Psychologen bei ihrem damaligen Siegeszug nur als Psyche, als Wille, Gefühl und Verstand, fassen wollen, und legt dar: „Körperbildung der Seele ist alles, was auf Erden geschieht." Die Kirche entsteht dadurch, dass etwas Neues in die Seele kommt, nicht dass sie „nach Juristenbegriff gegründet, nicht mit kluger Berechnung organisiert (wurde). Sie wuchs aus den neuen, vollebigen Seelen hervor und war lauter Leben. Lauter Leben, das sich verkörpern muß, um auf der Erde wirksam zu werden!" Dieses Neue bringen die ersten Christen mit Jesus von Nazareth in Verbindung, so dass die Folgerung möglich wird: Die Körperbildung der Seele Jesu, alle seine Worte und Taten, haben die neue Gemeinschaft gestiftet. Diese Stiftung geht durch die Zeiten. Sie ist ein Sichtbarwerden des lebendigen Leibes Christi. Soziologisch und rechtlich ist

---

    chen wurde gegen diejenigen, die es verhindern wollten. Nachdem Wittig indiziert und exkommuniziert wurde, bleibt natürlich auch etwas an jenen hängen, die wenigstens damals zu ihm hielten. Aber wenn die veröffentlichten Briefe auch heute manche in eine etwas unangenehme Lage bringen, die Geschichte wird die Zeitspanne, in der der Verlag Kösel sich sogar unter Gefährdung seines katholischen Ansehens für das Erscheinen Wittigscher Bücher einsetzte, zu den charaktervollsten einer katholischen Firma rechnen."

5 Unter dem Titel „Die Kirche als Selbstverwirklichung der christlichen Seele" auch in: Rosenstock, Eugen / Wittig, Joseph, Das Alter der Kirche, Bd. I, Berlin 1927, 45–78 (= Münster 1998 [Danach zitiert, hier und im folgenden – die Erstauflage in Klammern], 75–105); die Zitate: 78[/48] und 82[/53]. Vgl. dazu auch Wittig, Joseph, Briefe, Nr. 256 (S. 290) sowie zum „Werdegeheimnis der Kirche" ebd. Nr. 20 (S. 49). – Zu seinem Verständnis der Alten Kirche s. auch Ders., Der Weg zur Kreatur, in: Die Kreatur III (1929/30) 146 (= Ders., „Man möchte sprechen ... ", in: Ders., Aussichten und Wege, Heilbronn 1930 [GA 6], 280): „Ich kenne sie [sc. die Kirche] aber nur soweit, als ich in sie hineingelebt habe."

6 Vgl. Rosenstock, Eugen, Soziologie I. Die Kräfte der Gemeinschaft, Berlin und Leipzig 1925, 216f (= Ders., Soziologie I [Die Übermacht der Räume], Stuttgart 1956 [Danach zitiert, hier und im folgenden – die Erstauflage in Klammern], 228ff).

sie ein Gebilde sui generis.⁷ Damit findet die von Rudolf Augstein kürzlich gestellte Frage „Wenn alle Theologen sich einig sind, daß Jesus keine Kirche wollte, warum gibt es dann eine?"⁸ eine zu neuem Nachdenken aufrufende Antwort.

Freundschaft mit Eugen Rosenstock

Mit der Berufung von Eugen Rosenstock auf den Lehrstuhl für deutsche Rechtsgeschichte im Herbst 1923 nach Breslau treffen sich zwei Männer, die bald eine tiefe Freundschaft verbindet – über den Graben des Konfessionsunterschiedes hinweg. Als Jurist kann Rosenstock vor Beginn des Sommersemesters 1926 Wittig in den Verhandlungen mit dem preußischen Kultusministerium beistehen. Denn Wittig bat um Emeritierung unter Weitergewährung der Bezüge, er erhielt jedoch „die Urkunden über die Entlassung aus dem preußischen Staatsdienste mit dem ergebenen Ersuchen um Rückzahlung des schon für den April gezahlten Gehaltes".⁹ Fünf Tage später erfolgte telegraphisch die Zusage, dass die ausgesprochene rechtlose Entlassung zurückgezogen werde.

In dieser angespannten Situation legt Rosenstock dem Kultusministerium eine Kampfschrift für seinen Freund vor, die jedoch völlig ins Leere läuft.¹⁰ Deren Titel *Religio depopulata* erscheint merkwürdig;

---

7 Vgl. Ullmann, Wolfgang: „Das Alter der Kirche" – eine ökumenische Soziologie der Kirche, in: F. Herrenbrück / M. Gormann-Thelen (Hg.), Berliner Vorträge aus Anlaß des Neudrucks von Eugen Rosenstock und Joseph Wittig, Das Alter der Kirche, Münster 1999, 21; s. auch Anm. 24.

8 Augstein, Rudolf, Hausmitteilung v. 24. Mai 1999. Betr.: Titel, SPIEGEL Spezial, in: Der Spiegel 21/1999 (24. Mai 1999) 3.

9 Vgl. Brief des Universitätskurators v. 12. April 1926, in: „Das Alter der Kirche", Bd. III, 129/133.

10 Vgl. Wittig, Joseph, Briefe Nr. 56 (an Carl Muth, v. 29. April 1926) 95: „Rosenstocks Schrift kannte ich wohl schon vor ihrer Veröffentlichung und sah auch ihre Wirkung deutlich voraus. Wohl erschrak ich über die Deutung meiner Angelegenheit und vor allem über dieses Hineingestelltsein in eine Entwicklung ebenso wie Rosenstock, und die Warnung, die in der Schrift liegt, halte ich für notwendig, auch wenn sie von den Unwarnbaren nicht beachtet wird. Es gibt ja auch andere Beispiele solcher Unwarnbarkeit! Kurz, ich hielt mich nicht für berechtigt, auch nur durch ein Wort zu verhindern, daß die Broschüre veröffentlicht wurde. Daß Rosenstock mein Werk so achtet, mußte mich natürlich freuen. An seiner Lauterkeit zu zweifeln, hat er mir noch nie Anlaß gegeben. Ob Sie, hochverehrter Freund, die

auf deutsch etwa Religion ohne Volk, man könnte auch von Verwüstete Religion sprechen, doch auf die konkrete Situation bezogen übersetzt Rosenstock *Kirche ohne Volk*. Wie charakterisiert er hier die Situation? Er nennt Wittig Fürsprecher und Ermutiger der Laien: „Dem katholischen Volk ist ein Sprecher erstanden, ein Anwalt seines Wachstums und seiner Mündigkeit."[11] Zur kirchlichen Lage heißt es: „Das Besondere des Falles Wittig aber liegt darin, daß die römische Kirche durch die Ausstoßung von Joseph Wittig einen entscheidenden Schritt zur ‚Religio depopulata', ich möchte persönlich glauben: den entscheidenden, getan hat. Sie hat ihre Erneuerungshoffnung erstickt. Sie hat zwischen Kirche des Klerus und Kirche des Volks gewählt und das Volkstum der Klerikerkirche ohne jede Einschränkung geopfert. Damit wird sie zu jenem kraftlosen, entvolkten Mythos." Ihr wird die Position entgegengesetzt, die auch Rosenstock ganz und gar umtreibt und die ihn Wittigs Mitstreiter sein lässt: „Aber Wittig kämpft für das Dogma gegen die Dogmatikprofessoren, für die christliche Sprechweise gegen die heidnisch-aristotelische Denkweise, für die Namen gegen die Begriffe, für das Erbgut der christlichen Weisheit gegen den Modernismus der scholastischen Wissenschaft. Denn Wittig ist mit jeder Zeile und mit den großen Werken als ganzen, die er geschrieben hat, der Anwalt des dogmengläubigen Laien gegenüber der Gehirnakrobatik des Dogmensystematikers, des geschehenden Gemeinschaftslebens gegenüber der juristisch-philosophisch-obrigkeitlichen Theorie über dies Gemeinschaftsleben. Er ist der geborene Antimodernist." Dazu führt er weiter aus und akzentuiert: „Denn ihm ist nicht nur das mathematisch-subjektive Weltbild der neuzeitlichen Philosophie ein Dorf jenseits der Grenzen seiner Grafschaft Glatz, ein böhmisches Dorf, sondern ebenso das syllogistisch-objektive Weltbild der scholastischen Philosophie. Beides ist ihm weder des Kampfes noch der Widerlegung wert. Er hat alle Hände voll zu tun, niederzuschreiben, wie das arme aber erlöste Christenvolk Gott den Herrn Vater Sohn und Heiligen Geist, preist und verherrlicht."

    Broschüre nur mit Schweigen beantworten dürfen, ist mir nicht gewiß. Zu ernst sind die darin ausgesprochenen Besorgnisse."

11 Alle Zitate aus: Rosenstock, Eugen, Religio depopulata, in: Das Alter der Kirche Bd. III, 118[/122]; 120[/124]; 121[/125].

Der Mensch weiß nur soviel als er liebt

Wittigs Anliegen kann zu dieser Zeit am deutlichsten aus seinem *Leben Jesu in Palästina, Schlesien und anderswo* (1925) heraus erkannt werden. In einem Brief an Carl Muth beschreibt er es als einen „Kranz von Skizzen, der sich um das Leben Jesu windet, wie ich es erfahren habe."[12] Mit diesem „wie ich es erfahren habe" vermeidet er den Ansatz der gängigen Leben-Jesu-Darstellungen, bei denen die Schriftsteller entweder subjektive Milieuschilderungen bieten oder sich bemühen, das Leiden Jesu und seinen Tod in den Mittelpunkt zu stellen. Wittigs Liebe zu Jesus führt ihn weit weg von phantasievoller Biographie oder Thanatographie, denn „der Mensch weiß nur soviel als er liebt"[13]. Indem er „das Leben Jesu und das Weiterleben im Erzähler" zusammenbringt, gelingt ihm nach Rosenstock „die Erneuerung des Dogmas von der unlöslichen Verknüpfung des Glaubens an den Vater, an den Sohn und an den heiligen Geist! Dies heißt Ernstmachen, dies heißt Praktizieren des dritten Glaubensartikels, der Schöpfung des Lebens und Offenbarung des Todes beide erschließt, dadurch wird die unerträgliche Sackgasse, in die eine den dritten Glaubensartikel tot liegen lassende Theologie geraten war, geöffnet. Die Konsequenzen dieses Verfahrens reichen über das Gesamtgebiet des Geisteslebens und der Wissenschaft."[14]

Auf dieses mutige Eintreten des Freundes antwortet Wittig im *Höregott* (1928) und gibt nun von seiner Seite aus Einblick in ihren gemeinsamen Ansatz: „Rosenstock hat in der Schrift ‚Religio depopulata' noch einmal versucht, den Geist der Kirche zu zwingen, mir meinen Platz in der Kirche zu lassen. All die Pracht seines Geistes, all den Reichtum seines soziologischen, historischen, juristischen und philosophischen Wissens hat er aufgeboten für den Freund, den er lieben mußte, weil er mit ihm glauben mußte. Den weiten Rahmen der geistesgeschichtlichen Entwicklung innerhalb der Kirche hat er um die eine ihm liebe

---

12 Wittig, Joseph, Briefe Nr. 7 (v. 6. März 1922) 28.
13 Rosenstock, Eugen, Religio depopulata, in: Das Alter der Kirche Bd. III, 125[/129]; vgl. Wittig, Joseph, Leben Jesu in Palästina, Schlesien und anderswo, Gotha 1928 [GA 2], Bd. II, 157: „Da hat dir die Liebe über alle intellektuelle Schwierigkeiten hinweggeholfen".
14 Rosenstock, Eugen, Religio depopulata, in: Das Alter der Kirche Bd. III, 125[/129]; 126[/130].

Seele gelegt. Alle Huldigungen hat er dem Geiste erwiesen, damit er nicht den letzten Schritt tue und diese Seele zertrete."[15]

Der merkwürdige Titel *Religio depopulata* stammt aus einer zur Beeinflussung eines Konklave verfaßten Weissagung über die Päpste, die dem Erzbischof von Armagh, Malachias (1095–1148), zugeschrieben wurde. Insgesamt 111 Papate seit Coelestin II. (1143/1144) werden darin jeweils mit einem kurzen Sinnspruch charakterisiert. Da diese Weissagung 1595 gedruckt wurde, tragen die Stichworte seit Leo XI. (1605) alle prophetischen Charakter. Der Wert dieser Prophetie wird zwar teilweise heftig bestritten und als Machwerk abgetan, manchmal aber als geradezu bestürzend aktuell erlebt. Der nach dieser Weissagung 104. Sinnspruch „religio depopulata", der den Massenabfall von der Kirche im Blick hat, charakterisiert den Papat Benedikts XV. (1914–1922). „Kirche ohne Volk" drängt sich Mitte der 20er Jahre als Schlüssel zur Zeitdiagnose geradezu auf und „religio depopulata" begegnet im August 1926 auf dem 65. Katholikentag in Breslau als Signalwort, das zu hören schmerzlich ist.[16] Denn kurz vor Pfingsten 1926 war Wittig exkommuniziert worden. Er beantwortet seine Exkommunikation – einen „Akt der Für-tot-Erklärung"[17] – mit einem Akt höchster Lebendigkeit, mit seiner Heirat von Bianca Geisler, der Tochter des Bürgermeisters von Habelschwerdt. Nach einem „Trauerjahr" (so bezeichnet später Wittig selbst ausdrücklich die Zeit vom 12. Juni 1926 bis zum 22. Juni 1927) und einem Blitzbesuch von Matthias Laros, der in allerletzter Minute mit dem Flugzeug anreist, um die Hochzeit doch

---

15 Wittig, Joseph, Höregott, Gotha 1929 (GA 5) 69f.

16 Der 65. Katholikentag fand in Breslau vom 22. bis 24. August 1926 statt. – Vgl. z.B. Weismantel, Leo, Der Katholizismus zwischen Absonderung und Volksgemeinschaft, Würzburg 1926, 39: „Es ist doch auch unter uns deutschen Katholiken in den letzten Jahren so oft – zuletzt und am lautesten auf dem letzten Katholikentag in Breslau – das Wort gefallen von jenen Offizieren, die kein Heer mehr hinter sich haben." – S. auch Sonnenschein, Carl, Nach Breslau, in: Notizen. Weltstadtbetrachtungen, Berlin 1928, Heft 5 [v. 6.7. – 3.10.1926], 55 [aus der Rede Dr. Horions]: „Wie in romanischen Ländern müßen wir uns gegen drohenden Massenabfall aufraffen!" – S. noch „Das Alter der Kirche" Bd. III, Münster 1998, 284f (zu S. 128, Z. 10 v.u.) und Wittig, Joseph, „Laß den Mond am Himmel stehn!", in: Die Kreatur III (1929/30) 248 (= Ders., Aussichten und Wege, 233f).

17 Gormann-Thelen, Michael, Zum Geleit, in: Rosenstock, Eugen / Wittig, Joseph, Das Alter der Kirche, Bd. I, Münster 1998, 8.

noch zu verhindern,[18] und da Wittig meint, „durch nichts anderes als durch die Treue zu den tiefsten und heiligsten Lehren und Gesetzen der Kirche von ihr getrennt worden" zu sein,[19] begleiten Eugen Rosenstock und seine Frau Margrit das Brautpaar zum Standesamt.

Die Gesellschaft als „Tochter" der Kirche

Vier Kinder werden dem Ehepaar geschenkt. Das erste, Höregott Joseph Hugo, verstirbt nach nur vier Tagen. Ist es eine Strafe Gottes? So denken viele. Joseph Wittig verfasst daraufhin ein ganzes Buch mit dem Titel *Höregott, ein Buch vom Geiste und vom Glauben*, das zum Advent 1928 erscheint – schonungslos und offen gegen sich selbst, gegen das Seelenleben eines Priesters, gegen eine in erstarrten Formen denkende Kirche, und ruft auf jeder Seite zum Glauben auf,[20] denn „bei Gott ist kein Ding unmöglich"[21]. Der Freiburger Dogmatiker Engelbert Krebs, der im Jahr 1928 mehrere Vorträge über „Wittigs Weg aus der kirchlichen Gemeinschaft" hält, sieht in diesem Buch nur „ein Herbarium vertrockneter Liebschaften"[22] und findet alle seine miss-

---

18   Vgl. Pfliegler, Michael, Joseph Wittig. Zu seinem Fall und seiner Auferstehung, in: Gloria Dei 4 ([Heft 4] 1949/50) 247b: „Am Abend vor der Ziviltrauung sei ein guter Freund (Pfarrer Matthias Laros) im Flugzeug von Köln nach Breslau gekommen und hätte ihm bis vier Uhr früh zugesetzt. Alles umsonst. Sein böser Geist sei Dr. Eugen Rosenstock."

19   Wittig, Joseph, Höregott, 345. – Zum Trauer-/Wartejahr vgl. Wittig, Joseph, Roman mit Gott, Moers 1990, 51.

20   Vgl. Wittig, Joseph, Meine Zeit, in: Aussichten und Wege, 140: „ich selber mußte in meinem Buche ‚Höregott' von einer neuen Gewalt stammeln, die den Geist an seinen Ort bannt, um aus den Überschwemmungen des Geistes endlich das Land Gottes sichtbar werden zu lassen. Es ist eine große Klage über die Glaubensfeindlichkeit und Sittenlosigkeit unserer Zeit. Das ist aber nur Gestank vom Tode des Götzen Geist. Das Leben unserer Zeit hat etwas Wahrhaftiges, Frisches, Aufrichtiges. Verwesend sind nur die Formeln, Sprüche und Anstalten, die der Geist an Stelle des lebendigen Glaubens gesetzt hat."

21   Vgl. z.B. Wittig, Joseph, Briefe Nr. 74 (S. 114); Ders., Höregott, 102. 159f. 243. 294. 327. 335. 375.

22   „Wittigs Buch ‚Höregott', – ein Herbarium vertrockneter Liebschaften – kam mir heute zur Lesung in die Hände. Es ist die traurige Bestätigung meiner Darstellung seiner Entwicklung aus der Kirche hinaus. Darauf brauche ich nicht mehr literarisch zu antworten – nur noch für ihn beten hat Sinn" (Quelle: Universitätsarchiv Freiburg, Nachlaß Krebs, Engelbert, Tagebücher 1928–1932, Kapsel 13, v. Freitag, 30. Nov. 1928). – S. auch Ha-

trauenden Ahnungen zum Seelenleben Wittigs bestätigt. Erschütternd, wie er nur die öffentliche Beichte – Wittigs Anstürmen gegen den Klatsch –, nicht aber seine Botschaft – wider den scholastischen Geist für den naiven (!) Glauben – wahrnimmt, wie er Wittig missversteht und ihn wohl auch nie verstanden hat. Offensichtlich fällt es ihm schwer anzuerkennen, dass die Kirche nicht mehr den Staat als Gegenspielerin hat, sondern die Gesellschaft, und dass diese Gesellschaft als Gegengewicht anderes erfordert als Rückendeckung durch den Staat und insbesondere scholastische Theologie als Kampfpanzer. Steht doch im *Höregott* zu lesen: „Es ist eine Uhr abgelaufen, es ist die Walze einer Leier abgespielt. Die großartigsten Werke des Geistes stehen vor dem Verfall. Die Staaten wanken; durch die Risse ihrer Mauern wachsen andere Gestalten. Die Kirche des römischen Geistes ist selbst ein Staat geworden und teilt das Schicksal der Staaten; aus allen von ihr getrennten und doch gleich ihr dem Geist verfallenen Kirchen recken sich Hände, die den Siegelring des Glaubens tragen, und greifen nacheinander, Hände derer, die da fliehen vor dem trennenden Geist; sie wollen das Band der Liebe erhaschen. Sie rufen sehnsüchtig: Una sancta! Una sancta!".[23]

Das Alter der Kirche

Mit Eugen Rosenstock zusammen erscheint 1927 und 1928 das dreibändige Werk *Das Alter der Kirche*, eine ökumenische Soziologie der Kirche.[24] Die beiden ersten Bände enthalten gewichtige Artikel von Wittig zur Erneuerung der Kirche wie *Die Kirche als Selbstverwirklichung der christlichen Seele* oder *Aedificabo ecclesiam* oder *Vom allgemeinen Priestertum*. Im dritten Band werden die Akten zum „Fall Wittig" aufgeführt sowie das „Theologisch-kanonistische Gutachten", das in der Hauptsache von dem Kardinal-Newman-Forscher Matthias Laros verfasst wurde.[25]

---

cker, Fritz Heinrich, Der neue Wittig, in: Alt-katholisches Volksblatt 59 (Nr. 47, v. 23. Nov. 1928) 373b: „Wer heute Wittig in seinem Höregott nicht versteht, hat ihn überhaupt nie richtig verstanden."

23 Wittig, Joseph, Höregott, 137.
24 Vgl. Ullmann, Wolfgang, Eine ökumenische Soziologie der Kirche, in: „Das Alter der Kirche", Bd. III, Münster 1998, 353–378 (s. auch Anm. 7).
25 S. o. Anm. 17. – Zum Gutachten s. auch Wittig, Joseph, Höregott, 73ff. 83ff.

Die im *Alter der Kirche* zusammengestellten Abhandlungen beschreiben kein fernes Gestern aus rein historischem Interesse. Sie versuchen vielmehr, Antwort zu geben auf Fragen ihrer Zeit. Sie sind so ungewöhnlich, mutig, weitblickend und visionär, dass sie noch für uns heute Wegweisendes beinhalten. Hervorgehoben sei nur Wittigs Ermutigung zum Diasporachristentum Von dem kirchlichen Leben im II. und XX. Jahrhundert oder im Blick auf die damals stark diskutierte Frauen- bzw. Ehe-Frage sein Artikel aus der Augsburger Postzeitung zum Josefstag Der Bräutigam der Geistesbraut (1924). Aber nicht nur das. Rosenstock und Wittig übernehmen eine im Mittelalter verbreitete Denktradition,[26] die das jeweilige Thema in den großen Bogen der Menschheitsgeschichte von Adam bis zum Jüngsten Tag einordnet. Für sie sind die beiden Pfeiler das zeitenwendende Auftreten Jesu und die Gesellschaft, die sich nach der Epoche von Kirche und Staat als Epoche des dritten Jahrtausends einstellt.

„Una Sancta"

Auch wenn *Das Alter der Kirche* eine *ökumenische* Soziologie der Kirche darstellt,[27] empfand Wittig, es sei in seinen Aussagen zur „Una Sancta" vom *Höregott* (1928) schon überholt. Nach seiner Exkommunikation dachten viele, er würde die Konfession wechseln, evangelisch werden oder altkatholisch, und verkannten damit völlig seine Grundhaltung, zwar ganz Sohn der römisch-katholischen Kirche zu sein, aber sehr wohl Kämpfer für die „Una sancta ecclesia", die „Eine, heilige, katholische und apostolische Kirche", wie es im Glaubensbekenntnis heißt. Auch hierin war er sich mit Rosenstock völlig einig.

Zur „Una Sancta" gehören aber nicht nur die beiden westlichen Kirchen, die römisch-katholische und die evangelische. Angesichts der veränderten politischen Lage Russlands in und nach dem Ersten Weltkrieg öffnet sich der Blick für orthodoxe Kirchen. Die Päpste Benedikt XV. (1914–1922) und Pius XI. (1922–1939) streben Kirchenunionen mit östlichen Kirchen an, orthodoxe Kirchen[28] senden Vertreter zu den

---

26 Ausführlicher dazu Thomas Witt in seinem Gutachten zum „Alter der Kirche" v. 4. Okt. 1995.

27 S. o. Anm. 24.

28 Einblick in die panorthodoxe Bewegung gibt eine Enzyklika des Patriarchen Joachim von Konstantinopel von 1902 (in: The Orthodox Church in the Ecumenical Movement. Documents and Statements 1902–1975, ed. by

Ökumenischen Konferenzen von Oxford 1923, von Stockholm 1925, von Lausanne 1927, von Hans Ehrenberg und Nicolai von Bubnoff herausgegeben erscheinen die beiden Bände *Östliches Christentum*. Rosenstock schreibt in Windeseile für *Das Alter der Kirche* den Beitrag Die Furt der Franken und das Schisma.[29] Dargelegt wird, dass das unter Karl dem Großen im Jahr 794 in Frankfurt am Main tagende Konzil wegen der Lehre über den Ausgang des Heiligen Geistes aus dem Vater *und dem Sohn (filioque)* nicht den Zusammenhalt der Kirchen förderte, sondern ihre Auseinanderentwicklung. Rosenstock spricht klar aus: Karl der Große setzte *Filioque* mit Gewalt durch, lieblos und ohne Rücksicht auf die Kirchen des Ostens. Er konnte mit dieser Machtprobe den Papst gegenüber dem Kaiser in Konstantinopel in eine politische Randstellung bringen. Dieser Gewaltakt war ein Mosaikstein auf dem Weg zum Schisma im Jahre 1054. Mit diesem Schisma gibt es nicht mehr die *una sancta ecclesia*, sondern nunmehr die – gespaltene – *Christenheit*. Nach Rosenstock müsse dies nicht so bleiben. Denn einerseits bestehe keine Veranlassung, den ›Mangel an Liebe‹ nicht endlich deutlich zu thematisieren, andererseits gibt es nunmehr weder

---

Constantin G. Patelos, Genf 1978, 27–33); für die Hinwendung der orthodoxen Kirche zum Westen vgl. das Sendschreiben des Metropoliten Dorotheos „An alle Kirchen" vom Januar 1920, in: ebd. 40–43 und in: Ökumenische Dokumente. Quellenstücke über die Einheit der Kirche, hg. v. Hans-Ludwig Althaus, Göttingen 1962, 139–142.

29 Im Jahr 1918 gründet der Volkswirtschaftler Adolf Weber (1876–1963) in Breslau das Osteuropa-Institut. – Zum Wintersemester 1923/24 kommt Rosenstock nach Breslau; fünf Jahre später (im WS 1928/29) findet im Keller seines Hauses ein Rußland-Seminar statt, um die Ereignisse der bolschewistischen Revolution vom November 1917 und die daraus resultierenden Veränderungen im russischen Reich zu erörtern. „Das Seminar war also eine ... interdisziplinäre Veranstaltung. Eine solche Nicht-Beachtung der Fakultätsschranken ... galt damals als anstößig, fragwürdig oder war sogar unbekannt" (Trappen, Jürgen von der, Die Schlesische Jungmannschaft, Diss. phil. Essen 1996, 179f, der Schütte, Ehrenfried, Vita mea. Manuskript, 1987, 270, zitiert. – S. auch Gert Cosack, Akademische Freischar, Winter 1928/29, in: Rundbrief Deutsche Freischar, Gau Schlesien, Nr. 18, Weihnachten 1928, 10). sowie Gottfried Hofmann, Der Konflikt Eugen Rosenstock-Huessys mit der Schlesischen Jungmannschaft um das Buberhaus im Jahre 1930 [erscheint 2001].

zwei noch überhaupt einen Kaiser, der sich verpflichtet sehen könnte, sein „Kaiseramt als kirchliches Amt" anzusehen.[30]

In regem Austausch über gut zwei Jahrzehnte hinweg thematisieren Wittig und Rosenstock immer wieder den Sinn und die Notwendigkeit des Filioque. Drei Stationen des gemeinsamen Nachdenkens haben für uns Aktualität.

Eine erste Weiterführung gibt Wittig im *Höregott* (1928), wenn er der Frage nachgeht, was es bedeutet, wenn der Geist nur vom Vater *(ex patre)* ausgeht. Wittig kann hierbei Blick und Herz öffnen und von einer stereotypen christologischen Engführung befreien. Er befähigt damit zum Beispiel zum *Gespräch* mit orthodoxen Kirchen und mit dem Judentum, das sich an der Feststellung Franz Rosenzweigs orientiert: Christus ist der Weg, die Wahrheit und das Leben für die *Heiden* – die *Juden* sind schon beim Vater.[31] Er führt hier in eine große ökumenische Weite, wenn er vom „Vatergeist" spricht, „durch den Sohn auf die Erde gebracht"[32].

Wittig nennt das Filioque „ist wahr",[33] hält aber, wie Rosenstock, eine *Ergänzung* für notwendig. Im Jahr 1936 formuliert dann Rosenstock: „Der Zusatz zum dritten Glaubensartikel würde also lauten: ‚ich glau-

---

30 Rosenstock, Eugen, Die Furt der Franken und das Schisma, in: Das Alter der Kirche, Bd. I, 532[/539].

31 Vgl. Rosenstock, Eugen, Soziologie I (s. Anm. 6) 224[/209]: „Abraham det alle Gelüste nach eigener Macht und eigenem Vaterland. Er stiftet das Volk, das unter den Völkern als das schon am Ziele angekommene all deren Kulturgeschichten überlebt hat. Es ist ganz Gewordenheit, eine ‚alte Rasse', es ist ganz Vergangenheit, und nur in diesem Opfer des Volkes hat der Zusatz des ‚auserwählten' seinen erlaubten Sinn." – Zur Entstehungsgeschichte des „Sterns der Erlösung" vgl. Stahmer, Harold M., Franz Rosenzweig's Letters to Margrit Rosenstock-Huessy, 1917–1922, in: Leo Baeck Institute, Year Book XXXIV, London usw. 1989, 385–409 [vgl. Ders., The Letters of Franz Rosenzweig to Margrit Rosenstock-Huessy: ‚Franz', ‚Gritli', ‚Eugen' and „The Star of Redemption", in: Schmied-Kowarzik, Wolfdietrich, (Hg.), Der Philosoph Franz Rosenzweig (1886–1929). Internationaler Kongreß – Kassel 1986, Bd. I, Freiburg/München 1988, 109–137].

32 Wittig, Joseph, Höregott, 368.

33 Wittig, Joseph, Höregott, 368: „Das Filioque ist wahr, aber irgendein Wort gehört hinzu, damit es für die nichtchristliche Menschheit nicht eine Unheilswahrheit, sondern eine Heilswahrheit werde." „Heute fangen ja lateinische Theologen an einzusehen, daß jener Kampf noch gar nicht bis zum Ende ausgekämpft ist, daß noch ein Wort fehlt."

be an den Heiligen Geist ... der sich unser wiederbemächtigt hat von Geschlecht zu Geschlecht und den wir neu entdecken dürfen an jedem Lebenstag'."³⁴ Hiermit wird aufgenommen, was Wittig im *Höregott* zur Gesellschaft als Tochter der Mutter Kirche sagt: „Nun da ich erfahren hatte, daß nicht jede Trennung von der Kirche eine Frühgeburt, eine Sünde, ein Unglück ist, da ich selbst durch nichts anderes als durch die Treue zu den tiefsten und heiligsten Lehren und Gesetzen der Kirche von ihr getrennt worden war, nun sah ich jene Scharen der von der Kirche Ausgestoßenen und Entbundenen in ganz anderem Lichte. Ich sah sie als neue Gestalt der christlichen Menschheit, nicht als eine neue Kirche, aber als eine Tochter der alten Kirche, als eine neue Gestalt des göttlichen Lebens auf der Erde, legitim geboren aus der Muttergestalt Kirche."³⁵ Dieser neuen Gestalt will er ohne Vorurteile begegnen. Sie ist für ihn nicht häretisch, denn sie steht für eine neue Epochenbildung. Der Staat, der seine Bürger auf die Zukunft, die Kirche, die ihre Glieder auf die Vergangenheit festlegt, müssen zurücktreten hinter der ganz und gar in der Gegenwart lebenden Gesellschaft. Bei diesem grundstürzenden Vorgang bricht dennoch nicht der Himmel ein. Denn „das wirkliche Leben wächst über die Kirche hinaus. Es nimmt eine neue Gestalt an."³⁶ Der Geist des dritten Glaubensartikels belebt, er ruft Menschen heraus, die das rechte Wort zur rechten Zeit sagen und damit das Zusammenleben von Menschen aus der Gefahrenzone bringen. Immer wieder heißt es bei ihm, jeder Satz enthält etwas Autobiographisches und Ermutigendes: „Bleibt doch alles in Gottes Hand!"³⁷; „bei Gott ist kein Ding unmöglich"³⁸; „alles und jedes Gesche-

---

34 Rosenstock-Huessy, Eugen, Heilsgeschichte wider Theologie [1936], jetzt in: Heilkraft und Wahrheit, Stuttgart 1951 [= Moers/Wien 1991], 36.

35 Wittig, Joseph, Höregott, 345, vgl. 353 sowie E. Rosenstock, Die Kirche am Ende der Welt, in: Credo ecclesiam. Festgabe Wilhelm Zoellner (70), hg. v. Hans Ehrenberg, Gütersloh 1930, 161–175, bes. 166ff.

36 Wittig, Joseph, Höregott, 415; vgl. 342: „Das geistige Wirken der Menschheit vollzieht sich heute abseits der vollständig erstarrten Kirche"; s. auch ebd. 373; 379f (382ff) sowie u. Anm. 46.

37 Vgl. Hofmann, Horst Klaus, Wachstum aus Stille und Sturm, in: Wittig, Joseph, Roman mit Gott, 250.

38 S. o. Anm. 20.

hen steht im tiefsten Grunde unter Gottes Schöpfung und Führung"[39]; „Gott will, daß alle Dinge reif werden; dann erst kommt das Gericht."[40] Schließlich hält im Jahr 1946 Wittig am Filioque als für die römisch-katholische Kirche unentbehrlich fest, weil sie wachsende Geschichte, die Ostkirche dagegen keine Geschichte, keine Entwicklung habe, sondern Natur sei. Aber so absolut lässt er seine Antwort nicht stehen. Der Zusammenhang zeigt, dass er zu einer differenzierten Antwort bereit ist. Denn er äußert sich über das Filioque in einem Hymnus über die Dreieinigkeit und verdichtet seinen Ansatz in einem dreifachen Lobpreis des Heiligen Geistes. Dadurch dass er in diesem Zusammenhang die Gebetssprache benutzt, stellt er das Filioque nicht in den Rahmen eines kirchentrennenden Dogmas, sondern versteht es als Anlass zu einem Lied der Freude.[41] Er will dieses singen – und andere können anders singen, wie beispielsweise der orthodoxe Priester und Mathematiker Pawel Florenski (1882–1937), der in *Der Pfeiler und die Grundfeste der Wahrheit* (1914) dem katholischen Filioque, „diesem naiven Erzeugnis einer überflüssigen Frömmigkeit und einer unfertigen Theologie"[42], jegliche Bedeutung abspricht.

Körperbildende Kraft der Seele
Anfang 1946 schließt Joseph Wittig seinen *Roman mit Gott* ab, dem Aufschrei eines Leidenden, der großen Absage der Frage nach Gottes Gerechtigkeit und damit auch an den philosophischen Gott. Gott – der heißt für ihn nunmehr nur noch der Vater Jesu Christi. Im November desselben Jahres schreibt er das Vorwort zu dem mystischen *Novemberlicht*, das „drei Skizzen über Allerseelen, Totensonntag, okkulte Erfahrungen und den Auferstehungsleib" enthält. In der dritten Skizze mit der Überschrift *Der Wiederaufbau des Tempels* spricht er vom Glauben an die Auferstehung Jesu, den er „fest und unerschütterlich" bejaht und für sich in Anspruch nimmt.[43] Der soll aber kein Kopfglau-

---

39 Wittig, Joseph, Höregott, 150.
40 Wittig, Joseph, Höregott, 374; vgl. 355.
41 Wittig, Joseph, Roman mit Gott, 228.
42 Florenski, Pawel, Fünfter Brief: Der Tröster, in: Ehrenberg, Hans, Östliches Christentum, Bd. II, München 1925, 68.
43 Wittig, Joseph, Der Wiederaufbau des Tempels, in: Novemberlicht, Kempen 1948, 48.

be sein oder nur symbolisch gemeint. Er geht aus von der Sendungsformel Jesu: „Wie mich der Vater gesandt hat, so sende ich euch!" und folgert: Auch wenn ein großer Unterschied zu Jesus besteht, dieses „Wie – So" gelte nicht nur für ein Gesandtwerden, sondern auch im Blick auf die Auferstehung: „Wir werden tatsächlich mit Christus auferstehen, also wie Christus auferstehen. Es ist nur eine Frage der Zeit, die für Gott nichts zu sagen hat."[44]

Wenn aber nun Auferstehung, dann muss es auch einen Auferstehungsleib geben. Da nach ihm die Seele die Form des Körpers sei, also früher als der Leib, bilde sie sich den Leib selber. Umgehend teilt er Eugen Rosenstock seine Überlegungen mit: „die Seele hat körperbildende Kraft und übt sie: alle sieben Jahre formt sie sich einen neuen Leib; sie übt diese Kraft auch nach dem letzten sichtbaren Leibe, nach jenen ‚siebzig Jahren' oder vor oder nach dem ‚Tode' der Sichtbarkeit, bei Jesus am Kreuz und im Grabe; an Jesu ‚verklärtem Leib' können wir die Qualitäten unseres Auferstehungsleibes ablesen. Die körperbildende Kraft der ‚abgeschiedenen Seele' ist die ‚resurrectio carnis' des Symbolum Apostolicum; das ‚Altern' ist der allmähliche Übergang unserer Kräfte und Sinne in den unsichtbaren Auferstehungsleib. Der ‚Tod' kann gleichzeitig die resurrectio carnis sein; Leibhaftigkeit der ‚Abgeschiedenen', der ‚Armen Seelen'?, aller ‚Geister'? Leibhaftigkeit Gottes – nach Tertullian! – der Engel und Heiligen?; Marias körperliche Aufnahme in den Himmel (noch nicht Dogma)? Infolge davon müßte die ganze Theologie, ja alle Wissenschaft neu aufgebaut werden. Mit Dir als Revolutionär der Wissenschaft möchte ich diese Angelegenheit ernstlich besprechen. Oder bin ich irrsinnig geworden? Die Thesen würden mir viel erlebtes oder beobachtetes Unerklärliches erklären."[45]

---

44 Wittig, Joseph, ebd., 49.
45 Wittig, Joseph, Briefe Nr. 392 (an Eugen Rosenstock-Huessy, v. 9. Okt. 1946) 417; vgl. Viktor von Weizsäckers Brief an J. Wittig v. 4. Nov. 1946: „ ... Also incarnieren Sie in Druckerschwärze! [folgt Absatz] Und damit das Thema Ihres Briefes. Die resurrectio carnis, ja das ist grade der Zipfel des Dogmas an das ich mein dürftiges Glaubens-Inventar am festesten wieder angeknüpft habe. Das ist es nämlich, was ich in der Medizin, die aufzubauen ich mich vermesse, immer am Grunde und als Grundlegendes entdecke und worin sich der ganze Kreis der meist jüngeren Freunde hier findet. Aber Sie haben ganz genau recht: es ist eine Revolution der ganzen Wissenschaft. Und nun fügen Sie ein Stück hinzu: es ist die Seele welche sich die Leiber der Reihe nach bildet; und ich füge wieder hinzu: aber sie entzieht

Glaube – Hoffnung – Liebe

Wittigs Hauptanliegen können in drei Stichworten zusammengefasst werden: Glaube – Hoffnung – Liebe. Wittig ist ein Liebender, der nicht nur die Alte Kirche der ersten Jahrhunderte liebt, darin lebt, sondern auch die Menschen seiner Zeit,[46] auch diejenigen, die mit der Kirche als Institution nichts mehr anfangen können oder von ihr ausgestoßen

---

dem Körper nicht nur Kraft um Kraft, sie gibt ihm, dem sich Wandelnden auch Kraft um Kraft. Und gewiss ist Gott so Materie und das eben ist die Incarnation. Pelagianismus? nein, sondern eben incarnatio spiritus." – Vgl. auch Wilhelm Kütemeyers Briefe an J. Wittig: „Wie freudig die Wirkung Ihrer Äußerungen über das Verhältnis der Seele zum Leibe hier waren, wird Ihnen Weizsäcker inzwischen wohl selbst geschrieben haben" (11. Nov. 1946); „Mit dem Übersenden Ihres Aufsatzes über den Wiederaufbau des Tempels haben Sie uns eine große Freude gemacht. Entschuldigen Sie, daß er erst heute zur Rücksendung kommt. Ich haben [sic!] ihn neben Weizsäcker auch Siebeck zu lesen gegeben. Und kann mich schwer von ihm trennen. [folgt Absatz] Freilich, das, was Sie da so klar und kühn aussprechen, in der heutigen Welt, etwa im Bereich der Wissenschaft auch nur einigermaßen zur Geltung zu bringen, das erscheint fast unmöglich. Das würde die große Wandlung sein, nach der jetzt auch die allgemeinen Weltverhältnisse unüberhörbar verlangen. Es ist im Übrigen genau das was den Kern des Christentums ausmacht. Des Christentums das durch Zerstückelung nahezu unkenntlich gemacht ist. Sie haben die Tragweite dieses Zusammenhanges in Ihrem Brief angedeutet. Das ist allerdings eine Betrachtung der Beziehung von Westen und Osten, nach der man bei uns in der Öffentlichkeit vergeblich sucht. Sogar unsere äußere Existenz wird daran hängen, ob es uns gelingt uns zur Höhe dieser Wahrnehmung zu erheben. [folgt Absatz] Mitten im Lager des Feindes wird hier zur Zeit der Versuch gemacht, wie Sie wissen, die formative Kraft der Seele zur Evidenz zu bringen: Psychogenie der organischen Erkrankung heißt das Thema. Ohne theologische und – politische Hilfestellung ist den Schwierigkeiten dieser Situation nicht zu begegnen. Das wird immer deutlicher. Aber auch daran hapert es, wie Sie sich denken können gewaltig" (v. 12. Dez. 1946). – Vgl. auch E. Rosenstock, Soziologie I, 215[/192]. – Zur Leiblichkeit Gottes vgl. Tertullianus, Adv. Praxean VII, 8: Quis enim negabit Deum corpus esse, etsi Deus spiritus est? Spiritus enim corpus sui generis in sua effigie (CCL II/2 [1954], 1166f). Wittig, Joseph, Briefe Nr. 392 (an Eugen Rosenstock-Huessy, v. 9. Okt. 1946) 417; vgl. Rosenstock, Eugen, Soziologie I, 215[/192]. – Zur Leiblichkeit Gottes vgl. Tertullianus, Adv. Praxean VII, 8: Quis enim negabit Deum corpus esse, etsi Deus spiritus est? Spiritus enim corpus sui generis in sua effigie (CCL II/2 [1954], 1166f).

46 Vgl. Wittig, Joseph, Meine Zeit, in: Aussichten und Wege, 139: „Ich bin ein Liebhaber unserer Zeit, gerade weil ich als Historiker vergangene Zeiten geliebt habe. Es datiert seit dem Weltkriege ..., daß mich eine ganz unverstehbare Liebe zu unserer Zeit befiel".

wurden. Er will auch die neue Gegenspielerin der Kirche, „die Gesellschaft", lieben. Das kann er konkret nur so durchführen, dass er eine neue Epoche anerkennt und sich in andere hineinlebt und -denkt, denn „der Mensch weiß nur so viel als er liebt"[47]. Es ist seine Liebe zur Heiligen Schrift, die bestimmte Auslegungsergebnisse hervorbringt,[48] vergessene Dogmen in Erinnerung ruft, die Theologie wieder erdet,[49] den orthodoxen Kirchen eine für die westlichen Kirchen unabdingbare Korrekturaufgabe zuweist, die ihm hilft, vorurteilslos – vielmehr liebend – auch Judentum und Islam[50] zu sehen.

Wittig erweist sich als ein Hoffender, der trotz aller Verletzungen, die ihm seine Kirche zufügte, sie dennoch nicht aufgibt, sie vielmehr die „gegenwärtige Daseinsform Christi" nennt, die „Selbstauswirkung der

---

47 S. o. Anm. 13.
48 „An meiner großen Liebe zur Bibel wird man längst erkannt haben, daß ich kein Bibelwissenschaftler bin. Diese Liebe würde mich stets davor zurückhalten, sie rein wissenschaftlich zu behandeln. Ich beschäftige mich mit ihr nur als Liebender" (Wittig, Joseph, Das Buch der radikalen Wirklichkeit, in: Ihlenfeld, Kurt [Hg.], Das Buch der Christenheit, Berlin-Steglitz 1939, 320).
49 „Nun ist es freilich gar nicht so sicher, wie man insgemein annimmt, daß es dem Menschen gegeben ist, sich selbst zu verstehen. Wir kommen gewöhnlich mit einer Anzahl von Vorstellungen und Einbildungen aus, die wir uns selbst machen und die uns auch der Wirklichkeit zu entsprechen scheinen, in der wir gerade leben. Die Abgründe von Rätselhaftigkeiten und Geheimnissen, aus denen wir kommen, in denen wir schreiten, in die wir versinken, sind uns meist so verdeckt, daß wir uns wenig um sie kümmern, zum Beispiel das unendlich Schreckhafte oder Beseligende, d a ß w i r e s m i t G o t t z u t u n h a b e n ! Ich bitte, diese sieben Worte noch einmal zu lesen, und n o c h einmal, leise, laut, lauter! Ich bitte, sie aller Phrasenhaftigkeit zu entkleiden, auch aller Frömmelei, bis sie in ganz nackter Schreckhaftigkeit oder Seligkeit dastehen. Trifft es uns nicht wie ein Schlag, wie der Tod, was wir da erfahren? Wir sollen aber noch leben, darum verhüllt es sich selber wieder. Wir spüren aber, daß wir einen Augenblick lang in den Bereich der radikalen Wirklichkeit gekommen sind. Wir haben uns einen Augenblick lang selbst erkannt. Leben und Tod, nicht das eine für sich und nicht das andere für sich, sondern beide in ihrer Zusammengehörigkeit, gehören zu der radikalen Wirklichkeit" (J. Wittig, ebd. 300f).
50 Vgl. Wittig, Joseph, Die Wüste, in: Die Kreatur III (1929/30) 310f. 322ff (= Ders., Von der Wüste und von der Vorsehung Gottes, in: Ders., Aussichten und Wege, 239f. 256ff).

Seele"⁵¹, und ihr einen Weg bahnt in die künftige Diasporasituation und zu einer neuen Gestalt, der Una Sancta, einer Kirchengemeinschaft, die sich in alle Zeiten einfügt und wahrnimmt, dass zu ihr alle Zeiten und Menschen gehören, von Adam bis zum Jüngsten Tag.

Wittig zeigt sich als Glaubender, der nicht mehr vom abstrakten Gott spricht, sondern von Gott als unserem Vater, der deshalb will, dass der Mitmensch dem Vater Jesu Christi begegnet, dass Taufe und Erlösung existentielle Bedeutung gewinnen. Er verlässt den Weg der vergleichenden Wissenschaft, der Schulwissenschaft, und vertraut sich den Geheimnissen an, die unser Leben umgeben. Weil er den „verdammten Zug, mit den Dingen fertig zu werden, ehe noch Gott mit ihnen fertig wird"⁵² aufgibt, spricht er vom Auferstehungsleib, in den die Kräfte des Menschen hineingehen, erkennt er die Seele, die sich den Körper baut. Am Schluss des unscheinbaren Beitrags *Wasserholen* schreibt er zu Glauben – Hoffen – Lieben: „Glaubet wieder an Geheimnisse, die euer Leben umgeben und aus denen euer Leben hervorgeht; glaubet insbesondere wieder an das Urgeheimnis, daß ein ewiger Vater ist, aus dem immerdar Leben strömt; daß Jesus Christus sein eingeborener Sohn ist, in dem das göttliche Leben sichtbar auf dieser Erde erschien, um alle zu überströmen, die an ihn glauben; daß der Geist Gottes euch immerdar umschwebt und euch befruchtet und euch heiligt. Denn das ist das tiefste Geheimnis eures Lebens, daß in euch die heilige Dreifaltigkeit zur irdischen Wirklichkeit wird."⁵³

---

51 Wittig, Joseph, Aedificabo ecclesiam, in: Rosenstock, Eugen/Wittig, Joseph, Das Alter der Kirche, Bd. I, 275[/259].

52 Wittig, Joseph, Aus meiner letzten Schulklasse, in: Die Kreatur II (1927/28) 9 (= Ders., Widerstände und Beistände, in: Ders., Der Ungläubige, Gotha 1928 [GA 3], 27).

53 Wittig, Joseph, Wasserholen, in: Das Alter der Kirche, Bd. II, 370f[/950].

In Gottes Händen[54]

Und ist mein ganzer Glaube aus
und kann ich keinen Sprung mehr wagen,
so strecken sich zwei Hände aus,
die in ein fernes Vaterhaus
mich Ohnmächtigen weitertragen.

An deinem Wort versteig' ich mich,
o Herr, in Zweifel ohne Enden.
O Herr, im W o r t verschweigst du dich;
vor deinem Tu n verneig ich mich:
die Wahrheit spricht aus deinen H ä n d e n !

---

54 Wittig, Joseph, Briefe Nr. 269 (an Helene Varges, v. 4. Febr. 1939) 304f mit Anm. 7; Nr. 279 (an Hermann Mulert, v. 18.8.1939) 314f mit Anm. 3; vgl. Die Christliche Welt 53 (Nr. 18, v. 16. Sept. 1939), Sp. 702.

„Wittig ist ein Prophet"
Eine frühe Begegnung mit Joseph Wittig

Prof. Dr. Michael Raske, Frankfurt

Aus Tagebuchaufzeichnungen von Alfons Beil

Das vielfältige, oft schmerzliche Ringen zwischen Anhängern einer traditionellen Denkweise, Mentalität und Gestalt der Kirche einerseits und andererseits Anwälten einer Reform, die für eine lebendige Inkulturation des Christentums in der jeweiligen Gegenwart eintreten, prägt die Geschichte der katholischen Kirche bis heute. Wie diese Auseinandersetzung ausgetragen wurde, wird beispielhaft am Weg und am Werk des katholischen Theologen Joseph Wittig deutlich. Seine Schriften, eindrückliche Zeugnisse des Aufbruchs einer innerkatholischen Reform im Deutschland der zwanziger Jahre, werden bald nach Erscheinen indiziert, er selbst wird 1926 exkommuniziert.[1]

---

1 Zum Lebensweg und Werk Joseph Wittigs (1879–1949) vgl. Johannes Gründel, Art. Wittig, Joseph, in: LThK² X (1965) 1202f. Genannt seien noch Karl Hausberger, Der „Fall" Joseph Wittig, in: Hubert Wolf (Hg.), Antimodernismus und Modernismus in der katholischen Kirche, Paderborn 1998, 299–322; Theoderich Kampmann, Rudolf Padberg (Hg.), Der Fall Joseph Wittig 50 Jahre danach, Paderborn 1975; Carl-Peter Klusmann, Norbert Keller (Hg.), Joseph Wittig – Die Erlösten. Text und Dokumentation (AGP-Edition I), Dortmund 1978, ²1980; Joachim Köhler (Hg.), Joseph Wittig, Historiker – Theologe – Dichter, München ²1980; Thomas Ruster, Die verlorene Nützlichkeit der Religion. Katholizismus und Moderne in der Weimarer Republik, Paderborn 1994, 208–224; Otto Weiß, Der Modernismus in Deutschland, Regensburg 1995, 514–527. Zur Rücknahme der Exkommunikation vgl. auch die Darstellung eines Zeitzeugen: Hermann Hoffmann, Im Dienste des Friedens. Lebenserinnerungen eines katholischen Europäers, Stuttgart und Aalen 1970, 333–336 („Mein Freund Joseph Wittig"). Für einen breiteren Leserkreis vgl. auch Magdalene Bußmann, Religio populata. Erinnerungen an den vergessenen Theologen Joseph Wittig, in: Katechetische Blätter 115 (1990) 346–349. Der Nachlass von Joseph Wittig wurde am 7.5.1999 der Gemeinsamen Bibliothek der Fachbereiche Evangelische

Wie befreiend Wittigs Stimme für viele katholische Christen wirkte, zeigen – mit anderen zeitgenössischen Zeugnissen – auf sehr persönliche Weise Tagebuchaufzeichnungen des katholischen Theologen Alfons Beil. Sie entstanden in den zwanziger Jahren während seines Studiums in Rom als Alumnus des Collegium Germanicum und in den folgenden Jahren seines Wirkens als Vikar in Mosbach/Baden im Erzbistum Freiburg.[2] Beils Tagebücher offenbaren die Freude über die Begegnung mit Wittigs Schriften, aber auch die Bedrängnis, den Loyalitätskonflikt, ja die Gewissensnot eines katholischen Theologen, der mit Wittig nach Wahrheit suchte und für den dessen Schriften zu Unrecht verurteilt wurden.

Theologie und Katholische Theologie der J.W. Goethe-Universität Frankfurt a.M. übergeben.

2 In den Jahren 1965–1969 durfte ich als Kaplan bei A. Beil, damals Pfarrer in St. Albert und Dekan des Stadtkapitels Heidelberg, leben. Wir blieben in ständiger Verbindung bis zu seinem Tod am 1.3.1997. In seinem Testament hat A. Beil mir seine Tagebücher zugeeignet. Von ihrer Existenz erfuhr ich erst, als sie mir nach A. Beils Tod übergeben wurden. Die Aufzeichnungen in zwei linierten DIN A5-Schreibheften erfolgen in unregelmäßigen Abständen, oft mit längeren Unterbrechungen von etwa zwei Monaten; Einträge von wenigen Zeilen wechseln mit mehrseitigen Reflexionen. Das erste Tagebuch, 92 Seiten, beginnt mit einem Eintrag am 8.3.1919 in Innsbruck und endet mit einem Eintrag am 31.12.1923 in Rom; es wird zunächst in deutscher Schrift, seit Januar 1921 in lateinischer Schrift geführt. Das zweite Tagebuch, 111 Seiten, beginnt mit einem Eintrag am 1.1.1924 in Rom und endet etwa in der Mitte des Heftes mit einem Eintrag am 5.3.1932, dem Tag der Reichstagswahl, aufgezeichnet in Freiburg/Breisgau; die Seiten der zweiten Hälfte des Buches bleiben leer.– Einbezogen werden A. Beils Lebenserinnerungen „Aus meinem Leben. Erfahrungen, Zeugnisse und Fragen", Heidelberg 1989, die er auf Anregung von Freunden in einem maschinenschriftlichen Manuskript von 497 Seiten, auf DIN A5-Format verkleinert und als „Paperback" auf einfachste Weise gebunden, in wenigen Exemplaren an Freunde und Bekannte versandt hat. In den folgenden Jahren hat er in ähnlicher Art Nachträge, u.a. mit aktuellen Kommentaren zum Zeitgeschehen, angefügt: Aggiornamento I–XI, letzteres aus dem Jahr 1995 mit einem abschließenden Wort an die Leser. O. Weiß (a.a.O. 473 Anm. 98) weist ausdrücklich auf A. Beil und die genannten Lebenserinnerungen hin: „einen Wortführer der liturgischen Bewegung, dessen 1931 im Hochland veröffentlichter Artikel ‚Nochmals: Romanität oder Katholizität?' (Hochland 28/II [1931] 259–267) nur unter dem Pseudonym ‚Albert Bieler' erscheinen konnte. Pfarrer Beil setzt sich bis heute mutig für Freiheit und Menschenrechte in der Kirche ein. Seine Lebenserinnerungen (1989, mit Nachträgen) bilden ein wichtiges Zeitzeugnis."

Dr. Alfons Beil – ein Zeuge lebendiger Hoffnung[3]

Alfons Beil wurde am 3.9.1896 in Gutenstein bei Sigmaringen als ältestes von sechs Geschwistern geboren. Nach Besuch der Volksschule, des Progymnasiums in Sasbach bei Achern (Heimschule Lender) und des Berthold-Gymnasiums in Freiburg bestand er dort 1915 das Not-Abitur und wurde anschließend zum Militärdienst eingezogen. In Kämpfen an der Westfront wurde er zweimal verwundet.[4] Nach dem Abitur hatte er sich an der Theologischen Fakultät der Universität Freiburg eingeschrieben und hörte dort während einiger Urlaubsaufenthalte verschiedene Vorlesungen. Nach der Entlassung aus dem Militärdienst Anfang 1919 wurde er dann mit seinem Einverständnis zum weiteren Studium an das Collegium Germanicum-Hungaricum geschickt. Dieses war während des Krieges von Rom nach Innsbruck in das dortige Canisianum ausgewichen. Im Oktober 1919 wurde es nach Rom zurückverlegt. Zum Studium besuchten die „Germaniker" die Päpstliche Universität „Gregoriana". Nach seiner Priesterweihe am 28.10.1924 und nach der Vollendung der Studien kehrte Dr. Beil im Juli 1925 nach Hause zurück, war dann sieben Jahre Vikar in Mosbach/Baden, wurde im Dezember 1932 Spiritual bei den Weißen Schwestern (St. Vincenz) in Freiburg, 1934 Pfarrer in Tiefenbach bei Sinsheim und schließlich ab Oktober 1936 Pfarrseelsorger der neu gegründeten Gemeinde St. Albert in Heidelberg. 1950 wurde er zum De-

---

3 Vgl. vor allem A. Beils Lebenserinnerungen und Publikationen sowie Thomas Seiterich-Kreuzkamp, Wider Hoffnung hoffen. Ein Besuch bei dem 97 Jahre alten katholischen Kirchenreformer Alfons Beil in Heidelberg, in: Publik-Forum 10.6.1994, 32–36; Michael Raske, Zeitgenosse des Jahrhunderts. Alfons Beil – Zeuge der Hoffnung wider alle Hoffnung, in: imprimatur 29. Jg., 18.9.1996, Nr. 5+6, 226–228; W.B. [=Winfried Belz], „Zu hoffen wider alle Hoffnung", in: Rhein-Neckar-Zeitung (RNZ), Heidelberg 3.9.1996, 6; Georg Haas, Ein Leben und Sterben aus der Hoffnung, in: RNZ 6.3.1997, 6; Frank Moraw und Rainer Ast, „Möglichst viel Selbsterlebtes der Vergessenheit entreißen ... " Das Wort eines unerschrockenen Christen – Gespräch mit Alt-Dekan Dr. Alfons Beil, in: RNZ 13./14.5.1995, 33.

4 Wie aus den nachgelassenen Tagebüchern hervorgeht (vgl. z.B. Eintrag am 21.10.1924; vgl. auch 11.11.1928), hat A. Beil während seines Einsatzes im Ersten Weltkrieg an der Westfront Tagebuch geführt. Diese Aufzeichnungen hat er wohl später bewusst vernichtet. Eine gültige Auseinandersetzung mit dem Grauen des Krieges sah A. Beil in der 1929 erschienenen Novelle „Die Versuchung des Priesters Anton Berg" von Jakob Stab, Pseudonym für Friedrich Dessauer (A. Beil, Aggiornamento IV, 35f).

kan des Kapitels Heidelberg gewählt und versah dieses Amt, bis er 1969 zurücktrat. Nach Vollendung des 75. Lebensjahres im Jahr 1971 trat er auch als Pfarrer von St. Albert in den Ruhestand, blieb aber als „Subsidiarius" in der Pfarrei St. Michael in Heidelberg tätig.

Immer wieder hat sich A. Beil mit seinen Erfahrungen in der Nazizeit auseinandergesetzt (z. B. *Aus meinem Leben* 18–22, 62–103, 148–165, 422–426). A. Beil hat in jener Zeit Betroffene begleitet, in kritischen Tagen einen jüdischen Mitbürger beherbergt, viermal wurde er durch die Geheimpolizei verhört. Er stand in Verbindung zu gleichgesinnten Freunden wie Walter Dirks[5], Heinrich Höfler[6], Johannes Pinsk[7], Alfons Wachsmann[8] und vor allem zu Max Josef Metzger[9], der wie Beil für die

---

5 Zu Dr. theol. h.c. Walter Dirks, 1903–1991, Laientheologe und Publizist, vgl. Aus meinem Leben 9, 378ff u.ö.; ferner Karl Prümm, Walter Dirks und Eugen Kogon, Heidelberg 1984; Thomas Seiterich-Kreuzkamp, Links, frei und katholisch – Walter Dirks. Ein Beitrag zur Geschichte des Katholizismus der Weimarer Republik, Frankfurt 1986; zur Verbindung zwischen W. Dirks und E. Michel vgl. auch O. Weiß a.a.O. 530 u.ö.

6 Heinrich Philipp Höfler, 1897–1963, nach dem Studium Journalist, seit 1931 beim Deutschen Caritasverband in Freiburg, befreundet mit Reinhold Schneider, dessen Gedichte H. Höfler auch A. Beil übermittelte; Zusammenarbeit mit dem Alsatia-Verlag Colmar, in dem 1941 (!) A. Beils „Einheit in der Liebe" in 2. Auflage erschien; von Mai 1944 bis Kriegsende war Höfler im Berliner Gestapogefängnis inhaftiert; vgl. Aus meinem Leben 20, 68–71 (Letzteres veröffentlicht in der kleinen Schrift: A. Beil, Umkehr. Gedanken zur gegenwärtigen Prüfung, Heidelberg 1948, 23–26); seit 1949 bis zu seinem Tod Mitglied des Deutschen Bundestages, vgl. Hermann Kopf, Art. Höfler, Heinrich Philipp, in: Badische Biographien. Neue Folge, Bd. II, Stuttgart 1987, 136–138.

7 Johannes Pinsk, 1891–1957, Studentenseelsorger in Berlin, Herausgeber der Zeitschrift „Liturgisches Leben"; vgl. O. Weiß, a.a.O. 558; Aus meinem Leben 8, 166.

8 Alfons Wachsmann, Pfarrer in Greifswald, 1944 im Zuchthaus Brandenburg-Goerde von den Nazis umgebracht; vgl. Aus meinem Leben 22, 63–67 (zuerst in: A. Beil, Umkehr, a.a.O. 19–22).

9 Dr. Max Josef Metzger, geboren 1887 in Schopfheim/Baden, 1911 für das Erzbistum Freiburg zum Priester geweiht, ein Vorkämpfer der katholischen Friedensbewegung, Begründer der Christ-Königs-Gesellschaft, einer ökumenisch und kirchenreformerisch engagierten Gemeinschaft von Priestern und Laien, Männern und Frauen seit 1927, 1934 Mitbegründer der Una-Sancta-Bruderschaft, 1943 vom Volksgerichtshof unter Freisler zum Tode verurteilt, 1944 enthauptet; vgl. Rupert Feneberg, Rainer Öhlschläger (Hg.), Max Josef Metzger. Auf dem Weg zu einem Friedenskonzil, Akademie der Diözese Rottenburg-Stuttgart 1987, darin 20–27 A. Beil, Max Josef

ökumenische Verständigung und für einen christlichen Friedensdienst engagiert war. Manche haben sich gefragt, warum ihn nicht das gleiche Los getroffen hat wie seinen Freund M. J. Metzger, dessen Verhaftung durch die Geheimpolizei unmittelbar nach einer geistlichen Erneuerungswoche erfolgte, die dieser auf Beils Einladung in der Gemeinde St. Albert gehalten hatte (vgl. Aus meinem Leben 423f). A. Beil hat unter dem Schweigen maßgeblicher kirchlicher Kreise, zumal angesichts der Verfolgung und Ermordung von Juden, zeit seines Lebens sehr gelitten; dabei sieht er sein eigenes Verhalten selbstkritisch: „Wer jene Jahre in einem Alter, in dem man Verantwortung trägt, überlebt, wie ich, kann nicht einfach denken, ich bin unschuldig" (Rhein-Neckar-Zeitung 13./14.5.1995, 33).

Am 1.3.1997 ist Alfons Beil in Heidelberg gestorben. Sein Grab befindet sich neben anderen Gräbern von Priestern, die in Heidelberg gewirkt haben, auf dem Heidelberger Bergfriedhof.

1940 erschien im Caritasverlag Freiburg im Breisgau A. Beils Schrift „In Christo Jesu. Von der liturgischen Gemeinschaft zur lebendigen Gemeinde", im folgenden Jahr 1941 neu aufgelegt unter dem Titel „Einheit in der Liebe" im Alsatia Verlag Kolmar im Elsass. Eine dritte Auflage erschien 1955 – also noch vor dem II. Vatikanischen Konzil – im Lambertus-Verlag Freiburg im Breisgau unter dem Titel „Einheit in der Liebe. Von der betenden Kirche zur gelebten Gemeinschaft".

In verschiedenen Zeitschriften und Sammelbänden hat er bis in die 90er Jahre einschlägige Beiträge zu Fragen der Bibelauslegung, der Gestaltung der Liturgie und zur Reform des kirchlichen Amtes veröffentlicht. Das Zeitgeschehen hat Dr. Beil immer wieder in prägnanten Leserbriefen und in einer umfangreichen Korrespondenz mit Persönlichkeiten des kirchlichen und des öffentlichen Lebens kommentiert. Zu einem Teil ist dies in „Aus meinem Leben" und in den folgenden Nachträgen dokumentiert.

Metzger in der Friedensarbeit. Erlebnisse mit einem Freund und Erinnerungen an ihn; dass. in: Aus meinem Leben 118–131; ferner Aus meinem Leben 22, 26, 67f (Letzteres zuerst in: A. Beil, Umkehr, a.a.O. 22f). Vgl. auch die Hinweise bei O. Weiß, a.a.O. 510, 561f; J. Fellermeier, Art. Metzger, Max Josef, in: LThK[2] VII (1962) 380; Gerhard Voss, Art. Metzger, M.J., in: LThK[3] VII (1998) 211; außerdem J. Kleinwächter, Frauen und Männer des christlichen Widerstands. 13 Profile, Regensburg 1990, 126–134 (dort jeweils weitere Literatur).

Dr. Alfons Beil gehört zu den geistig wachen und weitsichtigen Seelsorgern, die die Reformen des II. Vatikanischen Konzils vorbereitet und mit großem Engagement verwirklicht haben und die zugleich politische Entwicklungen kritisch begleitet und Stellung genommen haben. Er war Mitglied des Bensberger Kreises und hat bis ins hohe Alter an Initiativen im Geist des Konzils lebendig Anteil genommen.[10] Entschieden hat sich Dr. Beil für die Ziele von Pax Christi eingesetzt und deutlich für die Friedensbewegung Partei ergriffen (vgl. Aus meinem Leben 391).

1. Auf der Suche nach Wahrheit in der vorkonziliaren Kirche Roms

A. Beils Tagebücher vermitteln einen bewegenden Eindruck von dem geistigen Ringen eines jungen katholischen Theologen in einer Umgebung, die noch ganz vom Geist der Neuscholastik, des Anti-Modernismus und einer einseitig willensbetonten Aszese bestimmt war. Die Tagebücher bezeugen eine aufrichtige, einsame (!) und oft leidvolle Wahrheitssuche (vgl. z. B. den Eintrag vom 27.8.1923) und nicht zuletzt eine tiefe Sorge um die politische Entwicklung in Deutschland nach dem Ersten Weltkrieg.

Will man die Aufzeichnungen angemessen würdigen, ist zu vergegenwärtigen, in welchem geistigen Klima und in welchem sozialen Umfeld sie einem verschwiegenen Tagebuch anvertraut wurden.

Der „Katholizismus" jener Zeit war in seinen leidvollen Engführungen bestimmt von der betont rationalen, ja rationalistischen neuscholastischen Theologie, von einem betont juristischen, ja legalistischen Denken, von rigiden Moralvorstellungen, die sich u. a. in einer für viele oft beengenden, ja bedrückenden Beichtpraxis auswirkten, von einem zentralistischen, nach Rom orientierten, „ultramontanen" Kirchenverständnis mit einer autoritätsgläubigen rigorosen Kirchendisziplin, von einer stark ritualisierten Klerikerliturgie in lateinischer Sprache und insgesamt von einer apologetischen, ja ablehnenden Grundeinstellung gegenüber der Moderne. In Deutschland standen weite Kreise in der katholischen Kirche der neuen „Weimarer Republik" distanziert ge-

---

10 So hat A. Beil das Projekt „Theologie Interkulturell" des Fachbereichs Katholische Theologie der J.W. Goethe-Universität mit großer Sympathie begleitet und unterstützt; noch 1985 hat er Vorlesungen des ersten Gastprofessors, Dr. Benezet Bujo aus Zaire, besucht.

genüber. Allenthalben wurden des „Modernismus" verdächtige Theologen und Seelsorger mit entsprechenden Bespitzelungen und Intrigen verfolgt und mundtot gemacht.[11] Dies alles gilt in besonderer Weise für das römische Zentrum der Katholischen Kirche und die dortigen Einrichtungen wie die Päpstliche Universität Gregoriana und das Germanikum. Die dort herrschende antimodernistische Atmosphäre bildet den Kontext der Aufzeichnungen A. Beils. Er reflektiert diese Situation ausdrücklich, z. B. in einem längeren Eintrag vom 11.2.1924 (s. u.) sowie in einer einfühlsamen Auseinandersetzung mit der Spiritualität, die zu seiner Zeit die Jesuiten aus Deutschland im Germanikum vermittelten (Aufzeichnung vom 21.4.1924).

Es ist heute schwer nachzuvollziehen, was in diesem Kontext eine Indizierung und vor allem eine Exkommunikation bedeutete: eine tiefgreifende Ächtung und ein Ausschluss aus der Gemeinschaft, der die ganze Existenz psychisch und sozial bedrohte. Erst auf diesem Hintergrund ist zu ermessen, welche Bedeutung die Schriften Wittigs für A. Beil gewinnen konnten, aber auch wie tief ihn Wittigs Exkommunikation treffen musste, was er damit zu verarbeiten hatte und verarbeitet hat. In ihrer sorgfältigen, abwägenden, aber doch deutlichen Sprache legen A. Beils Tagebuchaufzeichnungen davon Zeugnis ab.

2. Begegnung mit J. Wittigs Schriften – „eine Befreiung"

Auf welche Weise A. Beil Wittigs Schriften kennengelernt hat, geht aus den Tagebuchaufzeichnungen nicht hervor. In einem Rundfunkvortrag vom Juli 1977 teilt A. Beil mit, dass er „durch einen Freund, einen ehemaligen Breslauer Schüler Wittigs" mit Wittig bekannt geworden sei (Aus meinem Leben 7).[12] Zugänglich war dem Theologiestudenten im Germanikum wohl die Zeitschrift *Hochland*, die A. Beil besonders schätzte, in der zu Ostern 1922 Wittigs *Die Erlösten* zuerst veröffent-

---

11 Vgl. dazu v.a. die o.g.Monographie von Otto Weiß sowie den o.g. von H. Wolf herausgegebenen Sammelband und die o.g. Arbeit von Th. Ruster.

12 Nach meiner Vermutung ist dieser ehemalige Schüler Wittigs Clemens Tetzlaff, geb. 1902, im Germanikum 1921–1928, seit 1928 in verschiedenen Funktionen als Seelsorger in Berlin tätig (Auskunft von Dr. Klaus Wyrwoll, Regensburg). A. Beil erwähnt ihn in dem Eintrag unter dem 23. (29.?) August 1927 (s.u.). C. Tetzlaff verstarb 1953; vgl. den von Wilhelm Goderski verfassten Nachruf in „Korrespondenzblatt für die Alumnen des Collegium Germanicum et Hungaricum", Mai 1954, 56f (Hinweis von Dr. Herman H. Schwedt, Limburg).

licht wurde und in der Beil später selbst publizierte.¹³ 1922 erschien auch Wittigs *Herrgottswissen*. Darauf bezieht sich eine Aufzeichnung vom 12.11.1922, eine erste Notiz, in der gleich die persönliche Bedeutung deutlich wird, die Wittigs Glaubenssicht für A. Beil gewinnt.

Carl Muth, 1922

---

13 Die katholische Kultur-Zeitschrift „Hochland" wurde 1903 von dem Kultur- und Literaturkritiker Carl Muth, 1867 – 1944, begründet und bis zum Verbot 1941 auch herausgegeben. Das „Hochland" trug wesentlich dazu bei, die kulturelle Isolierung des deutschen Katholizismus zu überwinden, Antimodernismus aufzudecken, die Verständigung zwischen den Konfessionen und eine christlich soziale Orientierung zu fördern. Sehr früh wandte sich Carl Muth gegen den aufkommenden Nationalsozialismus; vgl. H. Glaser, Art. Hochland, in: LThK² VII (1960) 399f; A. W. Hüffer, Art. Muth, Carl, in: LThK² VII (1962) 706; Susanna Schmidt, Art. Muth, Karl, in: LThK³ VII (1998) 555f; vgl. bes. auch O. Weiß, a.a.O. 457–473 u.ö. – A. Beil trat – wohl 1930 – in einen Briefwechsel mit Carl Muth (Aus meinem Leben 8f, 166). Sein Beitrag „Nochmals: Romanität oder Katholizität?" erschien im Hochland Juni 1931, 258–276, wiedergegeben in: Aus meinem Leben 167–179; vgl. dazu im Tagebuch die Einträge vom 12.12.1930, 11.01.1931, 08.04.1931, 07.09.1931. Ein kleinerer Betrag mit dem Titel „Häresie im Bild" erschien im Hochland November 1938.

„Rom, 12. November 1922.

Süß ist der Herr,

in Ewigkeit reicht sein Erbarmen,

von Geschlecht zu Geschlecht seine Wirklichkeit! [sic!]

So lese ich eben in Wittig's Herrgottswissen v. Wegrain und Straße am Ende des dritten ‚Wirklichkeit' überschriebenen Kapitels. Seltsam berührt, schließe ich das merkwürdige Buch.

Das ist mein Fall."

Das Zitat, Psalm 99/100, Vers 5, ist Wittigs genannter Schrift entnommen (Freiburg 1922, 30). Vielleicht hat sich A. Beil J. Wittigs *Herrgottswissen* während eines – einmalig erlaubten – zweimonatigen Heimaturlaubs erworben, den er genommen hat, um seinen Eltern und seinem schwerkranken Bruder Julius beizustehen.[14] So heißt es im unmittelbaren Anschluss an das eben Zitierte:

„Ich war 2 Monate zu Hause. Es waren zum Teil schwere Tage. Kurz vor der Abreise und Trennung von den Lieben für 3 weitere Jahre den teuersten Bruder in die Irrenanstalt begleiten zu müßen, ist keine Kleinigkeit. Dennoch diese Eindrücke verschwinden mehr oder weniger vor meinen ureigensten Erlebnissen. Wo soll das hinaus? Treibe ich nicht einem Abgrunde zu! Lieber Gott, rette mich! Werde Du mir aus einer quälenden Frage eine tröstliche ‚Wirklichkeit'! Emitte lucem tuam et veritatem tuam!"

Diese Zeilen lassen ahnen, in welcher Krise die Begegnung mit Wittigs Schriften Licht und Trost bringt.

Wie allein sich A. Beil in seiner geistigen Verbundenheit mit J. Wittig im Germanikum fühlte, erhellt sehr eindrücklich der folgende Eintrag vom 11.2.1924. Er bringt zugleich sehr prägnant zum Ausdruck, wie A. Beil die damalige Situation des Katholizismus einschätzt, und zeigt

---

14 A. Beil bedrückt die Not seiner Familie im heimatlichen Gutenstein. Dazu gehört die Erkrankung seines Bruders Julius, wenn ich recht sehe, mit zunehmend schweren Depressionen, die eine Überführung in eine psychiatrische Klinik notwendig machen. A. Beil spricht von „einem aus dem Feldzuge davongetragenen Leiden" (31.7.1924). Julius muß in die „Abteilung der Unruhigen" verlegt werden (31.3.1924). Am 18.7.1924 erhält A. Beil die Nachricht vom Tod seines „Herzensbruders", dem er sich besonders verbunden fühlt.

schließlich, dass bei der Mehrheit in seiner Umgebung der Stab über Wittig längst gebrochen war.

„Dieser Tage hat sich hier etwas ganz Seltsames ereignet. In unserer Bibliothek liegt – o Wunder ohnegleichen! –: Kirche & Wirklichkeit, hrgb. v. E. Michel, Jena 1923.[15] Es ist eine sachlich geordnete Zusammenstellung der berüchtigten kathol. ‚Tat'-Sonderhefte mit einigen Änderungen und Zutaten. Da das Buch sicherlich bald in die Hölle[16] wandern wird, habe ich mich mit einer wahren Gier darauf gestürzt, um möglichst viel zu erhaschen. Schade, daß ich die Aufsätze nicht mit Muße durchbetrachten kann. Immerhin habe ich schon recht wertvolle Anregungen empfangen; ja sie haben mich wieder so recht hochgebracht. Wie ein roter Faden zieht sich durch die im einzelnen nicht wenig verschiedenen Arbeiten das Bestreben, zwischen ‚liberaler Weltläufigkeit' & ‚steriler Sachlichkeit', zwischen Modernismus & Integralismus eine mittlere Linie zu finden und der deutschen Innerlichkeit von gegenreformatorischer Vergewaltigung Erlösung zu schaffen, sowie die Forderung größerer Bewegungsfreiheit für die schöpferische Persönlichkeit von dem Amt und im Zusammenhang damit teilweiser Aufhebung der Schranken zwischen Laien und Klerikern. – Nach reiflicher Überlegung glaube ich, vorstehende Kennzeichnung durch folgende zu ersetzen: Die Verfasser finden die viel beklagte Nichtachtung katholischer Arbeit, besonders das catholica non leguntur nicht nur verständ-

---

15 Ernst Michel, 1889–1964, Laientheologe, Soziologe und Psychotherapeut. Vgl. Arnulf Groß / Josef Hainz / Franz Josef Klehr / Christoph Michel (Hg.), Weltverantwortung des Christen. Zum Gedenken an Ernst Michel, Frankfurt 1996; vgl. ferner O. Weiß, a.a.O. 527–542 sowie Th. Ruster, a.a.O. 224–235, dort jeweils weitere Literatur; Peter Reifenberg, Art. Michel, Ernst, in: LThK[3] VII (1998) 240 (im LThK[2] findet sich übrigens kein Artikel über Ernst Michel!). Zu dem von Ernst Michel herausgegebenen, von A. Beil genannten Buch „Kirche und Wirklichkeit" hat J. Wittig einen eigenen Beitrag beigesteuert: Die Kirche als Auswirkung und Selbstverwirklichung der christlichen Seele, 189–210.– Ernst Michels Nachlass befindet sich in der Bibliothek der Fachbereiche Evangelische Theologie und Katholische Theologie der J. W. Goethe-Universität Frankfurt a. M. wie nunmehr auch der Nachlass von J. Wittig.

16 „Ketzerische" Schriften wurden im Germanikum wie in anderen Seminarien und in Klöstern unter Verschluß gehalten und dem allgemeinen Zugriff entzogen. „‚L'enfer', die ‚Hölle' oder auch ‚Giftschrank' heißen diese Sonderecken der Bibliotheken in Westeuropa." Herman H. Schwedt, Der römische Index der verbotenen Bücher, in: Historisches Jahrbuch 107 (1987) 296–314. 304.

lich, sondern großenteils gerechtfertigt und möchten da Wandel schaffen. Zu diesem Zwecke suchen sie zwischen Liberalismus und Integralismus einen Mittelweg anzubahnen. Durch stärkere Betonung des Irrationalen wollen sie den apolog.[etischen] und dogm.[atischen] Intellektualismus bannen. Gegenüber verhärtendem Dogmatismus soll liebevolle Weitherzigkeit, gegenüber veräusserlichendem Legalismus lebendige Innerlichkeit, oder noch besser: gegenüber schroff verneinendem und veräußerlichendem Legalismus in Lehre & Leben soll liebevoll bejahende Weitherzigkeit & lebendige Innerlichkeit zur Geltung gebracht werden.

Mit Bangen frage ich mich, welches Schicksal diesen wahrhaft prophetischen Mahnern wohl beschieden sein wird. Wenn die Aufnahme, die sie bei meinen Mitbrüdern gefunden haben, einen Maßstab dafür abgäbe, was sie von amtlicher Seite zu erwarten haben, so wäre es ja wirklich bitter traurig. Die Erinnerung an ein Wort des unfehlbaren Bischofs Schreiber[17], der Name Wittig und das Fehlen des Imprimatur genügen, um den Stab zu brechen, ehe man überhaupt eine Seite gelesen hat. Und solche Leute sollen demnächst hinausgehen und Seelenführer werden! – Veni Sancte Spiritus!"

Der nächste, auf Wittig Bezug nehmende Eintrag vom 5.4.1924 gilt der Auseinandersetzung, die inzwischen Dr. Anton Gisler mit Wittig führt.[18]

„Eben beginnt Gisler im Neuen Reich einen Kampf gegen Wittig. Gewiss hätte W. bisweilen einen mehr sachlichen Ton anschlagen müßen. Doch die zünftigen Dogmatiker werden ihm nie gerecht werden. Es

---

17 Bischof Christian Schreiber, 1872–1933, studierte 1892–99 in Rom, wirkte seit 1899 als Professor und Regens in Fulda. 1921 wurde er zum ersten Bischof des wieder errichteten Bistums Meißen ernannt und wurde 1930 erster Bischof des neu gegründeten Bistums Berlin. Vgl. M. Domschke, Art. Schreiber, Christian, in: LThK² IX (1964) 483; Manfred Clauss, Erwin Gatz, Art. Schreiber, Christian, in: Erwin Gatz (Hg.), Die Bischöfe der deutschsprachigen Länder 1785/1803 bis 1945. Ein biographisches Lexikon, Berlin 1983, 672–675.

18 Anton Gisler, 1863–1932, 1887 in Rom zum Priester geweiht, seit 1893 Professor der Dogmatik und der Homiletik am Priesterseminar in Chur, griff verschiedentlich in den Modernistenstreit ein, wurde aber auch selbst grundlos des Modernismus bezichtigt (J.B. Villiger, Art. Gisler, in: LThK² IV (1960) 903). Vgl. O. Weiß, a.a.O. 519f. J. Wittig nimmt auf ihn Bezug in „Meine ‚Erlösten' in Buße, Kampf und Wehr", 1924, 12.

stehen sich da zwei Geisteshaltungen gegenüber, deren jede ihre Berechtigung hat, von denen aber wenigstens die eine die andere verdrängen möchte. Welch törichtes, engherziges Beginnen!"

Vier Monate später folgt ein weiterer Eintrag:

„S. Pastore, 11. August 1924. Eben habe ich Wittigs *Die Erlösten* in der Neuauflage mit dem Titel: *Meine ‚Erlösten' in Busse, Kampf und Wehr* zum zweiten Male gelesen. Fürwahr von neuem eine Befreiung. Das kommt aus der Seele und geht zur Seele. Mag die gedankliche Formung auch viel zu wünschen übrig lassen, der Mann hat einen tiefen Blick ins Leben und Gottes Wesen und Walten getan. Wie erbärmlich nehmen sich doch die schulmeisterlichen Zerzausungsversuche mancher Dogmatiker aus!"

Solche Auseinandersetzungen erlebt A. Beil in Vorträgen des im Germanikum wirkenden P. Müller SJ.[19] In einem Eintrag aus S. Pastore vom 4.10.1924 heißt es:

„Den heutigen Tag verbringe ich in tiefer Erregung und Unruhe. P. Müller begann diesen Vormittag eine Vortragsreihe über Wittig. Mit Entrüstung vernahm ich gestern Abend die Kunde davon. Erst wollte ich mich überhaupt fernhalten. Schließlich beruhigte ich mich und wappnete mich – ja womit denn? – Ich wollte sagen: ich suchte den Unwillen zu meistern und hatte auch etwas Erfolg. Kurzum ich ging zuhören. Eine Enttäuschung habe ich ja keineswegs erlebt. Wie könnte ein grobklotziger Verstand, der nicht einmal mit Alban Stolz zurechtkommen kann, einem Wittig gerecht werden! Es gibt eben Leute, die nur eine Schriftgattung kennen, die der Lehrbücher.

Ich halte mich von den Erörterungen möglichst fern. Einige meiner Mitbrüder zeigen ja viel Verständnis; doch mit der Mehrheit ist da nichts anzufangen.

---

19 Franz Sales Müller, geb. 1872 in Löwenich bei Köln, Alumnus des Collegium Germanicum von 1893 bis 1900, zunächst Weltpriester, 1905 Eintritt in die Gesellschaft Jesu, 1913–1933 als Repetitor im Germanikum, 1948 in Rom verstorben (aus dem Archiv von Dr. Herman H. Schwedt, Limburg). Nach einem Eintrag vom 5.8.1924 ließ P. Müller SJ in San Pastore, dem Feriendomizil des Germanikum, die Lektüre eines Buches von Alban Stolz während des Abendessens einstellen, weil es Häresien enthalte! – Alban Isidor Stolz, Theologe und bedeutender Volksschriftsteller aus A. Beils Heimat, geb. 1808 in Bühl/Baden, gestorben 1883 in Freiburg, 1833 Priester, 1847–1883 Professor für Pastoraltheologie und Pädagogik an der Universität Freiburg (H. Vorgrimler, Art. Stolz, Alban, in: LThK² IX (1964) 1093f).

Möchte doch diese düstere Wolke bald vorübergehen! Doch daß ich äußerlich Ruhe bekomme, ist ja nicht alles. Mir wird oft recht übel zu Mute, wenn ich bedenke, was ich hier an allerhand Gram schon in mich hineingefressen habe. Bekommt mein ganzes Wesen nicht immer mehr ein Zug von Unaufrichtigkeit? – Und doch, was kann ich dagegen tun? – Komm, o Geist des Rates und der Stärke!"

Ein knappes halbes Jahr später schreibt A. Beil:

„Rom, 6. März 1925 ... Ich habe wieder einmal zu den Dichtern gegriffen. Zum ersten Male habe ich Federer und Dörfler[20] kennengelernt. Doch am meisten hat es mir augenblicklich Wittigs *Leben Jesu in Palästina, Schlesien und anderswo* angetan."

„Rom, 15. März 1925.

Mit Wittigs *Leben Jesu* bin ich zu Ende. Ich weiß nicht, was ich dazu sagen soll. W. hat sich da selbst übertroffen. Ob wohl jemals einer in den Geist des Evangeliums so tief eingedrungen ist? – Fast jede Seite hat in meiner Seele nachhaltigen Widerhall gefunden. Ich bin in Verlegenheit, wenn ich etwas Bestimmtes eigens hervorheben soll. Mit am meisten verblüfft mich W.'s rückhaltlose Offenheit. Was ist es doch Schönes um solch eine ‚durchsichtige' Seele, eine anima plus quam candida. Allerdings wird ihm diese Offenheit wiederum viel Bekämpfung eintragen; ja vielleicht wird man ihm aus manchen gar kühnen Äußerungen über die Wahrheit der hl. Schrift, über die kirchliche Rechtsordnung und über die Wiederkunft des Herrn einen Strick drehen. Ich glaube ja kaum, daß er da gegen den Glauben verstößt. Mit Rücksicht auf innerkirchliche Gegner betont er manches bis an die Grenzen des Zulässigen und lässt anderes entsprechend zurücktreten. Übrigens kommt er auf den letzten Seiten zu einem Ausgleich bzw. zum Gleichgewicht der nun einmal unvermeidlichen Spannungen. – Wittig ist ein Prophet!"

Hier die Äußerung eines persönlichen Bekenntnisses, die als Titel für diesen Beitrag gewählt wurde. Ein Eintrag am 1. April 1925 erwähnt erneut die Lektüre des Werks von Wittig.

---

20 Heinrich Federer, 1866–1928, Schweizer Erzähler, 1893 Priester, wegen Krankheit seit 1907 von der Seelsorge befreit und als freier Schriftsteller tätig (L. Glanz, Art. Federer, Heinrich, in: LThK² IV (1960) 49. – Peter Dörfler, 1878–1955, volkstümlicher Erzähler aus dem bayerischen Schwaben. Zu seinem Eintreten für J. Wittig vgl. K. Hausberger, a.a.O. 300.

3. „Wie ein Schlag" – die Indizierung der meisten Schriften J. Wittigs

Am 21. Juli 1925 verlässt Dr. Beil Rom (vgl. Eintragung am gleichen Tag). Bald darauf wird er – schließlich für sieben Jahre – Kaplan in Mosbach/Baden bei dem Pfarrer Franz Roser (vgl. die erste Tagebuchnotiz aus der Mosbacher Zeit am 19. August 1925).[21] In dieser Zeit verfolgt Alfons Beil den weiteren Weg Joseph Wittigs mit starker innerer Anteilnahme. So heißt es in einem Eintrag unter dem Datum des 12. Sept. 1925: „... Zum Aufsehenerregendsten der letzten Wochen gehört zweifellos die Indizierung der meisten Schriften Wittigs. Ich habe es ja erwartet; dennoch hat mich die Nachricht wie ein Schlag getroffen. Immerhin in der Seelsorge findet man sich mit so etwas leichter ab als etwa im Germanikum. Ich denke, das Schadhafte an Wittigs Erzeugnissen wird so vielen offenbar werden, die es sonst übersehen hätten; das Gediegene und ewig Wahre daran wird auch so nicht verloren gehen; es ist ja schon Gemeingut fast aller geworden, die überhaupt dafür empfänglich sind. Wittig hat seine Sendung im Wesentlichen erfüllt. Gebe Gott, daß er und seine Freunde – ich gehöre ja auch zu ihnen – die Kraft finden, um der nun einmal gegebenen Lage Herr zu werden."

Am 28. Oktober 1925, am ersten Jahrestag seiner Priesterweihe, schreibt Dr. Beil:

„Ein Jahr Priester! Es war ein schwieriges, doch segensreiches Jahr. Es war reich an mancherlei Leid, aber noch reicher an Freuden. Was mir aber immer noch fehlt, ist ein recht inniges Gebet, so etwa im Geiste und Sinn Wittigs. Domine, doce me orare!"

Unter dem Datum vom 19. Jan. 1926 findet sich dann folgender Eintrag:

---

21 Geistlicher Rat Franz Roser, geb. 17.2.1882, gestorben 8.2.1945, seit 1912 Seelsorger in Mosbach, ein sehr engagierter und politisch interessierter Seelsorger. In seinen Aufzeichnungen äußert sich A. Beil anerkennend über seinen „Chef", weiß aber sehr wohl, daß dieser in vielem ähnlich konservativ denkt wie maßgebliche Geistliche in Freiburg, deren Auffassungen Beil nicht teilen kann; vgl. Einträge vom 31.3.1927, 25.8.1927 und 23.10.1927. Zu Franz Roser vgl. Hermann Ginter, Nachruf auf Franz Roser in: Freiburger Diözesan-Archiv 1950, 251f sowie Georg-Norbert Müller, Pfarrer von St. Cäcilia. Franz Roser, in: St. Cäcilia in Mosbach 1935–1985. Kirchliches Leben in Vergangenheit und Gegenwart, hg. v. Herbert Dewald, Mosbach 1986, 103–111.

„Heute Nachmittag hat mir ein Wort meines H. Chef [gemeint ist Pfarrer Franz Roser] tief in die Seele geschnitten. Das Gespräch kam auf die Frage: kirchliche und unkirchliche Wissenschaft usw. Und da sagte er: ‚Der andere' (Wittig!) ‚hat sich immer noch nicht unterworfen.' Ich kann mir nichts Furchtbareres denken, als daß jemand, vorgeblich aus Gewissenhaftigkeit, seinem Wahrheitssinn Gewalt antun soll. – Domine, usque quo? –"

Ein längerer Eintrag findet sich unter dem 3. März 1926:

„Bei der Niederschrift der letzten Zeilen [es handelt sich um Ausführungen Beils über das Gewissen] dachte ich anscheinend kaum daran, wie sie augenblicklich für den lieben Freund in Breslau [gemeint ist Joseph Wittig] zur Anwendung kommen. Er hat sich bis jetzt offenbar noch nicht unterworfen. So wie ich ihn kenne, darf er [‚sich' ausgestrichen] es kaum; er würde wohl seinem Gewissen zuwider handeln. – In ‚Der Fels' kamen im Januar- und Februarheft d. J. 2 Aufsätze über Wittig von Dr. C. M. Kaufmann.[22] Im Ton ist er mäßig und anständig. Sachlich geht er mit Gisler. Beachtenswert ist im 2. Aufsatz die Anführung aus einem Beitrag der ‚Frankf. Zeitung' (No. 17 vom 7.1.1926) aus der Feder von Georg Risse: ‚In der Tat kann man die mit Wittig eingeleitete Bewegung vom Standort des gläubigen Katholiken aus als die – die Statik des Dogmensystems nicht berührende, vielmehr in der Dy-

---

[22] „Die Indizierung Wittigs", in: Der Fels 20. Jg. Heft Nr. 4, Januar 1926, 131–138 und als Fortsetzung „Die Irrtümer Wittigs", in: Der Fels 20. Jg. Heft Nr. 5, Februar 1926, 161–171. – Msgre. Dr. theol. Carl Maria Paul Heinrich Kaufmann, geb. 1869 in Düsseldorf, 1895 in Rom zum Priester geweiht, gest. 1948 in Konstanz, war 1903–1915 Leiter der Apologetischen Zentralauskunftsstelle für die katholische Presse und gab seit 1905 (ab 1911 in Frankfurt) die religiös-politische Zeitschrift „Der Fels" heraus, bis zu deren Verbot durch die Gestapo 1936 (Deutsches Biographisches Archiv [Fiche-Edition] Fiche Nr. 687 und Notiz in der Kirchenzeitung „Der Sonntag" Nr. 4 vom 23.1.1949, 7; der Genannte ist nicht zu verwechseln mit dem Archäologen Prof. Dr. Carl Maria Kaufmann, 1872–1951, Priester des Bistums Limburg). A. Beil erwähnt C.M. Kaufmann in seinem Beitrag „Nochmals: Romanität oder Katholizität?" mit Blick auf dessen Artikel über kirchlichen Bürokratismus in Deutschland in: „Der Fels" 1929/30, 321–326 als „unverdächtigen Gewährsmann" (Aus meinem Leben 174). – Die Zeitschrift „Der Fels. Monatsschrift für Gebildete aller Stände (Apologetische Rundschau)" erschien in Frankfurt. (Unter dem gleichen Titel „Der Fels" erschienen vor und nach dem Ersten Weltkrieg zeitweilig auch ähnlich orientierte Zeitschriften in Wien und in Lübeck; die Bewegung für Papst und Kirche griff den Titel auf: „Der Fels. Katholisches Wort in die Zeit", Würzburg 1971ff).

namik des historischen Ablaufs sich vollziehende – ‚Heimholung' des lutherischen Wahrheitsgehalts betrachten, die nunmehr mit dem Abklingen der gegenreformatorischen Aktion möglich und notwendig wird ... Man darf annehmen, daß die garstige Auseinandersetzung, die Wittig angeregt hat, weitergehen und schließlich die Liquidation der Gegenreformation in die Wege leiten wird.'²³ Inzwischen ist mir diese und eine andere Nummer der Frankf. Ztg. mit einem Aufsatze über Wittig (1925, No. 927: H. Hermelink, Hehn & Wittig) zu Händen gekommen."²⁴

4. Das „Verhängnis" der Exkommunikation – Korrespondenz mit J. Wittig

Im Tagebuch schließt der folgende Eintrag unmittelbar an:

„Mosbach, 15. Juni 1926. Heute bringt die Rhein-Mainische Volkszeitung, die ich seit April beziehe: ‚Wittig exkommuniziert.

Breslau, 14. Juni. Ein schweres Verhängnis hat seinen Lauf genommen. Heute wurde bekannt, daß über Josef [sic!] Wittig die Exkommunikation verhängt worden ist.' Ja ein Verhängnis! Ich habe ja damit gerechnet; und dennoch hat mich die Kunde davon wie ein Schlag getroffen. Indes ist wohl noch nicht alles verloren. – O Gott, der du die Men-

---

23 Überschrift des Artikels: „Joseph Wittig". Die Unterstreichungen im Tagebuch entsprechen dem Sperrdruck in der Frankfurter Zeitung.

24 Der Beitrag „Hehn und Wittig. Päpstliches Bücherverbot gegen zwei deutsche Gelehrte. Von Prof. Heinrich Hermelink (Marburg)" auf der Titelseite des ersten Morgenblatts der Frankfurter Zeitung 70. Jahrgang Nr. 927 vom Sonntag 13.12.1925 stellt differenziert die am 1.4.1925 erfolgte Indizierung einiger Schriften des Würzburger Professors für alttestamentliche Theologie Johannes Hehn, sodann die am 22.7.1925 erfolgte Indizierung von sechs Veröffentlichungen von Joseph Wittig vor und würdigt einfühlsam die persönlichen Folgen für die Betroffenen, vor allem aber auch die verhängnisvollen Auswirkungen für die kulturelle und pastorale Präsenz der Katholischen Kirche in Deutschland. – H. Hermelink, 1877–1958, ökumenisch interessierter evangelischer Kirchenhistoriker, 1915 Professor in Bonn, seit 1918 bis zur Zwangsemeritierung 1935 in Marburg, nach 1945 in München und Tübingen; vgl. Biographisch-Bibliographisches Kirchenlexikon, begr. und hg. von Friedrich Wilhelm Bautz, fortgef. von Traugott Bautz, Bd. II, Herzberg 1990, 759f – Johannes Hehn, 1873–1932, Prof. für alttestamentliche Theologie in Würzburg seit 1907; vgl. J. Ziegler, Art. Hehn, Johannes, in: LThK² V (1960) 62; die Indizierung seiner Werke wird hier nicht einmal erwähnt; anders bei O. Weiß, a.a.O. 146, 449.

schenherzen formst und die Geschicke deiner Kirche lenkst, komm uns zu Hilfe!"

Es ist heute wohl kaum wirklich nachzuvollziehen, welches Gewicht die öffentliche Exkommunikation eines Priesters 1926 in der vorkonziliaren Kirche hatte, welche soziale Ächtung und welche Bedrohung der ganzen Existenz mit der Exkommunikation verbunden war und welche elementaren Ängste sie auslöste. A. Beil wendet sich nun gerade in dieser Stunde der äußersten Krise unmittelbar an J. Wittig. Es beginnt eine Korrespondenz, die bei unterschiedlichen theologischen Auffassungen im einzelnen von großer gegenseitiger Achtung und Freundschaft zeugt.

Im August 1926 verbringt A. Beil einen Urlaub in seiner Heimat Gutenstein (heute zu Sigmaringen gehörig). Unter dem Datum vom 30. August 1926 schreibt er:

„Vor einigen Wochen habe ich offenbar in die Räder des Weltlaufes greifen wollen. Ich schrieb kurz vor meiner Abreise von Mosbach an Wittig. Meine fast vorbehaltlose Wertschätzung seines Werkes sozusagen als selbstverständlich voraussetzend, unternahm ich es, ihm meine Bedenken vorzutragen, an verschiedenen Punkten die Sonde der Kritik ansetzend. Zum Schluss legte ich ihm nahe, sich zu unterwerfen. Da bin ich aber übel angekommen. ‚Ihr freundl. Brief zeigt mir viel Treue und Liebe, aber auch wie Ihr ganzes Denken zum Gotterbarmen in römischer Sophistenschule verdorben ist. Sie können ja nichts Lebendiges mehr als Ganzes sehen! Aber ich will Ihnen keine Vorwürfe machen, die doch nicht heilen können. Gehen Sie erst 20 Jahre durch die Schule der Seelsorge und die Wirklichkeiten Gottes, dann werden Sie erkennen, welches Blech Sie mir geschrieben haben. Für das Gold und Silber in Ihrem Briefe bin ich Ihnen dankbar. Ihr Joseph Wittig.' Ein Schreiben dieses Inhalts begrüßte mich beim Betreten des Vaterhauses. W. hat mich offenbar nicht richtig verstanden; mein Schritt war auch missverständlich. Darum habe ich ihm alsbald geantwortet, teils mich durch Entschuldigung zurückziehend, teils mich durch Verdeutlichung verteidigend. Vielleicht schreibe ich ihm dieser Tage nochmals.

Die Antwort W.'s zeigt, wie verbittert er ist. Nachdem ich gestern durch Vermittlung eines wiedergefundenen Freundes Paul Pfister vom Heuberg in *Die Seelsorge* eine genaue Darstellung des Falles Wittig gelesen habe, wundere ich mich ja nicht. Der gestrige Besuch bei Pfister bedeutet für mich ein wichtiges Erlebnis. Es ist doch einzig anregend, sich mit solchen Menschen auszusprechen ..."[25]

Schon am nächsten Tag schreibt A. Beil in seinem Tagebuch:

„Gutenstein, 31. Aug. 1926. Eigentlich hatte ich es ja erwartet; darum ist die Freude aber nicht weniger gross. W. hat mir auf meinen zweiten Brief geantwortet. Auf Schattenbildserie von P. Gregor Henges, 10. Franziskus – Der Kreuzesjünger: ‚Lasst uns das theologische Kriegsbeil [ausgestrichen ‚begraben'] vergraben! Secieren darf man nur Totes. Das Lebendige muß als Ganzes genommen werden. Und im Ganzen sind Sie mir Freund. Herzlichen Gruss! Ihr Joseph Wittig.'"

Eine kurze Notiz findet sich dann unter dem 24. Okt. 1926, wieder in Mosbach geschrieben:

„Verfuss[26] schreibt mir aus S. Pastore, nach P. Fonck trage sich Wittig mit dem Gedanken an eine Heirat. Ob der Sekretär der göttl. Vorsehung Recht hat oder nicht, es ist für ihn wieder einmal höchst bezeichnend.[27] – Überrascht hat mich vorgestern die Ankündigung einer Neu-

---

25 Paul Franz Pfister, geb. 1897 in Wertheim, 1923 zum Priester geweiht, anschließend Vikar in Weinheim und Freiburg, 1926, also zur Zeit des Tagebucheintrags, Kuratpfarrer in einem Kindererholungsheim in Heuberg bei Stetten am Kalten Markt (bei Sigmaringen), 1930 für die Leitung der Katholischen Reichsarbeitsgemeinschaft „Kinderwohl" beurlaubt, 1933 Pfarrverweser in Tiefenbach bei Bruchsal. 1934 trat Paul Pfister zur altkatholischen Kirche über, wirkte als Pfarrer in Blumberg/Baden, 1942–1967 in Frankfurt, 1982 in Fulda gestorben (Angaben bis 1934 aus dem Diözesanarchiv des Erzbistums Freiburg, weitere Angaben durch das katholische Bistum der Alt-Katholiken in Deutschland). Nach Paul Pfisters Übertritt zur altkatholischen Kirche wurde A. Beil dessen Nachfolger: „ Im Februar 1934 hatte ich ... den zur Altkatholischen Kirche übergetretenen Pfarrer in Tiefenbach bei Sinsheim abzulösen" (Mein Lebenslauf, in: Aus meinem Leben, zwischen Vorwort und Inhaltsverzeichnis). – [Der hier genannte ist nicht zu verwechseln mit dem gleichnamigen Paul Pfister, geboren 1906 in Trient, im Germanikum von 1925–1931, der später Jesuit wurde und seit 1934 in Japan wirkte, 1994 verstorben (Mitteilung von Dr. Klaus Wyrwoll, Regensburg)]

26 Johannes Verfuss, 1901–1972, im Germanikum 1920–1927, zum Priester geweiht 1926, seit 1927 als Seelsorger in verschiedenen Aufgabenbereichen im Erzbistum Köln tätig (Auskunft von Dr. Klaus Wyrwoll, Regensburg).

27 (Johann Christoph) Leopold Fonck SJ, 1865–1930, Professor für neutestamentliche Exegese, betraut mit der Gründung und Leitung des Päpstlichen Bibelinstituts in Rom 1909–1915 und nach dem Ende des Ersten Weltkriegs 1919–1929 ebendort Professor (P. Nober, Art. Fonck, Leopold, in:

auflage von W's *Leben Jesu* bei Klotz – Gotha. Das lässt vollständigen Bruch ahnen."

Fast ein Jahr später, am 23. (29.?) August 1927, schreibt A. Beil während eines kurzen Urlaubs in seiner Heimat Gutenstein:

„Das Verhängnis mit Wittig hat unterdessen weiterhin, wohl endgültig seinen Lauf genommen. An Ostern bekam ich von Tetzlaff[28] ein Schreiben mit einem Auszug aus einem Briefe, den Wi an eine befreundete Dame gerichtet hat. Er klagt darin über die lieblose Behandlung, die er von der Kirche erfahren. Man wolle wissen, er habe sich verheiratet, das sei nicht wahr. Aber es sei ihm Gewissenssache, Bianka Geisler, Tochter des Habelschwerdter Bürgermeisters, die wegen ihres Eintretens für ihn in dem Buch von Wolf aus Familie und Heimat ausgestoßen worden sei und die ihm die letzte Zeit den Haushalt geführt habe – er müßte ein Schuft sein, hätte er sich ihrer nicht angenommen –, mit

Anca und Joseph Wittig, 1927

LThK² IV (1960) 194f). L. Fonck SJ verfolgte mit Eifer Kollegen, die des Modernismus verdächtig schienen. O. Weiß erwähnt ihn als „Ketzerjäger" (a.a.O. 585). Als „Sekretär der göttlichen Vorsehung" hat er sich in Gesprächsrunden mit Germanikern selbst bezeichnet. A. Beil äußert sich entsprechend kritisch über sein Auftreten, z.B. Aus meinem Leben 5f.

28 Zu Clemens Tetzlaff s. o.

seinem Namen zu schützen.²⁹ Er habe es sich wohl überlegt. Die Kirche habe um sie beide nichts Besseres verdient. Der Brief ist in die Hände der Jesuiten gelangt. Ich habe sofort an W. geschrieben. Antwort eine Lichtbildkarte der Schlegler Einsiedelei mit folgenden Zeilen: ‚Lassen wir die Pharisäer triumphieren; ich kann auf sie keine Rücksicht nehmen, wenn sich mir eine erkannte Pflicht zur Erfüllung aufzwingt. Alles sei dem Herrgott befohlen. Er ist der Herr über das ‚Morgen', nicht ich. Besten Gruss! Joseph Wittig.'

Kürzlich ging's durch die Zeitungen: W. hat geheiratet. Als ich auf der Heimreise Freund Kasper in Pfohren den röm. [römischen] Brief vorlas, da sagte er: Jetzt verstehe ich alles; jetzt verstehe ich auch, wie lieblos und unwahr das Gerede ist, das sich an jene Nachricht angeschlossen."³⁰

So weit die Tagebuchaufzeichnungen von Alfons Beil, die von Joseph Wittig handeln. – Es ist heute kaum mehr wirklich zu ermessen und nachzufühlen, wie über die Heirat eines Priesters in den 20er Jahren geurteilt wurde, welche seelischen Erschütterungen und sozialen Abbrüche ihr folgten. A. Beil urteilt und verurteilt nicht; später wird er lediglich anmerken: „Ob sein [J. Wittigs] Vorgehen in allem glücklich war, bleibt eine Frage" (*Aus meinem Leben* 7). Auf die Kunde von J. Wittigs Heirat wendet er sich wieder unmittelbar an ihn selbst. In seinem Tagebuch hält er die Sicht des Betroffenen fest, und mindestens zwischen den Zeilen, z. B. in der eben zitierten Notiz über das Gespräch mit einem Freund, ist Verständnis und Anteilnahme zu spüren. Später wird A. Beil von den „Mühlsteinen" sprechen, zwischen die J.

---

29 Zu Bianca Geisler, vgl. Anca Wittig, Nach schweren Zeiten wieder Freude und Geborgenheit in der Kirche, in: Diakonia 18 (1987) 37–40 sowie Magdalene Bußmann, „Wir sind die Kirche", in: Arnulf Groß / Josef Hainz / Franz Josef Klehr / Christoph Michel (Hg.), Weltverantwortung des Christen, Frankfurt 1996, 127–146.

30 Franz Xaver Kasper, geb. 1888 in Grafenhausen bei Lahr, 1912 für das Erzbistum Freiburg zum Priester geweiht, 1912 Vikar in Donaueschingen, 1918–1933 Pfarrer in Pfohren (heute Donaueschingen), 1933 Krankenhausseelsorger, 1937 Flucht in die Schweiz aus politischen Gründen, dort mit verschiedenen seelsorglichen Aufgaben betraut, seit 1964 in Kriens bei Luzern, dort 1973 gestorben (vgl. Freiburger Diözesanarchiv 97 [1977] 478f). Schon in einem Eintrag vom 23.9.1924 erwähnt A. Beil Franz Kasper als seinen Freund, dem er in einem Brief „das Innerste der Seele einmal offenzulegen" sucht. – Mit dem „röm." Brief ist wohl das Schreiben gemeint, das A. Beil – wie zuvor erwähnt – von C. Tetzlaff aus Rom erhalten hat.

Wittig geraten ist (Aus meinem Leben 7). Von der Indizierung, der Exkommunikation und dem weiteren Verlauf der Auseinandersetzung insgesamt spricht A. Beil wiederholt als „Verhängnis". In einem späteren Rückblick spricht er von einer „schweren Anfechtung", einer „Zerreißprobe" (ebenda).

5. Rückblick im Jahr 1977 – J. Wittigs Schriften im Nachlass A. Beils

In einem Rundfunkbeitrag unter dem Titel „Lebenserfahrungen", in mehreren Folgen ab 5.7.1977 im Südfunk II gesendet, abgedruckt in *Aus meinem Leben* 1–37, spricht Dr. Beil nochmals von seiner Begegnung mit dem Werk Wittigs. A. Beil führt nach einer kurzen Erwähnung seiner Tätigkeit als Vikar in Mosbach aus:

„Doch bald geriet ich mit manchen andern in schwere Anfechtung. Joseph Wittig, Priester, Professor der Patrologie in Breslau, dessen Schriften viele unter uns jungen Laien und Priestern hatten aufatmen lassen, geriet mehr und mehr zwischen die Mühlsteine. Im Jahr 1926 wurden sechs seiner Schriften, vor allem der ‚Hochland'-Aufsatz ‚Die Erlösten', auf den Index gesetzt. Da Wittig sich nicht unterwarf, wurde er suspendiert und exkommuniziert. Welchen Schlag das für uns bedeutete, ist heute schwer mehr begreiflich zu machen. Im Grund hatte Wittig versucht, nicht in der trockenen Sprache der Schultheologie, sondern in der bildhaften gelösten, freilich auch ätzenden des Dichters das echte Anliegen der Reformation, die Rechtfertigung aus dem Glauben, in unsern Tagen eingängig zu Geltung zu bringen. Ob sein Vorgehen in allem glücklich war, bleibt eine Frage. Durch einen Freund, einen ehemaligen Breslauer Schüler Wittigs, mit ihm bekannt geworden, versuchte ich, wohl etwas naiv, in einem Brief, ihm zu einem Brückenschlag zu verhelfen, blitzte aber ab. Die Angelegenheit wurde für uns zu einer Zerreißprobe. Erfreulicherweise kam es im Jahr 1946, also nach zwanzig Jahren, doch noch zu einer Versöhnung Wittig's mit der Kirchenleitung." (Aus meinem Leben 7)

A. Beil führt J. Wittig wenigstens noch zweimal in seinen Lebenserinnerungen als Zeugen an. In einem Kapitel „Vorschläge zur Liturgiereform" (Aus meinem Leben 269–282) folgt auf die Wiedergabe von drei Briefen an das Liturgische Institut in Trier vom Januar und Februar 1988 u. a. ein Abschnitt mit der Überschrift „Entschärfte Gebete" (277):

„Joseph Wittig schrieb mitten im Grauen des Zweiten Weltkriegs in ‚Vom Warten und Kommen' Seite 26: ‚Ja, wir sind in ein forderndes Warten eingetreten. Das alte kirchliche Adventgebet, dessen fordernde Schärfe in der deutschen Sprache kaum mehr wiedergegeben werden kann, ist jetzt nicht nur ein liturgischer Anruf von Kirchenmauern her, sondern ist der gellende Notschrei unseres Herzens, sowohl draußen im großen politischen Leben wie auch drinnen in den Schlafkammern beim Abendgebet: ‚Excita, Domine, potentiam tuam et veni – Heraus, Herr-Gott, mit deiner Macht, jetzt komm endlich!' Ein deutscher Sänger stimmte einst sein Adventlied an: ‚O Heiland, reiß die Himmel auf!' – nach Jes 63,19f. – Da ist etwas von der Schärfe jenes Adventsgebets wiedergegeben. ‚Magna nobis virtute succurre!' heißt es in einem andern Adventgebet, mit großer Kraft renne herbei zu unserer Hilfe! Früher übersetzte man: ‚Komm uns zu Hilfe.' Aber das Succurre hört sich nicht so lind an; es hört sich vielmehr an wie Waffengeklirr und Kriegswagen, Rollen schwerer Räder ... Heraus, Herr-Gott, mit deiner Macht, Excita, Domine, potentiam tuam et veni! – Zwischen diesen beiden klingt ein drittes auf, das auch mit dem scharfen Excita beginnt: ‚Excita corda nostra!' – ‚Reiß auf, Herr-Gott, unsere Herzen!' ... O das spüren wir! Unsere Herzen werden nicht nur aufgerissen, sie werden hin und her gerissen. Wie Fahnen im Sturm!"

„So also Joseph Wittig im Grauen des Zweiten Weltkriegs. Wir aber, bedroht von unvergleichlich schlimmerem Unheil, wie müßen jene Adventbitten erst uns ansprechen, uns Ansporn sein, sie uns inständig bittend zu eigen zu machen!

Doch da muß man es erleben, daß in unserer ‚erneuerten' Liturgie das ‚Excita' bis zur Unkenntlichkeit entschärft, ja überhaupt nicht beachtet ist, und das an allen Adventsonntagen. Man könnte meinen, die Bearbeiter lebten in einer andern, fast heilen Welt, jedenfalls nicht in der Welt, wie sie der Pastoralkonstitution des Zweiten Vatikanischen Konzils über ‚die Kirche in der Welt von heute' vorschwebt." (*Aus meinem Leben* 277)

A. Beil hat die Arbeit des 1966 gegründeten Bensberger Kreises von Anfang an als Mitglied mitgetragen (vgl. Aus meinem Leben 384). Dieser Kreis veröffentlichte im Frühjahr 1968 das „Memorandum deutscher Katholiken zu den polnisch-deutschen Fragen". Möglicherweise in diesem Zusammenhang hat A. Beil einen Text von J. Wittig verbreitet, den dieser nach seiner Vertreibung aus der schlesischen Heimat verfasst hat: „Einem falschen Heimatglauben verfallen".[31] Dazu A. Beil:

„Wechselvoll ist mein Verhältnis zu den Schlesiern. Was mir Joseph Wittig bedeutete, habe ich schon bemerkt. Nach dem Zweiten Weltkrieg kamen die Schlesier zu uns als Ostvertriebene. Ich lernte unter ihnen mehrere hervorragende Menschen kennen und schätzen, ähnlich wie auch unter den Sudetendeutschen, die seinerzeit in meiner früheren hiesigen Pfarrgemeinde [St. Albert] Unterkunft fanden. Beiden eignet eine tiefe Verbundenheit mit ihrer alten Heimat. Wenn ich recht sehe, ist das Heimatgefühl bei den Schlesiern besonders stark ausgeprägt. Das hatte und hat bis heute bedenkliche politische Auswirkungen. Viele unter ihnen huldigen dem Revanchismus, betrachten die deutsche Frage im Osten als offen, wollen ihre alte Heimat wieder; damit sind sie vor allem durch ihre Funktionäre eine Gefahr für den ohnehin schwer bedrohten Weltfrieden. Ihr Grundirrtum ist die Vertretung eines absoluten Rechts auf Heimat. Da ist es nun hochbedeutsam, daß Joseph Wittig kurz vor seinem Tod, er, der seine schlesische Heimat liebte wie nur einer, eine Betrachtung veröffentlichte unter der Überschrift ‚Einem falschen Heimatglauben verfallen' (Hubert Butterwegge / Albert Erdle, Erlebte Diaspora. Bonifatius-Druckerei Paderborn). Ich habe die Schrift photokopiert und würde sie auf Wunsch zusenden. Ich wünschte ihr unter Wittigs Landsleuten weiteste Verbreitung." (Aus meinem Leben 395f)

In dem für den Verfasser dieses Beitrags bestimmten Nachlass befinden sich außer den Tagebüchern fast nur „Handexemplare" der Veröffentlichungen A. Beils und – drei Bücher von Joseph Wittig! Es sind die folgenden Schriften: *Herrgottswissen von Wegrain und Straße* (Ausgabe Freiburg im Breisgau 1922), *Meine „Erlösten" in Buße, Kampf und Wehr* (Ausgabe Frankes Buchhandlung Habelschwerdt 1924), *Vom Warten und Kommen. Adventbriefe* (Ausgabe Ehrenfried Klotz Verlag Stuttgart 1951; Joseph Wittigs Vorwort wurde in Neusorge im Oktober 1938 geschrieben; in diesem „Handexemplar" ist der oben zitierte Text markiert). In das Buch *Herrgottswissen* waren zwei Beiträge eingelegt: die Kopie eines Artikels von Wilhelm Krückeberg, Die Sprache des Glaubens. Der katholische Theologe Joseph Wittig, aus: Christ in der

---

31 Veröffentlicht zunächst in: Anruf und Zeugnis der Liebe, Verlag Josef Habbel, Regensburg; abgedruckt in: Hubert Butterwegge / Albert Erdle (Hg.), Erlebte Diaspora, Paderborn 1966, 28–34.

Gegenwart 1983, Nr. 5, 37f[32] sowie ein mit Schreibmaschine abgeschriebener dreiseitiger hektographierter Text (leicht vergilbt) „Einem falschen Heimatglauben verfallen von Joseph Wittig" aus Hubert Butterwegge / Albert Erdle, Erlebte Diaspora, „Belegexemplar" für die zuletzt zitierte Notiz aus Beils „Aus meinem Leben".

Die genannten Zeugnisse belegen: Alfons Beil war bis ins hohe Lebensalter vom Werk und Weg Joseph Wittigs bewegt und betroffen, er war und blieb ihm „Freund" (vgl. Eintrag vom 12.9.1925 und vom 31.8.1926). Persönlich ging er – in mancher Hinsicht anders als Wittig – den Weg des Dienstes in der Kirche und der ausdauernden Erneuerung „von unten". In entscheidenden Überzeugungen, in seiner Suche nach Wahrheit und in seinem Glauben an den Gott der Gnade war und blieb er J. Wittig verbunden.

---

32 Wilhelm Krückeberg, geb. 1914, 1940 für die Bekennende Kirche ordiniert, nach der Rückkehr aus dem Zweiten Weltkrieg als Pfarrer tätig, zuletzt bis 1968 in Horneburg/Kr. Stade, 1960 Mitbegründer des Bundes für evangelisch-katholische Wiedervereinigung, seit 1968 Seelsorger im Hans Asmussen-Haus in Dalherda/Rhön und Schriftleiter der „Bausteine für die Einheit der Christen", Gersfeld/Dalherda, gestorben 1990. Vgl. Bausteine für die Einheit der Christen 30 (1990) Heft 120, 1–8.

II

„Er existiert nicht – der Gott, den ihr euch vorstellt"

Notwendige Erinnerungen an den verfemten Theologen Joseph Wittig

Theologisches Wochenendseminar des
Bildungswerkes der Erzdiözese Freiburg

im Bildungszentrum Heidelberg
22.–23. Oktober 1999

Lebensbegegnung mit Joseph Wittig

Prof. Dr. Dieter Nestle, Schopfheim

Vor fünfzig Jahren, am 22. August 1949, ist Joseph Wittig in der Flüchtlingsunterkunft Forsthaus Göhrde in der Lüneburger Heide im 71. Jahr seines Lebens gestorben. Vor 120 Jahren, am 21. Januar 1879, wurde er im Weiler Neusorge, Gemeinde Schlegel in der schönen Grafschaft Glatz in Schlesien geboren.

1998 erschien, 70 Jahre nach der ersten Auflage, das dreibändige Werk der Freunde Eugen Rosenstock und Joseph Wittig *Das Alter der Kirche*. Rosenstock war gebürtiger Jude, getaufter und überzeugter evangelischer Christ, Soziologe; Joseph Wittig, exkommunizierter katholischer Priester und aus dem Amt gedrängter Professor der Alten Kirchengeschichte und der christlichen Archäologie an der katholisch-theologischen Fakultät der Universität Breslau. Schon diese Freundschaft deutet voraus in eine neue Zeit.

J. Wittig, 1937

Die Herausgeber der Neuauflage, Fritz Herrenbrück, Pfarrer der ev. Landeskirche in Baden, und Michael Gormann-Thelen, Präsident der Rosenstock-Huessy-Gesellschaft, schreiben im Geleitwort:

„Beim Übertritt ins dritte Jahrtausend suchen wir nach Orientierungen und Verheißungen, die nicht trügerisch und nicht verräterisch sind. Gibt es Bahnen, auf die sich einzulassen das Gebot der Stunde ist, und Personen, die uns zu inspirieren vermögen? *Das Alter der Kirche* kann uns begeistern, weil es ein Geschenk und eine Verheißung des kommenden Jahrtausends ist."

Ich bin dankbar, daß das erzbischöfliche Ordinariat Freiburg den Druck der Neuausgabe durch eine namhafte Spende unterstützt und so dazu beigetragen hat, dem einst „vom römischen Geiste" (Wittig), in seiner Kirche zum Verstummen Gebrachten wieder Gehör zu verschaffen und Joseph Wittig die Herzen neu zu öffnen. Mich selber bewegen simeonische Gefühle (Ev. n. Lukas 2,29–32), dass ich dieses und andere Anzeichen eines wiedererstarkenden Interesses, auf das ich kaum noch zu hoffen gewagt hatte, nicht nur erleben, sondern hier sogar daran mitwirken darf.

Die meisten haben den Namen Wittig noch nie gehört: „Joseph Wittig – wer ist das?" Auch ich kannte ihn nicht, bis ich 1963, 32-jährig, Pfarrer geworden war an der Kirche der Hl. Elisabeth in Marburg. Ich war für den Kindergottesdienst zuständig. Jede Woche versammelten sich die Mitarbeiter, um die Geschichte des kommenden Sonntags zu besprechen. Wir waren, ich weiß nicht mehr an welcher Geschichte aus dem hl. Evangelium, da berichtete ein älteres Fräulein, unsere treueste Mitarbeiterin, wie Joseph Wittig diese Geschichte erzählt habe in seinem *Leben Jesu*. „Joseph Wittig?" Auf meinem Gesicht sah sie ein großes Fragezeichen. Denn, wie gesagt, noch nie hatte ich den Namen gehört: nicht im Elternhaus, nicht im Religionsunterricht, von keinem meiner theologischen Lehrer an der Universität. Da musste die liebe Dame schier platzen: „Was! Sie kennen Wittig nicht?" Es klang wie: Da will einer Theologe und Pfarrer sein und kennt diesen Mann nicht! – Noch heute ist er wohl eher bei Laien als bei Theologen bekannt. Das Fräulein brachte mir dann das erwähnte Buch (immer werde ich ihr dafür dankbar sein). Der volle Titel lautet: *Leben Jesu in Palästina, Schlesien und anderswo*, 2 Bände, 1. Aufl 1924. Nach Wittigs eigenem Urteil sein „größtes und wichtigstes Werk" (*Christgeburt* 128)[1]. Ich begann zu lesen. Weil Weihnachten nahte, begann ich beim 7. Kapitel „Ein Kind". Ich kam aus Staunen und Freude kaum mehr heraus, so schön war das. Und ich las:

„... [Erst] im vierten Jahrhundert fangen die christlichen Prediger an, Weihnachtspredigten zu halten ... Die christliche Welt hat ihr Weihnachtsfest ... Jesu geheimnisvolles Leben in der Christenheit, die er sich als seinen Leib, als das Corpus Christi gebildet hatte, machte aus

---

1 Der vollständige Titel dieses und der im Folgenden genannten Werke stehen in der Bibliographie zu Joseph Wittig im Anhang dieses Buches.

Märtyrermännern und Einsiedlerhelden zarte, demütige Kindlein, wohl wissend, daß nicht in Wunderheilung und Totenaufersteung das höchste und letzte Göttliche ist, sondern im Kindsein. Jesu ‚irdisches' oder ‚geschichtliches' Leben ging von der Krippe zum Kreuz; Jesu mystisches Leben, das natürlich ebenso irdisch und geschichtlich ist wie jenes, also Jesu Leben in uns, geht vom Kreuz zur Krippe ... Wollte ich mein Leben beschreiben und mit dem Leben Jesu in Zusammenklang bringen, so müßte ich das Evangelium von hinten abzuschreiben beginnen." (Leben Jesu I 53f)

Jesu irdisches Leben ging von der Krippe zum Kreuz, Jesu mystisches Leben, also sein Leben in uns, ging vom Kreuz zur Krippe! In diesem – in Wittigs Augen einzig wahren – Sinn hat er sein Leben erzählt: Im *Leben Jesu* bis zur Priesterweihe 1903, wobei manche Stücke schon aus der Zeit danach berichten. In *Höregott – ein Buch vom Geiste und vom Glauben*, Leopold Klotz Verlag Gotha 1929, die Jahre bis 1928. Im *Roman mit Gott – Tagebuchblätter der Anfechtung*, Ehrenfried Klotz Verlag Stuttgart 1950 [der Titel stammt nicht von Wittig] die Zeit von 1933 bis 1946. Auch an vielen anderen Stellen spricht Wittig von seinen Erfahrungen. Soviel hat er von den Spuren des Heiligen in seinem Leben erzählt, „daß manche ganz verzagt wurden und meinten, ihr eigenes Leben sei ganz arm oder leer an solchen leuchtenden Zeichen ... Ich [aber] hatte gemeint, wenn ich das Wenige erzähle, was mir in meinem Leben geworden ist, würden die anderen das Viele erkennen, was ihnen geworden ist, und wir würden in gemeinsamem Lobpreis Gottes für das Wenige und das Viele dankbar sein" (*Mit Joseph Wittig durch das Jahr,* 150).

Ich will jetzt, meist mit seinen Worten, berichten aus seinem Leben vom Kreuz zur Krippe!

Wir werden drei Schritte tun. Im Zusammenklang mit dem *Leben Jesu* sind die Überschriften:

I. Kreuz und Auferstehung – Stationen des Leidens (1928–1949)

II. Der Prozeß (1922–1927)

III. Jahre der Freude (1879 – 1921)

I. Kreuz und Auferstehung – Stationen des Leidens (1928–1949)

1. Die letzten drei Jahre. Ein Augenzeuge berichtet:
„Es liegt mir ob, als einem der wenigen Menschen, die das Glück haben durften, ständige Zeugen der drei letzten Lebensjahre Joseph Wittigs zu sein: seinen Lesern zu berichten, wie Wittig in den letzten drei Jahren seines Lebens war. Das läßt sich kurz sagen: er war wie ein Heiliger. Zwar nicht als einer von der Art, die immer vernünftig, geduldig und friedlich sind. Doch das macht wohl auch nicht das eigentliche Wesen der Heiligen aus. Aber als ein Mensch, von dem nahezu ununterbrochen ein Licht ausging – selbst noch in den Stunden, in denen er vor körperlicher Schwäche schon wie erloschen war! Ich spreche dabei nicht in erster Linie davon, daß auch in dieser Zeit ein wahrer Strom von Besuchern aus aller Welt zu ihm in seine Einsamkeit gekommen ist, unter denen keiner war, der nicht innerlich erhellt wieder von ihm weggegangen wäre. Es wird allerdings nur sehr wenige Menschen in der heutigen Welt geben, zu denen so verschiedene Geister kommen. Denn unter diesen Besuchern waren Menschen beinahe aller Art: Männer und Frauen, Minister, Professoren, Schulräte und Landstreicher, Gräfinnen und Mönche, Christen, Heiden und Philosophen, Kommunisten und Nationalsozialisten und ruhige Staatsbürger. Alle diese sind aber immer nur auf Stunden oder Tage bei ihm gewesen und könnten ja auch eher aus Neugier gekommen sein oder weil sie von seinen Büchern angerührt waren. Und zwischen einem Manne und seinen Büchern kann ein großer Unterschied sein. Viel wichtiger ist es deshalb, die Tatsache zu berichten, daß dieser Mann und sein Haus während jener drei Jahre – nicht mit einem Schlage, aber unwiderstehlich – auch das Licht und der geheime Mittelpunkt der kleinen Menschenwelt des entlegenen Waldviertels geworden sind, in das ihn sein Flüchtlingsschicksal in seinem achtundsechzigsten Jahr hinein- und aus dem ihn der Tod in seinem einundsiebzigsten Jahr wieder herausgeführt hat, einen Tag, bevor er es auf irdischere Weise verlassen wollte. Und diese Menschen wußten im allgemeinen wenig von ihm, die meisten von ihnen hatten seine Bücher nicht gelesen, waren weder seines Glaubens, noch seines Stammes. Aber sie kamen alle, ‚Gebildete' und ‚Ungebildete' – angezogen längst nicht immer von seinen Worten, denn er sprach oft nur noch wenig, aber von dem Frieden und der Leuchtkraft, die schon von seinem Gesicht und Wesen ausgingen. Und unter diesen waren auch Menschen, die ihm keineswegs von Anfang an

gewogen gewesen waren, die gegen das, was er schrieb, ihre Bedenken hatten: begegneten sie ihm aber dann selbst, mußten sie erkennen, daß alle ihre Regeln der Menschenkenntnis bei ihm nicht mehr stimmten, weil Liebe und Weisheit in ihm alles Allzumenschliche eingeschmolzen und, wo es noch da war, ‚verklärt‘ hatten. Er selbst glaubte freilich in diesen Jahren, seine alte Kraft über die Herzen verloren zu haben. Aber darin irrte er, wie er ja manchmal geirrt hat. Ich weiß, daß auf seinen Spaziergängen sogar die Tiere bisweilen auf ihn zukamen.

Aber auch sein Geist war trotz aller körperlichen Beschwerden ganz wach und hell, und mit wem er sich in Gespräche einließ, der erstaunte vor der Klarheit, Nüchternheit und Kraft seines Denkens. In solchen Gesprächen konnte dann manchmal auch ganz bittere Skepsis zum Ausbruch kommen. Aber das Seltsame an ihm war: mochte er auch noch so skeptisch und pessimistisch geredet haben, verabschiedete man sich dann von ihm, so bekam man aus seinen sehr hellen Augen genau denselben Blick einer ganz unirdisch strahlenden Heiterkeit und Güte wie nach dem leichtesten und fröhlichsten Streitgespräch, deren er so Meister wie Liebhaber war.

Überall da, wo Joseph Wittig von sich selbst redet, geschieht es mit einer ganz besonderen, nur ihm eigenen Form der Ironie, die alles verändert. Der klare, offene Ernst war in seinem Leben und Wesen und steht zwischen den Zeilen seiner Bücher, für den, der sie zu lesen versteht.

Ich glaube, daß es heute noch niemandem möglich ist zu sagen, was das Eigentliche an Joseph Wittig war. Er selbst wollte vor allem zweierlei sein: ein Vater und ein Kirchenhistoriker. Das erste ist er bis zu seinem letzten Atemzuge mit aller Kraft des Herzens gewesen; daß er das zweite einmal hatte aufhören müssen zu sein, war ein großer Schmerz seines Lebens. Aber was war er nun eigentlich für die Welt? Ich glaube, daß die ihm unrecht tun, die ihn einen Dichter nennen. Er selbst empfand seinen Auftrag anders. Aus meinen ernstesten Gesprächen mit ihm weiß ich, daß er sich mit aller seiner Leidenschaft bewußt war, dies eine sein zu müssen: ein Schriftsteller. Nicht in dem flachen Sinn, in dem dieses Wort bei uns auch gebraucht wird, sondern in dem starken, in dem Matthias Claudius und Kierkegaard es gebraucht haben: als eines Menschen, der ohne Amt und Autorität und ohne dabei nach rechts oder links sehen zu dürfen, ‚auf seine Art und in allen Treuen, durch Ernst und Scherz, durch gut und schlecht, schwach und stark auf das große Thema aufmerksam macht' (wie Matthias Claudius es von sich gesagt hat); der das aussagt, was den andern ‚auf der Zunge schwebt' – aber auch das, was ‚von den andern nicht gewußt oder nicht bedacht' durch das Labyrinth seiner Brust wandelt: weil er weiß, daß es unter Menschen immer wieder notwendig und heilsam ist, reine Erfahrung rein auszusprechen – ein ‚*Knecht und Schreiber Gottes*'."

R. L.

[R. L. Rudolf Lennert][2]

Wittig wollte um keinen Preis Haus und Heimat verlassen. Schließlich ging es nicht mehr anders. „Es ist mein Tod", sagte er zu seiner Frau, „aber für dich und die Kinder will ich gerne sterben". Die Lage, die ihn zum Aufgeben zwang, beschreibt er in einem Brief an den langjährigen Maler-Freund Hans Franke:

Neusorge/Schlegel Kr. Glatz 27.9.1945

Liebe Freunde Hans und Ellen!

Mehr mit Tränen als mit Tinte müßte ich schreiben, darum schreibe ich lieber mit einem Bleistift, den mir die Russen noch nicht geplündert haben. Das Tintenfaß haben sie zerschossen. Drei Schüsse jagten über meinen Kopf hinweg, als ich auf dem Krankenbette von ihnen überfallen wurde. Ein Schuß traf die Murillo-Madonna über meinem Bett. Die abgeprallten Kugeln fand ich mit den Glasscherben in meinem Bette. Ich bin körperlich wie geistig ganz verelendet. Von März bis Mai, bis zu Deinem Namenstag, im Schlegler Krankenhaus an Rheumatismus, Muskelzerfall; Nervenschmerzen, Gemütsleiden. Eine falsch geführte Spritze hat mich zum Krüppel gemacht: der linke Arm gelähmt, das Handgelenk im rechten Winkel geknickt, sehr schmerzhaft, der Nerv zerstört, Arm und Hand dick angeschwollen, eine handgroße Wunde am Oberarm. Diese ist nun verheilt samt den Abszessen, aber die Hand noch verkrüppelt. Ich kann nun nichts mehr allein machen, kaum ein Buch aufschlagen. Keine Arbeit mehr. Nur Verzweiflung und Angst. Hab keinen Rock mehr, nur noch zwei alte Hemden. Das gehortete Geld geht aus; wir müssen nächstens betteln gehen von Tür zu Tür. Nun kommen wieder die Tränen. Ich habe im ganzen Le-

---

2   Dr. Rudolf Lennert, Literaturwissenschaftler und Pädagoge an der Freien Universität Berlin, gest. 1985 (Freundliche Auskunft von Frau Maria Prinz geb. Wittig, Soest).

ben nicht soviel geweint wie in diesem einen Jahre. Ach ihr Lieben, seid gegrüßt von Eurem verzweifelten

Joseph Wittig

Kurz danach gab es keine Postverbindung mehr zum übrigen Deutschland. In dieser Tief-Zeit – vom 29. September 1945 bis September 1946 – schreibt er den *Roman mit Gott*. Und darin berichtet er auch von der bis dahin tiefsten Demütigung seines Lebens (87–89):

Es war um die Jahreswende 1943/1944. Da kein Arzt die wahre Ursache seines jahrelangen Leidens fand, wurde er schließlich unter großen Schwierigkeiten in ein Sanatorium eingewiesen. Der behandelnde Arzt diagnostiziert eine Vergiftung durch das seit Jahren von Wittig regelmäßig benutzte Schlafmittel Phanodorm und klärt ihn auf über dessen schädliche Wirkungen: Zerstörung der Muskeln und Zerrüttung des Gemütes. „Ich wurde einer mir grausam erscheinenden Entziehungskur unterworfen und bin wohl bis dahin noch nie so tief gedemütigt worden wie in jenen drei Wochen. Wie einem Verbrecher wurden mir Gepäckstücke und Taschen nach den letzten Resten meines Phanodormvorrats untersucht. Und sooft ich auch versicherte, daß ich nun wirklich keine einzige Tablette mehr besitze, wurde mir keineswegs geglaubt. Das war für mich das Schrecklichste und schien mein ganzes Wesen zu zerstören, daß man mir nicht aufs Wort glaubte. Die unbedingte Glaubwürdigkeit war mir nach den jugendlichen, längst eingestandenen Schwindeleien die größte und einzige Ehre meiner Mannesjahre. Ja, es war eine grausame Vernichtung, die ich da an mir geschehen lassen mußte. Von einem Manne, der es offenbar wohlmeinte; vor jungen Schwestern, die wie Polizeiwärterinnen dabei fungierten; ach, selbst meine liebe Frau beteiligte sich an dieser Vernichtung und Entblößung. Ich wurde so klein und häßlich, daß ich mich am liebsten selbst ausgespuckt hätte. Ich wußte damals noch nicht, daß solches für die rechte Gotteserkenntnis notwendig sei."[3]

Am 3. April 1946 verlassen Wittig, seine Frau und die drei Kinder, sechzehn, vierzehn und acht Jahre alt, mit dem letzten Transport die Heimat im Viehwaggon nach Westen. Am 9. April werden der schwerkranke Joseph Wittig und die Seinen ausgeladen in Altena in Westfalen. Schon am 11. April liegt er im Krankenhaus. Kurz danach wieder.

---

3   Wittig, Roman mit Gott, 89.

Dem Osterfest der Orthodoxen Kirche geht mit der Feier der Auferweckung des Lazarus am Samstag vor Palmsonntag das „kleine Ostern" voraus. So ereignet sich nun für Wittig eine kleine Auferstehung: Der Chirurg entfernt in der schwersten Gallenoperation seines Lebens „einen ‚Stein so groß wie eine mittlere Kartoffel', von keiner Kolik angezeigt, aber ganz offenbar die Ursache seiner Erkrankung seit über einem Jahrfünft. Nach vier Stunden erwacht der Patient zu neuem Leben, ‚alle lästigen und hinderlichen Nervenschmerzen waren verschwunden'. Noch auf dem Krankenbett schreibt er mit plötzlich wiedergewonnener Kraft die Geschichte vom ‚Herrenschirm aus Kohlendorf' [Jetzt in: *Mit Joseph Wittig durch das Jahr*, 115–120], ... vom zuständigen Bistumsblatt bestellt und nach Erscheinen oft vervielfältigt und zu Tausenden unter den vertriebenen Landsleuten verbreitet."[4]

Kurz vor der Vertreibung, noch in der Heimat, hatte Wittig die Nachricht von der Aufhebung der Exkommunikation erreicht. Die Freude war zunächst groß, bis ihm von zuständiger Stelle gesagt wurde, dass damit die Indizierung insbesondere seines *Leben Jesu* nicht aufgehoben sei. Vergebens ersuchte er für eine neue Auflage um das Imprimatur – die kirchliche Druckerlaubnis.

In Altena lebte die Familie in einer gut katholischen Gegend; Wittig konnte die hl. Messe besuchen und die Kommunion empfangen. Aber die Familie wurde verlegt in die schon erwähnte Flüchtlingsunterkunft im Forsthaus Göhrde in der Lüneburger Heide, weit ab von jedem katholischen Priester und Gottesdienst. Dort hat die Familie – wie viele Flüchtlinge damals – einen einzigen Raum und muß essen aus der Gemeinschaftsküche. Die Bibliothek und alle handschriftlichen Unterlagen waren bei der Vertreibung zurückgeblieben. Trotz der schwierigen Bedingungen, trotz nachlassender Sehkraft ist Wittig in den drei Jahren bis zu seinem Tode eine spätherbstliche Ernte vergönnt: Er kann noch vier Bücher herausbringen und viele Beiträge für Zeitungen und Zeitschriften schreiben. Gerhard Pachnicke hat für seine Ausgabe mit Briefen Wittigs (*Kraft in der Schwachheit – Briefe an Freunde*, Brendow Verlag Moers 1993) rund neunzig Briefe aus dieser Zeit abdrucken können. Sicher nicht alle, die er damals geschrieben hat. 1949 bot sich die Möglichkeit, in eine Dreizimmerwohnung in Meschede umzuziehen. Wittigs größter Wunsch schien sich zu erfüllen: ein Stübchen

---

4 Wittig, Christgeburt, 134.

für sich. Die paar Habseligkeiten sind gepackt. Morgen soll es losgehen. An diesem Tag durfte er heimgehen. In Meschede liegt er begraben. Der Crucifixus auf dem Holzkreuz des Grabes ist gearbeitet nach demjenigen von Wittigs Vetter August auf dem Gedenkkreuz für die verunglückten Hausdorfer Bergleute (Photo der Grabstätte im Bildteil von *Mit Wittig durch das Jahr*).

2. Wittig in der Zeit des Nationalsozialismus

„Seit 1933 ist mir das Singen ... vergangen" (*Christgeburt,* 17). – Wittig wäre nicht er selbst, wäre seine Stellung zum NS ein bloßes Nein gewesen. In seinem 1938 – unter den Augen der Zensur – veröffentlichten Buche *Vom Warten und Kommen – Adventbriefe* heißt es [31f]:

„Leidenschaftlich bejahen unsere Herzen das große Werk der Einigung unseres Volkes, leidenschaftlich verneinen sie, daß zu diesem Werke der Name Jesu Christi ausgemerzt werden müße, weil er wie ein Schwert das Volk zerteilt hat in Konfessionen, Katholische und Evangelische, Christgläubige, Gottgläubige. So zwischen Ja und Nein hin und her gerissen, warten wir, und wir haben keine Vorstellung von dem, was kommen soll. Excita Domine corda nostra ad praeparandas Unigeniti tui vias – ‚Reiß auf, o Herr, unsere Herzen, damit wir die Wege deines Eingeborenen bereiten!'" Zum „Führer" heißt es im *Roman mit Gott*: „Schon als ich als Schuljunge die Kühe eines Nachbars auf die Weide trieb und den ganzen Tag ... meinen Gedanken nachhängen konnte, erschien es mir als äußerst wünschenswert, daß einer aus dem Volke, einer der ein so armer Junge gewesen wie ich, die Regierung des deutschen Volkes übernähme. Ja ich hatte auch oft mit dem Gedanken gespielt, daß der politische Leiter einer Gemeinde zugleich der Seelsorger, der Pfarrer wäre. Aber die Formen, die diese Träumereien jetzt in der Wirklichkeit annahmen, stießen mich sehr ab. Besonders die Art, wie die obersten politischen Gemeindeleiter jetzt Pfarrer zu spielen suchten und mit ihren Sonntagsfeiern die kirchlichen Gottesdienste zu ersetzen und zu verdrängen suchten, zeigte die ganze Unfähigkeit des politischen Volkes und die gotteslästerliche Anmaßung der die Macht besitzenden Kreise, jetzt selber Kirche sein zu wollen. Manche politischen Feiern wie z. B. die Vereidigungen waren lächerliche Nachahmungen kirchlicher Abendgottesdienste. Sogar die elektrischen Birnen um das Bild des ‚Führers' fehlten nicht, und Worte Jesu wurden mit unwesentlicher Umwandlung in den Mund des ‚Führers' gelegt, wie: Ich bin der Weinstock, ihr seid die Reben, ich bin alle Tage bei euch ... " (66)

Wittig geriet trotzdem als Mitglied in die NSDAP. Wie, und wie das dann praktisch unter seinen Grafschaftern aussah, erzählt er selbst wieder im *Roman mit Gott* (63–65): „Ich hatte nie ... einer politischen Partei angehört. Nun aber war eine Zeit gekommen, in der man den Eintritt in eine politische Partei kaum vermeiden konnte. Jahrelang genügte die Beteiligung an der sozialen und karitativen Tätigkeit dieser Partei, der sogenannten NSV oder nationalsozialistischen Volkswohlfahrt. Bei einer Sitzung dieser Organisation war ich zum ‚Blockleiter' ernannt worden. Da ich laut einer schriftlichen Anweisung als Blockleiter ... nur ungefähr das zu leisten hatte, was mir aus meinen Seelsorgejahren zu einer lieben Gewohnheit geworden war, eben soziale und karitative Fürsorge für das Volk, so habe ich mich dagegen nicht gesperrt. Erst ... später erfuhr ich durch meinen Briefträger, daß ich nicht Blockleiter der NSV, sondern der Partei sei. Jetzt gab es leider kein Entrinnen mehr; aber ich mußte mich an der politischen Schulung beteiligen, mußte meine langen Glieder noch einmal in die alten Schulbänke zwängen, in denen ich zuletzt als dreizehnjähriges Büblein gesessen hatte ... Die Schulungsredner ..., stammten sonst wohl meist aus der Schicht der Volksschullehrer, bei uns meist aus anderen Berufen ... Einer ... nahm eine derart freundliche Rücksicht auf mich, daß geradezu ein freundschaftliches Verhältnis entstand. Er bat mich sogar, ihm einige meiner Bücher zu leihen, und ich fühlte in seiner Nähe immer eine wohltuende Wärme. Als er heiratete und einen mehrwöchigen Heiratsurlaub erhielt, kam ... ein Vertreter, um uns politisch zu schulen. Dies tat er nun, indem er uns nachzuweisen versuchte, was für eine elende Religion das Christentum sei. Man brauche sich nur taufen zu lassen und fleißig in die Kirche zu laufen, dann sei schon alles gemacht. Nichts von gegenseitiger Hilfeleistung! Ich hörte eine Weile zu. Dann stach mich doch etwas in den Hintern. Aber es kam von vorn. Es hing nämlich da noch das alte Schulkreuz in dem Klassenzimmer und lenkte meinen Blick auf sich, sobald er dem fetten Antlitz des Schulungsredners ausweichen wollte ... Ich hatte wohl schon mehreren hundert ... Sitzungen ... der Universität beigewohnt und viel Blech klingen gehört, ohne einen einzigen Mucks zu tun. Aber jetzt sagte ich auf einmal, schier ohne es zu wollen: ‚Was Sie jetzt gesagt haben, ist nicht wahr. Ich bin schon mehr als sechzig Jahre Christ und weiß da besser Bescheid!' Der Redner stutzte, verlangte Beweise.

‚Ich will mit Ihnen nicht diskutieren; ich will nur Einspruch erheben gegen solch christentumsfeindliches Gerede! Wir sind ein christliches Dorf, sind christliche Männer. Wollen Sie darauf Rücksicht nehmen!' Ach, der Arme hatte ja sein vorgeschriebenes Konzept, er konnte nichts anderes, als das Konzept vorlesen. ‚Sie können mich ja bei meiner Behörde anzeigen!' – ‚Wir Schlegler zeigen niemanden an, lassen uns aber auch nicht alles gefallen. Ich sage Ihnen: Nur über meine Leiche geht der Strom des Antichristentums in unser Dorf. Sollte dieses Gerede nicht aufhören, dann bitte ich, mich aus Ihrer Liste zu streichen!' ... Der Leiter der Versammlung wies mich darauf hin, daß wir gekommen seien, um uns schulen zu lassen, nicht um zu widersprechen. Und als ich dies zurückwies, verpflichtete er die Anwesenden eidlich, im Dorf kein Wort von dem verlauten zu lassen, was ‚heute vorgekommen' sei. Am andern Tage wußte es das ganze Dorf und freute sich, eine Woche später das ganze Ländchen; einen Monat später kamen Zuschriften aus Oberschlesien und aus Bayern."

Jetzt kann man sich vorstellen, daß auf dem Stuhl für die Gäste in Wittigs Arbeitszimmer im Neusorger Haus alle saßen: Parteigenossen und Juden. Jesus war kein Parteimann, sein Freund Joseph Wittig auch nicht.

Für diejenigen, die auch zwischen den Zeilen zu lesen verstehen, ist auch seine große *Chronik der Stadt Neurode* von 1937 (565 Seiten im Großformat!) eine reiche Quelle für die Stellung zu Nationalismus, Krieg und Nationalsozialismus.

II. Der Prozeß (1922–1927)

Wahrscheinlich begann es schon vor 1922. Denn Wittig deutet an, daß die unkonventionelle Art, in der er seine Vorlesungen und Seminare hielt, bei Kollegen, wohl auch der kirchlichen Behörde, immer wieder Stirnrunzeln, ja Anstoß erregte. Aber der Stein, der die Lawine ins Rollen brachte, war der Aufsatz *Die Erlösten*, erschienen zu Ostern 1922 in der führenden katholischen Zeitschrift *Hochland* (1–22). Schon kurz danach erhielt Wittigs Bischof, Fürstbischof von Breslau, Kardinal Bertram, den empörten Brief eines Pfarrers seiner Diözese. Statt den Erzürnten biblischer Regel gemäß (Mt 18,15–17) zunächst an Wittig selber zu weisen, schrieb er sofort einen Brief an diesen, in dem er diesem Mißverständlichkeiten und karikaturenhafte Überzeichnung vorwarf. 1923 stellte der Churer Domherr Gisler in denunziatorischer

Absicht Wittig wegen dieses Artikels als „Lutherus redivivus" dar – zwar mit Fragezeichen versehen, aber nur zum Schein. Bertram kam es vor allem darauf an, jede Schwierigkeit mit Rom zu vermeiden, um das angestrebte Konkordat mit Preußen nicht zu gefährden, und verhielt sich daher im Streit um seinen angegriffenen Priester und Professor wenig als guter Hirte. So wurde aus dem Glimmen ein hell loderndes Feuer, das in früheren Jahrhunderten den „neuen Luther" mit Haut und Haaren verzehrt hätte. Jetzt verlor er „nur" nacheinander jede kirchliche Wirkungsmöglichkeit. Nachdem Kardinal Schulte der Kölnischen Volkszeitung schon 1924 verboten hatte, den Vorabdruck des Lebens Jesu fortzusetzen, werden am 29. Juli 1925 das *Leben Jesu*, das *Herrgottswissen* – 1921 mit Kirchlicher Druckerlaubnis erschienen! – nebst zwei theologischen Aufsätzen auf den Index Romanus der dem Glauben schädlichen Bücher gesetzt – ohne Rücksicht darauf, daß Wittig für das Leben Jesu und den Osteraufsatz hunderte dankbarer Zuschriften katholischer Leserinnen und Leser erhalten hatte, viele auf den Ton gestimmt „Jetzt können wir wieder von Herzen katholisch sein"! Obwohl die Indizierung nur einen Teil seines Werkes betraf, wurde de facto Wittigs Lesergemeinde zerstört: alle katholischen Verlage und Presseorgane verschlossen sich ihm schlagartig, seine Bücher verschwanden aus den Pfarrbibliotheken. Ob die Frage: „Lesen Sie Schriften Wittigs?" in der Beichte gestellt wurde, weiß ich nicht, nehme es aber an.

Was brachte nun einige Kollegen im priesterlichen und Hochschuldienst an dem Osterartikel derart auf, daß sie in Rom die Indizierung betrieben? Zunächst: Der Aufsatz macht seinem Thema Ehre schon dadurch, daß er vom ersten Satz an in einem so fröhlichen Ton daherkommt, daß einem das Herz aufgeht. Man fühlt sich schon halb erlöst, muß schmunzeln, ja lachen – auch über einen Professor der Dogmatik, so siegessicher wie Alexander d. Gr. selber (22f). Schon das wird humorlose Vertreter dieser Zunft zur Weißglut gebracht haben. Erst recht die Beschreibung einer Vorlesung über die Lehre von der Erlösung. Ein Zitat mag eine Vorstellung davon geben. Ich zitiere nach der Buchausgabe (*Meine „Erlösten" in Buße, Kampf und Wehr*, Frankes Buchhandlung, Habelschwerdt in Schlesien 1925, 136 S., Imprimatur 20.12.1922): „Die Erlösung ist ein Geheimnis ... Sie ist eine geheimnisvolle Rettung der sonst unrettbar verlorenen Menschheit von einer geheimnisvollen Verschuldung durch eine geheimnisvolle, unser Denken übersteigende Wiedergutmachung.' Viel mehr wird von dem ...

Wesen der Erlösung in der Erlösungslehre nicht gesagt ... O ihr Dogmatiker, zeigt mir das erlöste Volk! ... Aber ihr schrecket ja selber das Volk mit der Hölle ... Seht doch noch einmal nach in den Schatzkammern unserer heiligen katholischen Kirche! ... Da ist sicher eine wahre Erlösung. Manche von euch haben sich in der Tür verirrt und sind statt in die Schatzkammer ... in die Folterkammer geraten." (30f) Wittig hat als junger Seelsorger erfahren, welch freudlose Last durch die Beichte in ihrer damals meist geübten Weise auf dem katholischen Volk liegt. Sein Anliegen ist: Das Evangelium „wieder zu einer Frohbotschaft" zu machen (32). – Das sind, bei aller Heiterkeit und Freundlichkeit im Ton, schwere Vorwürfe an die Adresse der akademischen Lehrer der Kirche und ihre Priester.

Aber Wittig war mit den herkömmlichen Mitteln und Begriffen des römischen Kirchenrechts nicht zu fassen. Er stellte weder neue noch irrige Lehren auf, sondern da war eine neue Sprache, ein neuer Ton, ein neuer Geist, eine neue Freiheit. Dass der Sturm dieses Geistes den alten Stil der Kirche wegzufegen drohte, verstand man wohl. Gerade in ihrer Hilflosigkeit blieb die römische Behörde umso unerbittlicher. Sie bestand auf blinder, völliger Unterwerfung Wittigs. Die wäre nur durch Verzicht auf das, was ich seine „neue Sprache" nenne, also durch Selbstaufgabe zu erreichen gewesen. Das mußte er ablehnen. So folgte denn eins aufs andre:

Wittig hielt unter den gegebenen Umständen eine Fortführung seiner Arbeit als Professor nicht für möglich und bat am 13.3.1926 um seine Emeritierung. Er hoffte, durch dieses Opfer das Äußerste zu vermeiden: die Exkommunikation. Umsonst: Am 12. Juni 1926 wird er aus der sakramentalen Gemeinschaft der Kirche ausgeschlossen, exkommuniziert. Damit verlor er natürlich jedes Recht zu priesterlichem Handeln.

Er widersteht jeder Versuchung, aus seinem „Fall" durch öffentliche Vortragsreisen (die Säle wären zum Bersten voll gewesen!) im wörtlichen und übertragenen Sinne Kapital zu schlagen; er weist alle Versuche anderer kirchlicher Gemeinschaften ab, ihn für sich zu gewinnen. Er bleibt katholisch. „Ich bin nicht von der Kirche abgefallen, sondern die Kirche von mir."

In dem geliebten Breslau, wo er 33 Jahre lang gelebt und gewirkt hatte als Gymnasiast, Student, Kaplan, Professor, gesuchter Prediger und

Das Wittighaus in Neusorge

Seelsorger, hat er nichts mehr zu suchen. Er kehrt in seine Heimat Neusorge zurück und baut sich auf väterlichem Grunde ein Haus.

In dieser Zeit geschieht es: Eine Führerin in der katholischen Jugendbewegung und Verehrerin des Herrn Professor, Bianca gen. Anca Geisler, Wittig seit einiger Zeit gut bekannt, Tochter des Bürgermeisters von Habelschwerdt in der Grafschaft Glatz – sie hatte einen begeisterten großen Aufsatz geschrieben über „Wittig und die neue Jugend" – wurde von ihrem Vater Knall auf Fall aus dem Hause geworfen – um der Ehre des Hauses willen. Wohin sollte sie sich wenden? Sie erscheint, fast wie weiland Katharina von Bora mit ihren ehemaligen Nonnen bei Luther in Wittenberg, mit nichts als einem Koffer in Neusorge. Wittig stellt sich der Tatsache, dass er die Ursache ihres Hinauswurfs ist. Am 22. Juni 1927 erfolgt die – notgedrungen nur bürgerliche – Eheschließung. Bis in die Nacht vor der Trauung hatten Emissäre des kirchlichen Amtes versucht, die Heirat des – exkommunizierten – Priesters zu hintertreiben. Aber noch war der Kampf nicht zu Ende: der Sieg des „römischen Geistes", wie Wittig ihn nennt, war nicht vollständig, solange Wittig noch in den Herzen des katholischen Volkes lebte. Eine üble Rufmordkampagne wurde gegen ihn inszeniert. Einzelheiten erinnern an Machenschaften der „Stasi".

Am 11.5. 1928 wird das erste Kind „Höregott" im neuen Haus geboren. Wittig hatte ihm eigenhändig die Wiege gebaut und mit Schnitzerei und Malerei geschmückt. In der Zeit der Erwartung dieses Kindes entstand ein Buch, dem der werdende Vater den Namen des Kindes gab: *Höregott*.

In ihm beschreibt er die Jahre dieses Kampfes und setzt sich gegen die Verleumdungen zur Wehr – um der Ehre seiner Frau und der Ehre seiner Sache willen. Seine Waffe ist: rückhaltlose Offenheit. In dieser Offenheit stellt er in diesem Buche alle seine Beziehungen zu Frauen dar. Schon 1927 hatte er im *Alter der Kirche* (Band III) den kirchlichen Prozess dokumentiert, soweit er sich in Akten darstellen lässt. Auch heute noch ist das eine spannende Lektüre!

Das Kind starb nach fünf Tagen, am 15. Mai 1928. Der Vater selbst hatte es noch getauft. Es wurde gebettet im Grabe von Wittigs geliebtem Vater. Wittig schrieb auf das Grabtäfelchen unter die Daten des Vaters:

Und sein Enkel
Höregott Joseph Wittig
* 11. Mai, 15. Mai 1928

Er hatte das Kind unter die schützende Macht, des im Ort hoch angesehenen Vaters gestellt. Damit waren Prozess und Kampf zu Ende. Wer hat gesiegt? Wittig? Von heute aus gesehen: ja.

Aber Wittig blieb fast tödlich verwundet.

Nun wirkte er wie ein russischer Starze: seelsorgerlich. Sein Haus wurde zu einem Wallfahrtsort. Tausende von Briefen kamen. Er versuchte, alle zu beantworten, soweit sie dessen würdig waren. Viele Besucher aller Art kamen zu ihm. Sein schriftstellerisches Werk wurde nun liebevoll betreut von evangelischen Verlegern, vor allem Leopold Klotz in Gotha.

III. Jahre der Freude (1879 – 1921)

Kaum etwas war so prägend für das innere Leben des Kindes, wie die vom Vater alljährlich zu Weihnachten aufgestellte, vom Großvater Wittig geschnitzte „mechanische Geburt" – eine reiche kunstvolle Krippe, deren Figuren sich großenteils bewegten – angetrieben von einem geheimnisvollen, nicht sichtbaren Mechanismus. Da war Bethlehem alle Jahre wieder gegenwärtig in der großen Wirtschaftsstube seines Elternhauses. Noch 1946 hat Wittig von dieser Krippe erzählt, von ihren Figuren, ihrer Geschichte (siehe *Christgeburt* 10). Als eines der kostbarsten Stücke seines wenigen, zum Teil noch geraubten, Flüchtlingsgepäcks, hat er ein paar Krippenfiguren gerettet. Wieder und wieder wurde er bis zuletzt zur Weihnacht um Beiträge gebeten. Wittig hat einmal das Wort „Ostermenschen" gefunden. So kann man sagen: Joseph Wittig war ein Weihnachtsmensch. Von den derzeit erhältlichen Werken enthalten drei lauter Weihnachtsgeschichten; weihnachtliche Texte stehen ferner in: *Christgeburt, Mit Wittig durch das Jahr*. Sie können sich von alldem leicht selbst anrühren lassen.

Wittig hat die Zeit von seiner frühen Kindheit bis zur Priesterweihe im *Leben Jesu* erzählt – auf seine, zu Beginn angedeutete Weise als das Leben, das Jesus seit der Taufe im Leben des heranwachsenden Joseph lebte. Er spricht auch von den „Fußspuren Gottes" in seinem Leben [*Mit Joseph Wittig durch das Jahr*, [2]1992, 149–160]. Auch in den wenigen erhältlichen Werken Wittigs sind viele Stellen, in denen er in diesem Sinne von seinem Leben spricht. Immer wieder nennt er mit großer Dankbarkeit seinen Vater; er hat seiner Mutter öffentlich gedankt (in: *Die Mutter – Dank des Dichters*, Eckart-Verlag Berlin-Steglitz, [1]1933, [6]1937, 21–26). Man spürt das Glück der jungen Mannesjahre, wenn man liest, was er über den nach 1870 gleichfalls exkommunizierten Breslauer Domherrn Karl Freiherr von Richthofen schreibt: Richthofen sollte Forstmann werden. „Aber dann wurde er Priester, ein so frommer, lauterer, zarter und feiner, wie manchmal eine Heiligenlegende einen Priester zeichnet. Alles liebte ihn, vom hochwürdigsten Bischof bis zum nichtswürdigsten Schulbüblein, und er liebte alle und war selig im schwarzen Priesterrock und im roten Domherrnkragen." Alles liebte ihn und er liebte alle – das ist ein Selbstbildnis Wittigs aus jener Zeit. Und heute darf man auch auf Wittig selbst beziehen, was er vom Tode von Richthofens schreibt: „ ... es war ein Tod, wie ihn ein Heiliger stirbt. Rätselhafte Seligkeiten des Gemüts überwanden die Schmerzen des Körpers. ‚Te Deum' – ‚Te Deum' jubelte die scheidende Seele. Da hatte der Ausgestoßene und Suchende seine Kirche gefunden!" (*Die christliche Welt*, 1930, Spalte 231). Ich kann hier nicht weiter erzählen. Wer eine chronologische Darstellung seines Lebens (siehe

Biographische Daten zu Joseph Wittig S. 333) zu lesen versteht, kann daraus das Erblühen dieses Lebens aus dem Boden der Grafschaft und einer frommen Familie staunend verfolgen: In 19 Jahren vom Dorfschuljungen in Schlegel zum Professor der Theologie in Breslau! Sie können an dieser Chronologie auch studieren, was ihm immer wichtig war, nämlich die Siebenjahresperiode in seinem Leben. Ebenso können Sie daraus die ungeheure Arbeitsleistung Wittigs in den Jahren 1900 bis 1928 wenigstens ahnen.

Damit Sie nun etwas verkosten von Wittigs Erzählen, das ihn bekannt machte in der ganzen katholischen, dann auch evangelischen Christenheit Deutschlands, lese ich Ihnen zum Schluss eine Geschichte aus dem *Leben Jesu* aus dem sechsten Kapitel im II. Band *Weltende und Gericht* (115–118) leicht gekürzt:

Im Winter 1892 war Wittig im Hause von Pfarrer May in Neugersdorf, hoch in den Bergen. Er sollte dort Latein und Griechisch lernen, um dann im Frühjahr die Aufnahmeprüfung in die Untertertia, d. i. die 4. Klasse des Breslauer Gymnasiums zu bestehen, um später Theologie studieren zu können. Nun steigt der Dreizehnjährige allein durch den kalten Winter aus den hohen Bergen hinunter ins Neuroder Land, um bei seinen Eltern Weihnachten zu feiern. Da holt er einen Handwerksburschen ein und will ihn überholen. „[Der Handwerksbursche] aber rief mich an und sprach: ‚Jüngel, du läufst ja, als ob du dafür bezahlt bekämst. Man muß immer langsam laufen.' – ‚Warum denn?' – ‚Weil man sonst nicht reden kann.' – ‚Ich rede ja mit niemandem.' – ‚Bist du noch ein Schuljunge?' – ‚Ja.' – ‚Das ist nicht nicht wahr. Du bist ein Apostel' – ‚Wieso denn?' – ‚Ich bin auch einer.' – ‚Ach je, das habe ich Ihnen aber nicht angesehen!' – ‚Siehst du nicht, daß ich keinen Mantel habe und kein zweites Paar Schuhe? Sonst würde ich doch nicht in diesen zerrissenen Tretern durch den Schnee waten. Du hast auch nur ein Paar Stiefel und noch keinen Überzieher.' – ‚Denken Sie, daß das alles Apostel sind?' – ‚Ja, denn wir sind gesandt, um den Armen das Evangelium zu predigen. Und wir sollen immer zwei und zwei gehen, damit wir miteinander reden können.' – ‚Wie machen Sie denn das, wenn Sie den Armen das Evangelium predigen?' – ‚Nun, ich gehe an die Tür und klopfe an. Und wenn mir aufgetan wird, spreche ich: Gelobt sei Jesus Christus! Seid gebeten um eine kleine Gabe für einen armen Reisenden.' – ‚Das ist doch keine Predigt!' – ‚Aber es ist das Evangelium. Wenn die Leute etwas geben, so erfüllen sie das Evangelium. Und ich sage: Gott vergelt's viele tausend Male! Und wenn die Leute gut sind, dann ist es so, als ob sie sagten: Hochgelobt, der da kommt im Namen des Herrn! Und damit sie daran denken, sage ich: In Gottes Namen, Gott vergelt's!' – [Eine Weile stapfen beide schweigend durch den Schnee. Dann beginnt der Handwerksbursche wieder:] ‚Ich bin nämlich der Richter der Lebendigen und Toten. Wenn ich wohin komme, und sie geben mir, dann weiß ich es: diese werden eingehen in das ewige Leben. Wenn sie mir aber nichts geben, Junge, kannst du dir denken, was das für eine Pein ist für ihre Seele? Ich möchte ja nicht an ihrer Stelle sein!' – ‚Das ist für die gar keine ... Pein! Die freuen sich bloß, daß sie wieder einmal einen Faulenzer hinausgeschmissen haben!' – ‚Wer kann es wissen, ob ich ein Faulenzer bin oder nicht? Ich habe als Holzhauer viele Jahre gearbeitet. Wenn ich jetzt den Beruf habe, als Bettler durch die Dörfer zu ziehen, und wenn ich es tue, wie es Gott bis heute so gefügt hat, dann bin ich einer der Geringsten, aber ich bin ein Bruder in Not. Und wenn ich komme, ist es wie beim Gericht: Die Menschen stellen sich von allein auf die rechte oder die linke Seite. Die auf der rechten gehen ein in's ewige Leben, wenn sie nicht schon darin sind; die auf der linken gehen ein in die ewige Pein. Oh, sie gehen lachend ein, sie lachen über einen armen Vagabunden. Aber Junge, Junge! So ohne ewiges Leben herumlaufen zu müßen! Ich möchte ja nicht an ihrer Stelle sein.' Wieder eine Weile stillen Wanderns. Dann fuhr der Geselle fort: ‚Ich gehe durchs Land, um die Erde zu messen. Ich messe den Himmel und messe die Hölle. Ich weiß ganz genau, welche Häuser zum Himmel gehören und welche zur Hölle. Ich bin einer von den Engeln, die da gesandt sind, die Erde zu messen.' – ‚Nein, was Sie nicht alles sind!' Die Menschen meinen, daß ... Vagabunden an nichts anderes denken als ans Fechten, Stehlen und Trinken. Wenn sie aber an etwas anderes denken, und es ist nicht ganz genau so, wie die anderen Menschen darüber denken, so sagen diese, sie seien ein wenig geistesschwach. Ich dachte damals auch so, begann mich aber schon zu wundern, daß so viele Vagabunden geistesschwach seien. Jetzt bin ich überzeugt, daß sie vielmehr auf ihren weiten Wegen, in ihren vielen Einsamkeiten doch viel öfter in der Nähe Gottes sind als andere Menschen. Wenn so einer an einem Herbstabend in den Heuschober kriecht, um dort zu übernachten, da kann er nicht immerfort ans Fechten, Stehlen und Trinken denken. Auch bekommt er dort nicht das Abendblatt zugestellt, um die neuesten Nachrichten aus Welt und Kirche zu lesen. Da fallen ihm manche Worte und Sätze ein, das heißt, manche Worte setzen sich zu ihm, und er beginnt sich mit ihnen zu unterhalten. Darunter wird wohl manchmal auch das Wort sein, von dem Sankt Johannes geschrieben hat: ‚Und das Wort ist Fleisch geworden und hat unter uns gewohnt.' Wenn ihr sagt, daß euch nicht so viele Handwerksburschen begegnet sind, die solche eigentümlichen Gedanken hatten, so denke ich mir, das kam daher, daß ihr eben nicht ganz richtig Theologie studiert habt.

[Als wir in der Nähe der Alt-Gersdorfer Schule waren,] sagte mein Begleiter: ‚Ich muß mich jetzt wieder meinem Berufe widmen. Kommst du mit in die Häuser?' – ‚Ach nein, ich muß dort über den Wolfsberg gehen, um heute noch nach Landeck zu kommen. Morgen will ich mit dem Omnibus nach Glatz.' – ‚Dann gehe und denke daran, daß du heute bei dem Richter der Lebendigen und Toten warst. Siehe, ich bin allein gegangen und du bist mit mir gegangen. Gott vergelt's! Das ist dein Gericht."

Zum Schluss

Mein Thema hieß „Lebensbegegnung" mit Joseph Wittig. Sie haben, denke ich, gespürt: Wer Wittig liest oder ihm zuhört, wird nicht belehrt, ihm wird nicht wissenschaftlich etwas dargelegt, „objektiv", wie man sagt, so daß das Persönliche dabei nicht mitzusprechen hat, sondern: der begegnet einem Christen, der ihm rückhaltlos teilgibt am eigenen Leben: „Keine Falte meines Lebens und meines Herzens soll der Christenheit geheim bleiben" (*Höregott,* 69). Ja mehr: wer Wittig liest, der begegnet sich selbst, wird seines eigenen Lebens neu gewahr, entdeckt, wie Wittig hoffte, auch im eigenen Leben „s e i n e Spuren".

Ich hoffe, dass ich Ihr Interesse so weit wecken konnte, dass Sie nun selbst Wittig lesen und sich von ihm bereichern lassen (s. Bibliographie zu Joseph Wittig S. 345). Seien Sie für heute entlassen mit dem Segen, den Wittig über seine Leserinnen und Leser, auch uns hier, ausspricht:

> Auf meine Gedichte und Geschichten
>
> Sind es Sterne, die vom Himmel fielen
> Sind es Kräuter, die auf Feldern wuchsen,
> sind es Blumen, die am Raine blühten,
> sind es Fragen, die im Herzen wühlen –
> der sie liest, den möge Gott behüten.

Lutherus redivivus? –
Joseph Wittig, die Evangelischen und einige Grund-Sätze der Reformation

Prof. Dr. Dieter Nestle, Schopfheim

Früher hätte man gesagt: Joseph Wittig aus evangelischer Sicht. Ich kann darüber nur persönlich sprechen und denke, das sei Wittig gemäßer. Ich gehe den Stichworten des etwas umständlich geratenen Titels nach und spreche 1. von Wittig und seinen Beziehungen zu den Evangelischen, 2. davon, was dran ist an dem Vorwurf, er sei ein „Lutherus redivivus", ein neuer Luther, also von Berührungspunkten zwischen Luther und Wittig, 3. vor allem aber möchte ich Ihnen erzählen, was ich als Protestant gelernt habe von dem Katholiken Wittig über das Wesen der Kirche und über drei Grund-Sätze der Reformation.

1. Wittig und die Evangelischen

Da gäbe es viel zu berichten: Von den evangelischen Verlegern, die nach seiner Exkommunikation sich seines Werkes angenommen haben, besonders Leopold Klotz in Gotha, auch Eugen Salzer in Heilbronn. Von Prof. Martin Rade in Marburg, dem Herausgeber der führenden Zeitschrift des protestantischen Liberalismus *Die christliche Welt*, die Rade ab 1927 für Wittig öffnete, bis sie 1941 ihr Erscheinen einstellen musste. Wittig hat dort, immer als „bekennender Katholik", 28 Buchbesprechungen, oft Sammelrezensionen, geschrieben, alle aufschlussreich für seine eigene Haltung und sein weitausgreifendes Interesse, ferner neun, teils umfangreiche Aufsätze, darunter die große Würdigung des schlesischen Dichters Hermann Stehr (1864 – 1940), drei große weihnachtliche Texte (einer davon jetzt einer in: *Mit Wittig durch das Jahr* 12–18, ein weiterer in: *Joseph Wittig erzählt winterliche und weihnachtliche Geschichten* 82–87) und zwei Gedichte. Noch der alte Rade besuchte Wittig in Neusorge. Vom evangelischen Bischof von Mecklenburg wäre zu berichten, der Wittig in den letzten Kriegsjahren darum bat, Texte für seine Pfarrer zu schreiben (ein Beispiel: *Christgeburt* 106–115), vor allem aber von der großen Lesergemeinde, die Wittig sich bei den Evangelischen gewann. Noch Vieles wäre zu nennen. Ich muss es bei diesen Andeutungen belassen.

Noch vor das Thema „Wittig und die Evangelischen" gehört eigentlich das Thema „Wittig und die Juden". Auch da kann ich nur an Weniges erinnern: Eugen Rosenstock, der getaufte Jude und Breslauer Kollege, wurde ihm Freund, auch Martin Buber, mit dem zusammen er ab 1927 die Zeitschrift *Die Kreatur* herausgab. Dem jüdischen Philosophen Franz Rosenzweig stand er nahe.[1] Er korrespondierte mit Josef Bin Gorion, dem Herausgeber von *Der Born Judas* und *Die Sagen der Juden*.[2]

J. Wittig, 1928

2. Lutherus redivivus

Unter dieser denunziatorisch gemeinten Überschrift veröffentlichte der Churer Domherr Gisler 1923 seinen Aufsatz über Wittig, der dazu beitrug, Wittigs Prozess in Gang zu bringen. Wittig ein neuer Luther? Wer Wittigs Abgrenzungen vom Protestantismus im *Alter der Kirche* im Ohr hat (siehe dort Band III Register 443), seine Freude über Konversionen zur Römischen Kirche, dem scheint die These absurd. Im Gegensatz zum landläufigen protestantischen Trend, reformatorische Gestalten zu verherrlichen, wies Wittig in der Christl. Welt (1939, Sp. 444) mit spürbarer Sympa-

---

1 Vgl. Wittigs Beitrag zur Festschrift anlässlich Rosenzweigs 50. Geburtstag in: Das Alter der Kirche, Die Berliner Vorträge, 1999, 48.

2 Vgl. Kraft in der Schwachheit – Briefe [Wittigs] an Freunde, 1993, Register 491.

thie auf einen Biberacher Priester hin, der in der Reformationszeit bis zu seiner Vertreibung aus der Stadt durch die Evangelischen unbeirrt beim „alten rechten Gottesdienst" blieb mit allem, was die Evangelischen dann hinwegfegten. Wittig wollte bis zu seinem Tode nie etwas anderes sein als gut katholisch. Er betonte: ich unterschreibe alles, was die Kirche lehrt. Bei der Niederschrift der *Erlösten* ist ihm aber bewusst geworden, dass man ihn als „lutherisch", also ketzerisch missverstehen könnte, und er wehrte sich dagegen: das was nach Luther aussieht, entspricht in Wahrheit der Auffassung des Kirchenvaters Augustin! (*Meine „Erlösten" in Buße, Kampf und Wehr*, 1923, 49). – Aber es gibt wirkliche Berührungspunkte zwischen Luther und Wittig. Ich nenne vier: (1) Luthers 95 Thesen, der zündende Funke der „Reformation", entsprangen ebenso wie Wittigs *Erlöste* den Erfahrungen im Beichtstuhl. Wittig erzählt in *Höregott* (163f) eine traumatische Beichterfahrung seiner Mutter. Er selber hatte reiche Erfahrung im Beichthören. Aber: Luther wandte sich in den Thesen in lateinischer, theologischer Sprache an die Theologen. Wittig sprach seelsorgerlich zum katholischen Volk, dabei auch an die Theologen. (2) Die Heirat: 1525 kam Katharina von Bora mit elf weiteren, dem Kloster entflohenen Nonnen auf einem Leiterwagen in Wittenberg an. Luther sah sich gezwungen, sie und die elf zu versorgen, d. h. zu verheiraten. Katharina aber lehnte, nachdem der Mann ihrer Liebe sie nicht heiraten durfte, jede andere Ehe als die mit Luther ab. So heiratete der 42-jährige Mönch Luther die 26-jährige ehemalige Nonne Katharina am 13. Juni 1525. Ähnlich stand eines Tages Anca Geisler vor Wittigs Tür in Neusorge. Sie hatte schon einen großen begeisterten Aufsatz geschrieben über „Wittig und die neue Jugend" (in: Joseph Wittig – *Sein Leben, Wesen und Wirken*, hg. v. Ludwig Wolf, Frankes Buchhandlung/ Habelschwerdt 1925, 227–293.) Seit einiger Zeit war sie mit Wittig befreundet. Ihr Vater hatte sie wegen dieser Freundschaft über Nacht aus dem elterlichen Hause geworfen. Nun floh sie nach Neusorge. Bei Luther war die Eheschließung eine weltgeschichtliche Zeichenhandlung: der Wille des Gottes, der im Anfang den Menschen „als Mann und Frau" geschaffen und ihnen Fruchtbarkeit geboten hatte, steht über den menschlichen Mönchsgelübden – eine Absage an die weit über tausendjährige Tradition des Mönchtums! Für Wittig war es, so gewiss er Anca herzlich liebte, zuerst Sache seiner Mannesehre, dem Mädchen, das um seinetwillen ehr-, schutz- und heimatlos geworden war, Ehre, Schutz und Heimat zu geben. Ein Zeichen für andere, ihrerseits den

Zölibat zu brechen, sollte sein Entschluss nicht sein. Es war vielmehr ein furchtbarer Kampf für ihn – innerlich und äußerlich: Noch in der Nacht vor der standesamtlichen Trauung versuchten Emissäre des kirchlichen Amtes, den ehemaligen Priester von diesem Schritt abzuhalten. Am 22. Juni 1927 war die notgedrungen nur standesamtliche Trauung. Wittig war 48 Jahre alt, Bianca zwanzig Jahre jünger. (3) Wittig wurde wie Luther exkommuniziert. Die Reaktion beider darauf war grundverschieden: Luther verbrannte 1522 öffentlich die ihn betreffende Bannbulle und die Bücher des Kirchlichen Rechts und führte den Kampf so weit, bis es kein Zurück mehr gab und die Abspaltung der Evangelischen von der Kirche unvermeidlich war. Anders Wittig: Er „wollte keinen Kampf gegen den römischen Geist" (*Höregott*, 286). Seinem Gebet wurde die Antwort: „Siehe, *deine* Kirche lehrt dich: Auch wenn mein Amt dir etwas zu tun befiehlt, dein Gewissen aber sagt dir, daß du solches nicht tun darfst, so sollst du deinem Gewissen folgen und Spruch und Strafe des Amtes auf dich nehmen. Und *deine* Kirche wird mit dir gehen, wohin immer dein Gewissen dich führt" (ebd. 299f). So nahm er den Spruch des kirchlichen Amtes, seine Exkommunikation, als sein Kreuz auf sich. (4) Den m.E. wichtigsten Berührungspunkt zwischen Luther und Wittig nenne ich die neue Sprache. Wittig verkündete keine neue Lehre, kämpfte nicht im Stil von Lehrstreitigkeiten. Er sprach und schrieb eine neue Sprache. Ein neuer, frischer Geist wehte in seinen Schriften, neue Freude und Freiheit, neues Leben. Deshalb war er mit den Mitteln des Kirchenrechts nicht zu fassen. (Die Verfahren der Indikation und Exkommunikation steckten voll kirchenrechtlicher Fehler.) Rat- und hilflos stand der römische Geist vor dieser Freiheit. Umso mehr musste er auf Wittigs Unterwerfung bestehen. Von der neuen Sprache Luthers brauche ich hier nicht lang zu reden. Diese lebendig-anschauliche, wunderbar rhythmische, immer lieber in Zeitwörtern als in Begriffen redende Sprache war seine höchste Gabe. Durch sie machte er die Bibel zu einem lebendigen Teil der deutschen Sprache, durch sie gab er in seinem Kleinen Katechismus dem deutschen Volk den Glauben neu zu eigen. In solch neuer Sprache sind Luther und Wittig wesensverwandt. Sie ist weder bei Luther noch bei Wittig bloße Einkleidung des Eigentlichen. Sie ist beim einen wie beim andern das Eigentliche.

3. Was mir als Protestant aufgegangen ist durch den Katholiken Wittig

1. über das Wesen der Kirche und 2. wie mir der ev. Grundsatz „sola scriptura (allein die hl. Schrift)" fragwürdig wurde, 3. und das allgemein-protestantische „solus Christus (allein Christus)" einen neuen Sinn bekam und 4. davon, wie mir durch Wittig das „sola fide (allein durch Glauben)" neu aufging. Meist wird Joseph Wittig selber zu uns sprechen. Das erste, von dem alles Weitere abhängt, betrifft:

1. Das Wesen der Kirche.

Ich bin evangelisch erzogen, habe evangelische Theologie studiert und war zehn Jahre lang evangelischer Pfarrer an der wunderbaren Kirche, die in Marburg über dem Grabe der hl. Elisabeth, Landgräfin von Thüringen, errichtet worden ist. In dieser Kirche konnte ich nicht Gottesdienst leiten und predigen, wie an einer beliebigen evangelischen Predigtstätte. Die Kirche, ihr Bau, ihre Geschichte, die Gestalt Elisabeths, die Gottesdienste des Mittelalters, die Wallfahrten zu und die nicht zu bezweifelnden Heilungen an Elisabeths Grab, der Bildersturm mit seinen barbarischen Verwüstungen – die Steinbilder der Apostel aus dem Lettner, denen man die Köpfe abgeschlagen hatte, fand man später in der Lahn –, der grabschänderische Umgang des Landgrafen Philipp mit den Gebeinen Elisabeths, und mehr sprachen so unüberhörbar drein, dass ich mich damit befassen musste. Ich war vorbereitet, weil Ernst Fuchs – als einziger meiner Lehrer – mir den Sinn geöffnet hatte für das sakramentale Wesen der Kirche. Sonst half mir kaum etwas von dem, was ich gelernt hatte. Jetzt freute ich mich, wie mir das Verständnis für eins nach dem andern aufging: für die von der evangelischen so tief verschiedene Auffassung des Kirchenraumes, für die Glasbilder und die Bilder überhaupt, für die Heiligen, den mittelalterlichen Umgang mit ihren „Reliquien" und anderes. Vom *Alter der Kirche* wusste ich damals noch nichts. Aber als ich nun seit Herbst 1998 Wittigs Aufsätze darin las, ging mir ein Licht nach dem andern auf. Schon durch die Sprache: klar, einfach, menschlich, voll geistlicher Einsicht – ohne die kalte moderne Begrifflichkeit, erquickend anders als die meiste theologische Literatur der Gegenwart. Längst war mir also aufgefallen, dass nicht nur der Protestantismus in Theorie und Praxis eine unzureichende „Lehre von der Kirche" hat, sondern auch Luther selbst. Ein ev.-theologischer Freund sagte etwas überspitzt: „Hat der Protestantismus das überhaupt: eine Lehre von der Kirche?"

(Ich rede nicht von einzelnen Theologen, sondern von der landläufigen, praktisch wirksamen Theologie). Nun öffnete mir Wittig die Augen. Es fängt schon an mit dem bei uns selbstverständlich, meist stolz gebrauchten Wort „Reformation". Hören Sie dazu (leicht gekürzt) den ersten Abschnitt aus Wittigs Aufsatz *Heinrich II. als Reformator des kirchlichen und religiösen Lebens* (*Alter der Kirche* II, 9): „Wenn ich das Wort Kirchenreform in den Mund nehme, dann ist es mir, als ob ich wieder etwas ausspucken müßte, entweder den Kern, wie bei einer Kirsche, oder die Schale, wie bei einer Stachelbeere. Denn etwas daran ist nicht richtig, und ich glaube, daß ebendeshalb die Kirche selbst dieses Wort nicht immer mit ganz ungeteilter Freude hört. Der Fehler liegt in der kleinen Vorsilbe des Wortes Reform, denn diese bedeutet entweder ‚zurück' oder ‚noch einmal'. Ein Zurück oder ein Nocheinmal gibt es aber im echten Leben ohne Vergewaltigung nicht. Jedes echte Leben wehrt sich dagegen. Man kann den Schmetterling, wenn seine Flügel nicht ganz gut gelungen sind, nicht mehr zurück in die Puppe stecken ... Deshalb wehrt sich auch die Kirche ganz unwillkürlich, in irgendeine frühere, wenn auch noch so ideale und heilige Form zurückgezwungen zu werden. Nicht Reformierung, sondern Formierung will sie. Sie ist wie die Natur: Wachsen will sie; immer neue Gestalten will sie schaffen. Die alten Bäume lässt sie ruhig vom Blitz treffen und auf dem Boden verfaulen; die alten Blüten lässt sie welken. Tausend neue Bäume, ... Blüten schafft sie. Man muß ihr nur auch Winterzeiten und Brachzeiten gönnen. Es muß manchmal alles in ihr ganz wie tot sein. Im Sommer kann ich mir gar nicht vorstellen, daß nach wenigen Monaten die grünen, grünen Büsche wie ... Besen und die blühenden Wiesen wie Leichentücher werden könnten. Und im Winter ist es oft so, daß ich kaum noch an grüne Büsche und blühende Wiesen glauben kann. So ist es mit der Kirche." Ähnlich spricht Wittig in dem Aufsatz *Kirchliches Werden* (*Alter der Kirche* I, 215ff.), nun direkt mit Blick auf protestantische Theologie und Kirche (225f): Die „nichtkatholische Geschichtsschreibung" [Wittig denkt an den großen evangelischen Kirchengeschichtler und geistig-geistlichen Führer des protestantischen Liberalismus Adolf von Harnack, 1851–1930] sieht zwar das Werden der Kirche, aber: „Sie bleibt an einer der Gestalten unterwegs hängen, macht sie zum Maßstab für die anderen Gestalten, auch der Zielgestalt, bestimmt die eine Gestalt von unterwegs als die Idealgestalt und verwirft von hier aus die eigentliche Zielgestalt. Sie hält nur eines der Studienblätter für echt, weil es ihr so passt, tadelt das endgültige Werk als Abfall von der ursprünglichen Idee und verwirft es." So, als ob man bei einem Baum sagen wollte, der Baum in seiner Frühlingsblüte sei der wahre Baum und alles, was nachher kommt, sei Abfall von und Untreue gegen die wahre Gestalt. Was beim Baum offenkundiger Unsinn ist, ist es auch bei der Kirche, wenn sie denn ein Lebendiges, Werdendes ist, und das ist sie: ein lebendiger Organismus, „Leib Christi" (Kol 1,24) im wörtlich-leibhaften Sinne, „Körperbildung Seiner Seele", wie Wittig in seinem Aufsatz „Die Kirche als Selbstverwirklichung der christlichen Seele" wunderbar darstellt (*Alter der Kirche* I, 75ff). Ist das richtig, so wanken Grund-Sätze der Reformation! Ich beginne mit

2. „sola scriptura", „allein die hl. Schrift".

Vor allem durch diesen Grundsatz wird die Kirche der ersten anderthalb Jahrhunderte zu jener Idealgestalt, von der Wittig eben sprach. Fast nur von der Hl. Schrift ist im ev. Gottesdienst die Rede! Wie kam es dazu? Als man Luther in den theologischen Kämpfen, die der Veröffentlichung der 95 Thesen von 1517 folgten, mit Zitaten aus Kirchenvätern und Konzilsbeschlüssen in die Enge trieb, als er sich zum Eingeständnis genötigt sah „auch Konzilien können irren", worauf konnte er sich da gegenüber seinen Gegnern noch berufen als gemeinsam anerkannte Autorität? Allein auf die Hl. Schrift! Es handelt sich beim „sola scriptura" zunächst um einen Schrei in großer Not. Die zweite Quelle dieses Grundsatzes entspringt nicht der Reformation. Es ist der Ruf der Humanisten „zurück zu den Quellen!", dem hebräischen und griechischen Urtext der Bibel, den ältesten Handschriften usw., also der grundsätzliche Vorrang des Älteren gegenüber dem Jüngeren. Die Bibel war „Quelle", das Spätere hieß „Tradition". Nicht gemeint war mit dem „allein die Schrift", dass es in der Kirche keine wichtigen Schriften neben der Bibel gebe, dass der Hl. Geist mit Abschluss der Bibel aus der Kirche geschwunden sei. Auch meinte Luther nicht, dass ein Christ, gar ein Theologe, nur die Bibel lesen solle. Trotzdem wurde aus seinem Not-Schrei das protestantische „Formal-Prinzip" sola scriptura. Sein Sinn ist: im Zweifelsfall halte dich in Glaubensdingen an die Schrift; andere Texte oder Institutionen, wie Konzilien oder der Papst können nie über ihr stehen. Im Lauf der Zeit wurde dann immer mehr entgegengestellt die Bibel als das „Wort Gottes" und die „Tradition", nämlich Kirchenväter und Konzilien, als Menschenwort. Durch das „allein die Schrift" handelte man sich unlösbare Schwierigkeiten ein:

Schon Luther selbst musste erkennen, dass die Berufung auf die Bibel allein gerade im Streit keine Lösung war, sondern (und das bis heute) in der evangelischen Kirche ständig neuen Streit erregte. Es entstanden Fragen über Fragen: Was ist Autorität, die ganze Schrift in jedem ihrer Sätze gleichermaßen? Nein, antwortet Luther. Mit Grauen sah er auf alle biblizistische Konsequenzmacherei nach dem Muster „das steht nicht in der Bibel, also weg damit!" und bekämpfte solchen Biblizismus. Aber er sieht sich zu anderen Konsequenzen gezwungen: In seiner Ausgabe der deutschen Bibel wagt er einen bis dahin in der Kirche unerhörten Eingriff: Er unterschied Texte höheren und niedrigeren Ranges und stellte die letzten als „Apokryphen" gesondert ans Ende des Alten Testamentes. So kommt es, dass im Bewusstsein vieler Evangelischen nur noch ein verkürztes Buch als „die Bibel" lebt und es ev. Bibeln ohne Apokryphen gibt. Im Neuen Testament änderte Luther die überlieferte Reihenfolge der Briefe nach ihrem geistlichen Rang. Aber auch jetzt konnte nicht alles unterschiedslos auf einer Ebene gesehen werden. Luther gewichtete wiederum: Im Neuen Testament stehen das Evangelium nach Johannes und die Briefe des Apostels Paulus an erster Stelle. Natürlich bedurfte es eines Maßstabes für das Auslegen. Der ist Jesus Christus selbst. Die Regel lautet: Maßgebend ist die Schrift, soweit sie „Christum treibet", das heißt: in ihrer Beziehung auf das Erlösungswerk Jesu Christi. Ergebnis: Anstelle des „allein die Schrift" eine „Schrift in der Schrift" und Luthers Rechtfertigungslehre als Regel der Auslegung. Heute sehen wir, dass die Entgegensetzung von Schrift und Tradition sinnlos ist: denn die Schrift selber ist von Anfang an Tradition (1 Kor 15,3) oder im Laufe der Zeit dazu geworden. Die Folgen – nicht so sehr von Luthers eigenem Schriftverständnis, als vielmehr seiner formelhaften Verkürzung – waren verheerend. Ich nenne: a) Durch die Konzentration des Interesses auf die Schrift wurde praktisch die Tradition eben doch fast ganz verworfen. Das schnitt die Kirche der neutestamentlichen Zeit ab von ihrem weiteren Werden, das man nun als Entwicklung hin zum Katholizismus, weg von der Wahrheit des Ursprungs, sah. Eine schmerzliche Ahnungslosigkeit vom Schrifttum vor allem der „Kirchenväter", d. h. der Lehrer der Kirche in den ersten Jahrhunderten, machte sich breit – leider auch bei mir. b) Durch den Grundsatz „allein die Schrift" wurde praktisch die Herrschaft der Schriftgelehrten in den evangelischen Kirchen begründet. c) Die Lösung „Schrift in der Schrift" war natürlich keine. Denn die moderne Exegese ging nun weiter und stufte Briefe, die Luther als paulinisch galten, als nachpaulinisch ein: Epheser-, Kolosser- und Hebräerbrief und andere. Die Schrift in der Schrift wurde immer kleiner. Bei den Evangelien gar glaubte man, Späteres vom Früheren nicht nur unterscheiden zu können, sondern auch sondern zu müssen. Nur das echt Jesuanische und das echt Paulinische blieben radikalen ev. Exegeten als „das Eigentliche" übrig. Auf derart Schrift und Kirche zerstörende Künste muss verfallen, wer nicht sehen darf, wie Christus in seiner Kirche lebt. d) Luthers Theologie als schlechthinige Auslegungsregel verstellte in manchen Fällen eher den Blick auf das Wunder der Hl. Schrift, als dass es ihn dafür öffnete. Luthers Glaube ist reicher, als dass er sich in eine Formel fassen ließe, und sei es „gerechtfertigt allein aus Gnaden". Luther selbst hat eigentlich überhaupt keine Rechtfertigungslehre. Gepredigt hat er es in vielen Weisen in Wort und Schrift als Trost und als Warnung: Bei Dir gilt nichts denn Gnad und Gunst die Sünde zu vergeben, es ist doch unser Tun umsonst auch in dem besten Leben. Vor Dir niemand sich rühmen kann, des muss Dich fürchten jedermann und Deiner [von Deiner] Gnade leben. (In: Aus tiefer Not ..., Evangelisches Gesangbuch 299). e) Endlich – in meinen Augen am schlimmsten: Man sah die heiligen Schriften nun nicht mehr als Abschnitte des einen großen Stroms, der – zuerst mündlich, dann schriftlich – von den ältesten Zeiten Israels, ja der Menschheit, ununterbrochen bis zu uns fließt, die Menschen nährend und ihr Leben befruchtend. Derart abgeschnitten von der Gegenwart, wurde den Evangelischen Theologen die Schrift abständig, tat sich ihnen der immer wachsende Graben auf zwischen damals und heute. Was hat uns die Bibel heute noch zu sagen? Mit dieser intellektuellen Frage quälen sich Laien und Prediger. Die evangelische Verkündigung ist weithin verkommen zur intellektuellen Erörterung. Wittig sagt: „Der Fehler vieler Predigten besteht darin, daß sie den Geist und nicht die Seele ansprechen."[3] Er selbst spricht die Seele an, und lässt uns dessen inne werden, wie das Leben, das in der Hl. Schrift strömt, auch in unsrem Leben fließt. Mögen wir es gewahren!

3. „solus Christus".

Die Formel hat polemisch-abgrenzenden Sinn: Nicht den Heiligen, nicht Maria haben wir das Heil zu danken, sondern „allein Christus".

---

3 Joseph Wittig, Vom Warten und Kommen, 1938, 19.

Es steht noch heute so im evangelischen Gesangbuch, obschon kaum ein Evangelischer weiß, wer die vierzehn Nothelfer sind (EG 346.2):

Such, wer da will, Nothelfer viel,
die uns doch nichts erworben;
hier ist der Mann [Christus], der helfen kann,
bei dem nie was verdorben.
Uns wird das Heil durch ihn zuteil,
der für uns ist gestorben.

Viele Evangelische wissen nur etwas von dem Christus, der aus Nazareth kommend in Jerusalem am Kreuze starb. Vom mystischen Christus, der als derselbe in seinem Leibe, der Kirche, in der hl. Eucharistie lebt, wissen sie wenig, obschon ihr Gesangbuch in vielen Strophen von ihm singt. Schon das menschliche Empfinden sagt: Wer Christus liebt, der wird auch seine Mutter ehren. Mutter und Sohn gehören zusammen. Und wie kann man Jesus trennen von seinen Freunden und Zeugen durch alle Zeiten? Hören Sie den wichtigsten Abschnitt aus dem Aufsatz *Petrus und Paulus* (*Alter der Kirche* I, 165ff, hier 168–175, gekürzt): „Es ist gewiß ein Zeichen tiefer Demut, daß wir einen energischen Trennungsstrich zwischen Jesus, dem Sohne Gottes, und den Menschen, selbst den Aposteln machen ... Und wenn wir ... das Verhältnis zwischen den Aposteln und ihren Nachfolgern ausdrücken wollen, machen wir wieder einen so dicken, saftigen Trennungsstrich und ebenso [wieder] zwischen diesen und uns. Aus lauter Demut, damit wir uns nur ja nicht zu nahe an Christus stellen, – und aus lauter Feigheit, weil es sich hinter den Trennungsstrichen am bequemsten wohnt. So tiefgründig jene Unterscheidungen auch ... zu rechtfertigen sind, religiös müßen sie doch überwunden werden ... ! Christus hat seine Sendung an die Apostel weitergegeben. Die Formel dafür ist nicht Ableitung, sondern Gleichung. ‚Wie mich der Vater gesandt hat, so sende ich euch', sprach Christus [Joh 20,21]. Beide Seiten der Gleichung müßen im vollen Sinne gleich sein. Wenn auch noch so viele ‚Unbekannte' darin sind ..., so ist doch das eine gewiß, daß man die eine Seite der Gleichung immer für die andere setzen kann. Nachdem Christus die Erde verlassen hatte, waren die Apostel Christus, und zwar in keiner Weise geringer als Christus, denn sie trugen nicht nur seine Sendung, sondern auch sein Leben und seinen Geist in sich. Es hätte jede Erinnerung an Christus ausgelöscht sein können, jede Verbindung mit ihm ... – die Erde hätte keinen Verlust gehabt, denn sie besaß ja alles, was Christus war, in den Aposteln, in dem neubegründeten Geschlecht der

Gottessöhne. Ich denke da nicht an den engen Kreis der besonders erwählten Apostel, sondern an alle, denen das Wort galt: ‚Wie mich der Vater gesandt hat, so sende ich euch', also an alle, die das Leben und den Geist Christi in sich trugen – und tragen: die Gottesträger, auch die, deren Demut nicht einmal zu denken wagt, daß sie es sind, und die es doch sind. Sogar die Opfertat Christi am Kreuz hätte in ihrem einmaligen Geschehen völlig vergessen werden können, und ihr einmaliges Geschehen war ja auch ‚ein für allemal' [Röm 6,10] vorbei, und doch trugen die Apostel auf ihren Händen die Opfertat Christi, immer noch in gleicher Weise stark und wirksam wie bei jenem einen Male. Auch die Form der Opfertat, wie sie eben nur dem einen Male angepaßt war, blieb unwiederbringlich in der Vergangenheit begraben, aber die Opfertat war da und schuf sich die Formen, die sie für alle Male brauchte. So sehr dies alles beim erstmaligen Lesen oder Hören erschreckt, so findet es sich doch schon im ersten Katechismus, den wir gelernt haben. Selbstverständlich: die Lehre der Apostel war die Lehre Jesu Christi; das Opfer, das der Priester mit der Gemeinde darbringt, ist das Opfer Christi. ‚An Christi Statt' [2 Kor 5,20], ‚als Stellvertreter Christi' – wie oft gebrauchen wir solche Formeln, die ganz wunderbare Bekenntnisse des Glaubens wären, wenn wir sie nicht gar zu sehr als Formeln gebrauchten oder sie nur im rein juristischen Sinne nehmen, denn sie sind ebenso ernst wie jene Gleichung Christi. [... Ich will hier] verstehbar machen, wie Petrus und Paulus in der Urgeschichte der Kirche wirkten. Und wenn noch ein Wollen darüber hinaus in meinem Herzen ist – ich mag es nicht leugnen – so ist es dies: die geheimnisvolle und wunderbare Wesenhaftigkeit eines jeden Christen an seinem Orte, in seiner Sendung, anzudeuten, daß er nämlich der Christus ist an seinem Ort und in seiner Sendung, nicht nur der scheue und in sich unbedeutende Vermittler und Überbringer von irgend etwas aus der Vergangenheit und Gestorbenheit, sondern von Geist und Leben, eben Christus, so zwar, daß, wenn es möglich wäre, die gesamte christliche Vergangenheit, Christi irdisches Leben, die apostolische Zeit, die ganze Entwicklung des Christentums, als fehlend gedacht werden könnte, der Name Christi nicht einmal genannt werden würde. Ich habe einmal der Überführung von Martyrer-Reliquien beigewohnt. Es waren tagelange Feiern des Volkes. Der Name des Martyrers war in aller Munde. Der Name Christi wurde kaum genannt. Der Martyrer war alles. Man dachte kaum daran, daß er dies ‚alles' von Christus hat, man dachte nur daran, daß er es hat. Der Martyrer war diesem Christenvolk ‚an Christi Statt', nicht Ersatz und Stellvertreter im gewöhnlichen, kargen Sinn dieser Worte, sondern er war das, was nach unserer herkömmlichen und vielleicht nicht genug tiefen Auffassung nur der historische Christus dem Christenvolke sein darf. Man ging zwar nicht dazu über, ihn wie Christus als Gott anzubeten ...; aber man betete überhaupt nicht an, denn die ganze Seele des Volkes war erfüllt von dem Gedächtnis des Martyrers. [... Das Volk] brauchte den Christus ‚hier und jetzt', ‚den Martyrer als den wahren, jetzigen Nachfolger Christi, den Mann, der Christi Leben, Leiden und Sterben jetzt und hier in sich trug ... Mit einer Selbstverständlichkeit ohnegleichen sind in der katholischen Kirche an die Stelle der den weiten Kirchenraum beherrschenden Christusbilder der Apsiden- und Altarwände die Bilder Mariens, der zuerst von Christi Leben und Geist Erfüllten, der Apostel, Martyrer, Bekenner gerückt. Und das katholische Volk erkannte dies als durchaus berechtigt ... Erst seit wenigen Jahrzehnten lassen sich Eiferer dagegen vernehmen, Christi Bild müße wieder an jene erste Bildstelle der Kirche, wie es bei den Protestanten sei. Ich selbst meinte immer, das sei eine ganz berechtigte Forderung, als ich nämlich noch nicht weit genug hineinsah in das Reich des Geheimnisses ‚An Christi Statt'. Auch jegliche Zeit ist ein Kirchenraum, in dem Gott die Menschen zusammenruft, um ihnen seinen Christus zu zeigen; auch jeglicher Ort und jegliche Lebensumgebung. Nur das eine Mal nur im Lande Palästina ... bot die Altarwand das Schaubild des Jesus von Nazareth. Ein wenig später ... standen andere da, aber mit den gleichen Lehren, dem gleichen Opfer, den gleichen Gewalten, vor allem aber mit dem gleichen Geheimnis, daß sie des Ewigen Vaters göttliches Leben in sich trügen und der Menschheit vermitteln könnten, mit der gleichen Kraft, daß von ihnen das göttliche Leben ausging. Es war ein jeder der Christus seiner Zeit, seines Ortes, seiner Lebensumgebung. Um Christus zu haben, brauchte man nur ihn zu haben. [Die Rolle der Apostel in der ersten Zeit glich stark der Rolle Jesu in Palästina. Später wurde die äußere Ähnlichkeit zu Ausnahme, wie im Bilde Polykarps, dieser Christusgestalt ohnegleichen.] Aber gleich die ... Apostel Petrus und Paulus bieten ein ganz ... verschiedenes Bild ... ihres Typus, ihrer Lehrdarstellung. Wir Katholiken bemühen uns, in beider Lehre ein und dasselbe Evangelium Jesu Christi zu erkennen. Die anderen [Wittig denkt an A. von Harnack, vielleicht auch A. Schweitzer] sprechen offen von Petrinismus und Paulinismus, nicht ganz ohne Entgegensetzung des einen wie des anderen gegen das

Christentum des Jesus von Nazareth. Wenigstens in Paulus sehen sie einen Religionsstifter, für dessen Religion Jesus nur die Vorform und die Materie bereitet hatte. Sie rufen ‚Weg mit Paulus!' Sie möchten an der Altarwand jener Zeit das Bild Jesu von Nazareth sehen. Wir erschrecken über ... ihre Forderungen, und da wir uns nicht anders helfen können, erklären wir ihre Ansichten für falsch. Sobald wir aber erkennen, daß die Mission Jesu ohne ... Vorbehalt auf die Apostel übergegangen ist und aus den Aposteln heraus wirkte, nicht nach einem Schema, selbst nicht unbedingt nach dem Schema des göttlichen Lehrers von Nazareth, sondern ganz aus eigener Kraft, ganz nach innewohnenden Gesetzen, ohne jede Form- und Auffassungsgebundenheit ..., fallen die quälenden Bangigkeiten ab. Wir freuen uns der großen Verschiedenheiten, unter denen sich das eine Christuserbe forterbt über Zeit und Land hin, und beginnen den Trost zu spüren, daß auch unsere Zeit ihren Christus hat, ... unser Ort, unser Freundeskreis, daß in uns selber, so unähnlich wir in allem dem Gottessohne Jesus von Nazareth sind, das Wort Jesu wahr ist: ‚Wie mich der Vater gesandt hat, so sende ich euch', sende euch in euer Leben hinein. Ich erinnere mich noch gut, wie ich einst einem meiner Lehrer ... die Frage stellte: ‚Was würde geschehen, wenn einmal die ganze Kirche zerstört, alle Bibeln verbrannt, der Papst und alle Geistlichen getötet würden? Wäre dann das Christentum zu Ende?' Der Lehrer antwortete: ‚Wenn dann ein einziges getauftes Knäblein oder Mägdlein am Leben bliebe, so wäre alles Christentum in ihm, und es würde eine neue Kirche aus ihm hervorwachsen, wie dereinst aus Christus.' – ‚Wenn aber auch dieser Junge oder dieses Mädel getötet würde?' – ‚Dann würde der Henker, der den letzten Christen tötet, in seinen brechenden Augen die christliche Wahrheit erkennen und gläubig werden.' Seitdem weiß ich, daß ein Christ nicht nur ein letztes Glied der goldenen Christuskette ist, ... sondern immer wieder der weihnachtliche Anfang der Kette, so ganz voll echten Goldes wie die ganze Kette. Seitdem weiß ich, daß der Christ vollberechtigter Christuserbe ist, der gegenwärtige Inhaber all alles, was Christi war, eben der Christus seiner Welt. ‚Wie mich der Vater gesandt hat, so sende ich euch. Gehet hinaus in alle Welt!' [Den Einwand, nur das Amt, das einer hat, nicht die Person, ist wahrhaft Christuserbe, läßt Wittig nicht gelten:] Ach, da fühle ich mich geteilt, Amt – Person, und war doch eben eine ganz lebendige Einheit! ... ‚Das tat er als Papst – das tat er als Mensch ...', so geht die Melodie ... Aber es ist nicht so ... Der ganze Mensch stand da an Christi Statt, als der

Christus seiner Zeit ... ‚Haltet euch an die Bischöfe!' rief Ignatius von Antiochien; ‚Halte dich an den ersten echten Christen in deiner Nähe, wenn der Bischof zu fern ist, möchte ich, sein Wort verstehend, rufen, dann hast du in ihm das Leben Christi, die Rebe vom Weinstock, nun selbst Weinstock geworden ..., freilich den Christus in Knechtsgestalt, in Zeitgestalt."

4. „sola fide" – „allein aus Glauben".

Gemeint ist der auf Röm 3,28 beruhende Grund-Satz der Reformation: „So halten wir nun dafür, daß der Mensch [vor Gott] gerecht werde ohne des Gesetzes Werke allein durch den Glauben". Das Wort „allein" steht nicht im Urtext, sondern ist von Luther verdeutlichend hinzugefügt. Dagegen findet es sich in Jak 2,24: So seht ihr nun daß der Mensch durch Werke gerecht wird nicht durch Glauben allein. Luther bezog den Satz des Apostels auf die vielfältigen „guten Werke", die zu seiner Zeit von den Gläubigen, wie er erlebte: gefordert wurden, um vor Gott bestehen zu können, als da sind Gebetsleistungen, Fastenpflichten, Almosen, Wallfahrten, Spenden von Messen für das Seelenheil der Verstorbenen. Er erlebte es als Befreiung, als ihm aufging, dass wir dem himmlischen Vater nicht zuerst Werke schulden, sondern kindlich Ihm vertrauen dürfen, auch und gerade in unsrer Sündennot. So wie kein Säugling die Liebe seiner Mutter und deren Freude an dem Kind durch Wohlverhalten verdienen muss oder kann. Sondern: die Mutter ist selig mit ihrem Kinde und keine schmutzigen Windeln können der Liebe zu ihrem kleinen Scheißerle etwas anhaben. Das schließt nicht aus, sondern ein, dass sie hofft, an dem Kinde Freude zu erleben bis zum Alter. Aber auch das heranwachsende und erwachsene Kind kann die Mutterliebe nicht verdienen und in der Regel auch nicht verscherzen: wenn das Kind auf Abwege geraten ist, ehrt nichts die Mutter so, wie das Vertrauen, in dem das Kind gerade dann zu ihr seine Zuflucht nimmt, ihren Rat und ihre Hilfe sucht. Das ist der Sinn der „Rechtfertigungslehre", wenn man sie ohne juristische Sprache – die zu ihrer Zeit ihre tiefe Berechtigung hat – ausdrücken will. Nun sind da zwei uns befremdliche Punkte: Erstens: Durch die Konzentration auf die „Rechtfertigung" rückte ausschließlich die Erlösung ins Zentrum des Glaubens, die Freude an Wirken und Werk Gottes, des Schöpfers wurde (besonders im Pietismus) nicht selten in gnostisch anmutender Weise als „weltlich" verdächtigt – gegen Luther. Theologisch gesprochen: Die Konzentration auf „Christus allein" drängte die

Anbetung des dreieinen Gottes zurück. Zweitens: Bedingt durch seine Auseinandersetzung mit der eigenen pharisäischen Vergangenheit und häufigen biblischen Sprachgebrauch, erscheint der einfache Sachverhalt der „Rechtfertigung" des Sünders durch Gott bei Paulus in der Sprache des Rechts: Vor Augen steht die Lage des Angeklagten vor dem Richter. Was hat er vorzuweisen zu seiner Rechtfertigung? Kann er auf seine „guten Werke" verweisen? Auch Luther wusste sich vor dem göttlichen Richter. Die Antwort auf diese Frage war: Nein. „Mein' guten Werk, die galten nicht; es war mit ihn'n verdorben; der frei' Will haßte Gotts Gericht, er war zum Gut'n erstorben." (Luther, EG 341,3) Dies ist Luthers in der Tiefe durchlittene Erfahrung, nicht ein theologischer Fund. Heute ist uns schon das Wort „Rechtfertigung" befremdlich; die „Sache", wenn man so sagen darf, ist lebensnah und lebenswichtig wie zu allen Zeiten. Wittig verzichtet auf die Rechtssprache. Er wusste aus seinem Studium der Kirchenväter: „Die sola-fides-Theorie des christlichen Altertums hatte den Sinn: Der Glaube allein bringt die Werke des Vaters hervor. Der Gaube, nicht das armselige menschliche Wollen, ist der Produzent des Lebens." (*Alter der Kirche* I, 429). Was ist „Glaube"? Wittigs einfache Antwort: der „Glaube ist Leben aus Gott" (*Höregott*, 282); „ich wollte nur den Glauben als Leben Gottes auf Erden predigen" (ebd. 282). Er sagt, „daß das religiöse Leben ein Leben aus dem Glauben heraus ist; eine wahre Gotteskindschaft" (ebd. 285). Ich sagte den Menschen: „Glaubet und ihr habt das ewige Leben" (ebd.); Und er sagt: „Ich möchte leben allein aus Glauben." Wie das bei ihm in der Zeit seines Prozesses aussah, steht ergreifend in *Höregott* (249): Wittig spricht von den Versuchen des Freiburger Theologieprofessors Engelbert Krebs, den „Fall Wittig" mit Hilfe von Tiefenpsychologie und mit den Mitteln akademischer Wissenschaft zu erklären und sagt dann: „Wenn ich nun den Vorhang aufziehe [und selber erzähle, wie es seit der Zeit vor dem Ersten Weltkrieg bis zu meiner Eheschließung mit mir und den Frauen, die mir in dieser Zeit nahestanden, war], tue ich es nicht, um mich zu rechtfertigen. Ich bin vor dem Geiste nicht zu rechtfertigen, denn ich habe in entscheidenden Augenblicken weder nach dem Geist [der modernen Wissenschaft] noch nach dem Gesetz [der Kirche] gefragt, auch nicht nach dem vom Geist tradierten und interpretierten ‚Gesetz Gottes', sondern nur nach der lebendigen Stimme Gottes in meinem Gewissen und in meiner Liebe. Ich tue es [‚den Vorhang aufziehen'] auch nicht, um eine Schuld auf Gott zu schieben und mich selber frei davon zu sprechen. Auch nicht, um in offenem

Bekenntnis nachträgliche Verzeihung zu erwirken. Ich will keinerlei Geschäfte für mich machen, will nichts anderes als Gott lobpreisen und anbeten, daß er mich so und nicht anders geführt hat. So trete ich hin zum Altare Gottes, zu Gott, der meine Jugend und mein Alter erfreut. Und ich spreche zu ihm das alte Staffelgebet der Kirche: ‚Sei du mein Recht, o Gott! Scheide meine Seele von dem Volke, dem ehrfurchtlosen. Von dem gottlosen und geistigen Manne reiß mich los.'"

„Der Mensch muss schreiben, was er erfahren hat"
Joseph Wittigs Abschied vom Gott der Theologen

Prof. Dr. Joachim Köhler, Tübingen

Einstieg

Ein Einstieg in einen Vortrag muss immer auch den Gegenwartsbezug herstellen.

Die Macht der Kirche, gegen die Joseph Wittig in den 20er Jahren ankämpfte, scheint gebrochen zu sein. Aber es gibt noch kleine und massive Nachhutgefechte. Ich denke da an die Diskussion um die Schwangerschaftskonfliktberatung, die gegenwärtig die Basis der Kirche bewegt. Die katholischen Bischöfe üben sich im Gehorsam gegenüber dem Papst. Dabei lösen sie sich immer mehr von der Basis. Das kirchliche Amt repräsentiert nicht mehr die Interessen der Basis. Es ist nicht mehr in der Lage, auf die Nöte der Menschen Antwort zu geben. Die Kirche ist – wie es Eugen Rosenstock-Huessy zur Verteidigung seines Freundes, der 1926 von der Kirche exkommuniziert wurde, formuliert hat – eine „religio depopulata", eine Religion, eine Kirche ohne Volk geworden.

Es gibt in der nachkonziliaren Zeit wieder „Inquisitionsverfahren" gegen missliebige Theologen. Den Betroffenen wird eine Einsicht in die Akten verwehrt.

Warum sollen wir dann noch an den verzweifelten Kampf eines Mannes erinnern, wenn sein Einsatz und sein tragisches Schicksal nichts bewirkt haben? Die Kirchen verlieren immer mehr an gesellschaftspolitischem Einfluss. Kirchen sind in einer „nachchristlichen" Epoche einfach nicht mehr gefragt.

Zweimal hat Joseph Wittig den Kampf gegen die mächtige Institution Kirche aufgenommen. Zweimal erhielt er „den Auftrag, der Welt ein tröstendes und befreiendes Wort zu sagen" (9)[1].

Das erstemal geschah das nach dem Ersten Weltkrieg. Das maßlose Elend, das damals über die Bevölkerung herein gebrochen war, wurde als Zusammenbruch der „heilen Welt" und als Verlust der „Werte" empfunden. Wittig beschrieb diese Situation in seinem *Roman mit Gott*, der nach seinem Tod, 1950, erschienen ist.

„Nichts mehr verspürte die Menschheit von einer Erlösung, seufzte vielmehr und war schwer bedrängt von eigener Verschuldung. Ich stand damals noch im priesterlichen Amte und fühlte mich verpflichtet, den Menschen zu helfen, ergriff also die Feder und schrieb eine Osterbotschaft mit dem Titel ‚Die Erlösten', schrieb, daß die furchtbaren Geschehnisse nur soweit den Menschen zuzurechnen seien, als sie mit Wissen und Willen und mit dem Einverständnis des Herzens daran beteiligt waren. Alles übrige schob ich dem Geheimnis der Allwirksamkeit Gottes zu, ohne dessen Willen keine Flinte und keine Kanone losgehen kann. Da ging ein Aufatmen durch die gläubige Welt; eine Freude sondergleichen leuchtete auf in der deutschen Christenheit. Viele Menschen wurden wieder fromm, selig über die Botschaft, daß der ehrlich gute Wille und der schlichte Glaube hinreiche, um das ewige Leben zu gewinnen: ‚Wer glaubt, der wird nicht gerichtet; wer glaubt, der hat das ewige Leben'; nicht die Beichte mit ihren Vorbedingungen, sondern der Glaube macht's; macht den Frieden mit Gott; die Beichte gehört dazu wie der Friedensschluss zum Frieden; der Frieden aber wird bewirkt durch den Glauben" (9f).

Mit diesen Sätzen erinnerte Wittig an seinen Artikel *Die Erlösten*, der an Ostern 1922 in der Zeitschrift *Hochland* erschienen war. Mit einem Schlag geriet er damals in das Rampenlicht katholischer Öffentlichkeit. Dieser Artikel löste große Begeisterung bei den meisten Leserinnen und Lesern aus. Aber Wittig erfuhr auch harsche Kritik von theologischer Seite, die zu seiner Verurteilung führte. Er hatte in dem Artikel ein brennendes Problem angesprochen: die Auseinandersetzung mit Sündenangst und Beichtangst vieler Katholikinnen und Katholiken, – „indirekt auch mit dem Mißbrauch des Beichtstuhls zur Macht-

---

[1] Joseph Wittig, Roman mit Gott. Tagebuchblätter der Anfechtung, Stuttgart 1950, 9. – Da in diesem Vortrag der „Roman mit Gott" ausführlich zitiert wird, werden zur Vereinfachung des Apparates die Seitenzahlen aus diesem Werk jeweils in eckige Klammer gesetzt. Die anderen Anmerkungen werden in der üblichen Weise durchgeführt.

ausübung"². Wittigs Aufsatz wurde als befreiend empfunden. Wittig erinnerte sich in seinen späteren Aufzeichnungen an diese Wirkung:

„Es war damals wie ein neues Evangelium, oder vielmehr das alte in wiedererweckter Urkraft. Es war die hohe Zeit der Jugendbewegung. Die Jungen und Mädel trugen die Botschaft durch alle deutschen Lande. Bei nächtlichen Lagerfeuern wurden *Die Erlösten* gelesen. Benachbarte Gruppen hörten und eilten herbei. Alle Jugend erwartete ein Erneuerung des Christentums, nachdem es in seiner alten Sprache im ersten Weltkriege, wie man vielfach sagte, ,versagt' hatte" (10).

Wittig war sich bewusst, dass er mit den Themen Sündenangst und Beichtpraxis ein heißes Thema angefasst hatte. Spitzfindige Theologen witterten in den dogmatischen Aussagen, die in der Erzählung enthalten waren, Häresie. Deren Anklagen führten zur Verurteilung. „Doch Wittig ging es zunächst gar nicht um solche subtile Fragen. Er schrieb nicht als hochgelehrter, weltfremder katholischer Dogmatiker, gleich welcher Schule. Er stand am anderen Ufer, nicht dort, wo die mit theologischen Distinktionen bewaffnete Theologie stand, er stand bei den Menschen, bei ihrem Denken und Fühlen, ... bei den einfachen Menschen, nicht nur bei den Gebildeten. Er sprach nicht so wie die Theologieprofessoren und Pfarrer, über die Köpfe hinweg in einer unverständlichen Begrifflichkeit. Er sprach ihre Sprache und dachte ihre Gedanken, und sie verstanden ihn."³

Die schrecklichen Erfahrungen am Ende des Zweiten Weltkrieges, das Schicksal, das seine Familie und das ganze deutsche Volk erleiden musste, führten zu einer neuen bedrängenden Frage, auf die Wittig auf seine Art eine Antwort suchte. In dem *Roman mit Gott* beschrieb er den Zusammenhang von existentieller Erfahrung und bedrängender Frage:

„Es war wiederum ein Weltkrieg zu traurigem Ende gekommen. Mein Volk war besiegt, mein Land von Feinden besetzt und gequält, mein Haus geplündert. Weib und Kinder mußten auf dem Fußboden schlafen, da uns alle Betten und Matratzen, alle Wäsche und Kleidung genommen worden waren. Der Revolver eines Soldaten war an die Stirn

---

2   Otto Weiss, „Narrative Theologie". Joseph Wittig, in: Ders., Der Modernismus in Deutschland. Ein Beitrag zur Theologiegeschichte. Mit einem Geleitwort von Heinrich Fries, Regensburg 1995, 514–526. 517.

3   Weiss, 517.

meines Sohnes gesetzt und richtete sich auch gegen das Bild des Gekreuzigten in unserer Wohnstube. Ich hatte krank gelegen. Drei Schüsse gingen über meinen Kopf; einer durchbohrte das süße Bild der Madonna von Murillo über meinem Bette; ich fand die von der Wand abgeprallten Kugeln nachher in meinem Bette. Meinen Nachbarn wurden die Kühe aus dem Stalle entführt, die Schweine erschossen und geschlachtet. Fremdes Volk fraß sich satt an den Früchten unserer Felder, und wir begannen, mit unseren Kindern zu hungern. Millionen unserer jungen Männer sind im Krieg gefallen oder schmachten in Gefangenschaft. Tiefstes Elend, Verzweiflung, die zum Selbstmord treibt! Das schlägt dem, was wir von Gott gehört und gepredigt haben, ins Gesicht. Er soll ein starkes, allmächtiges und allgütiges Wesen sein. Wie kann er solch schreckliche Dinge zulassen und schweigend ertragen? Wir können ihn nicht mehr ertragen, da er solches ertragen kann" (9).

Joseph Wittig, der durch die Indizierung und Exkommunikation „aus der Bahn geschleudert" war und der anklagend bekannte: „die römische Kirche hat mich als Schriftsteller wirklich tot gekriegt" (52), er fühlte sich noch einmal berufen, „das gläubige Volk zu erlösen" (10).

Eigentlich, so sinnierte er, ruft Gott jeden Propheten nur einmal. Inzwischen sei er auch alt geworden. Nicht mehr so kühn und tapfer wie damals, als er den Hochland-Artikel schrieb.

„Und doch muß ich wieder ans Werk, ich muß! Damals galt es nur, das gläubige Volk zu erlösen von seiner Sündenangst und von der erdrückenden Last der Verantwortung für das, was geschehen war im Einzelleben wie im Leben des Volkes. Es galt zu verkünden, daß das Christentum in Wahrheit ein erlöstes Volk sei ... Wieder muß ich, so sehr ich mich sträube, eine Erlösung verkünden. Diesmal nicht von Sündenangst und Verantwortung, sondern – ach Himmel! – von Gott selbst" (10–11).

1. Fragestellung

Die Fragen, die sich für uns ergeben, lauten: Was ist das für ein Gott, von dem Joseph Wittig Abschied nehmen muss? Welche Mittel ergreift Wittig, um seine Botschaft zu verkünden?

Welche Botschaft vermittelt Wittig aufgrund seiner Erfahrungen?

2. Durchführung

Eine persönliche, bittere Erfahrung, die Wittig zwingt, noch einmal prophetisch zu reden und zu schreiben.

Was Joseph Wittig in seinem *Roman mit Gott* zur Sprache bringt, muss den Menschen erschüttern. Es sind persönliche Erfahrungen, die er reflektiert und zu Papier bringt. Sicher, wir sind es heute gewohnt, Ähnliches bei Autoren zu lesen, die den „Holocaust" überlebt haben. Insofern verblassen ein wenig die Worte von Wittig. Sie sind zu stark vom Kolorit seiner Zeit gefärbt. Aber ich bin der Meinung, dass in der Konsequenz seiner Aussagen individuelle Erfahrung überschritten wird und dass die Folgerungen aus den Erfahrungen des „Holocaust" in seinen Aussagen irgendwie eingeschlossen sind. Das gehört zum Prophetischen hinzu.

„Jetzt war mir Gott in das Nichts versunken, aus dem er die Welt erschaffen haben soll. Ich sah ihn nicht mehr, ich hörte ihn nicht mehr, ich liebte ihn nur noch mit jener Liebe, die man eine unglückliche Liebe nennt" (6).

Wittig erinnerte sich an den frommen Pfarrer seiner Kindheit, der „redete und predigte oft von Gott", aber er war überzeugt, „ es war nicht derselbe Gott, der mir jetzt in das Nichts versunken war, und dem ich nun in unglücklicher Liebe so sehr zürnte" (7).

Seit seiner Kindheit waren sechzig Jahre vergangen. Die Erinnerung an dieses heitere Gottesbild wurde durch spätere Erfahrungen verdeckt. Diese Erfahrungen teilte Wittig in einer Art Vision seinen Leserinnen und Lesern mit:

„[Es] überschattete mich auf einmal eine dunkle, schwere Wolke, oder es hatte sich aus dem Weltall ein Felsblock gelöst und rollte mit seiner Last und seiner Finsternis über mein Herz und mein Gemüt. Wohl sprangen sogleich mein Verstand und meine Gelehrsamkeit auf und versuchten, Last und Finsternis von Herz und Gemüt zu verscheuchen und wegzuwälzen, denn Wolke und Felsblock waren nichts weniger als Gott oder das, was mit diesem Namen benannt wird, ach das, dem ich mein ganzes junges Leben verschrieben hatte" (8).

Mit solchen Bildern zu leben, sich mit ihnen auseinander zusetzen, sie zu verarbeiten, ist eine Frage des Überlebens. Das verlangt alle Anstrengungen des Menschen. Mit dem Intellekt sind solche Erfahrungen nicht zu bewältigen:

„Aber vergeblich war das Bemühen des Verstandes und meiner Gelehrsamkeit. Ich sah, daß jene Last und Finsternis nicht nur mein eigen Herz und Gemüt unter sich begruben, sondern die ganze Welt und all meine Bruderschaft unter den Menschenkindern ... Was wir Gott nennen und was wir uns unter diesem Namen vorstellen, denken und aussagen, ist eine Qual und eine arge Bedrängnis für die Welt" (8).

Wittig sprach in diesem Zusammenhang sogar von einem „Fluch für die Welt" (8).

Im Anschluss an die persönlichen Erfahrungen der Kriegsjahre, in denen er schwer erkrankt darniederlag und „tiefstes Elend, Verzweiflung, die zum Selbstmord treibt" (8), erfahren hatte, schrie er seinen Protest in alle Welt: Halbwahnsinnig schrieb er alle Ungereimtheiten nieder, die ihm in langen, schmerzensreichen, schlaflosen Nächten eingekommen waren. In jener Morgenstunde nach der Vision empfing er auch „den Auftrag, der Welt ein tröstendes und befreiendes Wort zu sagen" (9).

3. Der *Roman mit Gott*.

Einige Bemerkungen zu der literarischen Form, in der Wittig seine Botschaft vermittelt.

Der *Roman mit Gott* ist eine „Summe" im mittelalterlichen Sinn, ein monumentales, zusammenfassendes Werk – keine „Summa Theologiae", sondern eine „Summa Vitae". Keine Zusammenfassung des „Lebens an sich", in einem philosophischen Sinne, sondern eine Summe des wirklichen Lebens von Joseph Wittig, eine „Summa Experientiae", ein Überblick über die Erfahrungen im Leben von Joseph Wittig. Nur weil Joseph Wittig niemals zwischen religiösem und menschlichem Leben unterschieden hat, ist es letztlich doch eine „Summa Theologiae", eine Zusammenfassung seiner erlebten Theologie. Etwas kompliziert, aber letztlich so einfach.

Anca Wittig hat in dem Vorwort zur Publikation der Briefe von Joseph Wittig hingewiesen, dass seine Briefe geprägt sind „von den Dunkelheiten seiner beginnenden Erkrankung. Illusionslos und tief bedrückt über die Lage des deutschen Volkes, erloschen ihm alle Lichter. Sein unbändiges Gottvertrauen, das ihn bisher über alle Schwierigkeiten hinweggetragen hatte, ließ sich nur noch unter Qualen bewahren. Die Briefe dieser Epoche tragen den Stempel solch inneren Erlebens."[4]

Es war letztlich das Ringen mit Gott, das ihn in den Kriegsjahren und in der Nachkriegszeit bewegte und das er mitteilen musste. „Mir schwebt ein Buch vor mit dem einfachen Titel ‚Gott'", schrieb er im Dezember 1943 an Carl Muth, „keine Dogmatik, aber auch keine Undogmatik. Ich bin auf der dritten Seite stecken geblieben"[5]. Wenig später klagt er häufig über „schmerzhafte Leere im Kopf und Herz, Versagen aller geistigen Funktionen, unheimliche Störungen des Bewusstseins und des Gedächtnisses ... Vielleicht ruft mich der Herrgott endlich zu sich".[6]

Was Joseph Wittig mit dem *Roman mit Gott* eigentlich im Sinne hatte, darüber gibt er ausführlich Rechenschaft. Die Grundintention seines Wollens hat Dieter Nestle gestern in seinem Vortrag unter dem Stichwort „Glaubwürdigkeit" eindrucksvoll beschrieben. Mit einem längeren Text aus dem *Roman mit Gott* soll das wiederholt werden:

„Es hat ein jeder Mensch das Recht zu irren, ja sogar seinem Trotz oder auch seinem Übermut freien Lauf zu lassen. Und ein kranker Mensch hat auch das Recht, empfindlich zu sein, und ein in seinem Heiligsten angegriffener und verletzter Mensch hat das Recht, einmal um sich zu schlagen, ohne zu fragen, ob er jeden Hieb rechtfertigen kann. Nur lügen darf kein Mensch. In manchen Büchern darf auch kein Mensch dichten oder erdichten, sondern muß das schreiben, was er erfahren hat. Fraglich, sehr fraglich ist es, ob er schreiben darf, was andere erfahren haben und für wahr halten, auch wenn er es wirklich glaubt. Unsere meisten religiösen Bücher beruhen nicht auf eigener Erfahrung, sondern berufen sich auf die Erfahrung und den Glauben anderer. Das macht den größten Teil unserer religiösen Literatur wertlos. Etwas anderes ist es um die wissenschaftliche theologische Literatur. Diese sagt von vornherein, daß sie sich nicht auf eigene Erfahrungen aufbaue, sondern auf den ‚Glauben der Kirche', auf die ‚Lehren der

---

4 Anca Wittig, Stationen eines Lebens. Worte zum Geleit, in: Joseph Wittig, Kraft in der Schwachheit. Briefe an Freunde, hg. von Gerhard Pachnicke unter Mitwirkung von Rudolf Hermeier, Moers 1993, 6. [im Folgenden als „Briefe" zitiert].
5 Wittig an Muth, Schlegel 15. Dezember 1943, Briefe 388.
6 Wittig an Muth, Schlegel 24. Januar 1944, Briefe 390.

Völker', auf die ‚theologischen Autoritäten'. So kommt es vor, daß ein ganzes Buch von Gott handelt, der Verfasser aber kaum etwas von dem wirklich glaubt und gläubig hält, was er schreibt. Solche Theologen halten sich wenigstens frei von offenbarer Lüge, obwohl sie die Menschen, die ihnen vertrauen, schwer täuschen. Ein großer Teil der theologischen Literatur ist darum zwar der wissenschaftlichen, nicht aber der religiösen Literatur zuzurechnen.

Dem Buche, das ich hier geschrieben habe, wird man es ansehen, daß ich weder lügen noch täuschen will. Es gibt aber noch ein drittes Unrecht: man kann die Wahrheit ärgerlich – ärgernisgebend – sagen. Und von diesem Unrecht weiß ich mich nicht ganz frei. Es kann aber Pflicht werden in einer Zeit, in der die Menschen der harmlosen religiösen Literatur überdrüssig geworden sind und lieber religiös hungern und dürsten, als das laue Wasser der herkömmlichen Erbauungsliteratur trinken. Es kann zur Pflicht werden, wenn man anders nicht die notwendige Frische und Glaubwürdigkeit erreichen kann. Ich will auf jeden Fall glaubwürdig schreiben, selbst auf die Gefahr, der Irrlehre oder der Lieblosigkeit zu verfallen.

Ich will aber doch wiederum etwas Wahres geschrieben haben, und dieser Wille soll nicht nur von Trotz und Gereiztheit, sondern von wirklicher Liebe geleitet sein. Was ich geschrieben habe, soll aber nicht das strenge Gesicht einer Lehre tragen, sondern nur das Aufleuchten einer fernen Erkenntnis, so wie etwa ein neuer Stern aufleuchtet, von dem man noch nicht weiß, ob er am Himmelszelt bleiben oder alsbald wieder verglimmen wird, keineswegs wie ein stolzer, berechenbarer Komet mit langem Schweif, aber auch nicht wie eine geschwinde, hell aufglühende Sternschnuppe" (194–196).

Wer unter diesem Anspruch Bücher schreibt, für den wird die Form letztlich belanglos. Und doch rang Wittig um die literarische Form. Er benannte sein Werk *Roman*. Das Wort Roman stammt aus dem Französischen (romanice) und bedeutet ursprünglich auf romanische Art, in romanischer Sprache zu schreiben. Der Roman war eine Erzählung, die im Gegensatz zur Gelehrtensprache, dem klassischen Latein, in lateinisch-romanischer Volkssprache geschrieben ist. Im 14. und 15. Jahrhundert verstand man unter Roman eine abenteuerliche Ritterdichtung. Seit dem 17. Jahrhundert wurde Roman zum Gattungsbegriff einer Prosa, die einen breiten Lebensabschnitt oder das Lebensganze einer oder mehrerer Personen, also Erfahrungen von Menschen im Kontext der Zeit und der Umwelt, darzustellen versucht. „Wie das Volk es verstand, so wollte man erzählen ... Man erzählte, was beglückt, was aufregt, was mit großer Gewalt die Menschenseele hineinzog in den seligen Strom der Dichtung, in das erdichtete Schicksal von Romanhelden" (11). Roman im volkstümlichen Sinn war für Wittig „eine umfangreiche Erzählung ungewöhnlicher Menschenschicksale mit der unentbehrlichen Zutat einer aufregenden, beglückenden oder schmerzlichen Liebesgeschichte" (12). Auf Wittig angewandt, hieß das: „Der Roman ... soll die Geschichte und den Ausgang meiner unglücklichen Liebe zu dem, was man gewöhnlich Gott nennt, erzählen" (12). Nicht unverbindlich, sondern als „Bekenntnis", „weil ich mich zu dem Inhalt persönlich bekenne, und weil mich die Leser aus dem Inhalt erst richtig kennen lernen sollen" (12). Er bezeichnete sein Werk aber auch als „Testament" im Sinne eines religiösen Nachlasses: Er wollte „durch Unfrömmigkeit frommen" (13).

3.1 Absage an den Gott der „Philosophen und theologischen Scholastiker"

Die Erfahrungen, die Wittig in den Kriegs- und Nachkriegsjahren gemacht hatte, riefen die Zweifel in ihm hervor und stellten das herkömmliche Gottesbild in Frage:

„Das schlägt dem, was wir von Gott gehört und gepredigt haben, ins Gesicht. Er soll ein starkes, allmächtiges und allgütiges Wesen sein. Wie kann er solch schreckliche Dinge zulassen und schweigend ertragen? Wir können ihn nicht mehr ertragen, da er solches ertragen kann" (9).

Der Gott, den er nicht mehr ertragen konnte, war aus dem griechisch-römischen Heidentum in das Christentum eingedrungen und hatte die wunderselige Botschaft des Evangeliums aufgehoben und ins Gegenteil verkehrt. Dieser Gott war „von dem unverständlichen und bedrückenden, entzweienden und quälenden blutleeren von Philosophen erdachten Gottesbegriff" (11) verdrängt worden. Man hatte aus diesem Gott einen philosophischen Begriff gemacht, das ens a se. Dieser „alte Gottesbegriff mag in der Philosophie und in der Dogmatik seine Heimstatt behalten; in unseren Herzen aber soll ein anderer Name Geltung, alleinige Geltung haben" (11).

Um zu veranschaulichen, was Wittig Ungeheuerliches vor hatte, fügte noch einen Gedanken hinzu:

„Wie die ersten Christen von den Griechen und Römern ‚Atheisten' gescholten wurden, zu solchen Atheisten möchte ich und muß ich unser Volk machen" (11).

„Was wäre christlich, was nicht ungeheuerlich und selig erschreckend wäre!" (11).

Den Kern aller dieser Ungeheuerlichkeiten bildet die Aussage:

„Der Gott, den ihr euch vorstellt und von dem die meisten von euch längst abgefallen sind, und von dem sie, wenn sie überhaupt noch etwas wissen wollen, nichts mehr wissen wollen, der Gott existiert nicht. Ihr braucht ihn nicht zu fürchten und nicht erst zu leugnen; er existiert nicht! Ich will mit euch ausgehen und suchen, was überhaupt noch existiert, und ob es noch verständig ist, die Hände zu falten und den Blick nach oben zu richten" (15).

Gegen den Gott der Kleinen, wie ihn Wittig in seinem *Leben Jesu* beschrieben hatte, hatte er auch jetzt nichts einzuwenden. Seine Aversion richtete sich gegen jenen Gott,

„der aus dem Heidentum und Judentum in unser christliches Volk eingedrungen ist. Schon der Name Gott gehört zu den fremdesten Wörtern und unverständlichsten Namen unserer Sprache. Es haben sich mit diesem Gott auch meist nur die Philosophen und die scholastischen Theologen abgegeben. Dicke Bücher, mächtige Folianten haben diese über ihn geschrieben, meist unter dem Titel De Deo uno, ‚über den einen Gott'. Sie haben sich die Köpfe zergrübelt und zerbrochen über das Wesen und die Eigenschaften dieses Gottes. Was sie über das Wesen aussagen können, ist herzlich wenig und ganz und gar ungenießbar. Es geht zurück auf eine angebliche Selbstoffenbarung dieses Gottes an das jüdische Volk. Diesem hat er gesagt: ‚Ich bin, der ich bin', ein Wort, das die Philosophen und Theologen als eine philosophische Aussage Gottes über sich auffaßten – als wenn die Juden etwas davon verstanden hätten, würde Gott sich als den Seienden, das Sein schlechthin offenbart haben. Für die Philosophen wurde er durch diese Aussage über sich der Endpunkt und der Gipfelpunkt aller Spekulation über das Sein und schließlich das Grab, in dem sich alle Philosophie für immer begraben konnte.

Etwas ganz Großes glauben die Philosophen und Scholastiker dadurch geleistet zu haben, daß sie das Wesen Gottes als ‚Ens a se', als ein ‚Sein aus sich selbst' bestimmten und die ganze Lehre von Gott auf die ‚Aseität', auf das ‚Von-sich-selbst-Sein' aufbauten. Ich frage nun, was um Himmels willen hat die hungernde Menschenseele davon? Diese Kost genügt nicht einmal zu einem kärglichen Frühstück, viel weniger für den ganzen Tag und für die lange sehnsuchtsvolle Nacht" (17f).

„Im übrigen beschäftigen sich die Philosophen und Scholastiker damit, die Attribute Gottes, die Eigenschaften Gottes, näher zu bestimmen. Sie nehmen dazu möglichst unsere eigenen und schönsten Eigenschaften, wie sie etwa ein Idealmensch haben könnte, etwa ‚mächtig', ‚heilig', ‚gütig', ‚gerecht' und dergleichen. Solche Attribute treiben sie nun soweit als möglich in die Höhe, Breite und Tiefe, wie zum Beispiel ‚urmächtig', ‚allmächtig', ‚übermächtig', und bekennen dann in erheuchelter Demut, daß sie mit solchen Übertreibungen keineswegs an Gott heranzureichen sich einbilden. Sie gehen also immer tapfer in der Richtung auf das Große und bedenken gar nicht, daß Gott vielleicht nur in umgekehrter Richtung zu finden und einigermaßen richtig zu bestimmen ist" (18).

Wittig wandte sich damit gegen die Entwicklung innerhalb der Theologie der frühen christlichen Jahrhunderte, in denen „immer mehr echte Menschlichkeit" von Jesus abgestreift wurde. „Jesus wurde so vergöttlicht, daß er sogar Gott-Vater zu verdrängen im Stande war" (25).

3.2 Wittigs Erfahrungen mit dem Gott der Philosophen

Wittig beschrieb seine eigenen Erfahrungen, die er mit diesem Gott der Philosophen und Scholastiker gemacht hatte.

„Ich bin schließlich ein wissenschaftlicher Mensch und durfte zwar in der Jugend allerlei Irrtümern und Einbildungen folgen, muß aber wenigstens in den Jahren der Altersreife ganz offen bekennen, daß ich mich geirrt habe, und daß ich nicht an ‚Wahrheiten' festhalten darf, die nur den Wert von Arbeitshypothesen haben" (19).

An einer anderen Stelle reflektierte er auch über die Theologen und Philosophen seiner Zeit, die sein Buch einmal lesen und kommentieren werden:

„Und ich weiß ja, wie die Theologen und Philosophen teils hohnlachen werden über das, was ich hier schreibe, teils mit Leichtigkeit ganze Batterien von Beweisen und Widerlegungen dagegen aufführen werden, falls sie das Buch überhaupt beachten. Ich war immerhin bisher ein einigermaßen angesehener, wenn auch nicht immer geschätzter Zunftgenosse von ihnen. Soweit ich ihnen lieb war, ist es mir recht unangenehm, daß ich jetzt so schreiben muß. Im übrigen bin ich es gewöhnt, verachtet zu werden, und es verschlägt mir gar nichts, wenn man das Buch vielleicht als eine pathologische Erscheinung verwirft" (20).

Wittig hatte sich von dieser Theologie blenden und verführen lassen. Die Begegnung als Student und als junger Dozent mit der Schultheologie beschreibt er ausführlich in dem Kapitel, das mit „Eiskristall" überschrieben ist:

„Im Wechsel von Kindheit und jungem Mannestum, von Volksschule, Gymnasium und Universität – und dies will besagen: mit den theologischen Vorlesungen hatte sich die smaragdgrüne und rubinrote Kugel meiner Welt in einen Eiskristall verwandelt. Jenes unendlich Kleine, Zarte, Liebliche, das mich umflatterte wie ein goldener Falter und das mein Großvater als Christkindlein für seine große Weihnachtskrippe aus Lindenholz geschnitzt hatte, war zu einem Zeus von Otricoli, zu einem allmächtigen, allheiligen, allgerechten Gott geworden, aus dem Himmelsblau und dem Rosagewölk des Abendrots die schwere, schwarze Gewitterwolke, aus der Schneeflocke die Lawine, aus dem rieselnden Gestein der klotzige Bergfels. Während es sonst vom Verhältnis des Alten zum Neuen Testament heißt: Novum in vetere latet, vetus in novo patet, d. h. daß das Neue Testament schon wie ein Perlenschimmer im Alten leuchtet und das Alte im Neuen seine wunderbare Klarheit und Helligkeit findet, so war es damals umgekehrt: das Alte Testament, sein strenger, rächender Gott sprang plötzlich wie ein Teufel aus dem Neuen Testament, so etwa wie die von einer Feder regierte Fratze in den lustigen Kästlein, die man auf Jahrmärkten zu kaufen kriegt. Und ich Esel merkte den Unterschied nicht; oder ich hielt die smaragdgrüne und rubinrote Kugel für Poesie, für ein Erzeugnis meiner kindlichen Phantasie, den Eiskristall dagegen für die pure Wahrheit. Sprach doch auch alle Logik, die man auf Universitäten lernt, zugunsten des Eiskristalls. Desgleichen Thomas von Aquin in seiner Summa und alle Scholastiker" (47f).

3.3 Waren die Zweifel berechtigt?

3.3.1 Erfahrungen der Ohnmacht, der Armut und Verzweiflung

Über Wittigs autobiographisches Letztwerk *Roman mit Gott* ist sehr viel geschrieben worden. Wenige haben ihn richtig verstanden. Sie klagten ihn an oder verziehen ihm nachsichtig seine „Entgleisungen". Einer der wenigen, die Joseph Wittig verstanden haben, war Martin Gritz, damals Assistent an der Katholisch-Theologischen Fakultät in Tübingen: „So entsprechen Inhalt und Absicht genau dem, was man im katholischen Leben unter einer Lebensbeichte sich vorstellt. Damit ist auch die rückhaltlose und rücksichtslose Offenheit erklärt, die nur dort peinlich wirkt, wo man nicht jenen Takt und jenen Blick aufs Wesentliche aufbringt, der dem Beichthören eigen ist ... Wollte man sein Buch im Sinne einer Doktrin nehmen, dann wäre zu manchen Sätzen mindestens Erklärendes zu sagen. Versteht man aber diesen ‚Roman mit Gott' im Sinne einer Beichte, dann eröffnet sich in diesem Bekenntnis der Zugang zu sonst der Öffentlichkeit entzogenen Tiefen der religiösen Not wie des religiösen Lebens. Die Problematik der hier bekannten ‚Anfechtungen' sei zudem wegen ihres symptomatischen Charakters dem seelsorgerlichen Interesse wie der theologischen Arbeit empfohlen – eben um der Angefochtenen willen"[7].

Es gibt Menschen, die auch ihre innere Verfassung in der größten Gottverlassenheit artikulieren können. Seit Reinhold Schneider seine tiefste Verzweiflung in dem Buch *Winter in Wien. Aus meinen Notizbüchern 1957/58*[8] sich von der Seele geschrieben und wir in diesen Aufzeichnungen die wahre Geschichte Gottes mit den Menschen erkennen, seitdem müssten wir auch *den Roman mit Gott* so lesen, wie er gemeint war – ohne Vorbehalte. Das Bild vom Menschen wird glaubhafter, wenn wir Menschen, die um die Wahrheit ringen, auch in ihren dunklen Stunden wahrnehmen. Das Gottesbild wird durch derartige Erfahrungen geläutert. Kurt Ihlenfeld hat einmal auf die Passionstheologie aufmerksam gemacht, auf die Kreuzestheologie, die, ehe sie von den Vertriebenen durchlitten und als „Modetheologie" kreiert worden war, von Wittig bereits erlebt und erlitten wurde. Seine Theologie ist ein „ Strom unterhalb der akademischen Theologie, das andere Wasser, das

---

7 Martin Gritz, Rezension zu „Roman mit Gott", in: Theologische Quartalschrift 131, 1951, 124–126.

8 Freiburg 1958.

sich Bahn bricht im Verborgenen". Es ist, so wenigstens sieht es Ihlenfeld, „der tiefere Strom schlesischer Frömmigkeit"[9].

3.3.2 Rechtfertigung der Zweifel

Zur Rechtfertigung der Zweifel, die Joseph Wittig in den Nachkriegsjahren in die Welt hineingeschrieen hat, möchte ich noch einige Beispiele aus der unmittelbaren Gegenwart anführen: Der polnische Schriftsteller Andrzej Szczypiorski hat sich ähnlich wie Wittig in einem Interview in Publik-Forum geäußert. Er wurde gefragt: In manchen Ihrer Romane hadern die Schriftsteller mit Gott angesichts ihres Schicksals. Haben Sie das in Ihrem Leben auch getan?

Darauf antwortete Szczypiorski: „Ja, aber sehr selten. In Ausnahmesituationen. Ehrlich gesagt, beneide ich die Juden darum, daß sie mit Gott ganz alltäglich streiten können: ‚Um Gottes willen, was hast Du mir angetan? Und warum?' Ganz locker können sie mit ihrem Gott reden. Während meiner Haft in der Zeit des Kriegsrechts 1982 entdeckte ich die Psalmen, diese Texte voll Zorn, diese Schreie, die Gott entgegengeschleudert wurden. Sie bitten nicht demütig um Erlösung, sondern sie fordern sie von Gott. Ich habe mir damals gewünscht, das auch zu können. Wir Christen sind allerdings mehr zur Demut angehalten"[10].

Das Interview hat den bemerkenswerten Titel: „Schreiben ist eine Form der Liebe". Das erinnert an die Grundintention Wittigs. Auch der folgende Satz von Szczypiorski erinnert an Wittigs Erfahrungen: „Die Suche der Menschen nach Gott wird bleiben. Aber ich glaube nicht, daß die irdische Struktur der Kirche ewig ist. Sie ist zu monarchisch, zu autoritär, geradezu pharaonisch. Das kann nicht mehr lange gutgehen. Der Konflikt zwischen Bischöfen und Gläubigen in Österreich ist ein deutliches Zeichen dafür. Die Zeit der Dogmen ist vorbei. Das Mittelalter liegt lange zurück. Die meisten Gläubigen wissen ohnehin nichts von diesen Lehrgebäuden, die seit Jahrhunderten aufgetürmt worden sind. Wenn sie überleben will, dann muß die Kirche – nicht nur

---

9 Kurt Ihlenfeld, Noch spricht das Land. Eine ostdeutsche Besinnung, Hamburg 1966, 64f.

10 „Schreiben ist eine Form der Liebe". Er glaubt – an einen Gott, der abwesend ist. Fragen an den Schriftsteller Andrzej Szczypiorski. Von Thomas Schneider, in: Publik-Forum 1999, Nr. 18 (24.9.1999) 26f.

die katholische – ganz schlicht den Menschen als Ebenbild Gottes in den Mittelpunkt der Theologie rücken."[11]

Der Tübinger Theologe Karl Josef Kuschel wird immer wieder darauf verweisen, dass es in der modernen Literatur, die sich mit dem Thema Jesus noch befasst, um eine Vergegenwärtigung dieses Jesus geht: *„Vergegenwärtigung Christi in unserer Zeit* – so heißt die Devise vieler Schriftsteller dieses Jahrhunderts. Angesichts einer rechtlich-dogmatisch verfestigten, auf die Tradition und nichts als die Tradition pochenden Kirche. Kritische Überprüfung der Ansprüche des Christentums auf Universalität und Authentizität. Unerbittlich ist der Blick der Schriftstellerinnen und Schriftsteller auf das real existierende Christentum. Der Wind der Kritik weht scharf, manchmal eisig."[12]

3.3.3 Ein neues Gottesbild

Bei allem Ungeheuerlichen, was Wittig über Gott und den Gottesbegriff geschrieben hat, er wehrte sich vehement, in das Lager der Gottesleugner und Atheisten abgedrängt zu werden, obwohl er eine solche Gefahr erkannt hatte:

„Wie es seit Jahren um mich steht, würde ich bedenkenlos in das Lager der Gottesleugner und Atheisten übergehen, wenn ich gegen diese Leute nicht ein Gefühl der Abneigung hätte: sie sind fast alle in zu jungen Jahren, ohne genügende Erfahrung und Herzensnot, oft um ungehindert gewissen Lebenstrieben folgen zu können, Gottesleugner und Atheisten geworden. Ihnen bedeutet der Schritt zum Atheismus nicht einen so schmerzlichen Verlust wie mir. Ich wäre lieber gestorben, ehe ich dieses schlimme Buch schreiben mußte" (19f).

Vieles, was zum neuen Gottesbild, das Joseph Wittig verkündet, gesagt werden kann, ist in dem Referat von Dieter Nestle gesagt worden und braucht hier nicht wiederholt zu werden. Einen der wesentlichen Texte möchte ich anführen, einen Text, in dem von der „Option für die Armen" die Rede ist, und zwar zu einer Zeit, in der man noch nichts von der Theologie der Befreiung wusste. Die Formulierung „die Kirche der Armen" war Wittig geläufig:

---

11 Ebd.
12 Karl-Josef Kuschel, Menschensohn – gegen den Strich gebürstet. Jesus im Spiegel der Weltliteratur. Eine Jahrhundertbilanz, in: Publik-Forum 1999, Nr. 18 (24.9.1999) 22–25.

„Der himmlische Vater hat keine andere Macht als die Macht seiner Liebe; er hat nichts anderes zu schenken als sein väterliches Herz! Im übrigen zeigt er sich in dieser Welt so schwach und ohnmächtig wie wir selber. Unsere Armut und Ohnmacht sind Zeichen und Ausweise unserer Gotteskindschaft.

Wem dies zu wenig und zu traurig ist, dem kann ich nicht helfen, aber mir hat es die Welt zum Paradiese gemacht; mir hat es das ganze Leben verklärt. Enttäuscht und trübsinnig wurde ich nur, wenn ich anstatt an den Vater lieber an den alten theologischen Gott dachte. Aber ich muß zugleich betonen, daß in der Armut ein ungeheurer Reichtum, verborgen ist, in Ohnmacht und Schwäche eine ungeheure Macht, ein Reichtum der alle Seligkeiten des Himmels aufwiegt, eine Macht, die Tote erwecken kann. Auferstehung und Himmelfahrt sind nur leise Handbewegungen der Ohnmacht und Schwäche. Schon von Gott sagt man, daß er stark sei im Schwachen. Das wurde aber ziemlich allgemein als billiger Bibeltrost aufgefaßt, während es doch in die Wesensbestimmung Gottes hineingehört" (177f).

Wesentliches zu dem Thema hat Wittig unter der Überschrift „Gott in der Richtung zum Kleinsten" festgehalten:

„Das Kind Jesus wurde vollwertiger Gottesbegriff. O wie schön war dieser Weg in der Richtung zum Kleinen, Winzigen, Schwachen, Zarten, zum Tief-Menschlichen! Als Kind können wir Gott verstehen und lieben. Da verstehen wir sogar alle Unarten, Ungerechtigkeiten und Willkürlichkeiten. Da bedarf es keiner Theodizee mehr. Wir schämen uns nur noch unserer Altersklugheiten und Altersgewohnheiten. Dem Kinde verzeiht man alles und findet an ihm alles liebenswürdig" (24f).

Diese Gedanken müssen ergänzt werden durch die Hinweise auf das Leiden des Menschen, des Menschen Jesus und des Menschen Joseph Wittig:

„Und dieser unser menschennaher Gott hat alles durchgemacht, was wir im Leben durchzumachen haben. Er wurde verraten und verkauft; er kam vors Gericht. Am Ölberg geriet er in solche Not und Angst, daß er Blut schwitzte. Und am nächsten Tag wurde er nackt an die Geißelsäule gebunden und grausam gegeißelt. Ach, und dann hing er am Kreuz und krümmte sich wie ein Wurm. Gott wie ein Wurm – wie weit ist diese wahre Vorstellung entfernt von allen Traktaten De Deo uno, vom Ens a se! Er konnte sich nicht helfen; er war nicht allmächtig und nicht allweise, nur sehr gütig war er, noch am Kreuz.

Ja wenn die Christenheit bei diesem Gottesbegriff geblieben wäre!" (25)

Natürlich müsste man jetzt gründlicher Wittigs Gottesbild rekonstruieren. Aber wir würden dabei Gefahr laufen, dass wir wiederum zu „theoretisch", zu „systematisch" würden, und Gott wiederum in den Begriffen verlieren würden.

3.3.4 Methode und/oder Erfahrung?

Wir sollten bei Wittigs Methode bleiben:

„Und jeder Versuch, Gottes habhaft zu werden in rechter Erkenntnis, in Freude wie in Leid, wird zu einem Roman und zu einem Hohenliede. Ach, er verbirgt sich wieder vor mir, und ich erleide alle die Leiden, die ein Mensch durchleiden muß, der von seiner Liebe verlassen ist und doch weiß, daß er nicht verlassen werden kann" (217).

Einige Pinselstriche, die mir wichtig sind, möchte ich am Schluss noch setzen. Eingedenk der Devise, dass es nicht um Systeme, sondern um Leben geht. Als ein methodische Element möchte ich die Sensibilität nennen, ohne die man Gott vermutlich gar nicht erfahren kann:

„Es ist doch überall in der Welt ein merkwürdiges Leuchten in allen Dingen und allen Geschehnissen, besonders in den kleinen, unscheinbaren, unbedeutenden. Wo ich gehe und stehe, ist etwas in meiner Nähe, es umflattert mich wie ein goldener Falter oder begleitet mich wie ein treuer Hund, ganz leise, unhörbar, unsichtbar, und ich kann verstehen, daß man auf den Gedanken kam, es müße ein Gott, es müße der Gott sein, was da den Menschen umgibt und begleitet. Und wenn man daraus nicht ein solches Ungeheuer gemacht hätte, würde ich mich dieses aufkeimenden Gedankens herzlich freuen, wenn er auch in keiner Weise genügt zum Aufbau einer wissenschaftlichen Gotteslehre, ja nicht einmal zur Füllung der ersten Seite eines Traktates ‚De Deo uno'" (20).

Vor allem in der Begegnung mit Menschen können wir bei Wittig diese Sensibilität immer wieder entdecken. Als achtjähriger Junge machte er sich zum erstenmal Gedanken über das Heiraten und er bat beim Anblick eines Mädchens aus seiner Klasse „den Herrgott, er möge mir dieses Mädchen einmal zur Frau geben. Was hatte ich denn an ihr Schönes gesehen? Nur die kräftigen Schultern? Ach, ich muß Gott gesehen haben, so sehr liebte ich dieses Mädchen. Ich muß die Urzelle des Lebens gespürt haben. Denke niemand, daß mich sinnliche Lust bestrickte! Ich wußte ja noch gar nicht, was es mit einem solchen Mädchen sei, wenn man sie von vorn sieht, wußte nichts von Frauenbrust und Frauenschoß und von den Seligkeiten, die dort verborgen sind.

Diese Seligkeiten sind Tatsachen, die wie die Sterne nur solange leuchten, als sie gesehen werden. Ohne das lichtempfindliche Auge wären die Sterne nur dunkle, unheimliche Ballen, die im Himmelsraum stehen oder umhersausen. Es gibt solche Ballen, aber man nennt sie nicht mehr Sterne" (40f).

Wenn Wittig von Frauen und insbesondere von seiner Frau sprach, dann nahm er bewusst die Körperlichkeit der Frau wahr und erfuhr in ihr nicht nur Liebenswertes, sondern Unbegreifliches, Göttliches: „Es lebt etwas im menschlichen Antlitz, im Auge, in der Sprache, in der ganzen Gestalt, in den Bewegungen, was durchaus menschlich unverständlich ist ... Die ganze Fülle Gottes ist in ihr" (35).

Wer diese Dimension der Liebe entdeckt hat, der braucht seine Liebe nicht auf „das andere Geschlecht" zu beschränken: „Es braucht überhaupt keine Frau zu sein, die der Mann liebt; es kann auch ein Mann oder ein Kind sein. Freilich ist das Menschengeschlecht so verdorben, daß es die Liebe von Mann zu Mann, von Weib zu Weib, von Mann zum Kinde nur noch unter dem Gesichtspunkt des Verbotenen sehen kann" (35).

Ich meine, wenn Wittig die verschiedenen Formen der Liebe sich als ein Ideal vorstellen kann, das wegen der „Verdorbenheit der Menschen" nicht realisierbar ist, hat er einen wesentlichen Schritt getan, um Menschen aus der „katholischen Sexualangst" zu befreien.

Zu echter Liebe gehört, dass jeder der Liebenden den anderen wahr- und ernst nimmt, auch und gerade in der Verschiedenheit, sogar in der Fremdheit, mit der Menschen sich begegnen.

Die Erfahrungen, die Wittig mit dem Buch seines Freundes Eugen Rosenstock, mit dem ersten Band seiner „Soziologie" machte, konnte er in diesem Sinne beschreiben. Die neue Dimension des Bewusstseins, in der diese Liebe nur möglich ist, hat er als eine echte Pfingsterfahrung beschrieben:

„Weder Pfingsten, noch der Heilige Geist ist darin [in dem Buch] ausdrücklich genannt, aber der Sturm ist darin und das Auftun des Mundes und das Horchen auf den Geist der Sprache und die tiefe Wissenschaft, die sie uns aus ihren eigenen, uns leider so lange verborgen gehaltenen Schätzen vermittelt."[13]

Wittig verhehlte in diesem Zusammenhang nicht, dass es ihm Mühe machte, Rosenstock zu folgen:

„Ich könnte keine Zeile schreiben, wie er sie schreibt, und vielleicht auch er keine, wie ich sie schreibe"[14]. Im Klartext heißt das: Die Wahrnehmung des anderen, die Wittig Neues vermittelte, beruht nicht auf einer Vereinnahmung oder auf billiger Harmonisierung, sondern er interpretiert die Begegnung in der Freundschaft als ein Wunder: „Es ist ja immer ein Wunder, wenn zwei Menschen sich verstehen, und Wunder kann man nicht erzwingen, sondern nur erwarten."[15]

Der Höhepunkt menschlicher Begegnungen vollzieht sich in der Begegnung von Mann und Frau. „Erst die Ehe und nur die Ehe erzwingt das Bekanntwerden mit uns selbst", hatten Eugen und Margrit Rosenstock-Huessy zur Hochzeit von Joseph und Bianca Wittig geschrieben. „Nur die Beharrlichkeit der Liebe gibt uns den nötigen Mut dazu. Die Liebe sieht in allen Hüllen den Kern des Menschen, der ans Licht will. Sie sieht ihn zuerst. Und sie hat Gewalt über die Augen der andren. Wahre (nicht etwa die blinde) Liebe zwingt die Welt, das Geliebte so zu sehen wie sie es im Tiefsten erfaßt hat."[16] Joseph Wittig hat die Wirklichkeit der Ehe in die Dimension des Geistes gestellt und sie als neue Schöpfung angesehen. Dadurch aber hat er wenigstens über den Zerfall der patriarchalischen Ehe, der nicht mehr aufzuhalten war, nach- und weitergedacht.

Solche Liebe ist aber nur möglich, wenn der Mensch zur vollen Mannes- und Frauenreife gelangt, zu seiner „Selbständigkeit", auch und gerade gegenüber Gott. Gott und die Seele sind ein, das ist augustinisches Gedankengut. Diese Einheit zu erfahren, ist die Sehnsucht der

---

13 Joseph Wittig, Der Geburtstag der christlichen Sprache, in: Schlesische Volkszeitung, Sonntags-Beilage Nr. 22 (zu Nr. 252), 57 .Jg. v. 31.5.1925. Wiederabgedruckt in: Das Alter der Kirche; Bd. I, Münster 1998, 13–18.18. – Wittig bezieht sich in diesem Artikel auf Eugen Rosenstock, Soziologie, Bd. I: Die Kräfte der Gemeinschaft, Berlin 1925.
14 Ebd. und Nachdruck, 18.
15 Ebd. und Nachdruck, 18.
16 Eugen Rosenstock-Huessy, Die Ehe, Gesetz oder Sakrament? In: Das Alter der Kirche, Bd. II, 931. Nachdruck: Bd. II, Münster 1998, 353.

Mystiker. Die Erziehung zu dieser Eigen- und Selbständigkeit ist von der Kirche verhindert worden. Wittig machte darauf aufmerksam:
„Wir haben uns sehr an den Gedanken gewöhnt, daß Jesus stellvertretend für uns gelitten habe. Hunderte Male hörten wir davon predigen. Unsere Erbauungsbücher waren übervoll davon. In Wahrheit ist es aber so, daß unser Verhältnis zu Gott ein völlig selbständiges ist. Wir können nichts auf die Schultern Jesu bürden ... Wir stehen Gott genau so gegenüber da wie sein eingeborener Sohn." (216)

Und ein Letztes: Die Veränderung, die sich im Leben von Joseph Wittig vollzog, war ihm voll und ganz bewusst, und er deutete die Veränderung als Stimme Gottes, auf die er hören musste: „Zieh aus aus dem Lande und gehe in das Land, das ich dir zeigen werde" (1. Mose 12,1)[17].

Wittig blieb sich treu. Er wurde zum Fremdling wie Abraham, „der – wie es Elie Wiesel einmal formuliert hat – erste zornige junge Mann, der erste Rebell, der sich gegen das ‚System', gegen die Gesellschaft und gegen die Autorität auflehnt, ... der erste, der allgemeine Konventionen verwirft, um eine Minorität des Einzelnen zu bilden. Der erste Glaubende, der allein gegen alle steht, und sich für frei erklärt."[18]

4. Joseph Wittig und die Zukunft gläubiger Existenz Versuch einer Zusammenfassung

Joseph Wittig ist heute fast vergessen. Zu seinen Lebzeiten musste er die bittere Erfahrung machen, dass er bewusst zerstört wurde. In seinem *Roman mit Gott*, der 1950 posthum erschienen war, schrieb er: „Die römische Kirche hat mich als Schriftsteller wirklich tot gekriegt" (52). Zeitgenossen und Biographen aus dem kirchlichen und universitären Umfeld, die Wittig wohlwollend gegenüberstanden, waren nicht so radikal, aber sie sind mit dem „Fall Wittig" schnell fertig geworden und haben das Vergessen vorbereitet. Sie bedauerten die Indizierung seiner Schriften durch die römischen Behörden und das Ausscheiden Wittigs aus dem Lehramt nach dem Sommersemester 1925, aber zu einer Krise sei es weder in der Fakultät noch in der Studentenschaft ge-

---

17 Wittig an Carl Muth, Schlegel 30. Januar 1926. Briefe, 86.
18 Elie Wiesel, Adam oder das Geheimnis des Anfangs. Brüderliche Urgestalten, Freiburg 1980, 76.

kommen, „weil die Wurzel dieses Konfliktes nicht in der Wissenschaft, sondern in der persönlichen Art Wittigs lag"[19].

Ist Joseph Wittig heute wirklich vergessen? Geblieben sind doch die Probleme, die den Fall Wittig ausgelöst haben. Was Joseph Wittig als Einzelner erlebt und durchlitten hat, konnte damals als „Fall" abgetan werden. Das geht heute nicht mehr. Wittig wollte lediglich die Wahrheiten, die er als Wissenschaftler erkannte, und die Erfahrungen, die er als Mensch machte, in das Lehrgebäude der Kirche einbringen. Er hat immer den Mut gehabt, das zur Sprache zu bringen, was er als Mensch und als Christ erlebt und erfahren hat. Dabei geriet er in Konflikt mit der Institution, die auf solche Fragen keine Antwort mehr wusste.

Diese Fragen der Menschen an die Institution sind geblieben. Die Unfähigkeit der Kirche, den Menschen mit seinen Erfahrungen und mit seinen Fragen ernst zu nehmen, ist offenkundig. Der Konflikt des Individuums mit der Institution spitzt sich auf dramatische Weise zu. Und trotzdem hoffen die Menschen, dass in den Umbrüchen der Zeit und in den Veränderungen der Gesellschaft Neues aufbricht. Wer will das Neue benennen, damit die Menschen für die Zukunft Mut schöpfen können? In der Kirche wurde Wittig zum Schweigen verurteilt. Die Kirche entzog ihm die missio canonica, die Vollmacht, in ihrem Namen zu lehren. Als Mensch und als Christ konnte Wittig nicht stumm bleiben. Er hat von seinen Kämpfen und seinen Leiden, von den Erfahrungen als Lehrer und Freund und später als Gatte und Vater erzählt.

Wittig trieb Theologie und Kirchengeschichte mit anderen Mitteln, als es in den Hörsälen üblich war. Er verlor sich nicht, wie es Theologen gerne tun, in Abstraktionen und Theorien, er erzählte Geschichten. Als Theologe und Kirchenhistoriker, im vollen Bewusstsein und in der Verantwortung seines Berufes, erzählte er sein Leben und das Leben seiner Vorfahren, er berichtete von den einfachen Leuten aus der Grafschaft Glatz und den gelehrten Professoren-Kollegen in Breslau. Er erzählte „Geschichten von Webern, Zimmerleuten und Dorfjungen", wie der Untertitel seines ersten Erzählwerkes *Herrgottswissen von Wegrain und Strasse* lautet, um seine Welt zu schildern, seine Erfahrungen und seine Gedanken mitzuteilen.

---

19   Erich Kleineidam, Die Katholisch-Theologische Fakultät der Universität Breslau 1811–1945, Köln 1961, 100.

Die biographischen Daten aus seinem Leben, die Schilderung der Leute, die seine Welt ausmachten, die Ereignisse, die ihn beschäftigten und bewegten, benützte er als Vehikel, um damit Botschaften zu den Menschen zu transportieren. Seine Autobiographie und seine zeitgeschichtlichen Erzählstücke sind immer Theologie, Rede von Gott, „narrative Theologie", eine Art von Theologie, die sich der Erfahrung von Menschen bedient, um sich verständlich zu machen. Wittigs Theologie ist immer „geerdet", hat immer den Menschen im Sinn, ist ein echtes Stück menschgewordenen Gotteswortes.

Eigentlich hat Wittig diese Methode, um Geheimnisse Gottes zu vermitteln, von Jesus übernommen. Die wichtigsten Botschaften, die Jesus den Menschen mitteilen wollte, fasste er in Bilder und Gleichnisse, die aus der Erfahrungswelt der Menschen gewonnen waren. Er wollte, dass seine Botschaft von den Menschen verstanden wird. Deshalb nahm er die Erfahrungen der Menschen ernst. Menschliche Erfahrungen waren für Jesus Wahrheit. „Ewige" Wahrheiten, die er zu verkünden hatte, erreichen die Menschen nur, wenn sie ihre eigene Wahrheit mit ins Spiel bringen dürfen. Jesus bezog die Wahrheit der Menschen immer in seine Verkündigung ein. Der Mensch kann sich seiner eigenen Wahrheit bewusst werden, wenn er sein Leben und seine Erfahrung reflektiert.

„Wahrheiten können nur miteinander leben; eine allein stirbt"[20] – diese Maxime Joseph Wittigs, die die Erfahrungen der Menschen in den Erkenntnis- und Heilsprozess, den die Kirche als Auftrag und Vermächtnis Jesu zu verantworten hat und vorantreiben muss, einbezieht, findet einen Ausdruck in dem Bild vom „wandernden Gottesvolk", das im Umfeld des II. Vatikanischen Konzils die Menschen faszinierte. Forderungen nach einer geschwisterlichen Kirche sind Ausdruck eines Bemühens, mit Hilfe menschlicher Erfahrungen zur Solidarität zu gelangen und die Loyalität, die einem feudalen System angehört und immer nur Hierarchien und Abhängigkeiten schafft, zu überwinden.

Wenn wir Wittig heute lesen, erweist er sich als ein Prophet, als ein „Gesandter jener Kräfte, die aus dem Untergrund eines Zeitalters, einer Generation nach Umgestaltung von Glauben und Leben drängen;

---

20 Joseph Wittig, Vom allgemeinen Priestertum, in: Das Alter der Kirche, Bd. II, 843. Nachdruck: Bd. II, Münster 1998, 271.

er ist Mund des noch Unsagbaren, des Ungestalteten, das im Untergrund brodelt"[21].

Das Gottesbild muss sich verändern, weil Gott sich in den Strom menschlicher Erfahrung hinein begibt, weil er dem Menschen nahe sein will. Diesen menschgewordenen und menschlichen Gott müssen wir heute verkünden. „Von diesem verborgenen Gott Kunde zu geben ist nicht möglich, ohne die eigene Existenz dabei aufs Spiel zu setzen ... Um zu verstehen, was er sagen will, stellt er deshalb jeweils die Situation vor, in der er schreibt: seine Krankheit, seine Armut, sein Zimmer, die Tageszeit – alles ist von Bedeutung, wenn man mitvollziehen will, wie die Wahrheit eines Menschen zustande kommt."[22]

Die Zukunft gläubiger Existenz hat Karl Rahner einmal beschreiben: „Der Fromme von morgen wird ein ‚Mystiker' sein, einer, der etwas ‚erfahren' hat, oder er wird nicht mehr sein, weil die Frömmigkeit von morgen nicht mehr durch die im voraus zu einer personalen Erfahrung und Entscheidung einstimmige, selbstverständliche öffentliche Überzeugung und religiöse Sitte aller mitgetragen wird."[23]

Auf der Suche nach den Wurzeln dieser „Mystik" kann uns Joseph Wittig behilflich sein, damit wir Gott in unserem Alltag zu erfahren und zu uns selbst gelangen.

---

21 Alfons Rosenberg, Wiclif und Hus, in: Die Wahrheit der Ketzer, hg. v. Hans Jürgen Schultz, Stuttgart-Berlin 1968, 89–98. 89.
22 Eugen Drewermann, Glaube als Einwurzelung oder: Eine Birke im Winter, in: Joseph Wittig, Roman Mit Gott [Nachdruck], Moers 1990, IV–V.
23 Karl Rahner, Schriften zur Theologie, Bd. VII, Einsiedeln 1966 (^{2}1971) 22.

Joseph Wittig und die Zukunft der Kirche

Rudolf Kremers, Heidelberg

Im Referat von Prof. Nestle wurden die Anfragen deutlich, die von Joseph Wittigs schriftstellerischem Werk her an die Evangelische Kirche und Theologie zu stellen sind. Und in Prof. Köhlers Referat zeigte sich, dass von daher mindestens ebenso kritische Anfragen an die Katholische Kirche gestellt werden müssen. – Was nun? Welche Folgerungen oder Forderungen ergeben sich daraus für die Zukunft der Kirche?

Im Jahre 1975 erschien ein von katholischen Theologen verfasstes Büchlein mit dem Titel *Der Fall Joseph Wittig fünfzig Jahre danach*. In dieser Schrift wurde die kirchenrechtliche Rücknahme seiner Exkommunikation auch theo-

J. Wittig, 1937

logisch begründet und vollzogen. D. h. es wurden ihm bestätigt, dass seine Theologie im ganzen in Einklang stehe mit der katholischen Tradition und insbesondere mit den Dokumenten des II. Vatikanischen Konzils, das gerade zu Ende gegangen war. Ja er erscheint hier geradezu als ein Vorläufer dieses Konzils; er hat vieles schon gesehen und ausgesprochen, was dann in diesem Konzil auch offiziell formuliert wurde. Und was bei Wittig darüber hinausgeht, wird mit seiner besonders belastenden Situation erklärt, in die er durch die kirchliche Exkommunikation und durch seine schwere Lebenskrise während des Zweiten Weltkriegs geraten war. – Ganz ähnlich hat auf dem „Deutsch-Polnischen Wittig-Symposium" in Neurode, heute Nowa Ruda, im vergangenen Monat der polnische Philosoph Marek Zmiejewski in einem Referat über „Wittigs Theologie im Lichte der päpstlichen Enzyklika ‚Fides et ratio'" ausgeführt, dass von dieser neuen Enzyklika her Wittigs Position voll gerechtfertigt würde.

Damit könnte man nun eigentlich die Akten zum „Fall Wittig" schließen. Man könnte sagen und sagt bzw. denkt es so wohl auch oft: Joseph Wittig war ein tiefgläubiger Mensch und besinnlicher Dichter, der wunderbare Geschichten geschrieben hat, in denen die Frömmigkeit des Glatzer Bergvolks eindrücklich zur Sprache gekommen ist. Dass das kirchliche Lehramt ihn exkommuniziert hat, war ein tragisches Missverständnis; denn er hat nur vorausgenommen, was später im II. Vatikanischen Konzil offiziell bestätigt wurde. Und was in seinen Schriften manchmal darüber hinausgeht, was den Rahmen rechter kirchlicher Lehre überschreitet, sollte man seiner dichterischen Sicht und Sprache zugute halten. Also: Er hat eine wichtige Anfrage an die damalige Kirche gerichtet; aber diese Anfrage ist jetzt erledigt.

Ich muss gestehen, dass mir diese kirchlichen Umarmungen etwas unheimlich sind. Nicht, weil ich es nicht wahrhaben möchte, dass Wittig ein in seiner Kirche wieder voll anerkannter Theologe ist, sondern weil mir das alles etwas zu eilfertig erscheint. Ich habe den Eindruck, dass man sich mit solchen Umarmungen um eine wirkliche Auseinandersetzung mit Wittigs Sicht von Glauben und Kirche herumdrückt, dass ein ernsthaftes Gespräch mit ihm gar nicht stattfindet. „Wittig ist kein Dichtertheologe", schreibt Eugen Rosenstock-Huessy, sein großer Freund, von dem wir noch mehr hören werden, „Wittig ist kein Dichtertheologe – was doch nur eine höfliche Umschreibung für einen harmlosen Narren sein soll; er ist nicht harmlos und kein Narr, wenngleich er waffenlos dazustehen scheint wie das arme Volk."[1] Nein, Wittig ist nicht harmlos. Man wird nicht so schnell mit ihm fertig. Es gibt Aussagen bei ihm, da schrillen bei mir alle theologischen Alarmglocken, die während meines Studiums in mich eingebaut wurden. Und ich muss auch die Katholiken unter Ihnen etwas vorwarnen. Wenn man Wittigs Vorstellungen über die Zukunft der Kirche darlegen will,

---

1 Das Alter der Kirche, Bd. III, Münster 1998, 122.

müssen sehr radikale Aussagen zur Sprache kommen. Aussagen, die auch heute noch – nach dem II. Vatikanischen Konzil – in der Katholischen Kirche keineswegs anerkannt werden und vielleicht auch wirklich fragwürdig sind. Wer Wittig ernst nimmt, muss also auch mit ihm streiten. Vielleicht haben darum diejenigen, die seine Schriften auf den Index gesetzt bzw. ihre Indizierung gefordert haben, ihn ernster genommen als diejenigen, die ihn jetzt umarmen.

Und wenn Theoderich Kampmann in der oben erwähnten Schrift *Der Fall Joseph Wittig fünfzig Jahre danach* schreibt, es wäre im höchsten Maße taktlos, „Wittigs letztes größeres Werk, seinen ‚Roman mit Gott' (Stuttgart 1950) unter die kritische Lupe zu nehmen; denn in diesen ‚Tagebuchblättern der Anfechtung' spricht ein zeitgenössischer Hiob, der hungernd und frierend, an Leib und Leben tödlich bedroht ... Solchem Schicksal und solcher Berichterstattung gegenüber geziemt sich tiefes Mitgefühl und schweigende Verehrung."[2] – so muss man dagegen fragen: Wie war das denn mit Hiob? Hat nicht Gott ihm recht gegeben und nicht seinen klugen und ach so orthodoxen Freunden? Sagt nicht Gott am Ende des Hiobbuches, dass Hiob – eben in seiner Anfechtung und tödlichen Bedrohung – recht von ihm geredet habe im Gegensatz zu seinen weisen Freunden? Was hat das zu bedeuten? Jedenfalls doch dies, dass wir auch die Worte des modernen Hiob Joseph Wittig ganz ernst nehmen sollten.

Was also hat uns dieser moderne Hiob über den Weg der Kirche in Zukunft zu sagen? Zunächst muss man feststellen, dass Wittig sich über diese Zukunft der Kirche bzw. seine Vorstellungen von dieser Zukunft vor seiner Exkommunikation weder geäußert noch Gedanken gemacht. Er war so ausschließlich damit beschäftigt, Kirche heute und hier, in *Schlesien und anderswo* zu entdecken und zu leben, dass ihre Zukunft ihn nicht weiter bekümmerte. Er wollte vor allem kein Reformator der Kirche sein. Im Gegenteil: Alle Kirchenreformer, die es zu seiner Zeit, wie heute auch, vielfältig gab, betrachtete er mit äußerstem Misstrauen. Das hängt damit zusammen, dass die Kirche für ihn ein lebendiger Organismus, eine Neuschöpfung Gottes war. Man kann ja auch einen Baum oder eine Blume nicht reformieren, man kann nur die Gesetze ihres Wachstums zu erkennen versuchen und sie dann entsprechend pflegen und bewahren. Das gleiche gilt für die Kirche. Natürlich kann

---

2 Der Fall Joseph Wittig fünfzig Jahre danach, Paderborn 1975, 80.

und muss ihre äußere Form, ihre Organisation manchmal reformiert werden, aber das ist immer etwas Sekundäres und geschieht meist ganz von selbst, wenn das innere Wachstum der Kirche in ein neues Stadium getreten ist. Damit stehen wir bei einer entscheidenden, vielleicht *der* entscheidenden, Aussage Wittigs über das Wesen der Kirche: Sie ist eine besondere Schöpfung Gottes. Gott hat in Christus sein eigenes Wesen, sein inneres Leben, in die Weltgeschichte hineingegeben, daraus ist das neue Geschöpf „Kirche" erwachsen. Alles andere folgt aus dieser Grundaussage. Z. B. erweist sich die unter Exegeten viel verhandelte Frage, ob Jesus eigentlich die Kirche gewollt und gegründet hat, als überflüssig und sinnlos. Jesus hat die Kirche weder gewollt noch gegründet, sie ist aus seinem Lebenswerk *erwachsen*. Eben dadurch erweist sie sich als Gottes Neuschöpfung, neugeboren nicht aus dem Willen eines Mannes, sondern aus Seinem Geist. Die Geschichte von der Jungfrauengeburt ist so die exakte Beschreibung nicht nur der Entstehung des Menschen Jesus, sondern auch der Entstehung der christlichen Kirche. Die ersten Christen haben mit dieser Geschichte nur die eigene Erfahrung ihres Kircheseins in der Welt zum Ausdruck gebracht. Sie haben zum Ausdruck gebracht, dass die Kirche nicht von Menschen gemacht, gewollt, gegründet wurde – auch nicht von dem Menschen Jesus von Nazareth – dass sie vielmehr aus Gottes Geist in die Geschichte hineingeboren wurde.

Was ist nun das innere Wesen dieser Kirche? Das hat Wittig zusammen mit seinem Freund Rosenstock in dem 1927 erschienenen dreibändigen Werk *Das Alter der Kirche* zu entfalten versucht. Im Vorwort zu diesem Werk schreibt Wittig: „Wir haben beide an dem Tisch der Kirche gegessen, von der wir in diesem Buche reden. Der eine kam von außen, der andere von innen; jener wurde in das Innen geladen, dieser nach außen gestellt, so daß wir sie beide von innen und außen sehen konnten. An der Tür trafen wir uns und wußten sogleich, daß wir Freunde seien, und das, was der eine von innen, der andere von außen gesehen hatte, klang zusammen in unserer Unterredung so verschieden auch unsere Sprache war; es wurde eine Sprache."[3]

Rosenstock kam von außen. Er war jüdischer Herkunft und ließ sich mit 18 Jahren evangelisch taufen. Das geschah nicht auf Grund einer besonderen Bekehrung, sondern ergab sich folgerichtig aus seiner geis-

---

[3] Das Alter der Kirche, Bd. I, 29.

tigen Entwicklung. An den Freund Franz Rosenzweig schrieb er einmal darüber: „Ich glühe deutsche und jüdische Gaben und Besitztümer ein, beim Versuch ein Christ zu werden."[4] Er strebte also als Jude, der sein Judentum weiter hochhielt, in die Kirche hinein; aber so ganz wurde er in der bestehenden Kirche nie heimisch. Und Rosenstock ist kein Theologe, sondern Jurist und Soziologe. Die beiden Freunde, der jüdische Intellektuelle aus Berlin und der katholische Bauernsohn aus dem schlesischen Bergland hatten also einen völlig verschiedenen background; aber nun begegnen sie sich eben am Eingang der Kirche, gleichsam in deren Drehtüre. Der eine muss raus, der andere will rein. Und aus dieser Begegnung entsteht ein ungeheuer spannendes und aufregendes Gespräch, das im *Alter der Kirche* dokumentiert wird.

Schon der Titel ist ja seltsam: *Das Alter der Kirche*. Was ist damit gemeint? Die „Alte Kirche" bzw. das kirchliche Altertum der Historiker? Keineswegs! Die beiden Freunde meinen damit die Gegenwart. Die Kirche ist alt geworden – und sieht auch oft ziemlich alt aus, z. B. in dem Prozess gegen Joseph Wittig. Rosenstock scheut sich nicht, dabei alle Anzeichen einer Alterssklerose festzustellen. Wittig sagt es anders. Als der ganz und gar Nicht-Intellektuelle, als der kindliche Mensch, der er war, nimmt er alles, wie es ist, und sucht in allem, in Kirche und Welt, das göttliche Leben, um es zur Sprache zu bringen. Das ist das Wunderbare und so Wohltuende an ihm. Aber beide treffen sich eben in der Türe, und ihre beiden Sichten scheinen ihnen zusammenzuklingen. Während Rosenstock von einem totalen „Erschöpfungsstadium der Papstkirche" spricht, sagt Wittig: „Wir gaben dem Werke den Titel ‚Das Alter der Kirche', weil wir hoffend wissen, daß an jedem Tag aus einem alten Testament ein neues hervorbricht."[5] Das ist dasselbe, nur eben anders gesagt, ins Positive gewendet.

Beide sind sich einig darin, dass das Altwerden der Kirche kein Grund zur Panik ist und auch kein Grund, aufgeregt nach Reformen zu rufen. Dies Altwerden und auch Absterben ist ja nur die Ankündigung, dass eine Auferstehung bevorsteht, auf deren Anzeichen es nun zu achten gilt. Das müsste eigentlich jedem klar sein, der weiß, dass die Kirche auf dem Tod und der Auferstehung Jesu Christi gegründet ist. Die Kirche ist wohl ein Geschöpf, das wie alle Geschöpfe alt wird und stirbt;

---

4 Franz Rosenzweig, Briefe, Berlin 1935, 246.
5 Joseph Wittig, Höregott, Gotha 1929, 73.

aber sie ist eben dies besondere, aus dem Geist Gottes gewirkte Geschöpf und geht deshalb aus jedem Tod erneuert und gestärkt hervor. Kann man das nicht in der ganzen Kirchengeschichte beobachten?

Darum kann man unbekümmert die Alterssklerose der Kirche diagnostizieren, wie das die beiden Freunde tun, obwohl sie damals damit ganz und gar gegen den Strom schwammen. Nach dem Ersten Weltkrieg witterte nämlich die Kirche Morgenluft – wie ähnlich nach dem zweiten. Die durch den europäischen Zusammenbruch verunsicherten Staaten suchten Orientierung. Darum wurde die Katholische Kirche mit ihrer Kurie und imponierenden Weltorganisation sehr hofiert und entwickelte ein entsprechendes Machtbewusstsein. Ebenso rief auf evangelischer Seite der preußische Generalsuperintendent Otto Dibelius das „Jahrhundert der Kirche" aus – so der Titel seines damals vieldiskutierten Buches –, und es entstand eine jungreformatorische Bewegung, die die Zeitschrift „Junge Kirche" herausgab.

Ganz im Gegensatz dazu also sprachen Rosenstock und Wittig vom *Alter der Kirche*. Und der Anstoß zu ihrem gemeinsamen Werk war der kirchliche Prozess, der zur Exkommunikation Wittigs führte, bzw. die Veröffentlichung der Akten dieses Prozesses. Rosenstock saß gerade an einem Aufsatz über das Papsttum, seine geschichtliche Rolle und Bedeutung, die er als Soziologe untersuchte. Nun erweiterte er diese Betrachtung, indem er den „Fall Wittig" mit hineinnahm. Er stellte damit diesen Fall in den großen kirchengeschichtlichen Zusammenhang hinein und schilderte ihn als deutlichstes Symptom des „Erschöpfungsstadiums der Papstkirche". „In eigentümlich neuer Weise", so schreibt er, „enthüllt Wittigs Schicksal die große Wende im Leben der Christenheit, die so vielfältig empfunden wird."[6]

Der Aufsatz, in dem er das ausspricht, trägt den Titel *Religio depopulata* – entvölkerte Religion. Auf diese Überschrift hat ihn eine alte, im 15. Jahrhundert entstandene Weissagung gebracht, die sich auf einen irischen Abt namens Malachias aus dem 12. Jahrhundert berief. Darin heiß es, die römische Papstkirche werde einmal an „Depopulation" untergehen, d. h. während Papstgewalt und Hierarchie mit dem ganzen kirchlichen Ordnungsgefüge weiter bestehen, werde sich das Kirchenvolk unmerklich aber unaufhaltsam verkrümeln. Eben diesen Vorgang sieht Rosenstock in der Exkommunikation Joseph Wittigs im Gange;

---

6 Das Alter der Kirche, Bd. III, 99.

denn dieser ist für ihn der Exponent des Kirchenvolkes. Er hat die Seele dieses Volkes, die christliche Seele, zur Sprache gebracht. „Dazu gehört allerdings eine Urgesundheit, um als Professor an einer deutschen Universität kein Idealist, kein Begriffler, kein Thomist und kein Kantianer, sondern ein sprechender und singender Laie zu sein."[7] Indem Wittig verurteilt und exkommuniziert wird, wird im Grunde das Kirchenvolk exkommuniziert. Die Hüter der dogmatischen Wahrheit können den die Wahrheit „sprechenden" Laien nicht ertragen. „Von der durch die Scholastik heidnisch vergifteten Dogmatik der Papstkirche mit ihrer Spaltung der Geisteskräfte in Glauben und Wissen ist er als zu vollwirklich, als zu vollsaftig, als zu lebendig und fröhlich nicht ertragen worden."[8] Mit der Ausstoßung Wittigs hat die römische Kirche nach der Meinung Rosenstocks einen entscheidenden Schritt zur „Religio depopulata" getan. „Die Papstkirche und ihre Geschichte", so schreibt er, „wird zum alten Testament der christlichen Welt."[9]

Es ist eigentlich erstaunlich, dass Wittig die radikalen Aussagen Rosenstocks mit seinem Namen gedeckt hat. Er hat das getan, denn die Aufsatzsammlung *Das Alter der Kirche* erschien zunächst ohne Angabe, wem von den beiden Verfassern ein einzelner Artikel zuzuordnen war. Am Stil merkt man das natürlich bald; aber man kann auch dann nicht mit Sicherheit sagen, welche Gedanken von Wittig stammen und welche von Rosenstock, denn beide haben sich gegenseitig sehr beeinflusst und unbekümmert auch Gedanken des anderen übernommen. Das ganze ist eben aus dem Gespräch der beiden erwachsen und nicht die einsame Produktion eines Stubengelehrten. Aber insgesamt merkt man doch, dass Wittigs eigene Aussagen über seine Kirche viel positiver klingen – jedenfalls beim ersten Hören. Fast programmatisch steht am Anfang der drei Bände Wittigs Aufsatz über „Die Kirche als Selbstverwirklichung der christlichen Seele". Darin wird ausgeführt, dass der Ursprung der Kirche in der Seele des Menschen liegt. Die von Christus mit neuem Leben erfüllte Seele muss dann in der Geschichte Gestalt gewinnen. Die Kirche ist danach „die Projektion der christlichen Seele auf die Fläche der historischen Wirklichkeit"[10]. Ganz selbst-

---

7   Das Alter der Kirche, Bd. III, 121.
8   Das Alter der Kirche, Bd. III, 128.
9   Das Alter der Kirche, Bd. III, 120.
10 Das Alter der Kirche, Bd. I, 97.

verständlich gehört dazu auch das Papsttum. „Wie der Sänger des ‚Heliand' aus seiner schaffenden Seele heraus den Heiland zum Ritter machen mußte, so schuf die mittelalterliche Seele den Papstkönig."[11] – Aber das klingt nur anders als bei Rosenstock, in der Sache ist es gar nicht so sehr verschieden. Es ja eben die „mittelalterliche Seele", die die Projektion des Papstkönigs hervorbringt. Ob diese Projektion heute noch Gültigkeit hat, bleibt dabei ganz offen. Der Satz „Die Kirche ist die Projektion der christlichen Seele auf die Fläche der Wirklichkeit" ist eine Gleichung mit zwei Variablen. Einmal wandelt sich die christliche Seele, weil sie ja etwas Lebendiges ist, das wächst und sich entfaltet, zum andern wandelt sich die Wirklichkeit, auf deren Fläche die Seele ihr Projektionsbild wirft. Die äußere, geschichtliche Gestalt der Kirche ist daher einem beständigen Wandel unterworfen. Das folgt unmittelbar aus der Auffassung, dass die Kirche kein feststehendes System ist, sondern ein von Gott inspiriertes seelisches Geschehen.

Wird aber die Kirche dann nicht etwas ganz Innerliches und darum Subjektives, dem gegenüber alle objektiven Formen und Lehren letztlich belanglos sind? So kann nur denken, wer unter „Seele" etwas anderes versteht, als was Wittig und auch Rosenstock darunter verstanden haben. Die Seele ist danach das eigentliche Wesen des Menschen, nicht nur wie die „Psyche" der Psychologen oder der „Geist" der Philosophen ein Teil von ihm. „Nur das volle Menschenleben ist von allen denkbaren und wirklichen Dingen dieser Welt geeignet, ein Ausdruck der Seele zu sein"[12], schreibt Wittig. Und dies seelische Wesen des Menschen kann überhaupt nur in der Gemeinschaft in Erscheinung treten. Es braucht immer mindestens zwei, damit die Seele zum Leben erwacht. „Ohne Gemeinschaft kommt die Seele nicht zur vollen Verwirklichung ihres Wesens."[13] Ähnlich hat Eugen Rosenstock-Huessy in der 1923 erschienenen kleinen aber gewichtigen Schrift „Angewandte Seelenkunde", aus der später seine revolutionäre Sprachlehre erwachsen ist, die Seele beschrieben. Sie wird durch Sprache, durch das „Wort", zum Leben erweckt und tut sich wieder durch Sprache kund. Sie „wurzelt im Himmel, aber sie streckt sich nach der Erde"[14] und ist

---

11 Das Alter der Kirche, Bd. I, 87.
12 Das Alter der Kirche, Bd. I, 77.
13 Das Alter der Kirche, Bd. I, 77.
14 Das Alter der Kirche, Bd. II, 196.

so der Ursprung aller menschlichen Kultur und Gesittung. Von daher, von dieser Sicht der Kirche als eines von Christus inspirierten seelischen Geschehens, haben beide dann die Geschichte der Christenheit und ihr gegenwärtiges „Alter" betrachtet, der eine als Theologe, der andere als Soziologe, der eine mehr von innen, der andere mehr von außen.

Wittig betrachtete und beurteilte die Kirche, ihre Vergangenheit und Gegenwart, von innen her. Er war ja von Jugend an mit ganzer Seele in dieser Kirche beheimatet. Er hatte erfahren, wie die Menschen seiner Umgebung, wie das Volk im Glatzer Bergland in dieser Kirche lebten, wie sie alle kirchlichen Ordnungen, Sitten und Bräuche mit Leben erfüllten. Die kirchlichen Feste und Wallfahrten, die Priester und Bischöfe, der Papst in Rom, Maria und die Heiligen – alles wurde da in Liebe und Verehrung angenommen und mit Leben erfüllt. Die protestantische Kritik, dass durch die Verehrung Marias und der Heiligen die Verehrung und Anbetung Christi, des Gottessohnes, zu kurz kommen, konnte Wittig nicht verstehen. Eben in Maria und den Heiligen kam Christus ja dem gläubigen Volk nahe, da wurde er lebensnahe. Die Dogmatiker der Kirche hatten Christus so hoch in den Himmel gehoben, dass er wieder ins menschliche Leben hineingezogen werden musste. Eben das geschah in Maria und den Heiligen.

In dieser Kirche also lebte Joseph Wittig und konnte das keinen Augenblick vergessen oder außer Kraft setzen, auch als Kirchenhistoriker nicht. Er suchte in der Vergangenheit mit liebendem Herzen die Ursprünge des christlichen Lebens, von dem er sich getragen wusste. Es wird hier ganz deutlich, dass nicht der distanzierte Betrachter, sondern nur der Liebende die ganze Wahrheit erkennt. Der Historiker, der mit wissenschaftlichen Methoden, also als neutraler Beobachter, die objektive Wirklichkeit zu erkennen versucht, erkennt immer nur die Außenseite des Geschehens. Nur der innerlich Beteiligte sieht die ganze Wirklichkeit. So kommt Wittig bei der Erforschung des kirchlichen Altertums zu ganz anderen Ergebnissen als die Kirchenhistoriker seiner Zeit. Während der protestantische Theologe Adolf v. Harnack die historischen Erkenntnisse vom Entstehungsprozess der Katholischen Kirche als Abfall oder jedenfalls Veränderung der ursprünglichen Absicht und Lehre Christi deutete, während katholische Historiker versuchten, die Ordnungen und Lehren ihrer Kirche, vor allem das Papsttum, möglichst früh im Urchristentum zu verankern, hat Wittig in allem geschichtlichen Werden dem Wachstum und der Entfaltung des christlichen Lebens, der christlichen Seele, nachgespürt. Dass die kirchliche Lehraussagen, die Bekenntnisse und Dogmen erst in vielen innerkirchlichen Kämpfen und Streitigkeiten der Bischöfe und Theologen zustande gekommen sind, bedeutet keineswegs, dass sie nicht aus der christlichen Seele erwachsen, nicht vom Heiligen Geist inspiriert sind. Dass der Primat des römischen Bischofs erst im 4. Jahrhundert wirklich anerkannt war und auch erst nach vielen innerkirchlichen Machtkämpfen, bedeutet keineswegs, dass das von Gott nicht so gewollt war, dass der Papst nicht wirklich der Stellvertreter Christi auf Erden war. Die christliche Seele „schuf sich" – wir haben das schon gehört – „den Papstkönig", weil das damals an der Zeit war, weil das innere Wesen des neuen Lebens, das mit Christus in die Welt kam, sich nun eben in dieser Gestalt verleiblichte und manifestierte.

Führt das nicht dazu, dass die historischen Gestaltungen der Kirche für heilig erklärt und damit aller Kritik entzogen werden? Diese Gefahr liegt allerdings nahe, und wir kritischen Protestanten werden Wittig sehr oft ankreiden, dass er dieser Gefahr erlegen ist. Aber man darf doch nicht übersehen, dass nie eine dieser historischen Gestaltungen absolut gesetzt wird. Ihre Gottgewirktheit bedeutet nicht, dass sie überall und zu aller Zeit so bleiben müssten. Sie waren eben äußere Erscheinungen des Wachstums der christlichen Seele, und dies Wachstum konnte auch ganz neue Formen hervorbringen. Dass Wittig von daher offen dafür war, auch ganz neue ungewöhnliche Gestaltungen von Kirche ins Auge zu fassen, zeigte sich, als er selbst aus der verfassten Kirche hinausgeschleudert wurde und nun genötigt war, sie von außen zu betrachten. Davon werden wir am Ende dieses Referats noch eingehend zu reden haben.

In dieser relativierenden Betrachtung der vergangenen und gegenwärtigen Gestaltung christlichen Lebens wurde Wittig bestärkt durch die Begegnung mit Rosenstock. Dieser betrachtete die Kirchengeschichte von außen, als Soziologe. Aber auch er tat das nicht als distanzierter Betrachter, sondern innerlichst beteiligt. Er erforschte die Vergangenheit nur, um in der Gegenwart Klarheit über den rechten Weg der Kirche in die Zukunft zu gewinnen. Denn „Geschichte", so schrieb er einmal, „ist Auslese. Alle Liebe wählt aus."[15] Von der Soziologie her wurde ihm nun klar, dass die geschichtlich gewachsenen Ordnungen und Lehren der alten Kirche notwendige Antworten der christlichen Seele auf die Herausforderungen waren, denen sie sich auf dem Weg durch die Zeit gegenüber sah. Wenn man erkennt, dass es die geschichtliche Aufgabe der Kirche ist, „vom Tode her den Mächten der Vergänglichkeit die endgültige Deutung und den letzten Maßstab" entgegenzuhalten, „so wird es zu einer wissenschaftlich evidenten Tatsache, daß sie diese Aufgabe auch erfüllt hat und noch – in aller Zersplitterung – unangefochten erfüllt."[16] So also sieht der Soziologe und Historiker das Wesen der Kirche bzw. die ihr gestellte Aufgabe in der Welt: Sie muss den alten, von der Vergänglichkeit bestimmten Ordnungen neue Ordnungen entgegenstellen, die von der todüberwindenden Macht des christlichen Glaubens zeugen.

Und diese Aufgabe hat die Kirche auch erfüllt. Allen antiken Lebensordnungen setzte sie ihre eigenen, auf der Überwindung des Todes gegründeten Ordnungen entgegen. Dabei ist es „ein wichtiges soziologisches Grundgesetz, daß *nur dort, wo der äußerste Widerstand geleistet wird, die vollendete Gestalt herausgeschliffen werden kann.*"[17] So traten an die Stelle des jüdischen Tempelgottesdienstes die christliche Messliturgie, an die Stelle der ägyptischen Haushaltsverfassung die Klosterwirtschaft, an die Stelle der Lehrsätze der griechischen Philosophie die kirchlichen Dogmen und an Stelle des Kaiserkultes der Stuhl des Papstes. Alles notwendige und heilsame Gestaltungen des durch Christus in der Welt erschienenen neuen Lebens. Auch in dem am Anfang des zweiten Jahrtausends entstandenen Kanonischen Recht, das Martin Luther so heftig bekämpft hat, sieht Rosenstock eine notwendige Schutzmaßnahme der Kirche. Um sich in der heraufkommenden, von der Kirche unabhängigen, europäischen Staatenwelt zu behaupten, musste die Kirche sich diesen juristischen Schutzpanzer umlegen. Dass die Katholische Kirche dies kanonische Recht auch nach innen, auf das Glaubensleben ihrer Glieder anwendete, das war ihr Irrtum und Unrecht und führte zur dogmatischen Erstarrung. Dass aber Lu-

---

15 Eugen Rosenstock-Huessy, Das Geheimnis der Universität, Stuttgart 1958, 87.
16 Das Alter der Kirche, Bd. I, 130f.
17 Das Alter der Kirche, Bd. I, 123.

ther solch ein kanonisches Recht auch nach außen ablehnte, das führte dazu, dass die protestantischen Landeskirchen gleichsam wehrlos dem jeweiligen Landesfürsten ausgeliefert wurden.

Alle diese kirchlichen Ordnungen waren ganz legitim und hilfreich – *zu ihrer Zeit!* Sie werden aber illegitim und schädlich, ja tödlich für die Kirche, wenn sie als ewige Ordnungen geglaubt und festgeschrieben werden. Das eben ist ein Zeichen von Alterssklerose. „Eine irdische Fassung des göttlichen Gesetzes muß verwesen können, damit die Wahrheit in unseren Herzen lebendig zu bleiben vermag."[18] Die Kirche muss sich wandeln, um dieselbe zu bleiben. Zu solch einer grundlegenden Wandlung ist sie aber gerade in unsrer Zeit, am Ende des zweiten Jahrtausends, aufgerufen. Denn die Zeit der selbstständigen, selbstherrlichen Nationalstaaten, in der sich die Kirche nur behaupten konnte, indem sie selbst staatliche Formen aufnahm, geht jetzt zu Ende. An die Stelle der Nationalstaaten tritt die „Gesellschaft", d. h. die „über die ganze Erde wirtschaftlich verbundene, arbeitsteilig tätige Menschheit"[19] – die globale Weltgesellschaft mit ihrer Weltwirtschaftsordnung, wie wir heute sagen. In dieser Zeit muss die christliche Seele, wenn sie sich selbst treu bleiben will, ganz neue Formen und Ordnungen hervorbringen. Welche? Das ist die Frage, auf die mein Referat hinausläuft, die, wie ich vorschlage, ein Thema unserer Abschlussrunde sein soll.

Zuvor aber muss hier noch ein Blick auf die protestantische Kirche geworfen werden. Bisher war ja nur von der römisch-katholischen Kirche mit ihren festgefügten Traditionen und Ordnungen die Rede. Führt uns die evangelische Kirchengestalt vielleicht weiter? Da gibt es ja solche festgefügten Traditionen nicht. Da kommt es nur darauf an, dass das Wort Gottes rein verkündet wird und die Sakramente recht verwaltet werden. Die Formen, in denen das geschieht, sind variabel. Manche der evangelischen Freunde Wittigs haben darum zu ihm gesagt: Komm doch zu uns! Du passt viel besser in die evangelische Kirche. Er hat das immer abgelehnt. Warum?

---

18 Das Alter der Kirche, Bd. II, 201.
19 Das Alter der Kirche, Bd. II, 202.

In einem Brief an Eugen Rosenstock-Huessy vom 9.10. 1946 gibt es dazu eine sehr aufschlussreiche Aussage. Er schreibt da auf Grund seiner neuen Begegnung mit dem katholischen Gottesdienst in Altena: „Als ich plötzlich aus dem urchristlichen evangelischen Puritanismus meiner letzten 20 Jahre in das hochkultivierte kirchliche Leben der kath. Gemeinde von Altena versetzt wurde (Pracht der Gewänder, Kerzen, Weihrauch, Musik, alle Künste und Klänge, Blumen, Fronleichnamsprozession), dachte ich, mein gottesdienstliches Leben in den letzten 20 Jahren und überhaupt der Kult der Evangelischen sei viel stärker nach dem Geiste Christi als dieses katholische Gepränge, das wie eine gnostische Verzauberung wirkte. Sollte ich nicht lieber wieder kehrt machen? Da fiel mir ein, daß die Evangelische Kirche sich die ‚Kirche des Wortes' (der Bibel und der Bibelkritik) nennt und die ‚Tradition' als Glaubensquelle ablehnt, also eine Kirche des Spiritus ex Verbo seu Filio solo procedentis ist ... "[20] (d. h. eine Kirche des Geistes, der allein aus dem Wort bzw. dem Sohn hervorgeht).

Eugen Rosenstock-Huessy, Vermont 1968

Man stelle sich vor: Nachdem Wittig gerade wieder in seine Kirche aufgenommen war, nachdem er wieder in dieser Kirche die Eucharistie feiern konnte, wonach er sich so lange gesehnt hatte – da überlegt er, ob es nicht besser wäre „kehrtzumachen" und sich der protestantischen Form des Gottesdienstes anzuschließen. Nach der langen Zeit einer nur im privaten Kreis geübten Frömmigkeit fühlt er sich in seiner ei-

---

20 Joseph Wittig, Kraft in der Schwachheit. Briefe an Freunde, Moers 1993, 417f.

genen Kirche auf einmal nicht mehr zu Hause. Dann aber erinnert er sich an einen „Grund-Satz" der Reformation, der uns Protestanten schon in Fleisch und Blut übergegangen ist, den Grundsatz nämlich, dass die Kirche „allein auf das Wort", d. h. auf das Wort der Schrift gegründet ist und die Tradition als Glaubensquelle ablehnt. Anders ausgedrückt: dass der Geist Gottes allein durch Christus und seine überlieferten Worte vermittelt wird. Das hat Wittig immer bestritten. Er sah darin eine Verarmung, ein Sich-Abschnüren von der Entfaltung der lebendigen christlichen Seele. Sagt nicht Christus im Johannes-Evangelium: „Ich habe euch noch viel zu sagen; aber ihr könnt es jetzt nicht tragen"?

Wir haben in dem Referat von Herrn Nestle ja schon ausführlich von dieser Differenz gehört. Ich kann das hier nur aufnehmen und etwas kommentieren. Wie kam es denn zu dieser für uns Protestanten so selbstverständlichen Lehre, dass allein die Schrift in der Kirche Gültigkeit beanspruchen kann? Nun: Luther hat sich bekanntlich in seiner Auseinandersetzung mit dem kirchlichen Lehramt eben auf die „Schrift" berufen. Wenn seine Lehren ihm nicht aus der Schrift widerlegt würden, könne er sie nicht widerrufen. Das ist legitim. Wittig hat das in seinem Fall ganz ähnlich gesagt. Nur er hat darum nicht die Schrift zum Prinzip erhoben, aus dem alle Glaubenswahrheiten abgeleitet werden müssen, wie das Luther und seine Nachfolger getan haben. Da wurde dann nicht nur das abgelehnt, was wider die Schrift ist – das ist legitim –, sondern auch das, was nicht in der Schrift steht, was in der apostolischen Überlieferung nicht schon irgendwie enthalten ist. Eine Entfaltung der Wahrheit, neue Offenbarungen Christi bzw. des Heiligen Geistes, ein organisches Wachstum des Glaubens werden grundsätzlich für unmöglich gehalten. Von diesem Schriftprinzip her werden dann etwa die sieben Sakramente abgelehnt (davon steht ja nichts in der Bibel), ebenso der Primat des römischen Bischofs, die Verehrung Marias und der Heiligen usw. usf. ...

Das eben erschien Wittig als große Verarmung. Dazu nur ein Zitat aus dem Aufsatz *Aedificabo ecclesiam*, in dem er sich besonders mit der Entwicklung des Petrusamtes in der Kirche befasst hat. Es lautet: „Schriften werden immer nur ihrer Zeit ... *voll* genügen. Für jede andere Zeit und jedes andere Volk müßen sie ‚neu übersetzt, neu bearbeitet' werden durch immer wieder lebendige Erklärungen. Und selbst diese Erklärungen dürfen nie zur ‚γραφή', nie zum toten Buchstaben werden. Nur ein dauernd lebendiges, aus lebendigem Geiste schöpfendes Lehramt kann das Fundament einer lebendig wachsenden Kirche sein."[21] Dem könnte man noch viele ähnliche Zitate an die Seite stellen.

Die Kirche, die Joseph Wittig mit der Seele suchte, fand er also nicht mehr im katholischen Raum, aber auch nicht im evangelischen. Was müsste das für eine Kirche sein? Am Ende seines Buches *Höregott*, von dem schon die Rede war, hat er sich ausführlich mit dieser Frage befasst. Ich habe deshalb ein paar Seiten aus diesem Buch kopieren lassen, die nachher in Gruppen gelesen und besprochen werden sollen. Es sind sehr befremdliche, ja schockierende Gedanken, die darin zur Sprache kommen. Und ich habe etwas gezögert, gerade diese sicher anfechtbaren Texte unserem Gruppengespräch zugrunde zu legen. Aber vielleicht kann uns gerade die Auseinandersetzung mit diesen aus der Not seines Ausgestoßenseins erwachsenen Gedanken helfen zu erkennen, wo Wittig uns in der gegenwärtigen Lage der Kirche weiterführt und wo nicht.

Dazu und damit Sie den Text, den ich ausgewählt habe, überhaupt verstehen können, muss ich noch etwas zu dem Buch *Höregott* sagen, dem er entnommen ist. Es ist ein erstaunliches Buch, mit dem man eigentlich nie fertig wird, und es bedürfte eines besonderen Vortrags, um seinem Inhalt einigermaßen gerecht zu werden. Herr Nestle hat schon erzählt, dass Wittig dieses Buch dem Andenken seines fünf Tage nach der Geburt verstorbenen ersten Sohnes, der *Höregott* heißen sollte, gewidmet hat und dass er darin in rückhaltloser Offenheit seinen inneren Weg beschrieben hat, der schließlich aus der Kirche herausführte. Dazu muss noch gesagt werden, dass das Buch nicht erst nach dem Tod des Kindes entstanden ist, sondern schon während es noch im Mutterleib heranwuchs. In dieser Zeit der Erwartung des ersten Kindes, einer für Wittig ganz heiligen Zeit, machte er sich daran, selbst eine Wiege anzufertigen und sie mit geschnitzten Bildern zu schmücken. Und während dieser Arbeit, in Erwartung des neuen Lebens, erwuchs in ihm der Inhalt des Buches, das er dann nach dem frühen Ende des Kindes zu Papier brachte, zu Papier bringen musste. Es ist also nichts Ausgedachtes, keine klugen theologischen Gedanken, sondern etwas, was ebenso wie sein Kind in ihm erwachsen ist und dann unter

---

21   Das Alter der Kirche, Bd. I, 261.

Schmerzen geboren wurde. Schon darum kann man das Buch nur mit Ehrfurcht in die Hand nehmen.

Und es zeigt sich in diesem Entstehungsprozess schon ein Unterschied, der in dem Buch in vielfältiger Weise ausgesprochen und dargestellt wird, der Unterschied nämlich zwischen „Geist" und „Leben". Mit Geist ist dabei alles gemeint, was der Mensch mit seiner Vernunft erkennen und darstellen, was er selbst geistig produzieren kann: alle Gedanken, Lehren, Vorstellungen, seien sie nun philosophischer, wissenschaftlicher oder theologischer Art. Von dieser geistigen Produktion, also der ganzen akademischen Wissenschaft, unterscheidet sich grundsätzlich das „Leben", das nicht produziert werden kann, sondern geboren wird, wie, wo und wann es Gott gefällt. Leidenschaftlich wendet sich Wittig, ebenso wie sein Freund Rosenstock, gegen die Meinung, wenn man nur die rechten Vorstellungen, Gedanken, Lehren vom christlichen Glauben habe, dann sei man auch ein Christ. „Die Theologen haben nur noch *recht*", schreibt Rosenstock, „Das aber genügt nicht zum Leben. Wir alle leiten nicht mehr; so heilen wir nicht."[22] Glaube kann nicht gelehrt werden, sondern ist ein „ansteckender Lebensprozess", wie Wittig sagt, und eben von diesem Leben musste er Zeugnis ablegen und stieß damit auf das Unverständnis seiner Theologen-Kollegen. „Sie wußten davon" (vom christlichen Glauben), „oft viel mehr als ich, aber sie hielten dieses Wissen schon für den Strom. Und als ich in den Strom hineingerissen wurde und ihnen sagen mußte, daß der Strom etwas ganz anderes sei als unser Wissen um den Strom, da begannen sie, um mich zu klagen."[23]

Besonders klagten sie natürlich, als dieser Strom, dem er unbedingt treu bleiben musste, ihn aus der verfassten Kirche hinaustrug. Sie beklagten die Einsamkeit, in die er nun notwendig hineingeraten werde. Er aber erlebte, dass das Gegenteil geschah. In dem Heim, das er sich nach seiner Exkommunikation in Neusorge geschaffen hatte, musste er mühsam um die Stunden der Stille für seine schriftstellerische Arbeit kämpfen; denn dieses Haus wurde nun von einer wachsenden Zahl von Menschen aufgesucht. Es wurde fast eine Art „Wallfahrtsort" für Menschen aus den verschiedensten geographischen und geistigen Himmelsrichtungen. Es versammelte sich also hier eine ganz merkwürdige

---

22 Höregott, 328.
23 Höregott, 314.

Gemeinde, zum Teil erklärte Atheisten. So ein junger Gelehrter aus Westböhmen namens Leo v. Skrbensky, ein scharfer philosophischer Geist, der nach frommer Jugenderziehung zum Atheisten geworden war. Er war an beiden Füßen gelähmt, ließ sich aber nach Neusorge bringen, weil er die Bücher Wittigs liebte als „die einzigen, in denen keine Lüge vorkommt"[24]. Er hielt lange geistige Zwiesprachen mit Joseph Wittig, an denen auch seine Frau Bianca teilnahm, die dabei, wie Wittig berichtet, oft die Partei des Philosophen ergriff.

Anca und Joseph, August 1949

Ich muss hier wenigstens kurz auf die Rolle eingehen, die Frau Bianca geb. Geisler im Leben Wittigs gespielt hat. Sie war in all den geistigen Kämpfen, die er vor und nach seiner Exkommunikation durchzustehen hatte, für ihn die entscheidende Hilfe, die er dankbar als Gabe Gottes in Empfang nahm. So ist gar nicht abzuschätzen, wieviel seiner geistigen Erkenntnisse und Aussagen von ihr inspiriert waren. Zum mindesten nach der Exkommunikation und Eheschließung ist alles auf dem Boden der engen Gemeinschaft und Aussprache der beiden Eheleute erwachsen.

So empfand also Wittig seine Exkommunikation keineswegs als Verstoßung bzw. Vereinsamung. Er fühlte sich nicht aus der Kirche verstoßen, sondern aus ihr „hinausgeboren". Wie jede Geburt geschah das unter Schmerzen; aber aus diesen Schmerzen erwuchs neues Leben. Er sah in der verfassten Kirche immer noch seine Mutter, die er liebte; aber er fühlte sich nicht mehr als Kind, das seine Zuflucht unter dem großen Schutzmantel dieser Mutter Kirche suchte, sondern als erwachsener Sohn, der nun dieser Kirche gegenüberstand, der sein eige-

---

24 Kraft in der Schwachheit, 298.

nes Glaubensleben entfalten durfte. Und er fand sich auf einmal in einem großen Kreis von anderen Ausgestoßenen. Wie er waren sie aus verschiedenen Gründen aus dem Gehäuse der verfassten Kirche hinausgeraten. Wie er versuchten sie nun ihren eigenen geistigen Weg zu finden. Die Kirche nannte sie „Abtrünnige", „Ketzer", „Ungläubige"; er aber erkannte in ihnen oft einen ganz ursprünglichen Glauben, der, wie er meinte, auch von Gott und Christus inspiriert war, der sich aber mit den überlieferten christlichen Worten nicht mehr beschreiben ließ, der sich noch nicht zu artikulieren vermochte. „Es ist eine Uhr abgelaufen, es ist die Walze einer Leier abgespielt", schreibt Wittig. „Die großartigsten Werke des Geistes stehen vor dem Verfall. Die Staaten wanken; durch die Risse ihrer Mauern wachsen andere Gestalten. Die Kirche des römischen Geistes ist selbst ein Staat geworden und teilt das Schicksal der Staaten; aus allen von ihr getrennten und doch gleich ihr dem Geist verfallenen Kirchen recken sich Hände, die den Siegelring des Glaubens tragen, und greifen nacheinander, Hände derer, die da fliehen vor dem trennenden Geist; sie wollen das Band der Liebe erhaschen. Sie rufen sehnsüchtig: Una sancta! Una sancta!"[25]

---

25 Höregott, 137.

III A

Symposion „Beherztes Sprechen: *Die Kreatur*" im Rahmen des Jahresprogramms 2000 der „Bibelschule Königstein e. V."

im Ursulinenkloster St. Angela, Königstein im Taunus,
21.–22. Januar 2000

„Die Kreatur" - Eine Zeitschrift (1926–1930). Konzepte, Realisation, Wirkung

Dr. Christoph Michel, Freiburg

Vorbemerkung

Wer heute von der Zeitschrift *Die Kreatur* eine genaue Vorstellung zu gewinnen sucht, bemerkt rasch das Paradox, dass durch die Zunahme des Quellenmaterials die Umrisse seines Gegenstands unschärfer geworden sind. Als ich vor 25 Jahren, im März 1975, anlässlich der „Woche der Brüderlichkeit", über *Die Kreatur* referierte, konnte ich noch meinen, überschaubares Neuland zu betreten. Auch waren die nützlichsten Hilfsmittel zur Hand. Zu allererst war die Zeitschrift selbst wenige Jahre zuvor als Reprint erschienen[1] und somit in Bibliotheken wieder präsent. Es lagen vor: mehrere rückblickende Berichte über sie von Herausgebern und Beiträgern, so von Buber, in der Freundesgabe zu Viktor von Weizsäckers 70. Geburtstag (Göttingen 1956[2]), von Weizsäcker selbst, in seinen Lebenserinnerungen „Begegnungen und Entscheidungen" (Stuttgart 1949[3]), von Eugen Rosenstock-Huessy, zum einen in Lambert Schneiders Verlagsalmanach „Rechenschaft" (Heidelberg 1965[4]), dann wiederholt und mit Anmerkungen versehen in Rosenstocks autobiographischen Fragmenten „Ja und Nein" (Heidelberg 1968[5]), zum 80. Geburtstag des Verfassers. Und es waren wichtige Quellenpublikationen erschienen, wie der von Adalbert Rang herausgegebene Briefwechsel seines Vaters Florens Christian Rang mit Hugo von Hofmannsthal in den Jahren 1905-1924[6], die von Gershom Scho-

---

1 1969 bei Kraus Reprint, Nendeln/Liechtenstein (heute vergriffen).
2 5 f („Die Kreatur").
3 25-31 („'Die Kreatur', Martin Buber, Joseph Wittig").
4 95-105 („Rückblick auf 'Die Kreatur'"; zuerst 1949, nicht, wie im Almanach angegeben, 1952).
5 107-118.
6 In: Die Neue Rundschau, 70. Jg., 1959, 3. Heft, 402-462.

lem und Theodor W. Adorno edierten Briefe Walter Benjamins[7] und vor allem der zweite Band des Buber-Briefwechsels, die Jahre 1918 bis 1938 umfassend.[8] Eine wissenschaftliche Beschäftigung mit der Zeitschrift *Die Kreatur* aber gab es noch nicht. Inzwischen ist es, um ein Bild zu gebrauchen, in den Substruktionen der Zeitschrift sehr viel heller geworden. Dazu trugen bei (ich nenne nur einiges): die Forschungen zu Rang von Lorenz Jäger (1985); die Recherchen Christine Holstes zum „Forte-Kreis" (1992); die Neuausgabe der Gesammelten Schriften, der Briefe und Tagebücher Franz Rosenzweigs (1976-1984); die kommentierte Edition von Briefen Joseph Wittigs (1993) sowie die Neuausgabe von Rosenstocks und Wittigs Werk „Das Alter der Kirche" (1998; zuerst 1927/28); die Rosenstock-Forschung (vor allem in ihren „Mitteilungen", jetzt in ihren „Jahrbüchern"); die neueren Forschungen zur Kirchengeschichte des frühen 20. Jh.s, die (Gesamt-)Ausgaben der Schriften Viktor von Weizsäckers, Alfons Paquets und Dolf Sternbergers; neuere biographische Darstellungen zu einzelnen Beiträgern, u. a. zu Buber (s. u.), Wittig, v. Weizsäcker, Hans Ehrenberg, Margarete Susmann, Hugo Bergmann. Einige gründlich gearbeitete Ausstellungskataloge (bes. zu Buber und Rosenzweig) enthalten weitere Dokumente. Aufschlüsse lassen auch die archivarische Aufarbeitung von Nachlässen (wie dem Joseph Wittigs, Hans Trübs, Ernst Michels), die in Angriff genommene Buber-Gesamtausgabe und die avisierten Mitteilungen der 1999 gegründeten „Martin-Buber-Gesellschaft" erwarten.

Einer solchen Materialfülle zu ihren Gründern und Beiträgern steht, was *Die Kreatur* als Zeitschrift im Ganzen betrifft, ein einziger einschlägiger Aufsatz gegenüber, der, wenn auch mit Abstrichen, die Kriterien einer wissenschaftlichen (d. h. methodischen und kritischen) Untersuchung erfüllt: Elizabeth Petuchowskis 1995 erschienene Abhandlung „*Die Kreatur*, an Interdenominational Journal, and Martin Buber's Strange Use of the Term 'Reality' ('Wirklichkeit')"[9], die sogar

---

7   2 Bde., Frankfurt a. M., 1966 und 1968 (Taschenbuchausgabe 1978).

8   Buber, Briefwechsel aus sieben Jahrzehnten, hg. von Grete Schaeder. Bd. II, Heidelberg 1973 (s. auch im Vorwort zu Bd. I den Abschnitt „Der Kreis um die Kreatur", 91-98).

9   In: Deutsche Vierteljahrsschrift, Bd. 64, 1995, Heft 4, 766-787; Petuchowski ihrerseits verweist (769) anerkennend auf Rivka Horwitz' gründliche Passage über „Die Kreatur" in ihrem Buch „Buber's Way to 'I and Thou'. The Development of Martin Buber's Thought and His 'Religion as Presence' Lectures". Philadelphia 1988, 185-187; s. auch Gerhard Wehr: Martin Buber.

von der „Frankfurter Allgemeinen Zeitung" wahrgenommen wurde.[10] Petuchowski hat einige Resultate ihrer Untersuchungen in vereinfachter deutscher Version auch zum Vortrag gebracht und letzteren im „Freiburger Rundbrief. Zeitschrift für christlich-jüdische Begegnung" 1996 veröffentlicht.[11] Wichtige Forschungsergebnisse und Quellentexte (so Holstes Buch über den „Forte-Kreis", Viktor von Weizsäckers Erinnerungen, Lambert Schneiders Ankündigung der befristeten Fortsetzung der Zeitschrift [1928], Berichte über Richard Benz' und anderer Kulturarbeit, vor allem das Volkshochschulexperiment in Karlsruhe) sind von Petuchowski nicht genutzt oder gar nicht wahrgenommen worden und die Fokussierung (im Aufsatz von 1995) von Bubers der *Kreatur* angeblich zugrundeliegendem Konzept auf den abgehobenen Begriff einer „prophetischen Wirklichkeit" („Its [sc. Der *Kreatur*] goal was to make the prophetic message effective among mankind, with thinking and acting 'created' humankind doing the work")[12] wird der interkonfessionellen Weite und experimentellen Offenheit der Zeitschrift nicht gerecht. Es ist bisher aber auch noch nicht gelungen, über einen „scientific approach" die innere Gestaltung der Zeitschrift, d. h. jedes einzelnen Hefts wie der Gesamtheit der zwölf Hefte, zu erkennen, wie es Walter Benjamin partiell geglückt zu sein scheint. Schrieb er doch im Juli 1927 an Buber: „Als dann das Heft [das 1. des II. Jahrgangs] erschien, wollte ich Ihnen ein paar Worte darüber schreiben. Ich habe lange gebraucht es mir anzueignen. Es ist ein Ganzes, das mir

---

Leben - Werk – Wirkung, Zürich ²1991, 212-218 („'Die Kreatur'. Eine überkonfessionelle Zeitschrift").

10 Kurze Zusammenfassung in der Beilage „Geisteswissenschaften" vom 7. 2. 1996 unter der schwachsinnigen Überschrift „Glaubenswellen", einer witzig gemeinten Replik auf eine Äußerung Rangs gegenüber Buber: „Der Augenblick liegt noch nicht vor, wo ein Zusammenfluß von Empfindungen, Gedanken, Theorien, Lebenswellen ein reines und fließendes Wasser durchbrechen lassen könnte."

11 Neue Folge, 3. Jg., Heft 2, 111-120; der Aufsatz porträtiert Rang und Rosenzweig, von den drei Herausgebern Buber und Wittig (Weizsäcker wird völlig übergangen), geht auf einige Beiträge, vor allem zu den Themen Erziehung und Ökumene, ein und gelangt zu dem etwas schlichten Fazit, dass „Die Kreatur" „eine Reaktion auf damalige soziale Zustände" gewesen sei (120).

12 Petuchowski (1995), 787.

allmählich genaue, bestimmte Züge angenommen hat."[13] So wird auch Wittigs bereits im Rückblick formulierter Eindruck: „Die Zeitschrift ist in sich vollendet wie ein mehrbändiges Buch in sich vollendet ist"[14], noch zu verifizieren sein. Der Weg zu einem Gesamtbild – aber auch nur erst zu partiellen Erkenntnissen – kann nur über die Aufhellung der vielen wechselseitigen Beziehungen zwischen den Mitarbeitern und den Herausgebern, den Mitarbeitern und Herausgebern untereinander führen. Es gilt, das Gespräch, das hinter den Beiträgen zur *Kreatur* steht und in diesen sich fortsetzt, wenigstens teilweise deutlich zu machen.

Angesichts dieser Aufgabe und im Kontrast zu der Zunahme an veröffentlichtem oder zugänglichem Quellenmaterial wird ein noch andauerndes Manko desto spürbarer: bis jetzt sind die entscheidenden letzten zur Gründung der Zeitschrift führenden brieflichen (und im Reflex: mündlichen) Verhandlungen und vertraglichen Vereinbarungen Bubers mit seinem Verleger Lambert Schneider, sind auch einschlägige Briefe Franz Rosenzweigs bis auf den einen, bedeutenden vom 19. Juni 1925 (der sich freilich wie ein strategischer Befehl liest)[15], obwohl überliefert, unpubliziert. Zwar hatte der Verleger Lothar Stiehm, Freund und Nachfolger Lambert Schneiders, bereits 1978 auf diesen Fundus gestützt über *Die Kreatur* referiert, doch liegt sein Vortrag weder in einem Mitschnitt noch in schriftlicher Fassung vor.[16] So bleibt es bis zu

---

13 Briefe Bd. I, 467; daß Benjamins Bericht „Moskau" zwischen dem nachgelassenen Aufsatz seines Freundes Rang „Glaube, Liebe und Arbeitsamkeit" (in dem er Bezüge zu seinen [Benjamins] „jüngsten sachlichen Erfahrungen: kultisch-kommunistische Arbeit" sah) und dem Beitrag des russischen Philosophen Nikolaj Berdjajew „Das Ende der Renaissance. Zur gegenwärtigen Kulturkrisis" zu stehen kam, wird zu seinem Eindruck der (ihn beglückenden) Kohärenz und „Ganzheit" des Heftes beigetragen haben, in der er die redaktionelle Gestaltungskraft Bubers erkennt.

14 An Buber, 18. 4. 1930; in: Buber, Briefwechsel Bd. II, 374.

15 Siehe. u. S. 216.

16 Der Vortrag wurde auf der Tagung „Zweistromland oder Einbahnstraße?" der Berlin-Brandenburgischen Akademie gehalten und, wie mir Lothar Stiehm am 30. 1. 2000 schrieb, „gerade deshalb stark beachtet ... , weil er über Vorgeschichte, Hintergrund und Umfeld [sc. Der „Kreatur"] eine Fülle neuen Materials beibrachte. Vor allem bin ich, mit zahlreichen Belegen, auf die starke, aktive Rolle eingegangen, die Franz Rosenzweig dabei einnahm." – Ein mir nur in einer fragmentarischen und undatierten Aufnahme vorliegender vorzüglicher Rundfunkessay über „Die Kreatur" von

den für das nächste Jahr in Aussicht gestellten Mitteilungen Stiehms bei dem lückenhaften Bild, das wir bereits haben, wobei das Zugleich der Zeitschriftengründung mit dem Beginn der (von Lambert Schneider erbetenen) Übersetzung der „Schrift" jene (wenn Scholem bereits von dieser als der Folge einer „providentiellen Anregung, ein[es] sozusagen reine[n] Zufall[s]" spricht, „der nie ganz ein Zufall ist"[17]) umso geheimnisvoller erscheinen lässt. In diese, jetzt erst recht bemerklich gewordene, Lücke lassen sich nur zu leicht Bubersche 'Ideen' implantieren, die dem Unternehmen *Kreatur* als sozusagen „metaphysische Vorzeichen" auferlegt werden. Dieses spekulative Moment ist Bestandteil aller noch nicht auf Fakten gestützten Aussagen über die Vorgeschichte, aber auch über die von Buber initiierten Gespräche über Themen und Gestaltung der *Kreatur*.

Doch wie kam es zur Gründung der Zeitschrift, was ging ihr voraus?[18]

1. Die Vorgeschichte. Florens Christian Rang und Martin Buber

Der Plan, eine Zeitschrift zu gründen, die von einem Juden, einem katholischen und einem protestantischen Christen herausgegeben werden und zwischen diesen Konfessionen ein Gespräch eröffnen sollte, entstand zu Anfang der zwanziger Jahre des letzten Jahrhunderts aus der bereits langjährigen und geprüften Freundschaft Florens Christian Rangs mit Martin Buber.

Christian Rang, 1864 in Kassel geboren, 14 Jahre älter als Buber, war protestantischer Christ. Schon im Elternhaus machte sich ein die Enge des Traditionschristentums überschreitender Geist bemerkbar. Rangs Vater, Katholik, mit einer evangelischen Frau verheiratet, hatte aus

---

Gerhard F. Hering (im Nachtstudio des SWF I; in der Reihe „Drei vergessene Zeitschriften") gibt neben eindrucksvollen Porträts der Herausgeber vor allem – unter stetem Bezug auf das programmatische Vorwort – einen Überblick über einzelne Beiträge, die er auch (so Dolf Sternbergers Beitrag) exemplarisch analysiert.

17 Gershom Scholem, „An einem denkwürdigen Tage" (1961). Jetzt in: G. S., „Judaica", Frankfurt a. M. 1963, 207.

18 Den folgenden Ausführungen liegt die Druckfassung meines Vortrags von 1975 zugrunde (in: Tribüne. Zeitschrift zum Verständnis des Judentums, 15. Jg., Heft 59, 1976, 7078-7092), jedoch an einigen Stellen, dem jetzigen Kenntnisstand entsprechend, erweitert oder präzisiert oder korrigiert.

Protest gegen das Unfehlbarkeitsdogma seine Kinder von 1869 an im evangelischen Glauben erziehen lassen.[19]

Nach Gymnasialjahren in Köln, als Student weit herumgekommen, bereits mit 22 Jahren Doctor juris, ließ sich Rang als Gerichtsassessor nach Posen versetzen, um den Osten kennenzulernen, und wurde dort Dezernent der Kirchen- und Schulabteilung. Der Entschluss des schon Verheirateten, „keinem weltlichen Interesse", sondern allein Christus zu dienen[20], ließ ihn 1895 seine Karriere – er stand vor der Ernennung zum Landrat – abbrechen und ein Theologiestudium beginnen. Als Pfarrer wirkte er in den folgenden Jahren, bis schwere innere Kämpfe ihn zwangen, das Amt niederzulegen; „wie ein Nessushemd" habe er sich's vom Leib gerissen, bekannte er später. Mit der Familie kehrte er an den Rhein zurück, sein neues Leben, das eines „Froh-Gewordenen", durch den zugewählten Vornamen „Florens", der Blühende, bekundend. Bis Kriegsbeginn als Regierungsrat tätig, nach 1917 Vorstandsmitglied des Raiffeisenvereins, lebte er ab 1920 zurückgezogen in Braunfels a. d. Lahn, versah aber bis zu seinem Tod 1924 das Ehrenamt eines gewerblichen Schiedsrichters in Wetzlar, „nach solcher Laufbahn, die Bezirk um Bezirk durchmessen und vertauscht hatte, ... ein Reichsbeamter von Weltmaß, ein großer Mandarin", ein 'politischer Philosoph', wie ihn Alfons Paquet beschrieben hat.[21] Dass zu seinen Gesprächspartnern so verschiedene Geister wie Walther Rathenau, Gustav Landauer, Hugo v. Hofmannsthal, Richard Dehmel, Theodor Däubler und Walter Benjamin zählten, lässt die Denk- und Erfahrungsweite Rangs ebenso deutlich werden wie seine fast magische Anziehungskraft, die übrigens auch von seiner ganz eigenwilligen, streng gefügten Schriftsprache ausgeht.[22]

---

19 Diese und die folgenden Angaben nach den Erinnerungen Alfons Paquets, die das 1. Heft des 1. Jahrgangs der „Kreatur" (1926) beschließen: „Florens" (131-134).

20 Rang an Hofmannsthal, Koblenz, 25. 6. 1905. In: Die neue Rundschau (Anm. 5), 402 ff. (aus diesem Brief stammen auch die folgenden Zitate).

21 Paquet, 134.

22 Noch 1949 schrieb Dolf Sternberger, er habe „von den Zeiten der 'Kreatur' her ... eine lebhafte und mächtige Erinnerung an Rangs Denkungs- und Schreibart", und erwog, in der von ihm damals redigierten „Neuen Rundschau" Fragmente aus Rangs Nachlaß abzudrucken (Sternberger an Ernst Michel, 16. 9. 1949; der unpublizierte Brief im EMA, Frankfurt a. M.).

Rangs Freundschaft mit Martin Buber begann kurz vor dem Ausbruch des Ersten Weltkriegs, als Buber zu dem von Frederik van Eeden, Erich Gutkind, Rang u. a. in Potsdam gegründeten „Forte-Kreis" stieß, dem auch Bubers Freund, der Sozialist Gustav Landauer angehörte.[23] Liest man die bei Christine Holste abgedruckten Gründungsprogramme des Kreises, stellt man eine erstaunliche Affinität zu Bubers Zeitdiagnose im programmatischen Vorwort zur *Kreatur* fest. So thematisieren die im März 1814 verfassten „Thesen" Bubers bereits den Zustand der krisenhaften Zerstreuung (Diaspora), ja des Exils, gegen den es anzukämpfen gelte:

„Die einzige Macht, die einer richtungslosen Menschheit gegenüberzutreten vermag, ist die Macht der Richtung.

In dem Zeitalter herrscht das Fiktive, das heißt: das aus Meinung und Rechnung Lebende. Es gilt ihm entgegen die Autorität des Wirklichen als des aus dem Weltsinn Lebenden aufzurichten.

Die Signatur des Fiktiven ist, daß jeder etwas anderes und keiner das Eine will. Das Fiktive kann sich nur in der Diaspora behaupten. Wenn zehn Menschen das Eine wollen und sich vereinigen es zu tun, ist die Diaspora zu Ende. Und jene alle, von denen jeder etwas anderes will, rühren den geistigen Planeten nicht um einen Zoll, aber die Zehn reißen ihn aus seiner Bahn: in ihre Richtung.

Richtung ist Wahrheit nicht in Formeln sondern im Willen. Bei ihr allein ist Entscheidung und Wende. Aller Geist, der nicht Wahrheit im Willen ist, fördert das Fiktive.

...

Mischet die an 'Geist' reichsten Leute des Zeitalters zusammen, lasset sie sich Wochen, Monate lang über die wesentlichen Fragen unterreden, und es wird nichts als 'Geist' hervortreten, 'Geist' zur Genüge, 'Geist' zur Sättigung und Übersättigung, aber keine Entscheidung, (auch 'Beschlüsse' sind nicht Entscheidung; Entscheidung ist, wodurch das Geschehen selbst entschieden wird, sie ist der bestimmende Vor-

---

23 Über den nach seinem zunächst beabsichtigten Gründungsort Forte dei Marmi genannten Kreis, der in der Vorahnung der Katastrophe autoritativ für die Einigung der Völker eintreten wollte, unterrichtet jetzt die Monographie Christine Holstes „Der Forte-Kreis" (1910-1915). Rekonstruktion eines utopischen Versuchs", Stuttgart 1992; s. auch das Vorwort zu Bd. I von Martin Buber, Briefwechsel, 61 ff.

gang im Geschehen). Aber lasset einige Menschen zusammenkommen, die guten Willens, ganzen Willens sind, und lasset sie überformelhaft erkennen, lebendig erkennen, daß ihr Wille einer, *der eine* ist, und sie werden entscheiden. Dieser Wille ist der wahre Geist, das Pneuma, das *treibt.*

...

Es darf daher eine wahrhafte Vereinigung, die die Diaspora beenden soll, nicht anders anheben, als mit einem Urkreis von Menschen, die sich in der Wahrheit des Willens als in ihrer Sache verbunden erkennen. Diese noch unaussprechliche aber im Wirken und Erkanntwerden eindeutige Wahrheit ist die normative Idee der künftigen Vereinigung."[24]

Die Verwirklichung solcher Ideen erhoffte man sich vom Gespräch. Rang aber ging weiter und entwarf eine (uns heute grotesk anmutende) symbiotische Gemeinschaft. Von dem neugegründeten „Forte-Kreis" forderte er:

„Der Senat der Seelenmenschen muss, bis er den sich selber zeugenden Prinzeps gefunden, für die zwischenzeitlichen Akte einer reinen Seele aus seinem Kreis autoritäre Stellung übergeben.

... Demnach: Grundzüge der Organisation:

Ein Apostolat (Akademie, Tempel) der von Seele in Tat gravitierenden Menschen.

Ein Siebenzig-Jüngerkreis von Tat-Evangelisten aus dem Kreis der von Tat in Seele drängenden Menschen ... .

Eine Hausverwaltung unter diesem Ausschuss.

Ein Interrex aus dem Kreis a), der, vom Vertrauen dieses Kreises getragen, die ihm nötig erscheinenden Oberanordnungen trifft.

... Der erste Kreis (Akademie, Apostolat) *findet sich*: wählt sich nicht, noch wird gewählt. Der Kreis der zuerst sich Zusammengefundenen erhält sich selbst; durch einstimmige Zuwahl oder durch Zuberufung seitens des (man verzeihe den Ausdruck) Interrex. Oder durch ebensolche Ausmerzungen.

... Der zweite Kreis (die siebenzig) *wird* von den Mitgliedern des ersten gefunden und findet dann weitere Mitglieder durch eigene Werbetätig-

---

24 Holste, 280 f.; Buber veröffentlichte sein Manifest 1917 im „Almanach der neuen Jugend".

keit. Nur ein kleiner, vom Interrex zu erwählender Teil der Mitglieder dieses Kreises wird in den ersten Kreis mit eingeladen. Die übrig bleibenden aber erhalten Kommissionen, bilden *äußere* Stationen (für Höfe, Militär, Presse, Parlamente, Publikum) von repräsentierender Bedeutung. Durch ihre Kommission und Repräsentanz wird das Bewusstsein vom Bestehen eines solchen Geistesrat-Centrums in das öffentliche Bewusstsein geleitet.

... Der Interrex wird vom ersten Kreis gefunden; für das erste Mal findet er sich von selbst."[25]

Man sage nicht, dass Buber solchen Modellen ganz ferngestanden habe. Beriet er doch auch später wiederholt maßgeblich im Aufbau befindliche autonome Gruppen oder Schulgründungen.[26] Und auch der „Forte-Kreis" versuchte ein Revival, zu dem Erich Gutkind 1928 mit den Worten aufrief: „Das oberste Collectiv ist stets gesammelt um den Ursinn und den Endsinn alles Daseins, und ist gar nichts Naturhaftes. Nur der Durchbruch dieser obersten Einsammlung kann den Menschen erlösen und mit ihm alle Creatur."[27]

Es ist bezeichnend, dass Buber zu dieser Zeit nicht mehr unter den Mitwirkenden oder auch nur Angesprochenen war. Sein „pneumatischer Realismus" oder Idealismus ist einer nüchternen Zielsetzung gewichen, die wohl vor allem dem Einfluss Franz Rosenzweigs zu verdanken ist.

Doch zurück zu Bubers Freundschaft mit Rang. Im III. und letzten Jahrgang der *Kreatur* hat Buber (in dem Beitrag „Zwiesprache") von dem Initialerlebnis gesprochen, das diese Freundschaft gestiftet und übrigens auch Bubers Ontologie des Dialogischen ein entscheidendes Stück weitergebracht hat:

„Meine Freundschaft mit einem nun Toten ist in einem Ereignis entstanden, das man, wenn man will, als abgebrochenes Gespräch bezeichnen kann. Das Datum ist Ostern 1914. Einige Männer aus verschiedenen europäischen Völkern waren zusammengekommen, um im unbestimmten Vorgefühl der Katastrophe einen Versuch zur Aufrich-

---

25 Ebd. 285f.
26 So die in den 30er Jahren gegründete freigeistige 'Körperschule' Schwarzerden in der Rhön.
27 Holste, 297.

tung einer übernationalen Autorität vorzubereiten. Die Unterredungen waren von jener Rückhaltlosigkeit getragen, deren substantielle Fruchtbarkeit ich kaum je so stark erfahren habe: sie wirkte auf alle Teilnehmer so, daß das Fiktive zerfiel und jedes Wort Tatsache war. Als wir nun die Zusammensetzung des größeren Kreises besprachen, von dem die öffentliche Initiative ausgehen sollte (man beschloß, ihn im August desselben Jahres zusammentreten zu lassen), erhob einer von uns, ein Mann von leidenschaftlicher Konzentration und richterlicher Liebeskraft, das Bedenken, es seien zu viele Juden genannt worden, so daß etliche Länder in ungehöriger Proportion durch ihre Juden vertreten sein würden. Obgleich mir selber ähnliche Erwägungen nicht fremd waren, da meiner Einsicht nach das Judentum nur in seiner Gemeinschaft, nicht in zersprengten Gliedern einen mehr als anregerischen, einen werkhaften Anteil am Bau einer standfesten Friedenswelt gewinnen kann, erschienen sie mir, so ausgesprochen, in ihrer Rechtmäßigkeit beeinträchtigt. Obstinater Jude, der ich bin, protestierte ich gegen den Protest. Ich weiß nicht mehr, auf welchem Weg ich dabei auf Jesus zu sprechen kam und darauf, daß wir Juden ihn von innen her auf eine Weise kennten, eben in den Antrieben und Regungen seines Judenwesens, die den ihm untergebenen Völkern unzugänglich bleibe. 'Auf eine Weise, die Ihnen unzugänglich bleibt' – so sprach ich den früheren Pfarrer unmittelbar an. Er stand auf, auch ich stand, wir sahen einander ins Herz der Augen, 'Es ist versunken', sagte er, und wir gaben einander vor allen den Bruderkuß.

Die Erörterung der Lage zwischen Juden und Christen hatte sich in einen Bund zwischen dem Christen und dem Juden verwandelt; in dieser Wandlung erfüllte sich die Dialogik. Die Meinungen waren versunken, leibhaft geschah das Faktische."[28]

Buber hat solche Durchbrüche (in der gemeinsamen „Situation: der Bangnis und der Erwartung"[29]) vom Gespräch später geradezu erwartet, nicht selten sogar provoziert. Ein Beispiel ist die Aussprache mit dem evangelischen Theologen Emil Brunner zum Thema „Das menschliche Handeln und seine Problematik" am 17. Juni 1928 in Zü-

---

28 Die Kreatur, III. Jg., Heft 3, 205 f.
29 Ebd. 202.

rich[30], für das Buber in einem Brief an Hans Trüb (22. Mai 1928[31]) die
„Regie" festlegt und auf den Punkt dringt, an dem das Gespräch 'geschehen', d. h. zu einer Offenbarung beider Partner werden soll. Die
innere Wende wird von Buber also geradezu verlangt und vorbereitet.
Da er sich selbst dabei rückhaltlos einsetzte, möchte man nicht von
Psychagogik sprechen. Doch wäre es interessant zu wissen, wie sehr
die Begegnungen von Mitarbeitern der *Kreatur* (in Heppenheim)[32] wie
auch der Schriftverkehr mit den Beiträgern von Buber im Zeichen des
Dialogs geführt worden sind.

Aus einem derart geprüften Leben und aus einer bewährten Freundschaft heraus entstand nun der eingangs erwähnte Plan einer Zeitschrift-Gründung. Zu den äußeren Voraussetzungen gehört, dass Rang
in Buber nicht nur einen Freund und Partner mit vergleichbarem
Weit- und Tiefblick fand, sondern auch einen als Herausgeber bereits
erfahrenen Mann. 1905 hatte Buber die Schriftenreihe *Die Gesellschaft*
gegründet, für die namhafte Autoren wie Werner Sombart, Georg Simmel, Eduard Bernstein und Rudolf Kassner Monographien schrieben.
1916 rief er die schon im Jahre 1902 mit Chaim Weizmann geplante
Monatsschrift *Der Jude* ins Leben. Rangs eigenes früheres Vorhaben,
an einer Zeitschrift, die Walter Benjamin herausgeben sollte, auf der
„Höhe etwa des Athenäums", mitzuwirken, war nicht zustandegekommen[33]; doch hatten beide für ihre Arbeiten in Hofmannsthals *Neuen
Deutschen Beiträgen* vorübergehend eine Art „Heimat", gefunden[34].
Jetzt glaubte Rang, dank Bubers Interesse ein neues Projekt verwirkli-

---

30 Veröffentlicht in „Freiburger Rundbrief", Neue Folge, 6. Jg., 1999, Heft 1, 23-53 (mit einer Einführung von Bernhard Casper und einer editorischen Nachbemerkung von Christoph Michel).

31 Ebd. 53, dort zit. nach: Buber, Briefwechsel, Bd. II, 317 f, (Nr. 280).

32 Buber selbst schrieb an Albert Schweitzer – den er für die Mitarbeit an der „Kreatur" zu gewinnen suchte – am 1. 7. 1928 von einer durch die „Gesellschaft für geistigen Aufbau" in Karlsruhe angeregten Tagung des „Kreatur"-Kreises und der ihm Nahestehenden, die Buber leiten solle; „als Thema wurde mir das Problem der religiösen Wirklichkeit" vorgeschlagen, das Buber jedoch in „Wirklichkeit und Verantwortung" geändert haben wollte (Buber, Briefwechsel, Bd. II, 319); Aufschlüsse über einen Gesprächskreis von Mitarbeitern der „Kreatur" in Heppenheim sind von Lothar Stiehm zu erwarten.

33 Rang an Hofmannsthal, Braunfels 8. Nov. 1922, (s. Anm. 6) 419f.

34 Hofmannsthal an Rang, Rodaun 19. Juni 1923, (s. Anm. 6) 427ff.

chen zu können; aber noch war nicht einmal der Verleger der künftigen Zeitschrift gefunden, als 1924 Florens Christian Rang starb.

2. Der Name „KREATUR". Franz Rosenzweig

Im folgenden Jahr kam es nach vorausgegangenem Briefwechsel zu jener entscheidenden Begegnung zwischen Buber und dem jungen *Lambert Schneider* in Heppenheim, bei der nicht nur das große Unternehmen der Bibel-Übersetzung, sondern auch schon der Zeitschrift-Plan besprochen wurde. Am 18. Juni 1925 schreibt Schneider aus Berlin an Buber:

„Nun erst glaube ich Ihr schönes Wort ‚pneumatischer Realismus' verstehen zu können und gestehe Ihnen gerne, daß ich froh und dankbar bin, als Verleger mich einsetzen zu können ... Es wäre mir sehr angenehm, wenn das erste Heft der Zeitschrift im Herbst erscheinen könnte und auch zu Weihnachten das erste Buch der Bibelausgabe vorliegt."[35]

Genesis-Übersetzung und Zeitschrift-Plan rücken in den folgenden Monaten miteinander voran. Auch der Titel ist zu dieser Stunde bereits gefunden. Florens Christian Rang hatte *Grüße aus den Exilen* vorgeschlagen. Buber und sein Freund Franz Rosenzweig (1886 – 1929) setzten dafür *Die Kreatur*. Das Vorwort des ersten Jahrgangs begründet den Entschluss zur Umbenennung, zeigt auch, inwiefern das „Exil", die Verbannung, noch im Zustand der Kreatur mitbegriffen ist:

„Religionhafte Sonderungen, aus denen es keine andere Befreiung gibt als die messianische, haben die Not und die Zucht von Exilen. Sie sind uns nicht Imaginationen, wolkige verrückbare Gestaltungen, sondern sinnvoll beständige Wahrheitssphären, die nicht eher als in der Wirklichkeit des Reiches aufschmelzen dürfen. Erlaubt aber und an diesem Tag der Geschichte geboten ist das Gespräch ... Es gibt ein Zusammengehen ohne Zusammenkommen. Es gibt ein Zusammenwirken ohne Zusammenleben. Es gibt eine Einung der Gebete ohne Einung der Beter ... Intentionen, die sich am Ziel begegnen werden, haben ihr namenloses Bündnis an der von ihren Wahrheiten aus verschiedenen, aber von der Wirklichkeit der Erfüllung aus gemeinsamen Richtung ...

---

35 Buber, Briefwechsel, Bd. II, Nr. 179.

Florens Christian Rang war es, der den Plan fasste ... eine Zeitschrift herauszugeben des Namens ‚Grüße aus den Exilen'. Ein Jude, ein Katholik und ein Protestant sollten sich dazu vereinen. So tun es nun die drei Herausgeber. Aber nicht die Personen nur, sondern die Aufgabe und ihr Zeichen wurden für sie andere. ... weil sie dem Gruß aus den Exilen die Begegnung in dem Raum folgen lassen mußten, der einem jeden von ihnen angewiesen war. So heißt diese Zeitschrift nun nicht mehr nach der gemeinsamen Bedürftigkeit, sondern nach dem, was dieser Bedürftigkeit schon heute die endliche Stillung verbürgt. Was uns drei Herausgeber verbündet, ist ein Ja zur Verbundenheit der geschöpflichen Welt, der Welt als Kreatur ... Diese Zeitschrift will von der Welt ... so reden, daß ihre Geschöpflichkeit erkennbar wird. Sie will nicht etwa Theologie treiben, eher, in geistiger Demut, Kosmologie ... Steht sie im Vertrauen zum Wirkenden, so darf sie der Wirklichkeit vertrauen.
Vertrauen auch dem wachsenden Geschlecht, dem aus der Verborgenheit steigenden Säkulum."[36]

Geschichte wird somit als Heilsgeschichte gesehen, der „Status quo" der Exile zurückgeführt auf die Grundverfassung der Kreatur in dieser Zeit, der die messianische Verheißung gilt. Die Vater-Unser-Bitte: Dein Reich komme, und die Messiasverheißung konvergieren in der Erwartung. Die Geschöpflichkeit verbündet die Getrennten und verbürgt die „Kosmologie in Hoffnung" auf das Reich, den Äon hin.

Düsterer wohl hätte Rang das Exil gesehen, wie aus dem Lebensbild, das sein Sohn Adalbert gibt[37], hervorgeht:

„Daß nicht nur der Jude, sondern in der modernen Welt auch der Christ im Exil lebe, darüber hätte Rang sich weder durch den Fortbestand der christlichen Kirchen noch gar durch die ohnmächtigen Beschwörungen des christlichen Abendlandes hinwegtäuschen lassen. Wenn er deutlich genug noch in seinem Todesjahr von sich und seinesgleichen als den ‚Exkommunizierten' gesprochen hat, die ‚extra has communiones' von ihrem innersten Geist geworfen seien, so stand dahinter die unabweisbare Erfahrung von der absoluten Profanität und Gottferne des Zeitalters. Dem hat er entgegengehalten, dass endlich

---

36 Die Kreatur, 1. Jg., 1926, 1. Heft, 1f.
37 A. Rang, Florens Christian Rang.; a.a.O. 449ff; das Zitat auf 461.

das Denken, und zwar das philosophische ebenso wie das theologische, der Welt sich zuwenden und praktisch werden müsse ... ‚Säkularisierung der Theologie um ihrer Rettung willen', wie einmal Th. W. Adorno es genannt hat."

Franz Rosenzweig, der Initiator des neuen Namens, hat ein erstes, provisorisches Konzept für die Beiträge der Zeitschrift entworfen. Ja, es ist gar nicht auszumachen, wie viel ihm, der mit Buber zur Zeit der Gründung bereits in engster menschlicher Arbeitsgemeinschaft stand, das Werden der Zeitschrift verdankt. Ein Brief an Buber vom 19. Juni 1925 deutet diese zupackende Hilfe Rosenzweigs an:

„Die Kreatur hat mich in diesen Tagen viel beschäftigt; ich habe fast alles, was mir begegnet ist, unter diesem Gesichtspunkt angesehen. Zunächst also: es ist doch von vornherein nur was für ein oder zwei Jahre, Schlegels Athenäum, nicht Quarterly Review. Das kann dem Verleger ja auch nur recht sein. Nun aber: wenn, dann gleich. Also Oktober, sonst interessiert es mich wenig. Und einfach anfangen; eine Vorbesprechung hilft weniger als eine erste Nummer; grade ‚meine Gruppe' ist im Augenblick in so einem lockeren Aggregatzustand, daß man es besser auf das Ankristallisieren als auf das Wachsen stellt. Sie haben jetzt alle ihre eigenen Menschen, z. T. auch eigene Zeitschriftenpläne ... Also praktisch: die erste Nummer einfach machen, und für die zweite jedenfalls Stoff genug parat halten. Mit Rang, gerade dem was Sie mir vorlasen, Ehrenbergs Plastikdialogen, einer Einleitung, die vielleicht ich schreibe, wahrscheinlich anonym, noch was anderm, ist das erste Heft schon da."[38]

So direkt und illusionslos, aber auch so drängend, schreibt der bereits todkranke Rosenzweig. Vielleicht waren seine Voraussagen aus dieser Situation heraus so erstaunlich hellsichtig: drei Jahre später war die befristete Chance, die Rosenzweig der Zeitschrift gibt, Faktum; der Vergleich mit Schlegels *Athenäum,* von dem ebenfalls nur drei Jahrgänge (1798–1800) erschienen waren, sollte sich frappierend bestätigen.[39] Die Abneigung gegen „Periodica", das Bejahen des Zufälligen in

---

38 Franz Rosenzweig, Briefe, Berlin 1935, 540 (Nr. 440) (jetzt auch in Buber, Briefwechsel Bd. II, 224f [Nr. 185]).

39 Auch das „Athenäum" war äußerst schlicht aufgemacht und ging so auch vom Äußeren her gleichsam sofort „in medias res". Die Gestalt der „Kreatur"-Umschläge, die Reduktion auf den in Antiqua gesetzten Titel und die am unteren Rand in kleinerer Schrift verzeichnete Angabe des Jahrgangs

der Anordnung der Beiträge, überhaupt die Sorglosigkeit gegenüber der „Gestaltung" des Ganzen (man denke dagegen an Georges *Blätter für die Kunst*) bestimmen auch später die Haltung der Herausgeber; nur so konnte die Zeitschrift ihre Form bewähren, die nicht auf einer ästhetischen Einheit oder einem Form-Willen beruhte, sondern das Wagnis des Dialogs widerspiegelte.

Die Arbeit an der Schriftübersetzung beanspruchte Rosenzweigs letzte Kraft; dennoch sind von ihm zwei Beiträge zum ersten Jahrgang der *Kreatur* erschienen, Zeugnisse von seinen beiden letzten Unternehmungen: *Die Schrift und das Wort* (zur Bibelübersetzung), und ein *Gedicht* des Jehuda Halevi; die Übertragung der 92 Hymnen, die im folgenden Jahr bei Lambert Schneider erschien, ist Rosenzweigs zweite große übersetzerische Leistung.

Am 10. Dezember 1929 starb Franz Rosenzweig. *Die Kreatur* brachte im vierten Heft ihres III. Jahrgangs, mit dem ihr Erscheinen schloss, als letzten der Beiträge Briefe aus Rosenzweigs Nachlass (*Über Offenbarung. – Über Judentum und Christentum. – Über das Opfer*). Vorangestellt war ihnen eine Bemerkung der Herausgeber (S. 424):

„Wir wollen diese Zeitschrift, die wir im Gedächtnis Florens Christian Rangs begonnen haben, im Gedächtnis Franz Rosenzweigs beschließen. Von Rang rührt ihr redaktioneller Grundbau her, von Rosenzweig ihr Name. Was sie sagen und wirken durfte, möge alle Zeit mit der Erinnerung an diese zwei großen Bekenner der Einen Wirklichkeit verknüpft sein."

3. Die Mitherausgeber: Viktor von Weizsäcker und Joseph Wittig

Im Frühsommer 1925, kurz nach der Heppenheimer Verlegerbesprechung, fragte Buber den in Heidelberg als Professor für Neurologie tätigen Viktor von Weizsäcker (1886 – 1957), einen von Hause aus evangelischen Christen, ob er als Mitherausgeber für *Die Kreatur* wirken wolle. Weizsäcker entschloss sich nur zögernd und bedenklich zu dieser

---

und der Heft-Nummer, erinnert an Walter Benjamins Titelentwurf für seine geplante Zeitschrift „Angelus novus" (Abb. im von Rolf Tiedemann u.a. hg. Katalog zur Ausstellung „Walter Benjamin 1892-1940", Frankfurt a. M. und Marbach a. N. 1990).

Aufgabe, wie sein Brief an Buber vom 12. Juli 1925 zeigt: weder sei ein solches Unternehmen organisch aus seiner, Weizsäckers, Art und Richtung herausgewachsen, noch die Beziehung zu Buber so reif, als es nötig wäre, wenn man mit derart „höchstpersönlichem Bekenntnis" vor die Welt treten wolle. Den Glauben an die Schöpfungstat vermöge er derzeit weniger in großen Problemstellungen auszusprechen als im Speziellen, ja Spezialistischen seines Berufs:

„Dort im Zentrum meines eigenen Berufs suche ich die Ordnungen zu vollziehen, die Theokratie des Denkens und Erkennens zu bestätigen, welche mir damals in einem Impuls, einer Entscheidung, doch nicht in einer menschlichen Leistung oder Arbeit gegenwärtig wurde. So weiß ich schwer, wie ich den Weg zu dem schattenhaften Publikum finden kann, da meine Studenten und Patienten mein einziges wesentliches Publikum sind. Ich fürchte, mit etwas auf eine literarische Ebene zu entgleiten, was als ‚Kreatur' *bezeichnet,* darum gerade zwischen sich und dem Schöpfer nichts duldet (keinen ‚Herausgeber'), als Kreatur *begriffen* mir nur als Inhalt konkreter und ganzer Berufsarbeit begreiflich wird, doch nicht auf der Ebene der literarischen Mitteilung ... ."[40]

Eugen Rosenstock hat einmal gesagt, dass es für alle drei Herausgeber als Grundlage ihres Wirkens eine Art „Mutterboden" gegeben habe oder auch einen „verborgenen Schnürboden", von dem aus sie in Bewegung gesetzt werden mussten.[41] War ein solcher Helfer für Buber, wie wir sahen, Franz Rosenzweig, so damals für Weizsäcker der Freund Hans Ehrenberg (1883–1955), Philosophiedozent in Heidelberg. Er war bei dem auf Weizsäckers Brief folgenden Treffen mit Buber zugegen und muss Bedenken seines Freundes zerstreut haben. Und dies zum Glück! Denn was Weizsäcker als einander ausschließend empfunden hatte: das Wirken in seinem Arztberuf und das öffentliche Sprechen, gerade das wurde später in seinen drei Beiträgen zur *Kreatur* aus der Praxis heraus zur Einheit. Buber hat das in seinem Beitrag in der Festgabe zu Weizsäckers 70. Geburtstag 1956 bezeugt und rückblickend gezeigt, wie von einem Beitrag zum anderen fortschreitend

---

40 Buber, Briefwechsel, Bd. II, 230, Nr. 189. Vgl. auch Viktor von Weizsäcker, Begegnungen und Entscheidungen, Stuttgart 1949, 25f.

41 Rückblick auf „Die Kreatur", in: Rechenschaft. Ein Almanach, Heidelberg 1965, 96.

klarer und direkter Weizsäcker zum Verständnis des Menschen als Kreatur vordringt:

„Im ersten der drei Beiträge: ‚Arzt und Kranker' heißt es: ‚Der Ort der ‚Kreatur' soll ja wohl mehr als ein anderer bedeuten, daß uns die ‚Beherrschung der Methode', wie man sie von einem ernsten Arbeiter mit Recht zu fordern pflegt, nicht zur Knechtschaft werde. ... Das Erste ist nicht, daß ich das Ich erkennen muß, sondern daß ich mit ihm sprechen muß.'

Der zweite Beitrag, ‚Die Schmerzen', grundlegend für die Wesenserkenntnis der leiblichen Schmerzen in unserer Zeit, geht einen bedeutsamen Schritt weiter. Es heißt hier: ‚Der Mensch als Kreatur hat nicht nur die kalte Existenz, sondern sein Dasein ist immer ein So-Sein-Sollen ... Seine Ontologie ist daher eigentlich nicht eine Lehre vom Sein, sondern eine Lehre von Geboten. ... Daß wir auf das bestimmt Gebotene hören ... ist das Wichtigste.' ... Der dritte Beitrag, ‚Krankengeschichte', tut den letzten Schritt. Krankheit sei, wird da gesagt, nichts anderes als ‚jenes Seufzen der Kreatur', als jener freilich ‚notwendige', aber nur ... auf Gott hin gedacht ‚notwendige', vor ... keinem Gesetz der Natur notwendige Zustand seiner Geschöpfe."[42]

Es scheint, dass Weizsäcker mit diesem letzten Beitrag auf seine Weise dem Gedanken des „Opfers" nahegekommen ist, das Florens Christian Rang als vornehmstes Kenn- und Rangzeichen der Kreatur Mensch erschienen war, in welchem Zeichen dieser den Dialog mit dem Dichter Hugo von Hofmannsthal im Jahre 1905 begonnen hatte.[43]

Weizsäckers Engagement für *Die Kreatur* war auch in der folgenden Zeit noch einmal vom Gedanken an Rückzug bedroht. Zwar empfand er die Mitarbeit zunächst als eine Art von persönlicher Befreiung. Am 5. April 1926 schrieb er an Buber:

„... in diesen kreatürlichen Ostertagen erfahre ich einmal wieder, daß ein schreibender Mensch kein altruistischer Mensch ist. Unsere ‚Kreatur' wird mir zur Herzensangelegenheit in dem Maße, als es mir gelingt, *meine* Velleitäten in ihr abzuladen ... Ob diese Dinge nun auch für andere wichtig sind ... dies überzeugt zu bejahen habe ich keinen Mut; ich merke derzeit mehr, daß ich selbst hier schreibend einen Teil

---

42 Viktor von Weizsäcker – Arzt im Irrsal der Zeit. Eine Freundesgabe zum 70. Geburtstag am 21. April 1956, Göttingen 1956, 5f.

43 Rang an Hofmannsthal, Braunfels, 28. Dezember 1923; (s. Anm. 6) 440.

meiner Person nach außen wenden kann, der bislang versteckt und ebendarum natürlich doch publik aber allzu vieldeutig deutbar blieb."[44] Zwar äußert er – im selben Brief – sein „Entzücken über die Persönlichkeit" des von Buber herangezogenen dritten Herausgebers, den Katholiken Joseph Wittig, nennt ihn einen „kritikentwaffnenden Menschen", der „vom Bauer bis zum Papst wirken" müsse. Aber gerade Wittigs „Persönlichkeit" ruft in Weizsäcker wenig später einen Konflikt hervor, der ihm das ganze Unternehmen der Zeitschrift zweifelhaft werden lässt.

Joseph Wittig (1879 – 1949), katholischer Priester, seit 1911 Professor für Kirchengeschichte in Breslau, hatte mit seinen Schriften weiteste – und zwar keine „schichten-spezifische" – Resonanz gefunden. Sein zweibändiges Werk: *Leben Jesu in Palästina, Schlesien und anderswo* erlebte in der Zeit als Buber Wittig zur Mitarbeit aufrief, seine erste, 1929 schon die dritte Auflage. In diesem Mann traf Buber einen „Gelehrten", der aus ungebrochener, unmittelbarer – gleichsam naiver, wenn auch nicht unangefochtener – Glaubenskraft sprechen konnte, ja sprechen musste. Seine Antwort vom 28. Juli 1925 ist grundsätzliche Bereitschaft:

„Es war ein wirkliches Geschehen und kein langes Überlegen und kein Klugseinwollen, als ich unserem Freunde Rosenstock mein Ja zu Ihrem Plane sagte ... Ich trete einfach in den Kreis der gläubigen Männer, die mich bei sich haben wollen. Wie die Kräfte sich ordnen werden, das war mir eine Frage, deren Beantwortung ich Ihnen überlassen wollte. Das Dreierkollegium erscheint auch mir als die einfachste Antwort, auch wenn ich meine Verantwortung gern mit einem zweiten Katholiken geteilt hätte ... Ich sehe die Gemeinsamkeiten viel deutlicher als die Geschiedenheit. Für das Vertrauen und die Liebe, die aus Ihren Zeilen spricht, bin ich Ihnen dankbar, wie ein Beglückter dankbar ist. Das bleibt, auch wenn es nicht zu gemeinsamer Arbeit kommen sollte."[45]

Bedenken, die gegen eine Mitarbeit sprachen, kamen also nicht von Wittig, sondern Wittigs Situation war bedenklich. Gegen einige seiner Schriften, darunter eine religiöse Skizze mit dem Titel *Die Erlösten* (1922), *Das Leben Jesu* und zwei in dem von Ernst Michel herausgege-

---

44 Buber, Briefwechsel, Bd. II, 249f (Nr. 209).
45 Ebd. 230 (Nr. 190).

benen Zeitbuch *Kirche und Wirklichkeit* (1923) veröffentlichte Aufsätze, schwebte ein Untersuchungsverfahren in Rom. Die Folgen blieben nicht aus: im selben Jahr 1926 zum Widerruf dieser Schriften aufgefordert, weigerte sich Wittig, den Antimodernisteneid erneut zu leisten, was seine Exkommunikation und Emeritierung zur Folge hatte (die Rehabilitierung erfolgte erst 1946).

Dieser aufsehenerregende Prozess, den Wittig nicht schweigend ertrug, sondern in seinem Lebensbericht *Höregott* (1929), der auch das Skandalon seiner Verheiratung aufzeichnete, und in der gemeinsam mit Eugen Rosenstock verfassten dreibändigen Schrift *Das Alter der Kirche. Kapitel und Akten* (1927/1928) der Öffentlichkeit vor Augen stellte, dieser Prozess veranlasste Weizsäcker, Buber zunächst (am 31. Mai 1926) die „Suspendierung" der *Kreatur* vorzuschlagen, „wenn sie im gegenwärtigen Moment für Wittig ein Hindernis der Versöhnung oder eine seine freie Entschließung hemmende Verpflichtung wäre."[46]

Weizsäcker suchte, gewiss ehrenwert, vor allem Wittig in seiner Situation zu entlasten. Aber er wies zugleich darauf hin, dass ihm seinerzeit „ein *Katholik*", als Mitherausgeber wichtig gewesen sei. Als Alternativvorschlag war von ihm schon damals Ernst Michel genannt worden, gewiss kein problemloserer Christ. Doch Buber entgegnete am 1. Juni 1926, er werde, wenn Wittig selbst bei der Zeitschrift bleiben wolle, unter allen Umständen an ihm festhalten. Sachlich: selbst wenn Wittig exkommuniziert werde, höre er nicht auf Katholik zu sein. „Persönlich: weil Wittig, wie er mir sagte, in der Entstehung dieser Gemeinsamkeit eine providentiell gefügte Zuflucht erblickt hat und darin, soweit es auf Menschenwillen ankommt, nicht enttäuscht werden soll. Die Möglichkeit, ja Wahrscheinlichkeit dieser Entwicklung hatten wir ja seinerzeit vorgesehen und es daraufhin gewagt, eben weil wir wußten und aussprachen, daß gerade Wittig nie aufhören kann Katholik zu sein."[47] Dieser Erinnerung und Mahnung hat sich Weizsäcker nicht verschlossen. Nicht zuletzt durch das Standhalten ihrer Herausgeber in dieser Krise blieb *Die Kreatur* für die kurze Zeit ihres Bestehens „lebendig", behielt sie, was Eugen Rosenstock so vorzüglich ausgedrückt hat: „Sie hatte einen besonderen Charakter: Sie hatte Atem."[48]. So konnte im

---

46 Ebd. (Nr. 217).
47 Ebd. (Nr. 218).
48 Rückblick, 102.

Jahr 1927 Weizsäcker, aufgrund der erstarkten Gemeinsamkeit mit Wittig, nun wiederum Buber zum Helfer werden, als dieser, innerlich erschöpft, um Kräftigung und Anstoß von außen rief:

„Lieber Herr Buber ... , ich fühle in mir nicht die Kraft, in diesem Sinne die ‚Kreatur' jetzt zu tragen, allein zu tragen möchte ich beinahe sagen, wenn ich nicht an Wittig dächte ... Ich meine, eines dürfen wir jedenfalls immer, wenn es uns auch zeitweise nicht gelingt, wir dürfen die Schöpfung loben, preisen, singen, dichten, lieben. Und wo uns selbst die Worte nicht kommen, da dürfen wir sie borgen."[49]

Diese Zuversicht ist der Wittigs verwandt. Von letzterem sind trotz der schweren Jahre allein zehn Beiträge in der *Kreatur* erschienen: *Das Volk von Neusorge.* (I. Jg.) *Aus meiner letzten Schulklasse. – Super aquas. – Im Anfang. – Das Geheimnis des „und". – Schweigendes Warten.* (II. Jg.) *„Erschaffung und Fall der Engel". – Der Weg zur Kreatur. – „Lass den Mond am Himmel stehn". – Die Wüste.* (III. Jg.).[50]

Ein Zeugnis für die gewordene Gemeinschaft der Herausgeber (und Mitarbeiter) ist Wittigs Brief an Buber vom 18. April 1930, geschrieben im Augenblick des Abschieds von der Zeitschrift:

„Lieber Freund! ... Nun bleibt aber noch die redaktionelle Vorbemerkung zu ‚Aus Franz Rosenzweigs Nachlass'. Zuerst eben nur aufmerksam gelesen, legt sie sich nun wie ein grauer, schwerer Kummer auf meine Seele ... Wir feierten gestern Gründonnerstag, den Abschiedsdonnerstag, als ich am Abend jene Zeilen las. Und heute ist Karfreitag. Ich brauche wohl nicht zu sagen, wie sich mir das Gedächtnis der Vergangenheit mit der Überraschung der Gegenwart zu eins verbindet. Aber ich muß doch das Wort aus dem Herzen lassen, das in jener Nacht wohl aus vielen Herzen kam: ‚Was wird nun mit uns?' Ich meine nicht, mit Ihnen und mit mir, sondern mit uns, wie wir in diesem einen Worte als eine Einheit dargestellt werden? Sie können mir darauf keine Antwort geben, aber fragen muß ich. Denn diese Frage ist doch der einzige Dank, den ich Ihnen für das Miteinandersein in den letzten vier Jahren aussprechen kann. Die Zeitschrift ist in sich vollendet wie

---

49 Weizsäcker an Buber, 20. Juni 1927 (Buber, Briefwechsel, Bd. II, 286 [Nr. 244]).

50 Über Wittigs zeitweise sehr intensives Mitwirken als Vermittler und Gutachter von Beiträgen geben die jetzt publizierten „Briefe an Freunde" (1993) einigen Aufschluss.

ein mehrbändiges Buch in sich vollendet ist. Aber der Verfasser eines Buches ist mit dessen Finis- oder Explicit-Zeichen nicht vollendet. ‚Wir' bleiben im unvollendeten Leben."⁵¹

4. Autoren

Was Eugen Rosenstock aus eigenem Miterleben, Miterleiden, von den Herausgebern der *Kreatur* – wie ähnlich von ihrem Verleger – bezeugt hat, dass sie den Ursprung ihres Glaubens in dem Erlebnis existentieller Notwendigkeit gefunden hätten, dass es für Buber, Wittig und Weizsäcker einer außerhalb ihrer geformten geistigen Welt stattfindenden Erschütterung bedurft habe, um ihr Denken zu erneuern, es wieder wunderfähig – und damit im kreatürlichen Sinn zeugnisfähig – werden zu lassen, das gilt in ähnlicher Weise wohl auch für die meisten der Mit-Autoren dieser Zeitschrift. In dem oben zitierten Brief an Albert Schweitzer vom 1. Juli 1928 konnte Buber bereits von einem *Kreatur*-Kreis sprechen, freilich nicht im konventikelhaften Sinn, sondern von einer „jedes organisativen Ausdrucks entbehrenden Verbundenheit", die „durch die gemeinsame Grundhaltung, die der ‚Verantwortung' gegenüber dem ‚Anspruch' der Wirklichkeit, also des Antwortensollens auf das Angesprochenwerden durch sie" gewährleistet sei.⁵²

Dem heutigen Leser wird es daher schwer, dieses heterogene Ganze begreifend zu durchdringen. Er wird Hilfen für den Zugang suchen, einzelne Beiträge dieser so originär sprechenden Mitarbeiter einander zuordnen. Der Berichterstatter kann hier nur seinen Weg der Verständnis-Suche als einen der möglichen kurz skizzieren.

So könnte man, im Zusammenhang mit dem Vorwort, die Aufsätze und nachgelassenen Schriften der geistigen Pioniere der *Kreatur*: die von Florens Christian Rang (acht Beiträge) und die Franz Rosenzweigs (drei Beiträge) als eigene Gruppen lesen; dazu Alfons Paquets Gedenk-Aufsatz „Florens" (I. Jg., 1. Heft). Sodann die Beiträge der Herausgeber, die im Sinn des Vorworts immer wieder ausdrücklich von der *Kreatur* zu sprechen wagten; Buber mit vier, Wittig mit zehn, Weizsäcker mit drei Beiträgen. Eng an Weizsäckers ärztliche Sicht schließen sich die Aufsätze des Schweizer Psychotherapeuten Hans Trüb (III. Jg.),

---

51 Buber, Briefwechsel, Bd. II, 374 (Nr. 330).
52 Ebd. 319f (Nr. 282).

von Buber dem Freund abgerungene, erschütternde Praxis-Dokumente. Mit dem Problem der Erziehung setzen sich außer Buber selbst auch Rosenstock (*Lehrer oder Führer?*) und Hans Ehrenberg auseinander; Heinrich Sachs berichtet (*Vom Leben und Bilden einiger Kinder*) aus der Arbeit der Odenwaldschule. Ernst Michels Bericht *Über eine Lehrstätte für Arbeiter* (vgl. auch „Katholische Arbeiter vor der sozialistischen Bewegung") führt nicht nur in die dramatische Frühgeschichte eines gewerkschaftlichen Modells (der Frankfurter „Akademie der Arbeit") ein, sondern leitet auch über zu den in ihren Anregungen noch kaum ausgeschöpften Beiträgen Eugen Rosenstocks, des Mitstreiters, zu Fragen der Volksbildung. Ein offenes Gespräch liegt vor in Gerschensons und Iwanows *Briefwechsel zwischen zwei Zimmerwinkeln*, Hermann Herrigel entgegnet Eberhard Grisebach in einem Brief, Hans Ehrenberg wählt die Form des Rundbriefs für seine Anklage gegen die Macht des „Amts". Aber auch die Einzelgänger sprechen nicht monologisch; so ist Walter Benjamins (leider singulärer) Beitrag, der große Erfahrungs-Bericht *Moskau*, im Grunde ein fortgesetztes Gespräch mit dem verstorbenen Freund Rang, wie ein Brief an Buber ausweist.[53]

5. Nachgeschichte. „Die Wandlung". Eugen Rosenstock

Dass das Weiterbestehen der, vom Preis her keineswegs exklusiven, Zeitschrift gefährdet sei, bekam wohl zuerst der Verleger zu spüren. *Die Kreatur* sprach ein sehr gutes, aber eben doch kleines Publikum an – was hätten z. B. auch die Bibliophilen bedeutet, die sich „post festum" für die Rarität zu interessieren begannen? Dennoch entschloss sich Lambert Schneider noch zu einem dritten Jahrgang, den er Buber zu dessen 50. Geburtstag zum Geschenk machte:

„Vielleicht mache ich Ihnen zu Ihrem Geburtstag noch eine Freude, wenn ich Ihnen meinen Entschluss mitteile, daß ich Die Kreatur noch ein drittes Jahr halten will. Ich kann mich nicht entschließen, sie eingehen zu lassen."[54]

Die Auswirkungen der Weltwirtschaftskrise zwangen den Verleger dann doch, die Zeitschrift aufzugeben. Die sich überstürzenden politi-

---

53 26. Juli 1927; Buber, Briefwechsel, 286f (Nr. 245).
54 Berlin, 7. Februar 1928; Buber, Briefwechsel, Bd. II, 307 (Nr. 267).

schen Ereignisse der folgenden Jahre haben den Mitarbeiterkreis der *Kreatur* sozusagen in alle Winde zerstreut. Zwar blieben Weizsäcker und Wittig in Deutschland und überlebten den Krieg; aber Buber und Rosenstock mussten vor der Barbarei emigrieren, Hans Ehrenberg durchlitt das Konzentrationslager. „In den Katakomben" hat Lambert Schneider in seinem Rechenschaftsbericht diese dunkelsten Jahre überschrieben.

Zwar haben nach dem Krieg die Gespräche der miteinander Befreundeten wieder begonnen: so zwischen Ernst Michel und Hans Trüb, Rosenstock und Ernst Michel, zwischen Buber und seinen deutschen Freunden. Doch war das Verständigung aus veränderter Wirklichkeit, aus ganz neuen Bereichen der Einzelnen heraus. Die Exil-Situation war im Grunde jetzt erst harte Realität geworden. Es bleibt deshalb auch bei oft bedauernden Rückblicken auf die Jahre des gemeinsamen Wirkens. Buber selbst hat der Zeitschrift einen schönen und klaren Nachruf geschrieben.[55] Der einzige, der nach dem Krieg noch die Kraft, um nicht zu sagen, die Waghalsigkeit besessen hat, *Die Kreatur* in einen über das Dritte Reich hinwegreichenden geschichtlichen Bogen zu stellen, ist m. W. Eugen Rosenstock geblieben. In seinem Beitrag zu Lambert Schneiders Almanach *Rechenschaft* zeichnet er zunächst ein Bild des gegen Ende des Ersten Weltkriegs gegründeten „Patmos"-Kreises, in dem sich „das geheime Dreieck der Konfessionen, das in der *Kreatur* zur Sprache und Aussprache kam", schon vorgebildet hatte. Weismantel, Rosenzweig, Barth, Hans und Rudolf Ehrenberg, Werner Picht und Rosenstock selber hatten mit der Gründung des Patmos-Verlags, aus dem die Reihe der *Bücher vom Kreuzweg* hervorging, ein Gespräch begonnen.[56] Doch dieses sei idealistisch, allzu sehr von der

---

55 In der mehrfach genannten Festschrift für Viktor von Weizsäcker, 5f.

56 Zu „Patmos" macht mir Dr. Rudolf Hermeier brieflich folgende erhellende Mitteilungen: „Gleich nach dem Ersten Weltkrieg entstand ein Freundesquartett zwischen Franz Rosenzweig mit seinen beiden Vettern Hans und Rudolf Ehrenberg sowie Eugen Rosenstock, deren geographischer Mittelpunkt zeitweilig Frankfurt/Main war, wo Rosenzweig im Jüdischen Lehrhaus und Rosenstock in der Akademie der Arbeit wirkten. Es waren vor allem Mitglieder dieses Kreises, die den Gründungsplan einer Gruppe von drei Verlagen erörterten (Moria, Patmos, Eleusis). Tatsächlich wurde aber nur der Patmos-Verlag, Würzburg, mit führender Beteiligung Leo Weismantels gegründet (1920), doch in diesem Verlag wollte Rosenzweig seinen ‚Stern der Erlösung' nicht veröffentlicht sehen. Andererseits erlaubte Karl Barth die Herausgabe seiner Rede von 1919 ‚Der Christ in der Gesellschaft'

weltlichen Wirklichkeit abgetrennt geblieben. *Die Kreatur* habe den Weg von Patmos' Wirklichkeit zurück in die Welt gebahnt, und zwar aufgrund ihres wahren, echten Sprechens. Die Leistung der *Kreatur* stellt sich Rosenstock vor allem dar als eine Wieder-Entdeckung der Sprache, d. h. des ursprünglichen, existentiell begründeten Sprechens.

„Was die Herausgeber der Kreatur entdeckten, waren die geistigen Ernährungsvorgänge wirklich sprechender und ‚existentiell denkender' Menschen. Sie wussten, daß Martin Heideggers ‚geworfener Mensch' zwar da ist, aber stumm. Sie wussten, daß wir nur sprechen, wenn andere da sind, die anders sprechen, weil sie anders sind ... Die Kreatur wird daher einen Platz in der Wiedergeburt der deutschen Sprache behalten ... sie sprach so unbekümmert, als ob der schon damals drohende Wahn der Hitlerzeit längst wieder vorbei sei. [Sie] zog die Summe aus den Kämpfen der Kierkegaard, Feuerbach, Dostojewski, Nietzsche, William James. Sie alle hatten entdeckt, daß niemand etwas zu sagen hätte, wenn alle dasselbe sagten ... Eben dies geschah den Herausgebern der Kreatur ...

Jenseits der ‚positiv-rechtlichen' Kategorie der Natur, des Objekts der ‚bloß' physischen Welt, entdeckte der Naturwissenschaftler Weizsäcker die ungesicherte, offene, *eine* Gotteswelt, in der keine Kreatur ‚Objekt' ist. Denn Objekte kann es nur geben, solange das Subjekt sich nicht mehr *in* der Welt, sondern ihr gegenüber befindet.

Jenseits der ‚positiv-rechtlichen' Kategorie der Kirche, der Gläubigen, der Kurie, der christlichen Welt, entdeckte der Kleriker Wittig die ungesicherte, offene Gotteswelt. In ihr hat keine Kreatur Gott gepachtet; es ist aber auch keine von Gott verlassen, es sei denn, daß sie sich darauf verlässt, Gott gepachtet zu haben.

---

in der Reihe ‚Bücher vom Kreuzweg'. Es stellte sich dann aber sehr schnell heraus, daß Barth nicht die Sprache des Ereignisses ‚Weltkrieg' verstanden hatte und somit der Patmos-Gruppe fern stand – im Gegensatz zu dem großen Einfluß Rosenzweigs auf seine Vettern und Rosenstock. Aus dem Abstand von Jahrzehnten und der erfahrenen Zeit-Schrift ‚Die Kreatur' konnte Rosenstock in dieser einen zweiten Schritt sehen nach ‚Patmos' – und in den Patmos-Büchern den Stimmanteil seines Freundes Franz. Der dritte Schritt, den er nach 1945 in der Zeitschrift ‚Die Wandlung' sah, hat vermutlich mehr mit der Benennung dieser Veröffentlichung zu tun als mit ihrem Inhalt und ihrer Wirkung."

Jenseits der ‚positiv-rechtlichen' Kategorie des Judentums und der Bibel entdeckte der Zionist Buber die offene, ungesicherte Existenz des Menschen."[57]

Das erstaunliche Kontinuum zeigte sich Rosenstock nun darin, dass derselbe Herausgeber, Lambert Schneider, nach dem Krieg eine neue Zeitschrift mit dem Namen *Die Wandlung* veröffentlichte.

„Wer die Vergänglichkeit, den Rhythmus, die Unterbrechungen, die Revolutionen der geistigen Formen ernst nimmt, kann, zurückgeworfen auf die schöpferische Fortdauer des Lebens selbst, erlöst werden von falscher Romantik. Darin kündete, vor zwanzig Jahren, *Die Kreatur* eine gesunde „Wandlung" an ... So ist *Die Wandlung*, die neue Zeitschrift, vielleicht die dritte Brechung der einen Woge."[58]

Von unsrer Sicht aus ist auch diese vergangen: die Zeitschrift *Die Wandlung* erscheint nicht mehr.[59] Aber Rosenstock meinte ja in seiner gläubigen Utopie etwas anderes: sein Glaube, dass „die bloß weltliche Literaturgeschichte heut zu Ende" sei, dass Sprechen nicht mehr nur Mitteilung, sondern Weiterschöpfung – auch mit und in Brüchen und Sprüngen – sei, dieser Glaube des „der Offenheit seiner Existenz inne gewordenen Menschen", dürfte stärker als eine rückgewandte, fixierende Historie sein. Franz Rosenzweig schrieb einmal aus solchem Glauben einem seiner Freunde:

„Die Mauern sind gefallen. Wo wir uns ... begegneten, da scheiden keine verwitterten Wände mehr Mensch von Mensch ... Das, was uns geschehen ist, am Judentum, am Christentum, an der Schöpfung (einerlei, vielleicht auch an allen drei zusammen), das ist das Lebendige, und aus diesem in keiner Orthodoxie zu fesselnden lebendigen Leben kann allein der Ruf der Auferstehung in das Gebeinfeld des europäischen und deutschen Daseins erschallen."[60]

---

57 Rückblick, 100f.
58 Ebd. 103f.
59 Sie schloss bereits mit den 8. Heft des 4. Jg. 1949; s. das „Fazit" von Dolph Sternberger, ebd. 699-710. Eine konzeptuelle Affininität zur „Kreatur" ist nicht auszumachen.
60 Rosenstock, Rückblick, 101.

Inhaltsverzeichnisse der Zeitschrift *Die Kreatur*

I. Jahrgang (1926/27)

MARTIN BUBER, Rede über das Erzieherische
RUDOLF EHRENBERG, Glaube und Bildung
RUDOLF EHRENBERG, Gottesreich und organisches Leben
MARIE LUISE ENCKENDORFF, Zur Frage der Erziehung
M. GERSCHENSON u. W. IWANOW, Briefwechsel zwischen zwei Zimmerwinkeln
HERMANN HERRIGEL, Vom prinzipiellen Denken
FRITZ KLATT, Wissen, Denken, Sprechen
ERNST MICHEL, Über eine Lehrstätte für Arbeiter
WILHELM MICHEL, Gestalten der Angst
ALBERT MIRGELER, Der Weg der kommenden Generation
ALFONS PAQUET, Florens
FLORENS CHRISTIAN RANG, Das Reich
FLORENS CHRISTIAN RANG, Freundschaft
FLORENS CHRISTIAN RANG, Vom Weltbuch der Person
FLORENS CHRISTIAN RANG, Intuition
EUGEN ROSENSTOCK, Lehrer oder Führer?
EUGEN ROSENSTOCK, Die Polychronie des Volks
FRANZ ROSENZWEIG, Die Schrift und das Wort
FRANZ ROSENZWEIG, Ein Gedicht des Jehuda Halevi
HEINRICH SACHS, Vom Leben und Bilden einiger Kinder
LEO SCHESTOW, Wissenschaft und freie Forschung
EDUARD STRAUSS, Franziskus
VIKTOR VON WEIZSÄCKER, Der Arzt und der Kranke
VIKTOR VON WEIZSÄCKER, Die Schmerzen
JOSEPH WITTIG, Das Volk von Neusorge
ZWEI STIMMEN aus der Jugendbewegung

II. Jahrgang (1927/28)

WALTER BENJAMIN, Moskau
NIKOLAJ BERDJAJEW, Das Ende der Renaissance
HUGO BERGMANN, Der Physiker Whitehead
MARTIN BUBER, Chassidische Geschichten
EDGAR DACQUÉ, Die Ursinnessphäre
HANS EHRENBERG, Amt. Ein Rundbrief
RUDOLF EHRENBERG, Gewissen und Gewußtes
EDITH KLATT, Über Krankheit und Heilen
FRITZ KLATT, Geschichtliche Begründung der Gegenwart
GEORG KOCH, Einfalt
ERNST MICHEL, Katholische Arbeiter vor der sozialistischen Bewegung
WILHELM MICHEL, Der Blick
WERNER PICHT, Internationale Verständigung
FLORENS CHRISTIAN RANG, Glaube, Liebe und Arbeitsamkeit
FLORENS CHRISTIAN RANG, Historische Psychologie des Karnevals
EUGEN ROSENSTOCK, Kirche und Arbeit
LEO SCHESTOW, Kinder und Stiefkinder der Zeit
JUSTUS SCHWARZ, Die Wirklichkeit des Menschen in Rilkes letzten Dichtungen
ERNST SIMON, Das Werturteil im Geschichtsunterricht
LUDWIG STRAUSS, Ruf aus der Zeit
LUDWIG STRAUSS, Natur und Gemeinschaft. Stücke einer Hölderlinbiographie
MARGARETE SUSMAN, Der romantische Versuch
VIKTOR VON WEIZSAECKER, Krankengeschichte
JOSEPH WITTIG, Aus meiner letzten Schulklasse
JOSEPH WITTIG, Super aquas
JOSEPH. WITTIG, Im Anfang
JOSEPH WITTIG, Das Geheimnis des „Und"
JOSEPH WITTIG, Schweigendes Warten

III. Jahrgang (1929/30)

EIN BRIEFWECHSEL über die zehn Gebote
MARTIN BUBER, Der dritte Tischfuß
MARTIN BUBER, Zwiesprache

MARTIN BUBER, Gandhi, die Politik und wir
EDGAR DACQUÉ, Der Mensch als Urform
HANS EHRENBERG, Drinnen und Draußen - Drunten und Droben
RUDOLF EHRENBERG, Über das Dogma
MARIE LUISE ENCKENDORFF, Interpretation von Gedichten
EBERHARD GRISEBACH, Altes und neues Denken
EBERHARD GRISEBACH, Die Grundentscheidung des existentiellen Denkens und ihre Kritik
HERMANN HERRIGEL, Das Verhältnis der beiden Welten
HERMANN HERRIGEL, Brief an Eberhard Grisebach
FRITZ KLATT, Feindschaft
ERNST LOEWENTHAL, Über den Eid
WILHELM MICHEL, Der Mensch in der Landschaft
KARL NÖTZEL, Die Verwirklichung des Menschen im Russen
ALFONS PAQUET, Eine Vagabundentagung
FLORENS CHRISTIAN RANG, Betrachtung der Zeit
FLORENS CHISTIAN RANG, Ein Brief
EUGEN ROSENSTOCK, Die Gefangenschaft des Volkes
EUGEN ROSENSTOCK, Die rückwärts gelebte Zeit
FRANZ ROSENZWEIG, Aus dem Nachlaß
LEO SCHESTOW, Die großen Vorabende
DOLF STERNBERGER, Charlie Chaplin, der Idiot, Don Quijote
EDUARD STRAUSS, Das Zeichen von Bolsena
LUDWIG STRAUSS, Der Mensch und die Dichtung
HANS TRÜB, Eine Szene im Sprechzimmer des Arztes
HAS TRÜB, Aus einem Winkel meines Sprechzimmers
JOSEPH WITTIG, „Erschaffung und Fall der Engel"
JOSEPH WITTIG, Der Weg zur Kreatur
JOSEPH WITTIG, „Laß den Mond am Himmel stehn"
JOSEPH WITTIG, Die Wüste

„Martin Buber auf dem schmalen Grat schöpfungsgläubiger Humanität"
Martin Buber in und um die Zeitschrift „Die Kreatur"

Prof. Dr. Werner Licharz, Eschborn

Ich habe vor einigen Jahren die Gründung der liberalen jüdischen Gemeinde in München miterlebt, bei der auch Frauen zur Thoralesung aufgerufen waren. Die Gemeinde hat kurz danach eine Liturgie verfaßt, die für Erev Shabbat, also für Freitagabend und auch für den Shabbatmorgen Geltung hat. Diese Liturgie habe ich noch einmal durchgesehen, um feststellen zu können, was sie für diese Tagung bedeuten könnte. In einem ökumenischen Gottesdienst heute morgen hat Herr Kollege Hainz von der Ökumene 2000 gesprochen. Ich möchte diesen ökumenischen Gedanken auch auf den christlich-jüdischen Dialog übertragen, weil ich mir nicht mehr vorstellen kann, dass wir eine christliche Theologie ohne den christlich-jüdischen Dialog heute betreiben können. Und wenn wir während dieser Tagung über Martin Buber sprechen, sollten wir auch daran denken, dass überall in der Welt, wo Juden leben heute Shabbat gefeiert wird. Ich will deshalb eine Seite dieser liberalen Shabbat-Liturgie meinem Vortrag voranstellen:

Gott ist heilig

Wir wollen Dich verehren und heiligen und Deinen Ruhm auf der Erde so groß machen wie im Himmel, denn es heißt bei dem Propheten: „Sie riefen einander zu: Heilig, heilig, heilig ist der Schöpfer aller Kreatur. Die ganze Welt ist mit Gottes Gegenwart erfüllt."

Gottes Gegenwart erfüllt die Erde. Die, die Dir dienen, fragen einander: „Wo ist der Ort der Gegenwart Gottes?" Als Antwort rufen sie: „Gepriesen!" „Heilig bist Du, Du thronst über den Lobgesängen Israels". „Heilig, heilig, heilig ist der Schöpfer aller Kreatur. Die ganze

Welt ist mit Gottes Gegenwart erfüllt." „Gott herrscht allezeit, Dein Gott, oh Zion, bis in Ewigkeit. Halleluja!"[1]

In seinem Buch *Das Problem des Menschen* spricht Buber vom schmalen Grat. „Damit wollte ich ausdrücken, daß ich mich nicht auf den weiten Höhen eines Systems, welches eine Abfolge gesicherter Aussagen über das Absolute beinhaltet, sondern mich auf einem felsigen, schmalen Grat zwischen den Abklüften bewege, wo es keine Sicherheit ausdrückbaren Wissens

Martin Buber, Gottesberg 1937

gibt, sondern nur die Gewißheit des Zusammenstoßes des Ungesicherten."[2] Maurice Friedman, der vor einiger Zeit sein Buberbuch *Begegnung auf dem schmalen Grat* vorgestellt hat, interpretiert den zitierten Text folgendermaßen: „Dieses Wort drückt nicht nur die ‚heilige Unsicherheit' seiner existentialistischen Philosophie aus, sondern auch das ‚Ich/Du' oder seine dialogische Philosophie, welche er als eine echte dritte Alternative zu den vielen Entweder/Oder unserer Zeit betrachtete. Bubers ‚schmaler Grat' ist keine ‚glückliche Mitte', welche die Wirklichkeit von Paradox und Widerspruch ignoriert, um dem Leiden, das sie erzeugen, zu entfliehen. Es ist vielmehr eine paradoxe Einheit dessen, was man sonst nur als Alternativen auffaßt: ‚Ich und Du, Liebe und Gerechtigkeit, Abhängigkeit und Freiheit, die Liebe Gottes und die Furcht vor Gott, Leidenschaft und Weisung, Gut und Böse, Einheit und Dualität.'"[3] Auf dem schmalen Grat, so denke ich, ist man fähig, den Anderen als Anderen wahrzunehmen und mit ihm in einen echten Dialog zu treten. Man sollte auch bedenken, dass Buber, als er die Zeitschrift *Die Kreatur* mitbegründete, er dies als jemand getan hat, der

---

1 Liberale Jüdische Gemeinde Beth Shalom München (Hg.), Jüdische Gebete für Shabbat und Wochenende, München 1996, 60.
2 Martin Buber, Das Problem des Menschen, Heidelberg 1982, 131f.
3 Maurice Friedmann, Begegnung auf dem schmalen Grat. Martin Buber – ein Leben, Münster 1999, 18f. 314.

1923 sein Buch *Ich und Du* schrieb, als ein Mann, der seine Erfahrungen durch den Ersten Weltkrieg gemacht hatte, als ein Mann, der 1916–1924 die Zeitschrift *Der Jude* herausgegeben hat. Der Erste Weltkrieg hat nicht nur bei Buber ein neues Denken evoziert, das den Menschen zwischen Geburt und Tod sieht, ihm aber kein System überstülpt. Nur in dieser neuen Denkweise ist der Mensch fähig, den Dialog und die Zusammenarbeit mit einem jüdischen, einem katholischen und einem evangelischen Herausgeber durchzuführen. Buber hatte sich bereits in seinen Reden über das Judentum zur Schöpfung, zur Kreatur deutlich ausgesprochen. In der ersten seiner Reden heißt es: „Das, was man das soziale Prinzip in der Religion Israels nennen mag, ist somit allem ‚großen Tier' von Grund aus unähnlich. Es geht um die soziale Humanität, denn die menschliche Gesellschaft ist hier erst dann legitim, wenn sie sich auf echten Beziehungen ihrer Mitglieder zueinander aufbaut; und es geht um die religiöse Humanität, denn die echte Beziehung zu Gott kann hier nicht erlangt werden, wenn es an der echten Beziehung zur Welt und zum Mitmenschen mangelt, – beides, die Liebe zum Schöpfer und die Liebe zu seiner Schöpfung, sind letztlich eins. Um diese Einheit zu verwirklichen, muß der Mensch freilich die erschaffene Welt aus Gottes Händen annehmen, und zwar nicht, um sie zu besitzen, sondern an dem noch unvollendeten Werk der Schöpfung liebend teilzuhaben. Die Schöpfung ist unvollendet, denn der Unfriede herrscht in ihr, und der Friede kann nur von den Geschöpfen herkommen. Darum wird der Mensch, der Frieden stiftet, in der jüdischen Tradition der Gefährte Gottes im Werk der Schöpfung genannt."[4] Ich will nun an ausgewählten Beispielen aus seinen Beiträgen für die Zeitschrift *Die Kreatur* Bubers schöpfungsgläubige Position darstellen. Sie zeigt sich bereits in der Vorrede zur *Kreatur*, die er gemeinsam mit Joseph Wittig und Viktor von Weizsäcker konzipiert hat. Dort sagen die Herausgeber: *Grüße aus dem Exil*, wie es Florens Christian Rang vorgesehen hatte, wurde abgelöst durch den Begriff *Kreatur*. Ein Ja zur Verbundenheit der geschöpflichen Welt, die Welt als Kreatur. Sie setzt voraus, daß der Mensch sich dessen bewußt ist, in der Gewißheit des eigenen Erschaffenseins und dem daraus wachsenden Leben mit allen Erschaffenen. Die Zeitschrift will von der Welt, von allen Wesen und allen Dingen, allen Begebenheiten dieser gegenwärtigen Welt so reden, daß ihre Geschöpflichkeit erkennbar wird. Wenn sie

---

4   Martin Buber, Der Jude und sein Judentum, Gerlingen 1993, 166.

stets der Kreation eingedenk bleibt, muß ihr jede Kreatur denkwürdig werden. „Außer dieser Vorrede hat Buber folgende Beiträge in den laufenden Nummern der *Kreatur* veröffentlicht: Rede über das Erzieherische; eine chassidische Geschichte: Der dritte Tischfuß; Gandhi, die Politik und wir. Die chassidische Geschichte möchte ich nun im Wortlaut zitieren: ‚Als Levi Jitzchak von seiner ersten Fahrt zu Rabbi Schmelke von Nikolsburg, die er gegen den Willen seines Schwiegervaters unternommen hatte, zu diesem heimkehrte, herrschte er ihn an: Nun, was hast du schon bei ihm erlernt? Ich habe erlernt, antwortete Levi Jitzchak, daß es einen Schöpfer der Welt gibt. Der Alte rief einen Diener herbei und fragte ihn: Ist es euch bekannt, daß es einen Schöpfer der Welt gibt? Ja, sagte der Diener. Freilich rief Jitzchak, alle sagen es, aber erlernen sie es auch?' Der Lernbegriff aus dieser Geschichte ist bedenkenswert. Er meint, daß nur oberflächlich Gelerntes nicht ausreicht, daß das Gelernte in den ganzen Menschen hineingehen muß, denn es handelt sich hier um ein existentielles Lernen. In seinem Aufsatz *Gandhi, die Politik und wir* formuliert Buber, nachdem er das Thema Religion und Politik am Beispiel Gandhis in Indien ausführlich dargestellt hat, herausfordernde Sätze, die auch für unseren Kulturkreis bedeutsam sind: „Das eigentliche Übel an der Politik ist das in ihr wie anderswo herrschende politische Mittel. Den Anderen gewinnen, indem man sich ihm auferlegt. Es ist aber möglich und Not, im öffentlichen Leben wie anderswo, anstatt des politischen das religiöse Mittel zu verwenden, den Anderen zu gewinnen, indem man ihn erschließt. Wer das versucht, mag im politischen Getriebe schwach erscheinen, er arbeitet, indem er am Reich des Menschen baut, am Reich Gottes. Am Reich Gottes können wir nur arbeiten, indem wir an allen Bereichen des Menschen arbeiten, die uns angewiesen sind. Auf das Reich Gottes hin gibt es keine allgemein gültige Auswahl des Zweckentsprechenden wie auf das Reich des Menschen hin. Man kann nicht sagen: Hier ist zu wirken und da nicht, dies führt zum Ziel und das nicht. Wir können die messianische Welt nicht vorbereiten, wir können sie nur bereiten. Das heißt, es gibt keine messianistische Politik. Das heißt aber auch: Von der Heiligung aller Dinge darf der politische Bereich nicht ausgenommen werden. Die ‚Schlange' ist nicht das Urböse, sie ist selber nur verirrt, sie selber wird endlich erlöst werden ... sie gehört mit zur kreatürlichen Welt. Das Abendland kann und darf die ‚moderne Zivilisation' nicht aufgeben, das Morgenland wird sich nicht verschließen können ... "

1939 hat Buber in einem Brief, der als Antwort auf einen Aufsatz Gandhis aus dem Jahr 1938 geschrieben wurde, zum Thema: *Zur Lage der Juden in Deutschland und in Palästina* ausführlich Stellung bezogen. Darin versucht er das indische Wahrheitsverständnis mit seinem jüdischen Schöpfungsglauben zu verbinden. Er sagt in diesem Brief: „Juden werden verfolgt, mißhandelt, gepeinigt, umgebracht. Und Sie, Mahatma Gandhi sagen, Ihre Lage in dem Lande, in dem Ihnen dies widerfährt, entspräche genau ... der Lage der Inder in Südafrika, zur Zeit als Sie dort ihre berühmte Wahrheitskraft- oder Seelenstärke (satyagraha)-Kampagne eröffneten. Dort hätten die Inder durchaus denselben Platz eingenommen, und die Verfolgung habe auch dort eine religiöse Färbung gehabt. Auch dort habe die Verfassung die Gleichberechtigung zwischen Weißen und Farbigen, einschließlich der Asiaten, abgelehnt, auch dort seien den Indern Ghetti angewiesen worden, und die übrigen Disqualifikationen seien ebenfalls nahezu von der gleichen Art gewesen, wie die der Juden in Deutschland. Ich habe diese Sätze wieder und wieder gelesen, ohne sie zu verstehen. Wenn ich dagegen die Tausende und Tausende zerstörter und verbrannter jüdischer Geschäfte stelle, werden Sie vielleicht entgegnen, das sei nur ein Unterschied der Quantität, und die Handlungen seien doch ‚almost of the same type'. Aber wissen Sie nichts, Mahatma, von der Verbrennung der Synagogen und der Thorarollen? Wissen Sie nicht, was da an heiligem, zum Teil uraltem Gut der Gemeinschaft in Flammen aufgegangen ist? ... Aber wissen Sie, oder wissen Sie nicht, Mahatma, was ein Konzentrationslager ist und wie es darin zugeht, welches die Martern des Konzentrationslagers, welches seine Methoden des langsamen und schnellen Umbringens sind? ... Ich habe in den fünf Jahren, die ich selbst unter dem gegenwärtigen Regime verbracht habe, viele Handlungen echter Seelenstärke von Juden erlebt, die sich ihr Recht nicht abdingen ließen und sich nicht niederbeugen ließen, und die nicht allein keine Gewalt, sondern auch keine List gebrauchten, um den Folgen solcher Haltung zu entgehen. ... Man kann einsichtslosen Menschenseelen gegenüber eine wirksame Haltung der Gewaltlosigkeit einnehmen, aufgrund der Möglichkeit, ihnen dadurch allmählich Einsicht beizubringen, aber einer dämonischen Universalwalze kann man so nicht begegnen."[5] In Heft III der *Kreatur* hat sich Buber mit dem dialogischen Thema erneut beschäftigt. Sein Beitrag hat den Titel: *Zwie-*

---

5 Martin Buber, Der Jude und sein Judentum, 615f.

sprache. Hier entfaltet Buber in kleinen Essays, was er in *Ich und Du* aus dem Jahr 1923 in einem existenzphilosophischen Gerüst abgehandelt hatte. Die einzelnen Teile in Zwiesprache haben folgende Überschriften: Urerinnerung, das mitteilende Schweigen, Meinungen und das Faktische, Religionsgespräche, Fragestellung, Beobachten, Betrachten, Innewerden, der Mensch in der Anrede, wer redet?, Oben und Unten, Verantwortung, der bedingte Mensch. All diese Teile stellen wichtige Stationen auf dem Weg zu *Ich und Du* dar, man könnte auch anders formulieren, von *Ich und Du* zu dem Buber, der hier in der *Kreatur* redet. Gemäß unserem theologischen Anspruch in der Tagung, möchte ich den obengenannten Essay: Religionsgespräche, aufgreifen. Wenn es zum interreligiösen Dialog kommen soll, so meint Buber, braucht keiner der Partner seine Ansicht aufzugeben, er braucht auch keine Ängste davor zu haben. Buber meint: „Zwei Bekennern, die miteinander um ihre Glaubenslehren streiten, geht es um die Vollstreckung des göttlichen Willens, nicht um ein flüchtiges personhaftes Einvernehmen." Heute beginne eine Zeit echter Religionsgespräche, nicht jener sogenannten Scheingespräche, wo keiner seinen Partner in Wirklichkeit anschaute und anrief, sondern echter Zwiesprachen, von Gewißheit zu Gewißheit, aber auch von aufgeschlossener Person zu aufgeschlossener Person. Dann erst würde sich echte Gemeinschaft erweisen, nicht die eines angeblich in allen Religionen aufgefundenen gleichen Glaubensinhalts, sondern eine Gemeinschaft der Bangnis und der Erwartung. „Kein Gehorsam zum Kommenden, ohne die Treue zu seiner Kreatur." In diese Sätze hat Buber seine schöpfungsgläubige Humanität auf eine feste Grundlage gestellt. Echte Zwiesprache, oder wie man jüdisch sagen müßte, echtes Lernen zwischen den Religionsgesprächspartnern kann stattfinden. Im Religionsgespräch mit Karl Ludwig Schmidt im Stuttgarter Lehrhaus 1933 hat Buber die Gemeinsamkeit und die Unterschiede von Judentum und Christentum auf folgenden Nenner gebracht: „Es geht um den Geist, den die Juden ruach ha kodesch, die Christen pneuma hagion nennen. Kraft des Waltens dieses Geistes ist es möglich, das von außen unerkennbare Geheimnis in der jeweils anderen Religion zu achten: Wie es möglich ist, daß es die Geheimnisse nebeneinander gibt, das ist Gottes Geheimnis."[6] Es geht

---

6 Peter von der Osten-Sacken, Begegnung im Widerspruch. Text und Deutung des Zwiegesprächs zwischen Karl Ludwig Schmidt und Martin Buber

Buber um die offene und auf Gott gerichtete Menschlichkeit, sie ist für ihn das Nebeneinander, das Judentum und Christentum konstituiert. In einem Aufsatz aus seiner späteren Lebenszeit hat sich Buber noch einmal mit der sogenannten exklusiven Haltung der Religionen befaßt. Hier geht er davon aus, daß keine Religion absolute Wahrheit hätte, vielmehr sei jede Religion eine menschliche Wahrheit: „Jede Religion ist ein Exil, in das der Mensch vertrieben ist; hier ist er es deutlicher als sonstwo, weil in seiner Beziehung zu Gott von den Menschen anderer Gemeinschaften geschieden; und nicht eher als in der Erlösung der Welt können wir aus den Exilen befreit und in die gemeinsame Gotteswelt gebracht werden. Aber die Religionen, die das wissen, sind in der gemeinsamen Erwartung verbunden; sie können einander Grüße von Exil zu Exil, von Haus zu Haus durch die offenen Fenster zurufen."[7]

Ich möchte nun, weil ich Bubers dialogisches Denken sehr ernst nehme, ihn selbst mit seinen verschiedenen Gesprächspartnern zu Wort kommen lassen. Zunächst geht es um den Dialog zwischen Martin Buber und Franz Rosenzweig, der 1925 in einem Brief an Buber die folgenden Vorschläge für das Erscheinen der Zeitschrift *Die Kreatur* niederschrieb. „Die Kreatur hat mich in diesen Tagen viel beschäftigt. Ich habe fast alles, was mir begegnet ist, unter diesem Gesichtspunkt angesehen ... Und einfach anfangen; eine Vorbesprechung hilft weniger als eine erste Nummer ... Sie haben jetzt alle ihre eigenen Menschen, zum Teil auch eigene Zeitschriftenpläne. Wir müssen das Ding, wie wir selber davon überrascht sind, auch überraschend auf die Beine stellen ... Also praktisch: Die erste Nummer einfach machen und für die zweite jedenfalls Stoff genug bereithalten."[8] Bereits in diesem Dokument wird deutlich, daß Rosenzweig wichtige Impulse für das endgültige Erscheinen der *Kreatur* geliefert hat. In Heft I sind zwei Aufsätze von Rosenzweig abgedruckt: *Die Schrift und das Wort* und *Ein Gedicht des Jehuda Halevi*. Im ersten Aufsatz geht es um das Wort, um das mündlich gesprochene Wort Gottes an den Menschen, Wort des Menschen an Gott, Wort der Menschen vor Gott, das aus der Verschriftlichung der

---

im Jüdischen Lehrhaus in Stuttgart 1933, in: Leben als Begegnung. Ein Jahrbuch Martin Buber (1878–1978), Berlin 1982, 128.

7 Martin Buber, Fragmente über Offenbarung, in: Martin Buber, Nachlese, Heidelberg 1966, 110f.

8 Martin Buber, Briefwechsel, Bd. II 1918–1938, Heidelberg 1973, 224f.

biblischen Texte herausgehört wird. In diesem Zusammenhang wird auch von Bubers wichtigem Beitrag bei der Verdeutschung der Schrift gesprochen: Er habe die Atemzüge des menschlichen Sprechens eingefügt in die Worte der Übersetzung. Auf Buber und Rosenzweig in ihrem Bemühen um die Verdeutschung der Schrift will ich näher eingehen. Beide haben 1925 mit diesem Projekt begonnen, und sie gingen von der Erkenntnis aus, daß es für die meisten Juden ihrer Zeit keinen unmittelbaren Zugang zur Bibel mehr gab. Die Prozesse der Säkularisation und Assimilation hatten zu einer beträchtlichen Entfremdung von Glauben und Tradition geführt, so daß Rosenzweig bei der Eröffnung des Frankfurter Jüdischen Lehrhauses feststellen mußte: „Da ist keiner, der nicht entfremdet wäre." Zu dieser Diagnose kam dann noch die Überlegung hinzu, daß der moderne Mensch, wenn er über die Bibel spricht, nur ganz bestimmte Bibelstellen im Kopf und zur Hand hat, meistens solche, die er von seiner Kindheit an kennt und bis ins hohe Alter erinnert. Mit diesem eingeschränkten Wissen kommt man aber an die ursprüngliche, biblische Erfahrung nicht heran. In der Beilage zum ersten Band *Die fünf Bücher der Weisung* gibt Martin Buber diesem Sachverhalt einen markanten Ausdruck. Der heutige Mensch, dem die Glaubenssicherheit der biblischen Menschen verloren gegangen sei, dem man aber die Glaubensaufgeschlossenheit zumuten müsse, sollte sich „die Schrift vornehmen, als kennte er sie noch nicht; als hätte er sie nicht in der Schule und seither im Schein religiöser und wissenschaftlicher Sicherheiten vorgesetzt bekommen; als hätte er nicht zeitlebens allerlei auf sie sich berufende Scheinbegriffe und Scheinsätze erfahren; neu muß er sich dem neu gewordenen Buch stellen, nichts von sich vorenthalten, alles zwischen jenem und ihm geschehen lassen, was geschehen mag. Er weiß nicht, welcher Spruch, welches Bild ihn von dort aus angreifen und umschmelzen wird ... er liest laut, was dasteht, er hört das Wort, das er spricht, und es kommt zu ihm."[9] Soll es aber zu einer wirklichen Begegnung mit der Botschaft des Alten Testaments, der Hebräischen Bibel, kommen, dann muß „die Geschriebenheit der Schrift als Schallplatte ihrer Gesprochenheit erfahren werden." Die Bibel soll also nicht nur als ein erneut in seiner Ursprünglichkeit hergestellter Text mit den Augen gelesen werden, sondern es kommt darauf an, daß die aus der Bibel sprechende und die

---

9 Martin Buber, Zu einer neuen Verdeutschung der Schrift. Beilage zum ersten Band. Die fünf Bücher der Weisung, Heidelberg o.J., 4f.

Menschen ansprechende Stimme in ihrer Unmittelbarkeit wieder als solche vernehmbar wird. Rosenzweig hatte bereits mit der Übersetzung der Hymnen und Gedichte Jehuda Halevis, des jüdischen, mittelalterlichen Dichters hebräischer Sprache, Kategorien einer angemessenen Übertragung hebräischer Texte ins Deutsche erarbeitet, die nun auch für die Hebräische Bibel in Anwendung kamen. Dabei spielt die Lebendigkeit und Unverfügbarkeit der biblischen Texte eine besonders große Rolle. „Denn die Stimme dieses Buches darf sich in keinen Raum einschließen lassen, nicht in den geheiligten Innenraum einer Kirche, nicht in das Sprachheiligtum eines Volkes, nicht in den Kreis der himmlischen Bilder, die über eines Landes Himmel ziehen, sie will immer wieder von draußen schallen, von jenseits dieser Kirche, von jenseits dieses Volkes, von jenseits dieses Himmels. Sie verwehrt nicht, daß ihr Schall sich echohaft in Räume verfängt, aber sie selber will frei bleiben."[10] Nach dem Tod Franz Rosenzweigs im Jahr 1929 führte Martin Buber die Übersetzungstätigkeit alleine fort. 1961 war das Werk abgeschlossen. Buber hat Ende 1956 noch einmal an die intensive Zusammenarbeit mit Franz Rosenzweig erinnert und in einer sehr persönlichen Stellungnahme seinen eigenen Lernprozeß beschrieben, den er über fünf Jahre in der wöchentlichen Begegnung mit seinem schwerkranken Freund gemacht hat: „Franz Rosenzweig ist ein Denker, der seinen Anteil an der Wahrheit bewährt hat. Der Raum dieser Bewährung ist ihm von einer grausamen und geheimnisvoll gnadenreichen Schickung zugemessen worden. Statt, wie er am Schluß des *Sterns der Erlösung* angedeutet hatte, in das nicht mehr deutende, sondern wirkende Leben einzutreten, verfiel er im Jahr nach der Veröffentlichung des Werkes einer Krankheit, die von keinem als so ungeheuerlich schwer empfunden werden muß wie vom Denker, weil sie zwar nicht den Gedanken, aber dessen Äußerung lähmt. Ich kann aus dem einzigartigen Kontakt in sechsjähriger Zusammenarbeit bezeugen, wie Rosenzweig immer tiefer in den Abgrund des Siechtums sinkend, seinem Dienste unverbrüchlich treu blieb. Die große Lehre, die ich damals von dem jüngeren Freunde empfing, war die der Vereinigung von Glauben und Humor in solcher Probe. Glaube ist ein Vertrauen, das jeder Situa-

---

10 Franz Rosenzweig, Die Schrift und Luther, in: Franz Rosenzweig, Der Mensch und sein Werk. Gesammelte Schriften III Zweistromland. Kleine Schriften zu Glauben und Denken, Dodrecht - Boston - Lancaster 1984, 758.

tion standhält; aber Humor ist eine Annahme des Daseins, wie immer es sei, in lächelndem Vollzug. Das Bezwingendste an dem kranken Rosenzweig war, bei schwer gehemmter Beweglichkeit der Lippen, sein unzerstörbares Lächeln, und bei einer aufs Äußerste behinderten physischen Äußerungsfähigkeit, seine Scherze. Der Humor war hier ein Diener des Glaubens, aber er war auch dessen Milchbruder. So sieht wahrheitbewährende Existenz aus."[11]

Der zweite Aufsatz, den Rosenzweig für den Band I der Zeitschrift *Die Kreatur* schrieb, hatte die Auslegung eines Gedichtes von Jehuda Halevi zum Inhalt:

> Der Name.
>
> Jahraus, jahrein in Deinem Haus faßt Lagerstand das Glücksvolk,
> wo Dein Name drin sein Lager fand.
>
> Hoch, welthoch wohnt der Name und hat Sein doch in zerschlagenem Herz und wo sich wer in Jammer wand.
>
> Und Himmelshöhen fassen ihn nicht, ob er herab zum Sinai stieg,
> wohnt in Buschs Dornflammenbrand.
>
> Denn nahe ist sein Weg gar sehr und gleich sehr weit, da, was er schuf, ans Selbst er und ans Andere band.
>
> Allein Gott dank ich's, wenn mein Herz Gedanken spann und ihm nur, wenn Rede mein Mund und Antwort stand.

Rosenzweig gibt diesem Hymnus folgende Interpretation. „Der Widerspruch, daß Gott nah und fern zugleich ist, schießt zusammen in der Tatsache, daß er einen Namen hat. Was einen Namen hat, davon kann man reden und kann es anreden, je nach dem es abwesend oder anwesend ist. Gott ist der einzige, dessen Name zugleich sein Begriff, dessen Begriff zugleich sein Name ist ... Denn der Ferne ist der Gott der Welt, die immer das Ganze und ein Ganzes aus lauter anderm ist, der Nahe, der Gott des Herzens, des Herzens, das nie so sehr Selbst und nur Selbst ist wie wenn es leidet ... Der ‚Baure Aulom', der Weltschöpfer, meint hier nicht, wie man denken sollte, etwas Fernes, das er doch seinem Inhalt nach bezeichnet, sondern ist im Volksmunde ein ganz gefühlsnahes Wort ... Der welterhabne Schöpfer schlägt ‚Wohnung' auf,

---

11 Martin Buber, Der Jude und sein Judentum, 808f.

und der abstrakteste Gott der Philosophie hat ‚Sein' im zerschlagnen Herzen."[12]

Zum 30igsten Todestag Martin Bubers habe ich gemeinsam mit dem Buber-Haus in Heppenheim eine Tagung durchgeführt, die sich mit der Verdeutschung der Schrift befaßte. Aus dieser Tagung ist ein kleines Buch hervorgegangen, das den Titel trägt *Neu auf die Bibel hören*. Der alttestamentliche Theologe Willy Schottroff hat bei dieser Tagung den von Rosenzweig beschriebenen Gottesnamen so gedeutet: „Ein letztes Übersetzungsproblem ist hier schließlich hoch zu nennen. Bekanntlich stellt bis heute die Wiedergabe des Tetragramms, das heißt: des aus den vier unvokalisierten Konsonanten *Jhwh* bestehenden, unaussprechbaren Gottesnamens der Hebräischen Bibel, jede Übersetzung vor nahezu unüberwindbare Schwierigkeiten. Soll man diesen Namen nach dem Vorgang von Septuaginta, Vulgata und der Lutherbibel mit ‚der Herr' umschreiben – in Anlehnung an die jüdische Gepflogenheit an seiner Stelle *adonai* ‚meine Herrschaft' zu sagen? Soll man den Gottesnamen gar, wie es das Baruchbuch, Johannes Calvin (1509–1564), Moses Mendelssohn (1729–1786) und andere tun, mit ‚der Ewige' übersetzen? Franz Rosenzweig, der sich mit diesen Fragen eingehend beschäftigt ... kam aus der Reflexion über die Eigenart dieses Namens, die Situation des Gesprächs Gottes mit Moses am Dornbusch und die Situation des Volkes in Ägypten zu einer anderen Lösung, die dann auch für die Wiedergabe in der Verdeutschung der Schrift maßgeblich geworden ist. ‚Welchen Sinn hätte wohl für die verzagenden Unglücklichen' fragt er im Blick auf diese Situation, ‚eine Vorlesung über Gottes notwendige Existenz? Sie brauchen, genau wie der zaghafte Führer selbst, eine Versicherung des Bei-ihnen-seins Gottes, und brauchen sie, zum Unterschied von dem Führer, der es ja aus Gottes eigenem Munde vernimmt, in der die göttliche Herkunft der Versicherung bestätigenden Form einer Durchleuchtung des alten dunklen Namens ... Der jenen Gegenwärtige, bei ihnen Daseiende, also: Er, der einem ich Gegenwärtige, bei mir Daseiende: Du, der einem Du Gegenwärtige bei dir Daseiende: Ich. Diese pronominale Wiedergabe des unaussprechbaren

---

12 Franz Rosenzweig, Der Name, in: Franz Rosenzweig, Jehuda Halevi, 95. Hymnen und Gedichte Deutsch und Hebräisch, in: Der Mensch und sein Werk. Gesammelte Schriften IV, Bd. 1, The Hague - Bosten - Lancaster 1983, 72.

Gottesnamens stellt Gott als Person in strenger Nichtobjektivierbarkeit und Unverfügbarkeit den Menschen gegenüber."[13]

Ein weiterer wichtiger Gesprächspartner für Martin Buber im Blick auf die Zeitschrift *Die Kreatur* war Hans Trüb. Im Jahr 1923 schrieb Buber sein bedeutendes Werk *Ich und Du*. Kurz nach Veröffentlichung dieser dialogischen Schrift wird er von dem Psychologischen Club in Zürich zu einem Vortrag eingeladen. Sein Thema war: „Von der Verseelung der Welt". Es ging dabei um die Beziehung von Psychologie und Ontologie.

Hans Trüb, 1949

Auf diesem Kongress in Zürich lernte Buber Hans Trüb kennen, mit dem er bis zum Tod Trübs eine lange Freundschaft unterhielt. Trüb war Praktiker, Heilpraktiker, und er versuchte, Bubers dialogisches Denken in die Arzt-Patient-Beziehung zu übertragen. Grete Schaeder hat in der Einleitung in den Briefwechsel Bubers das Anliegen Trübs kurz charakterisiert. „ ... weil er sich mit dem Patienten in einem gemeinsamen ‚Angerufensein' von Gott her weiß, und weil er das Selbst des Menschen als etwas Metaphysisches erkennt, das durch Krankheit verschüttet, aber nicht zerstört werden kann. Nicht

---

13 Willy Schottroff, Die Bedeutung der Verdeutschung der Schrift von Buber/Rosenzweig für die christliche Theologie, in: Werner Licharz / Jacobus Schonefeld (Hg.), Neu auf die Bibel hören. Die Bibelverdeutschung von Buber/Rosenzweig – heute, Gerlingen 1996, 75f.

die bloße Anpassung des Patienten an die Umwelt ist das Ziel, das er vor Augen hat, sondern eine neue und partnerische Beziehung zur Welt, das Zwischenmenschliche ist für ihn der eigentliche Bereich der Selbstverwirklichung."[14]

Ende August 1926 schreibt Trüb einen Brief an Martin Buber, in dem er auf Rosenzweigs „Neues Denken" und auf dessen Bewährung im Leiden zu sprechen kommt. Die Verbindung von anthropologischen Erkenntnissen und ärztlicher Erfahrung bringt Trüb bei einem Besuch des kranken Franz Rosenzweig in Frankfurt zum Ausdruck. „Der vergangene Sommer liegt unter dem Zeichen meines Besuches bei ihm. Dort in seinem Zimmer wurde etwas in mir angerührt, das ich nicht nennen kann. Ist es die menschliche Person, die in ihrer Ganzheit bewegt und zugleich stillgestellt wird? ... Ich sehe Rosenzweig leibhaftig vor mir, eingemauert in seinen gelähmten Körper. Ein Höchstmaß von Behinderung für den Menschen, sich dieser Welt noch zuzuwenden. Er wendet sich nicht ab. Tag für Tag stellt er sich hinein in sein Leiden und gibt uns Kunde vom unvergänglichen Leben der menschlichen Person. Dieses sein Dasein, so wie es zu mir gesprochen hat, legt es nicht Zeugnis ab vom Leben in der Welt? Zeigt es uns nicht, wie wir alle in dieser Welt verhaftet, in sie eingetan, unser Ausgesandtsein erleiden? Muß da nicht die Welt, die Schöpfung einmal in der Zeit doch noch erlöst werden? Wohl müssen wir uns darein ergeben, daß vor unseren Augen dies Licht erlöscht, daß dieser Mensch verstummt. Hat uns da die Welt wieder gezeigt, daß Gott und Mensch ihr weichen müssen? ... Ich frage dies so, wie ich es ganz wirklich erfahre. Ich wohne diesem Sterben bei, ganz von meinem Herzen aus. Ich anerkenne die unerschütterliche Tatsache des progressiven Verlaufs seiner Krankheit und bin darüber tieftraurig. Aber in meiner ganzen Tiefe erschüttert bin ich von der Tatsache, daß bei all dem der Mensch selbst ungemindert, vollwertig gegenwärtig bleibt. Wird er von dem Augenblick an, wo er die Augen schließt, wo er kein Zeichen mehr geben kann, weniger gegenwärtig sein als früher, wo er noch gehen und sprechen konnte, oder als jetzt, wo ihn nur noch ein dünner Faden von Kommunikationsmöglichkeit mit uns verbindet? Ich liebe Rosenzweig um dieses sei-

---

14 Grete Schaeder, Martin Buber. Briefwechsel, Bd. I 1897–1918. Einleitung, Heidelberg 1972, 95.

nes Kreuzes willen. Er wird in meinem Leben immerfort Gutes wirken."[15]

Trüb ringt in diesem Brief um das Verhältnis von Schöpfung und Leiden. Angesichts des Rosenzweig'schen Leidens und überhaupt des Leidens in der Welt fragt er danach, ob nicht die Schöpfung von solchem Leiden erlöst werden sollte.

Buber hätte Trüb gerne für den ersten Jahrgang der *Kreatur* gewonnen, aber erst im dritten Band ist es dazu gekommen. Seine beiden Aufsätze tragen die Titel *Eine Szene im Sprechzimmer des Arztes* und *Aus einem Winkel meines Sprechzimmers*. Der erste Aufsatz berichtet von Versuchen, Gespräche zwischen Arzt und Patient zu führen, die aber leider in der gewünschten Form nicht zustande kamen. „Wir meinten von der Höhe aus ... die Schritte der Kreatur lenken zu können. Wir wollten das Ziel unseres Lebens bestimmen und die Kreatur auf diesem Weg vorwärts und aufwärts führen. Nun sind wir gestürzt, und das Verhältnis hat sich verkehrt. Was wird die Kreatur tun ohne jene Führung? Dürfen wir glauben, daß der Schöpfer bei seinen Geschöpfen steht und ihre Schritte lenkt, und dürfen wir so auch erfahren, daß mit seinen, des Geschöpfes getanenen Schritten, uns Stück für Stück des zu gehenden Weges in diesen Alltag hinein gezeigt werde? Was bleibt uns anderes, als diesem Glauben Folge zu leisten? Erkennend, daß wir das Ziel nicht erkennen können, glaubend aber, daß es es doch gibt, wollen wir den Weg gehen und ihn gehend erfahren und ihn kennenlernen. Im letzten Kreaturheft hat Weizsäcker von der Weggenossenschaft von Arzt und Patient gesprochen. Zu diesem Problem wollte ich einen Beitrag geben, indem ich die Szene im Sprechzimmer des Arztes erzählte und besprach. Mir scheint, daß erst jenseits der Enttäuschung deutlich werde die Wirklichkeit dieser Weggenossenschaft und die Wahrheit des Wortes ‚er ist ja nur Arzt, wenn er am Patienten krankt'. Und verständlich wird schließlich von hier aus der paradoxe Satz: ‚Der Sinn der Krankheit wird nur vom Kranken (Kreatur) aus realisierbar, vom Arzt aus darf er nicht gefordert werden. Dem Kranken darf dieser Sinn nur ein Heil, dem Arzt nur eine Note sein.'"

Trüb spricht in seinem zweiten Aufsatz nur über sich selbst, seine Krankheiten und seine Anfälle: „Aus diesem dunkelnen Winkel, vom

---

15 Hans Trüb, in: Martin Buber, Briefwechsel, Bd. II 1918–1938, Heidelberg 1973, 267f.

Ort der Umkehr aus, erkenne ich dich, den Kranken, jetzt erstmalig mit reinen Augen als Sein Geschöpf und als meinen Bruder. Und so gebe ich also dir zurück das Wort, das der Herr der Stimme mir auf dem Schulweg laut und vernehmbar in mein verschlossenes Selbst hineingelegt hat:
Erschrick' nicht. Ich bin da!
Du, mein geliebtes Herz
Und bist du auch allein,
Und deine Welt zerbrochen,
So bist doch heil, du selbst.
Verschließ dich nimmermehr.
Kehr um und sieh:
Vor dir liegt seine Welt
Und seine Kreatur
Deiner wartend und bedürfend."
Am Ende seines umfangreichen Aufsatzes erinnert sich Trüb noch einmal an Franz Rosenzweig und dessen übersetztes Gedicht von Jehuda Halevi:

Der kranke Arzt.

Heile mich Du, mein Gott, so bin ich heil.
Nicht brenn mich Deines Zornes Feuerkeil.
Extrakt und Medizin sind Dein, – ob gut
ob bös, ob stark ob schwach sie tun.
Dieweil Du es, der auswählt, Du, nicht ich,
und Dein Allwissen lenkt, lenkt nicht, zum Ziel den Pfeil.
Nicht setz auf meinen Heiltrank ich Vertrauen,
nur Deines Heiltranks werde mir zuteil.

Rosenzweig merkt zu diesem Gedicht an. „Jehuda Halevi war Arzt. Deshalb ist er frei von jenem Wunderglauben an die Macht der ärztlichen Kunst, dem auch, wer in gesunden Tagen nicht genug über die Ärzte spotten kann, rettungslos verfällt, wenn er erst selber krank geworden ist. Und deshalb kann er, frei, von jenem Aberglauben um so stärker den Zusammenhang zwischen Heilung und Heil spüren ... "[16]

Hans Trüb hat seinen psychologischen Weg von der analytischen Psychologie zur dialogischen Anthropologie beschnitten, wobei Buber und Rosenzweig in ihrem dialogischen Denken Pate gestanden haben.

Der 1892 in Aachen geborene Dichter, Germanist und Literaturwissenschaftler Ludwig Strauß hat sich im Juni 1925 mit Bubers Tochter Eva vermählt, wodurch er in eine intime und persönliche Beziehung zu Buber geriet. In einem Briefwechsel mit mehr als 600 Briefen hat die Freundschaft dieser beiden jüdischen Denker ein festes Fundament gefunden. Buber hat seinem Schwiegersohn im Juni 1926 einen Brief geschrieben: „Dieser Tage erhaltet ihr das erste Heft der *Kreatur*. Ludwig soll dann bald mal schreiben, wie es euch gefällt. Ich denke, daß meine darin abgedruckte *Rede über das Erzieherische* euch etwas zu sagen hat ... " Vierzehn Tage später antwortet Ludwig Strauß: „Dank für die Kreatur. Ich las noch nicht alles darin, weil ich mich schwer von der Hölderlinlektüre losreiße. Deinen Aufsatz lasen wir gemeinsam und gewannen viel an Klarheit ... Das Heft als Ganzes ist aber etwas im Zeitschriftenwesen wirklich Neues und sieht einem, wo mans aufschlägt, mit neuem Blick an; es fragt einen überall im Kern und ist von einer Direktheit im Ansprechen des Lebens, die der Antwort, glaube ich, sicher ist, auch wenn die Antwort sehr still sein mag."[17]

Im Frühjahr 1926 intensiviert Strauß seine Hölderlin-Studien, die er in den folgenden Jahren zu einer Promotion erweitert und ausbaut. In einem Brief vom 17. Mai 1926 schreibt er über seine Hölderlin-Forschung an Paula und Martin Buber. „In der Hölderlin-Arbeit ist mir viel Merkwürdiges aufgegangen. Biographisch als eigentlich noch nicht dargestellt: der schlafwandlerisch sichre Durchgang zwischen Klassik und Romantik, das halbbewußte oder unbewußte Verkennen oder Vermeiden des Fremdartigen Lind, durch Auflösung oder durch Sicherung, für den Opferweg Hölderlins Gefährlichen ... Was mich vor allem beschäftigt, ist das Religiöse: der Zusammenhang des Monotheistischen und des Polytheistischen geht mir aus immer mehr Belegen so

---

16 Franz Rosenzweig, Jehuda Halevi, 126.
17 Ludwig Strauß, in: Tuvia Rübner / Dafna Mach (Hg.), Martin Buber – Ludwig Strauß, Briefwechsel, Frankfurt 1990, 105f.

hervor: das Polytheistische ist das Plastische, Besondere, ... die Vielfalt der Gottheit in getrennten Antlitzen ausprägt – das Monotheistische ist das Beziehung stiftende und nur in der Beziehung, nur als ‚Einigendes' zwischen Menschen und auch Göttern Offenbare ... Die Beziehung als Ort der Offenbarung der einen Gottheit – ich brauch dir nicht zu sagen, lieber Martin, wie stark ich, als ich dieses erste Prinzip von Hölderlins religiösem Leben ... ausgesagt und ausgetan fand, wie stark ich da auf Deine Lehre verwiesen wurde ... "[18]

Einzelne Stücke seiner Hölderlin-Biografie veröffentlichte Ludwig Strauß in der *Kreatur: Natur und Gemeinschaft* (*Kreatur II*) sowie *Der Mensch und die Dichtung* (*Kreatur III*).

Ludwig Strauß ist 1934 mit seiner Familie nach Palästina emigriert. Im Kinderdorf Ben Shemen, das von dem Pädagogen Siegfried Lehmann gegründet worden war, arbeitete Strauß als Lehrer von 1939–1945. Von 1949–1953, also bis zu seinem Tod, lehrte er an Seminaren der Jugend-Alijah und war auch Dozent für Allgemeine Literatur an der Hebräischen Universität in Jerusalem. Von seiner frühen Lebenszeit an hat Strauß Gedichte geschrieben und veröffentlicht, zunächst in deutscher, später aber auch in hebräischer Sprache. In einem Aufsatz aus dem Jahr 1913 schreibt der 21-Jährige über den Dichterberuf bemerkenswerte Sätze: „Dem arbeitenden Dichter wird die absolute Notwendigkeit der Dichtung am deutlichsten in diesem Gefühl: daß sie seit ewig, unabhängig von ihm, eine abstrakte unterirdische Existenz führe. Er, begnadet diese Existenz zu empfinden, muß sie als Aufgabe fühlen, die ihm gegeben ist: sie auf der Erde zu verwirklichen. Seine ganze Arbeit ist es nun, möglichst zart und ohne sie zu verletzen, die Ahnungen der Dichtung in sich von allen übrigen Phänomenen seiner Seele zu isolieren, sie rein von allem ihr Zufälligen zu machen, dann: möglichst genau in die nun klaren Linien der künstlerischen Form hineinbauen, ohne eine Lücke zu lassen, ohne die im Plan vorgeschriebene Grenze zu überschreiten. Nur in der Treue zu diesem formalen Plan, nicht in der zu einem anderen, stofflichen Erlebnis ... besteht die dichterische Ehrlichkeit."[19]

---

18 Ludwig Strauß, in: Rübner / Mach (Hg.) a.a.O. 103f.
19 Bernd Witte (Hg.), Ludwig Strauß. Dichter und Germanist. Eine Gedenkschrift, Aachen 1982, 23.

1982 erhielt Ludwig Strauß vom Aachener germanistischen Fachbereich eine Gedenkschrift mit dem Ziel, den weithin unbekannten Dichter und Germanisten im deutschsprachigen Raum dem Vergessen zu entreißen. Im Vorwort der Gedenkschrift heißt es: „Aus Anlass des Deutschen Germanistentages 1982 in Aachen erscheint diese Würdigung eines Schriftstellers, der im Jahre 1934 in die Emigration ging, und dessen dichterisches Werk ebenso wie seine germanistischen Arbeiten nach dem Kriege in der deutsch-sprachigen, literarischen Öffentlichkeit kaum noch zur Kenntnis genommen worden sind."[20]

In dem von Tuvia Rübner und Daphna Mach herausgegebenen und kommentierten Briefwechsel Martin Buber – Ludwig Strauß, geben die Herausgeberinnen im Vorwort eine kleine, informationsreiche Charakteristik dieser beiden Freunde, mit der ich meinen Aufsatz beschließen möchte: „Buber, zweifellos von umfassenderem Wissen, war der Erfahrenere und anscheinend auch der Praktischere; Strauß der mehr wohl Spontane und vielleicht auch der wohl Kompromißlosere. Buber, der Anerkannte, bald Berühmte, stand dem jüngeren Freund in den meisten Dingen des äußeren Lebens hilfreich zur Seite. Strauß, hingebungsvoll offen, war viel wehrloser. Im Geistigen aber, mag Strauß auch der Gefährdetere gewesen sein, weil seine Aktivität in stärkerem Maße als die Bubers eine gewisse Passivität zur Voraussetzung hatte ... Was sie fühlten, dachten, erlebten, drängte zur Sprache. Gefühl und Gedanke formen sich zu klar gegliederten Sätzen mit gleichsam innerem Akzent ... Der eine war Denker, Erzähler, Übersetzer der Bibel, auf den Laut jedes Wortes lauschend; der andere war Dichter und Forscher, ein Mann, dem Klang und Bild untrennbar ineinanderschmolzen."[21]

---

20 Bernd Witte (Hg.), a.a.O. 5.
21 Rübner / Mach (Hg.), a.a.O. 10.

„Und ich bin wie eine Kornähre im Hochsommer ..."
Joseph Wittig und „Die Kreatur"[1]

Prof. Dr. Joachim Köhler, Tübingen

Letzte Begegnung von Joseph Wittig und Martin Buber, Gottesberg 1937

Das Herausgebergremium der Zeitschrift *Die Kreatur* war zusammengesetzt aus einem Juden (Martin Buber), einem Katholiken (Joseph Wittig) und einem Protestanten (Viktor von Weizsäcker). Aus der Sicht des Jahres 1956 beschreibt Martin Buber das Zueinander und die gemeinsame Aufgabe der Herausgeber folgendermaßen: „Das geschichtliche Alter ihrer Glaubensgemeinschaften hat die Reihenfolge bestimmt, in der die Namen auf dem Titelblatt standen. Es sind Glaubensgemeinschaften, für die es die Grundtatsache im Dasein des Menschen bedeutet, daß er eine Kreatur ist und es wissen kann ... Die erwähnte Grundtatsache sollte in ihr [in der Zeitschrift] ... nicht dargelegt und erörtert, sondern ihre Kenntnis sollte angewandt werden. ‚Angewandt' ist eigentlich ein zu starkes Wort – gemeint war nur dies, daß wer um etwas Wesentliches wesentlich weiß, de omnibus rebus anders als andere redet. Dennoch hat jeder

---

[1] Vortrag auf dem Symposion „Beherztes Sprechen: ‚Die Kreatur'", das am 21. und 22. Januar 2000 in Königstein/Taunus stattfand.

der drei Herausgeber den Namen der Zeitschrift, wohl ohne es zu beabsichtigen, auf seine Weise kommentiert."²

Im Vorwort zu der Zeitschrift hatte Martin Buber die Aufgabe präziser formuliert: „Diese Zeitschrift will von der Welt – von allen Wesen, von allen Dingen, von allen Begebenheiten dieser gegenwärtigen Welt – so reden, daß ihre Geschöpflichkeit erkennbar wird. Sie will nicht Theologie treiben, eher, in geistiger Demut, Kosmologie."³

1. Joseph Wittigs Zusage, als Herausgeber an der *Kreatur* mitzuwirken

Meine Aufgabe wird es sein, aufzuzeigen, wie Joseph Wittig den Namen der Zeitschrift *Die Kreatur* auf seine Weise kommentiert hat. Ich bin mir der Schwierigkeiten, die dabei auftreten werden, vollkommen bewußt. Ich muss von den Schwierigkeiten, mit den Texten der *Kreatur* umzugehen reden, wenn wir sie für das Heute erschließen wollen. Das sind meine Erfahrungen, die ich bei der Vorbereitung zu diesem Vortrag gemacht habe. Schwierigkeiten ergeben sich aus dem Ansatz, wie ihn die Herausgeber im Vorwort zur *Kreatur* gefasst haben, wenn es darum geht, die „religionshaften Sonderungen"⁴ zu überwinden. Wir leisten uns ja heute noch den Luxus und streiten zehn Jahre um eine Formel, die die konfessionellen Unterschiede in der Lehre beseitigen sollte, aber letztlich nur bewirkt hat, dass man in Augsburg einen feierlichen Gottesdienst gefeiert hat. Jetzt wird über das nächste Thema gestritten. Die Schwierigkeiten potenzieren sich, da inzwischen nicht nur eine Ökumene der monotheistischen Religionen – der Islam eingeschlossen – ein dringendes Desiderat geworden ist. Inzwischen ist die Sehnsucht nach einer Ökumene der Weltreligionen Wirklichkeit geworden. Auch diese Wirklichkeit müssen wir wahrnehmen. Die größte Schwierigkeit ist Joseph Wittig selber. Die Aufforderung Martin Bubers, zusammen mit ihm und Viktor von Weizsäcker die Herausgeberschaft zu übernehmen, erfolgte im Juli 1925⁵. Der Freund und Wegge-

---

2 Martin Buber, Die Kreatur, in: Viktor von Weizsäcker. Eine Festgabe zum 70. Geburtstag, hg. v. Paul Vogel, Göttingen 1956, 5f. 5.

3 M[artin] B[uber] – J[oseph] W[ittig] – V[iktor] v[on] W[eizsäcker]: [Vorwort], in: Die Kreatur I (1926/1927) 1f.

4 Ebd.

5 Vgl. die Antwort Wittig an Buber, Breslau, 28. Juli 1925, Brief Nr. 42. Pachnicke, 80.

fährte in schweren Stunden, Eugen Rosenstock, hatte auf Joseph Wittig als katholischen Partner für dieses Gremium hingewiesen, und ihn empfohlen. Doch dieses Angebot, so verlockend es für Wittig zu sein schien, traf ihn zu einem Zeitpunkt schwerster Verunsicherung. Die Angriffe gegen seine Schriften eskalierten, und er musste mit einer strengeren Maßnahme rechnen als die „grave ammonizione" vom 17. Oktober 1923[6].

Wir können hier den „Fall" Wittig nicht aufrollen, aber ein Rückblick auf die wichtigsten Daten muss erfolgen.

1.1 Die wichtigsten Daten zum „Fall" Joseph Wittig:

Angefangen hatte der Konflikt, von dem wir hier reden müssen mit dem Aufsatz *Die Erlösten*, der in der Osternummer des Jahres 1922 in der Zeitschrift *Hochland* erschienen war[7]. Der Breslauer Kardinal Bertram sah in diesem Artikel „eine Entgleisung in voller Öffentlichkeit und weit über die Diözesangrenzen hinaus [einen] ernstesten Widerspruch"[8] zu seinen Vorstellungen von Seelsorge.

Am 18. April 1922 mahnte Bertram als Reaktion auf einen besorgten Brief, den er von einem Priesters der Diözese empfangen hatte, zu größerer Vorsicht beim Verfassen seiner Geschichten: „Da Sie wissen, daß ich Ihren Publikationen durchaus als wohlwollender Beurteiler gegenüberstehe, werden Sie es als gutgemeint aufnehmen, wenn ich zu größerer Vorsicht rate. Ihre eigenartige Kunst, zu plaudern und seelische Vorgänge zu zeichnen, heischt eine besonders zarte Kontrolle hinsichtlich der Ideen, die in Lesern geweckt werden, die nicht gleiche Werdegänge des Innenlebens durchgemacht haben und nicht gleich merken, wo bei Ihnen Übertreibung im Farbenauftragen untergelaufen ist."[9]

Unmittelbar danach, am 24. April 1922, hat Bertram Wittig von der Leitung der (akademischen) Marianischen Kongregation entbunden. Auch wurde ihm nahegelegt, das Amt als Universitätsprediger nieder-

---

6   Segretaria di stato di Sua Santità, dal Vaticano 17. Ottobre 1923. Das Alter der Kirche, Bd. III, 23.
7   Hochland 19/II, 1922, 1–16.
8   Bertram, Amtliches Zirkular, Breslau 1. Mai 1922. Das Alter der Kirche, Bd. III, 12.
9   Bertram an Wittig, Breslau, 18. April 1922. Das Alter der Kirche, Bd. III, 10.

zulegen. Dies teilte ihm der Kollege und Dompropst Johannes Nickel am 6. Juni 1922 mit, und er fügte hinzu: „Der Herr Kardinal hegt jetzt einiges Mißtrauen gegen Ihre religiös-pädagogische Betätigung. Der Herr Kardinal fürchtet, daß der Aufsatz einen ungünstigen Einfluss auf das neue Konkordat ausüben wird."[10]

In der *Schweizer Rundschau* erschien ein Artikel von dem Churer Domherren Dr. Anton Gisler gegen Joseph Wittig mit der Überschrift „Luther redivivus?", der die römische Kurie mobilisierte.

Mit Reskript vom 17. Oktober 1923 (Nr. 22576) wurde Wittig eine „grave ammonizione" zugestellt. Kardinal Bertram hat dieses Dokument am 22. Oktober 1923 weitergeleitet und dabei den Beschluss der Fuldaer Bischofskonferenz vom 23. August 1923 erneut eingeschärft.

Der Beschluss lautete: „Die Priester und die katholischen Verleger sollen an die canones des C. I. C. erinnert werden, wonach die Veröffentlichung religiöser Artikel in Zeitschriften durch Priester der Genehmigung des Bischofs des Priesters oder des Bischofs des Druckorts bedürfen. Can. 1385 § 2."[11]

Ursache dieser „schwerwiegenden Mahnung" waren zwei Beiträge in dem Sammelband *Kirche und Wirklichkeit*, der von Ernst Michel herausgegeben worden war.

In einem Schreiben an Bertram vom 23. Oktober 1923 machte Wittig aufmerksam, dass das Buch nicht von ihm stamme. „ ... wie dem hohen Amte schon ein Blick auf das Titelblatt hätte sagen können"[12].

Im Hinblick auf den Beschluss der Fuldaer Bischofskonferenz fügte Wittig hinzu: „Wenn der Canon 1386 so ausgelegt wird, daß der priesterliche Schriftsteller jeden religiösen Beitrag für Zeitschriften, Zeitungen und Sammelbände erst der bischöflichen Zensur unterbreiten muß, auch wenn sonst Gewähr für den katholischen Charakter der Zeitschrift oder der Zeitung oder des Sammelbandes vorhanden ist, so bedeutet der Canon eine starke Hemmung, wenn nicht eine völlige Lahmlegung priesterlicher Mitarbeit an katholischer Literatur und

---

10 Dompropst Nikel an Wittig, Breslau 6. Juni 1922. Das Alter der Kirche, Bd. III, 13f.

11 Bertram an Wittig, Breslau 11. Oktober 1922. Das Alter der Kirche, Bd. III, 23.

12 Wittig an Bertram, Breslau 23. November 1923. Das Alter der Kirche, Bd. III, 24.

Presse und eine Untergrabung ihres missionierenden Ansehens. Ich habe mich daher bisher nach der seit Jahren geübten Auslegung der besten katholischen Schriftsteller Deutschlands gerichtet, nach der die katholischen Herausgeber und Verleger die Sorge um das kirchliche Einverständnis tragen und dafür allein verantwortlich sind."[13]

Im Jahre 1924 begann die „Ketzerjagd" auf Wittig von außerhalb der Diözese. Generalvikariate und bischöfliche Zensur-Behörden von Köln, München, Augsburg, Passau beteiligten sich an dieser Hatz, die in einem Gutachten des Dogmatikers Engelbert Krebs in Freiburg gipfelte, das Bertram angefordert hatte.[14]

1.2 Die Aufforderung Martin Bubers

In diese bewegten Zeiten traf die Aufforderung Bubers, an der *Kreatur* mitzuarbeiten. Es war verständlich, dass Wittig zunächst etwas zurückhaltend war. Bereits an jenem Abend, da Wittig Rosenstock gegenüber eine Zustimmung signalisiert hatte, schrieb Wittig an Buber am 28. Juli 1925, er sei darauf gekommen, „daß ich wohl meinen Bischof fragen oder wenigstens meine Absicht ihm mitteilen müßte, damit ich nicht durch ein nachträgliches Verbot aus dem geschlossenen Kreise herausgerissen werde. Unterdessen ist uns durch ein neues bischöfliches Schreiben an die Fakultät in Erinnerung gebracht worden, daß wir für jede Mitarbeit, nicht nur für theologische, an Büchern und Zeitschriften die kirchliche Genehmigung brauchen. Ich möchte also doch meinem Bischof mitteilen, daß ich in die Herausgeberschaft der ‚Kreatur' einzutreten gedenke. Es ist aber möglich, daß Sie unter solchen Umständen darauf verzichten müßen. Sind Sie aber mit dieser Form der Gesetzeserfüllung einverstanden, so bitte ich um einige Zeilen über unser Wollen und Beten, damit ich rechte Auskunft geben kann. Ich will mich morgen abend auch mit Rosenstock beraten, was zu tun sei. Ich denke, losgelöst von der Kirche wäre ich Ihnen nicht nütze."[15]

Am 29. Juli 1925 erging von Rom ein zweites Reskript, welches Bertram am 3. August 1925 an Wittig mit der Aufforderung weiterleitete,

---

13 Ebd.
14 Das Gutachten von Prof. Krebs als Anlage zum Schreiben Bertram an Wittig, Breslau 14. Januar 1925. Das Alter der Kirche, Bd. III, 53–72.
15 Wittig an Buber, Breslau, 28. Juli 1925, Brief Nr. 42. Pachnicke, 80.

bis zum 15. Oktober 1925 die „Professio fidei", das Glaubensbekenntnis, vor dem Generalvikar erneut abzulegen.[16] Über die Folgen unterrichtete Wittig Buber in einem Antwortschreiben auf dessen Briefe vom 3. August und vom 15. August: „Unterdes war auch die Nachricht von der Indizierung einiger meiner Bücher eingetroffen, und ich fühlte mich gedrängt, erst einmal Rosenstocks Wort zu hören, ehe ich antworte ... Infolge der Proskription ist meine Hoffnung, an der ‚Kreatur' als Herausgeber mittun zu können, so stark gesunken, daß ich gar nicht wagen mag, Sie zu einer Reise in meine Nähe zu veranlassen."[17]

Die endgültige Zusage, in das Herausgebergremium einzutreten, gab Wittig am 26. Februar 1926: „Wenn alles Lebendige in Angst geboren wird, dann aber, wenn es geboren ist, eine Freude wirkt, die aus keinem Vorher erklärbar ist, dann muß mein Eintritt in die Herausgeberschaft der ‚Kreatur' etwas Lebendiges sein. Wir hatten nicht ohne Grund gemeint, daß zu Weihnachten mein kirchliches Schicksal entschieden sein werde und daß ich Ihnen dann als ganz Eindeutiger meine Mitarbeit zusagen könnte. Aber die Entscheidung kam nicht, schien sich monatelang hinauszuschieben. Da glaubte ich, Sie nicht länger warten lassen zu dürfen, und in einer nächtlichen Unterredung mit Rosenstock, die immerfort nach der Geburt eines Nein aussah, habe ich dann plötzlich mein Ja gesagt, aber nicht zweifelnd und schwankend, sondern so, daß es dabei bleiben muß."[18]

1.3 Rechtfertigung Wittigs gegenüber seinen Freunden

Diese Ängste gilt es zu beschreiben. Soweit sie sich auf die Herausgeberschaft als solche beziehen, sind sie harmlos. Aber auch sie sollen zunächst noch erwähnt werden. Dahinter tun sich Abgründe auf. Sie kann man eigentlich nicht mehr beschreiben. Es sind Existenznöte, Grenzsituationen, ja fast möchte man sagen Endstationen, von denen Joseph Wittig in seinen Schriften, die am Anfang seiner Tätigkeit als Herausgeber der *Kreatur* entstehen, Kunde gab. Hier gebot die Offenheit des Schreibenden, jene Haltung einzunehmen, die Martin Buber

---

16 Bertram an Wittig, Breslau 3. August 1925. Das Alter der Kirche, Bd. III, 82–83.
17 Wittig an Buber, Kleinbarsdorf im Grabfeld, 19. August 1925, Nr. 43. Pachnicke, 80–81.
18 Wittig an Buber, Breslau, 26. Februar 1926, Nr. 47. Pachnicke, 88.

als Programmpunkt demjenigen anempfohlen hat, der für die *Kreatur* schreiben möchte: er forderte Sensibilität gegenüber allem Kreatürlichen. Wittig liess den Leser auch an seiner Not teilhaben, weil er überzeugt war, dass seine „Armut und Not ... zur Kreatur [gehört], vielleicht mehr als vieles andere; ich denke, es geht eine Schöpfung vor sich"[19].

Was war inzwischen geschehen? Auf eigenen Antrag war Wittig mit Wirkung des 1. April 1926 emeritiert, nachdem er sich im Wintersemester 1925/1926 hatte beurlauben lassen. Am 14. Mai 1926 erfolgte die Exkommunikation. „Wegen Ungehorsams gegen die Vorschriften, welche die obengenannte Hl. Kongregation zum Schutze der Reinheit des Glaubens erlassen hat"[20], wurde Wittig von der obersten Glaubensbehörde aus der römisch-katholischen Kirche ausgeschlossen. Am 12. Juni 1926 hatte Bertram das Exkommunikationsdekret mitgeteilt.

Doch ehe wir die Folgen dieses gravierenden und menschenvernichtenden Eingriffs der Römischen Kurie im Leben von Joseph Wittig erheben, wollen wir noch einmal einen Blick auf die Rechtfertigungsversuche gegenüber Freunden erwähnen, die eigentlich zeigen, wie Wittig darauf bedacht war, den kirchenrechtlich institutionellen Rahmen zu beachten und er seinerseits Gewissens- und Menschenrechte einforderte, wenn es um die Beurteilung seines Verhaltens ging.[21]

Zur eigenen Rechtfertigung gegenüber seinem Freund und Herausgeber der Zeitschrift *Hochland*, Carl Muth, an der *Kreatur* mitzuarbeiten, schrieb Wittig: „Unter welchen Umständen ich mich entschlossen habe, mich an der Herausgeberschaft der ‚Kreatur' zu beteiligen, das habe ich Ihnen schon mitgeteilt. Noch heute sehe ich meine Stellung in dem Unternehmen als einen Missionsposten an, und ich war fest entschlossen, meinen Bischof um Erlaubnis zu bitten. Da kam die Indizierung dazwischen und dann die ganze Hoffnungslosigkeit, zu einer ehrlichen Verhandlung mit dem Bischof zu kommen. Bin ich doch heute noch ohne jede Antwort auf meinen Oktoberbrief! Ich halte es aber

---

19 Wittig an Buber, Schlegel, Kr. Neurode, 1. Dezember 1926, Nr. 68. Pachnicke, 109.

20 Deutsche Übersetzung des Dekrets vom 14. Mai 1926. Das Alter der Kirche, Bd. III, 136.

21 Vgl. Wittig an Bertram vom 4. Oktober 1925 – Antwort auf das Reskript vom 29. Juli 1925 und die Forderung Bertrams, erneut die „professio fidei" abzulegen (Breslau 3. August 1925) – Das Alter der Kirche, Bd. III, 83–86.

auch für mein natürliches Recht, mit gottesgläubigen Männern zusammenzuarbeiten, zumal wenn meine Beteiligung auch eine Gewähr dafür schafft, daß das Unternehmen keine Kampffront gegen meine Gemeinschaft bildet. Mein Name soll Programm sein. Darum wurde ich vor allem um die Mitherausgeberschaft gebeten. Daß ich auch mitarbeiten will und darf und daß ohne mein Wissen und Wollen kein unserer Kirche feindseliger Artikel aufgenommen werden darf, ist Vereinbarung. Schon das erste Heft wird einen Artikel von mir bringen – keinen theologischen. Dr. Buber weiß ganz genau, daß ich sofort von der Zeitschrift zurücktrete, wenn sie Wege geht, die meinem Glauben zuwider sind. Ich bin vertraglich in keiner Weise gebunden, sondern nur durch das Vertrauen, das mir die beiden anderen Herausgeber schenken. Die Frage nach persönlichem Schaden oder Nutzen stelle ich nicht."[22]

In diesem Brief wird deutlich, dass es nicht Wittig war, der die Brücken abgebrochen hat, aber er kann nicht anders, als sich von der Vergangenheit zu lösen. Auf der anderen Seite verteidigt Wittig katholische Positionen im Rahmen der Herausgeberschaft. Da für die Zeitschrift sein Name Programm sein soll, stellte er konkrete Bedingungen auf, von denen seine Mitarbeit abhängig gemacht werden soll: kein feindseliger Artikel gegen die katholische Kirche, keine Artikel, die dem Glauben Wittigs zuwider waren. Wie frei sich Wittig gegenüber der Herausgeberschaft der *Kreatur* fühlte, teilte er Carl Muth mit, nachdem er endgültig im Mai 1926 nach Neusorge zurückgekehrt war. *Die Kreatur* halte ihn keineswegs gefangen, „daß ich nicht los könnte, sobald sie Wege geht, die ich nicht mitmachen kann. Nur durch meinen Charakter bin ich gebunden, der niemals gleich von Ja zum Nein übergeht. Das wissen sie ja! Ich bin Ihnen aber dankbar, wenn Sie es mir sagen, sobald Sie merken, daß der Weg wirklich falsch geht."[23]

1.4 Leben mit der *Kreatur*

Diese Distanz, die er gegenüber der neuen Aufgabe einnehmen konnte, verband ihn immer inniger mit diesem Kreis, und zwar deshalb, weil er in Neusorge die Kreatur unmittelbar erfahren konnte.

---

22 Wittig an Muth, Breslau, 29. April 1926, Nr. 56. Pachnicke, 94–95.
23 Wittig an Muth, Schlegel, Kr. Neurode, 21. Mai 1926, Nr. 57. Pachnicke, 98.

Die Welt, in der er sich bisher aufgehalten hatte, die Welt, „die sich über der ‚Kreatur' lagert"[24] – diese Welt, so empfand er, stoße ihn „immer weiter von sich, Gott sei Dank, in eine schöne Heimat hinein, wo mich die noch stark kreatürlichen Menschen sehr lieb haben"[25]; und wenn von draussen immer wieder Stimmen eindrangen, wie „Nur bald von Martin Buber zurück"[ziehen], so gestand er, höre er nicht darauf.[26]

1.4.1 Rückzug zu den Menschen, die kreatürlich leben

Im Zuge der Rechtfertigung gegenüber seinen Freunden, dass er an der *Kreatur* mitarbeite, wurde Wittig klar, dass der Rückzug nach Neusorge, in die Heimat, zu den „noch stark kreatürlichen Menschen", ihn sensibilisierte für die Aufgabe, an der *Kreatur* mitzuwirken. Dieser Rückzug machte ihn fähig (wie es im Vorwort zur *Kreatur* hiess), so zu reden, dass seine Geschöpflichkeit erkennbar wurde; auch wenn er anfangs nach Erscheinen der ersten Hefte der *Kreatur* Martin Buber gegenüber gestehen musste: Ich bin „durch den Gedankenreichtum der ersten beiden Hefte der ‚Kreatur' stark verschüchtert, sodaß ich es kaum wage, aus meiner Armut und Einseitigkeit etwas zu formen und anzubieten. Sie kennen mich ja nun und wissen am besten, wie ich der Kreatur noch dienen könnte. Wenn sie einen Ton anschlagen oder ein Thema vorschlagen könnten, versuchte ich es wohl gern."[27]

Wittig musste sich ja dieses Rückzugsgebiet erst erschaffen. Am 20. Mai, einen Tag nach der Rückkehr in die Heimat, bemühte er sich, die Baugenehmigung für sein Haus zu erhalten. „Es soll ein kleines Haus werden; auf dem Grundriss von 9 × 11,50 m; Keller-, Erd-, Aufbau- und Dachgeschoss. Ich bau ohne teuren Baumeister, nur mit einem Maurerpolier", schreibt er an Carl Muth, und er fügt hinzu: „Weit, weit draussen liegt Welt und Kampf und auch die Kreatur"[28].

---

24 Wittig an Buber, Schlegel, Kr. Neurode, 28. Mai 1926, Nr. 58. Pachnicke, 99.
25 Ebd.
26 Ebd.
27 Wittig an Buber, Breslau, 15. September 1926, Nr. 67. Pachnicke, 108.
28 Wittig an Muth, Schlegel, Kr. Neurode, 21. Mai 1926, Nr. 57. Pachnicke, 98.

1.4.2 Armut und Not der Geschöpflichkeit

Das Hausbauen war anstrengend, kostete ihn Zeit, Zeit, die er zum Schreiben brauchte. So klagte er Martin Buber seine Not: „Mir selbst will kein ‚Stücklein' für das nächste Heft [der *Kreatur*] gelingen. Es ist zuviel Unruhe in mir und um mich. Wenn mein Haus erst fertig ist, wird es wohl besser."[29] Im Dezember des gleichen Jahres gestand er: ich bin „öder als ein Brachland"[30].

1.4.3 Die Not des Schreibens

Die Schwierigkeiten beim Schreiben waren letztlich hervorgerufen durch die Neuorientierung, zu der Wittig nach der Exkommunikation gezwungen war. Neuorientierung, das bedeutete, sich an der eigenen Geschöpflichkeit auszurichten, Schöpfung zur Sprache zu bringen: „Es bekümmert mich etwas, daß ich jetzt so schwer zum Schreiben zugelassen werde. Ich wußte nicht, daß es solche Zustände gäbe ... Es ist so seltsam, daß ich gerade jetzt aus der ganzen Schöpfung ringsum die drängende Bitte spüre, ihr Worte zu geben. Da eile ich manchmal zum Schreibtisch. Aber da tötet ein Gedanke den anderen, und nach stundenlanger Selbstquälerei ist nicht eine einzige Zeile geschrieben."[31]

Die Schwierigkeit bei der Neuorientierung bestand aber auch durch die neue Art des Vermittelns. „... es entwindet sich mir alles beim Schreiben; ich muß erst hierum und dortrum gehen, ehe ich es wieder sehe und ehe ich es wenigstens bei einem Zipfel erfassen kann. Ich weiß nur, daß niemand auf der Welt so frei ist, sich lächerlich zu machen wie ich, und zugleich vor der Welt noch genügend literarisches Ansehen hat, um erwarten zu können, daß sich die Kreaturleser bemühen werden, bis auf den von mir gesehenen ernsten Grund hindurchzublicken. Mein Reden von dem Ungenannten und doch Gesehenen ist, wie Sie [Buber] schon auf den ersten Seiten erkannt haben, stark anthropomorph. Wo es zu stark anthropomorph ist ..., müßen Sie mir bessere Ausdrücke finden helfen ... Ich habe alles mit meinem Schwager be-

---

29 Wittig an Buber, Schlegel, Kr. Neurode, 27. Juli 1926, Nr. 63. Pachnicke, 102.
30 Wittig an Buber, Breslau, 15. September 1926, Nr. 67. Pachnicke, 109.
31 Wittig an Buber, Schlegel, Kr. Neurode, 15. Oktober 1927, Nr. 84. Pachnicke, 120f.

sprochen, einem einfachen, aber stark geistigen Bergmann, der von Natur und Erziehung her einst ganz dem Rationalismus verfallen war. Die Folge war, daß er geradezu mitarbeitete und immer wieder mahnte, noch auf dies und auf jenes hinzuweisen. Auch Anca Geisler hat einen solchen Anteil an der Arbeit."[32]

1.5 Neuorientierung: Anca Geisler kommt ins Spiel

In der Entscheidung zu Anca Geisler wurde die letzte Konsequenz des Geschaffenseins – oder wir können auch sagen der Unmittelbarkeit vor Gott – deutlich. Das konnte Joseph Wittig in einem Brief an Carl Muth deutlich machen, der sich „kummervoll" und mit Traurigkeit über die Möglichkeit, daß Wittig vielleicht heirate, geäußert hatte. „Wie wäre es denn, wenn ich mich plötzlich vor die Gewissenspflicht gestellt sähe, einem Mädchen meinen Namen zu geben, um sie vor völliger Zerrüttung zu bewahren? Müßte ich nicht auf diese nahe, drängendste Not eines Menschen von Fleisch und Blut mehr Rücksicht nehmen als auf ‚Mein Werk', auf ‚die Allgemeinheit', auf die ‚Interessen der Kirche'?"[33]
Joseph Wittig und Anca Geisler haben sich diese Entscheidung nicht leicht gemacht. Auch darüber erfahren wir etwas in Briefen an Carl Muth: „Was wir nun beschlossen haben, ist seinem Wesen nach nicht dazu angetan, es vor der Welt zu sagen, zu rechtfertigen. Wir haben es auch nicht fehlen lassen an eindringlichster Gewissensprüfung, und es hat uns nicht an schwersten inneren Kämpfen gefehlt – wir stehen noch mitten darin und – bei Gott – wir können uns nicht hineinreden lassen. Wir können auch nicht all den Klatsch und Tratsch dementieren, der überall umgeht. Wir verantworten und prüfen uns nur vor dem Herrgott. Was geschieht, weiß noch niemand, auch wir nicht. Wir harren nur geduldig von Tag zu Tag auf die Führungen Gottes. Es kann auch niemand die ganze Lage in allen Einzelheiten überschauen wie wir; auch Sie nicht, hochverehrter, lieber Freund! Selbst in mündlicher Rede könnte ich Ihnen nicht alles so auseinandersetzen, wie es zusammen in meinem Herzen wirkt. Ich muß von meinen Freunden erwarten, daß sie wissen: was ich tue, tue ich vor Gott, tue ich in un-

---

32 Wittig an Buber, Schlegel, Kr. Neurode, 20. Januar 1927, Nr. 73. Pachnicke, 112.
33 Wittig an Muth, Schlegel, Kr. Neurode, 28. Januar 1927, Nr. 74. Pachnicke, 113.

ausweichbarer Pflicht – oder es sind nicht meine Freunde. Und was ich tue, wird zu meinem Werke gehören, so zwar, daß ich das ganze Werk zerstören würde, wenn ich dies nicht täte, nämlich auch in diesem Falle auf den Gott zu vertrauen, von dem es heißt: ‚Bei ihm ist kein Ding unmöglich'. Ich freue mich, daß alles das von mir abfällt, was mir nicht aus der inneren Kraft meiner Worte heraus glaubte und vertraute, sondern was Glauben und Vertrauen davon abhängig macht, daß ich genau nach ihren Ansichten mich ‚bewährte', also sehr bedingungsweise.

Doch weg mit dem allen! Sie fühlen, daß ich aus reinem Herzen heraus schreibe. Gott wird mich nicht verlassen, wird mich auch nichts tun lassen, was er etwa nicht will. Denn ich habe auf ihn vertraut, er wird mich nicht zuschanden werden lassen – das sage ich in all der Schande und der Katastrophe, in der mich die Welt sieht – und auch Ihr liebes Auge und manchmal – in den Stunden schwachen Glaubens – auch mein eigenes Herz."[34]

1.6 Ausweglosigkeit oder Unmittelbarkeit zu Gott?

Der letzte Grund dieser Entscheidung war für Anca und Joseph Wittig Gott und sonst nichts – davon haben sie Zeugnis abgelegt – von ihrem Geschaffensein, von ihrem Glauben: „Denken Sie nicht, daß wir in ‚Leidenschaft' unsere Entscheidung getroffen haben. Leidenschaft entscheidet in Lust. Wir aber sind durch tiefstes Leid gegangen und sind noch mitten in schmerzenreicher Prüfung. Wir haben niemanden als Führer außer Gott; wir haben unser ganzes Leben auf den Glauben gestellt, in dem wir sagen: In te Domine speravi, non confundar in aeternum. Wenn dieser Glaube irrig ist, dann lohnt sich mir nichts mehr auf der Welt, keine Liebe, keine Ehre, keine Kirche, keine Arbeit. Auch unsere Zukunft empfehlen wir einzig der göttlichen Vorsehung. Wenn nun diese oder jene Entscheidung im Bilde der Zukunft sichtbar wird, können wir nichts anderes tun, als unter gewissenhafter Erwägung alles Für und Wider mit reinem Herzen ihr entgegengehen. Letzte Entscheidungen treffe ich immer erst dann, wenn kein Weg mehr ist, ihnen auszuweichen, – wenn Gott alle anderen Wege verstellt."[35]

---

34 Wittig an Muth, Schlegel, Kr. Neurode, 28. Januar 1927, Nr. 74. Pachnicke, 114.
35 Wittig an Muth, Schlegel, Kr. Neurode, 16.2.1927, Nr. 75. Pachnicke, 115.

Ein Jahr zuvor, vor seiner Exkommunikation, hatte Wittig ahnend, was auf ihn zukommen sollte, an Rosenstock geschrieben und dabei seine Situation mit einem Hinweis auf das Schicksal Abrahams verdeutlicht: „Ziehe fort aus dem Lande deiner Väter und gehe in das Land, das ich dir zeigen werde" (Genesis 12,1).[36] Die letzte Konsequenz dieses Auszugs hatte Wittig in dem Brief an Carl Muth gezogen: „Wir haben niemanden als Führer außer Gott."[37]

Davon wollten Joseph Wittig und Anca Geisler Zeugnis geben. Offensichtlich schreckte auch Martin Buber ein wenig vor dieser Direktweit zurück, denn nachdem Wittig ihm als ersten Beitrag den Artikel *Aus meiner letzten Schulklasse* geschickt hatte, sah er sich gezwungen, etwas von dieser Radikalität zurückzunehmen: „Was ich in der ‚letzten Schulklasse' von Anca geschrieben habe, entspricht ganz und gar dem gegenwärtigen Augenblick des schöpferischen Werdens. Es ist eine Zweideutigkeit, aber eine von jenen, durch die alles Werden gehen muß. Ich will es gern weglassen, auch Anca ist für das Weglassen; aber dann ist unser Zeugnis nicht so lückenlos."[38] Zusammen mit Anca wollte Wittig den radikalen Glauben, wie er im Exodus vom Menschen abverlangt, in der eigenen Lebensgeschichte sinnlich präsent machen.

Als Wittig seinen Artikel im Januar 1927 angekündigt und Buber die ersten Seiten zugeschickt hatte, hatte er als Kommentar hinzugefügt: „Zum Dank für die Tröstungen ihres letzten Briefes sende ich Ihnen hier den Anfang einer Arbeit, die ich in einigen Tagen vollenden will, in der Hoffnung, daß sie sich für die Kreatur eignet. Ich will über einige Vorkommnisse beim Bau meines Hauses berichten, zu deren Verständnis (wie ich sie zu verstehen versuche) eine so lange Einführung nötig erschien."[39]

Viktor von Weizsäcker hatte einmal die Bitte ausgesprochen, die *Kreatur* sollte Auskunft über Wittigs veränderte Situation geben. Damals hatte Wittig zu verstehen gegeben, dass sein Anteil an „der Sprechpflicht erledigt" sei, indem das Sprechen begonnen habe, denn seine Arbeit laufe über den Weg der Kreatur, über seine eigene Geschöpf-

---

36 Wittig an Rosenstock, 11. 3.1926, Nr. 51. Pachnicke, 93.
37 Wittig an Muth, Schlegel, Kr. Neurode, 16.2.1927, Nr. 75. Pachnicke, 115.
38 Wittig an Buber, Schlegel, Kr. Neurode, 3.3.1927, Nr. 76. Pachnicke, 116.
39 Wittig an Buber, Schlegel, Kr. Neurode, 12.1.1927, Nr. 72. Pachnicke, 111.

lichkeit.[40] Im übrigen verwies er auf *Das Alter der Kirche*, das er zusammen mit Rosenstock vorbereite.

Wir haben uns über die Briefe in das Schicksal Wittigs eingelesen und sind von den Schwierigkeiten, die eine Neuorientierung ihm und Anca abverlangt hatte, berührt worden. Auf diese Weise wird es uns ein bisschen erleichtert, ihn und seine Texte zu verstehen. Es bleiben aber auch erhebliche Schwierigkeiten, seine Texte ins Heute umzusetzen.

2   Arbeit am Text

Textgrundlage: Joseph Wittig: Aus meiner letzten Schulklasse, in: *Die Kreatur*, Bd. 2, 7–33.

2.1   TEXT A:
Sich lösen vom Schuldenken

[1]   „Die Wissenschaft hat einen verdammten Zug, mit den Dingen fertig zu werden, ehe noch Gott mit ihnen fertig wird; sie beseitigt die Dinge, indem sie die Dinge so erklärt, daß man nicht mehr nach ihnen zu fragen gezwungen ist; und wir wissen es ja: nach wem man nicht mehr fragt, der ist für uns nicht mehr da.

Zum Glück ist aber nicht jeder Schulunterricht geeignet, die Werke Gottes zu zerphilosophieren." (9)

[2]   „Als ich noch in den früheren Schulklassen meines Lebens saß, als ich lernend und dann lehrend mitten in den alten, approbierten Schulen stand, tausendfach gebunden an ihre Meinungen und Richtungen und Stoffauswahlen, hatte ich wohl Furcht, mich mit solchen Sachen unsterblich zu blamieren, mich und meine Freunde zugleich. Ich mußte trotzdem davon reden und erlebte zunächst das Seltsame, daß die Schule es jahrelang ertrug. Dann aber konnte ich mich doch nicht mehr behaupten; ich hatte so viel Un-Schulgemäßes geredet, daß die alte Wächterin der Schulen gegen mich aufstand, die Kirche. Und es war ein merkwürdiges Spiel. Die Kirche wußte, daß ich ihr treu ergeben war und daß ich ihr viele von ihr Entfremdete wieder zurückführte. Mein Leben lang hatte ich ihr gedient, aber sie mußte mich von der Schule entfernen, denn ich mußte frei von der alten Schule werden, um ihrer Methode und Stoffauswahl nicht mehr verpflichtet zu sein.

---

40   Wittig an Buber, Schlegel, Kr. Neurode, 20.1.1927, Nr. 73. Pachnicke, 113.

Bei solchen Geschehnissen hat und nennt man immer irgendwelche Gründe und ist auch von Herzen überzeugt, daß man nur aus diesen Gründen handle; in diesem Falle aus dem Grunde, daß meine ‚Irrtümer den heiligen Glauben wenigstens teilweise von Grund auf untergrüben'. Tatsächlich aber geschah es, weil es geschehen mußte." (12)

[3]   „Ich wußte gar nicht, wohin ich aus der alten Schulklasse gestoßen sei. Nur mein Glaube sagte mir, daß ein neuer Schulraum für mich geschaffen sein müsse. Ich war so verstoßen aus der alten Schule, wie Menschen überhaupt nicht verstoßen können. Denn wenn einer sonst aus einer Schule entlassen wird, darf er doch wenigstens alle Künste mitnehmen, die er in der Schule gelernt hat. Ich aber sah mich auf einmal entblößt aller dieser Kenntnisse und Künste. Selbst die Sprache der alten Schule war mir abhanden gekommen. Ich konnte noch dies oder jenes mühsam reproduzieren, konnte ein Aufsätzlein schreiben in der Art, wie ich vordem Bücher schrieb, aber es war so, wie wenn ein toter Karpfen noch eine Zeitlang mit dem Schwanze schlägt. So kann Rom und so konnte Jerusalem töten; es hat Macht über Leben und Tod, aber nur immer über das alte Leben, nicht über die Auferstehung. Ich glaubte zunächst, in eine Schulklasse versetzt zu sein, in der man die Kunst geistiger Armut, die Kunst des Gestorbenseins zu lernen hat. Ich baute mir an den Erlen des väterlichen Wiesengrundes ein Haus für meinen Leib, ein Haus wie ein Grab, aber wie ein Grab in Auferstehungsglauben." (13f)

2.2 TEXT B:
Hausbau als spirituelle Erfahrung

[4]   „Als Sohn einer alten Zimmermannsfamilie meinte ich, es wäre eine Schande, wenn ich mir das Haus von einem anderen entwerfen und bauen ließe. Ich wollte weder schöner noch bequemer wohnen, als ich bauen könnte; meinte auch, eigene Baufehler besser ertragen zu können als Fehler eines fremden Baumeisters. Dazu kam, daß einer meiner liebsten Nachbarn ein tüchtiger Maurerpolier war, und ich hatte genügend vom Zeichenbrett meines Bruders abgeguckt und schließlich auch einige Vorlesungen über kirchliche Baukunst gehalten, so daß ich die Entwürfe und Grundrisse und Querschnitte zur gütigen Zufriedenheit der örtlichen Baupolizei herstellen konnte. Tausend Dinge lernte ich aus der freundschaftlichen Unterhaltung mit meinen Maurern und Zimmerleuten und aus der Beobachtung ihrer Arbeitsweise.

Ich sah bald, daß die Summe der Kenntnisse eines Handwerkers, zusammengezogen aus jahrhundertealten Erfahrungen und eigenen Erlernissen nicht viel geringer ist als die eines Universitätsprofessors, und die Leute waren erfreut und dankbar für die Mitteilung meiner baugeschichtlichen Kenntnisse und mancher Baumeistergeheimnisse, z. B. wie man die Bauzeichnung einer Treppe herstellt, einer Kunst, nach der sich jeder tüchtige Zimmermann sehnt, die aber peinlichst vor seinen Augen verborgen wird. So lernten wir viel voneinander, bis wir zueinander Du sagen mußten. Selbst die Handlanger, vor allem den Ziegelträger, erkannte ich als Bewahrer von vielerlei Kenntnissen des Sechstagewerkes Gottes, die ich selbst bei den tüchtigsten Exegeten des Alten Testaments vergeblich gesucht hätte. Genauer als ein Mathematiker wußten sie das Verhältnis der Last, die sie tragen mußten, zu der Entfernung der Leitersprossen, auf denen sie emporstiegen. Aber von dieser Schule will ich hier nicht reden; ich weiß auch noch nicht genau, wieweit sie zu meiner ewigen Seligkeit notwendig war. Ganz trennen läßt es sich indessen von dem anderen, was ich sagen möchte, nicht." (14f)

[5] „Gewöhnlich hatte ich bei allen handwerklichen Arbeiten viel Glück, lauter kleines, aber in der Summe doch viel. Brauchte ich ein Stück Material oder Werkzeug, so fand ich es im Vorrat und Gerümpel unseres alten Hauses, in dem nie etwas Unbrauchbares weggetan wurde, weil es doch vielleicht noch irgend einmal zu irgendeinem Zwecke gebraucht werden könnte. Oder wenn ich es nicht fand, so bot sich mir eine andere Möglichkeit schier freudig und freiwillig an, und es erwies sich fast immer, daß diese andere Möglichkeit, die angebotene, besser war als die gesuchte: Ich hatte keine Gegnerschaft in der ‚leblosen' Kreatur, sondern vielmehr Freundschaft. Aber auch für diese hatte ich eigentlich noch keine Augen; ich sah sie als etwas Selbstverständliches an, und für Selbstverständliches öffnet man eben leider weder Verstand noch Auge. Ich hatte diese Blindheit der Erde gegenüber bis in dieses Jahr hinein. Dem Geiste gegenüber war ich wohl schon eher sehend geworden." (15)

[6] „Darum war es notwendig und eine grosse Gnade, daß ich aus meinem ‚geistlichen Leben' und meinem ‚rein geistigen Berufe' herausgerissen und in diese ganz unakademische Welt hineingestellt wurde, wo ich der Kreatur Gottes Stirn gegen Stirn begegnen konnte." (16)

[7] „Der Acker, der an den Wiesengrund grenzt, war nie besonders fruchtbar, da er ganz dünn auf Sand und Lehmboden gebreitet sich nach Norden neigt; und diese unfruchtbar machende Neigung war noch dadurch verstärkt worden, daß dieses Stücklein Erde allen Lehm und Sand für die Anbauten und Umbauten des großväterlichen Hauses liefern mußte. Mein Schwager bot mir darum ohne zu großen Verlust an Fruchtboden diesen Teil seines Besitztums als Baufleck an, und ich meinte, die Erde würde sich ebenso darüber freuen wie ich selbst.

Es schickte sich so, daß wir am Hochfest des Heiligen Geistes, an Pfingsten, den Bauplatz abstecken mußten. Das ist eine so festliche Arbeit, daß wir in ihre keine Verletzung des Feiertags sahen, und wir schritten voll Freude mit unseren Absteckpfählen, Schnüren, Winkeln und Wasserwagen ans Werk. Da Friede und Freude Früchte des Heiligen Geistes sind und da sie am Bauplatz so reichlich über uns herabkamen, mußte es wohl der Heilige Geist sein, der wie eine Baumkrone uns feiertäglich überschattete und seine Früchte über uns niederfallen ließ. Aber da merkten wir auf einmal, wie die Erde sich wehrte gegen die Absteckung des Rechtecks, das den Grundriss meines Hauses bilden sollte. Die Baumeister der ganzen Erde werden lachen, wenn sie dies hören, denn es ist mit die einfachste Sache von der Welt, ein Rechteck abzustecken. Aber der Abhang bog sich und krümmte sich förmlich unter unseren Meßwerkzeugen. Bald stimmten die Winkel nicht, bald die Längenmaße nicht. Wir prüften Winkel und Stäbe; sie waren in Ordnung. ‚Warum, Warum?' fragte einer nach dem anderen. Niemand sagte: ‚Die Erde will uns nicht!' Schließlich gelang es uns auch, das Rechteck zu schnüren; es gelang uns nur nicht, herauszubekommen, warum es uns nicht gleich gelungen war. Woher sollten wir es auch ‚heraus' bekommen? Aus einer Welt rätselhaften Mißlingens, die uns immer fest verschlossen bleiben wird, so zwar, daß das Mißlingen heraus, unser Verstand aber nicht hinein kann? Wohl, wohl, da es uns mißlang, und warum es uns mißlang, haben wir schon herausbekommen, aber nicht, warum es uns mißlingen mußte.

Von da an begann eine ununterbrochene Kette von Schwierigkeiten, Plackereien, Neckereien, alle einzeln wohl immer erklärbar und von denen, die sie einzeln erfuhren, mit gutem Humor getragen, in ihrer Summe aber rätselhaft und zugleich verräterisch." (20f)

2.3 TEXT C:
Widerstände geistlichen Lebens

[8] Was ist denn dies, was uns so mächtig widersteht?
„Es gibt Widerstände, mit denen man von vornherein rechnet; auch solche, die man bei unberechnetem und unvorhergesehenem Eintritt ‚ganz in der Ordnung' findet. Aber es gibt noch etwas darüber hinaus." (21)[41]

[9] „Es gibt noch etwas, bei dem der an Widerstände wahrhaft gewöhnte Arbeitsmann seinen Humor verliert und mit beginnendem Zorn ausruft: ‚Das wäre wirklich nicht nötig gewesen!' Hinter solchen Worten steckt der Glaube, daß es neben der naturgesetzlichen Notwendigkeit noch eine andere Quelle von Widerständen gibt, eine Unnötigkeit, also eine Freiheit, eine Freiheit, vielleicht nicht grösser, vielleicht viel kleiner als die Freiheit des Hundes, einen vorübergehenden Wanderer zu beissen, wenn er ihn beissen will, – vielleicht aber auch eine sehr große Freiheit." (21)

[10] „Und es gibt noch etwas, das ganz über die vorhergesehenen und über die unvorhergesehenen, aber in Ordnung befundenen Widerstände hinausgeht: das Planvolle, Systematische, Listige, Ausgeklügelte in all den Plackereien und Neckereien, die dem Menschen die Arbeit erschweren; auch etwas Boshaftes, das die fertige Arbeit verunschönt und befleckt und dem Menschen wenigstens einen Teil seiner Freude verdirbt." (21f)

[11] „Die Antike sah diese Erscheinungen in der Gestalt der Dämonen; die deutsche Vergangenheit in der Gestalt der Kobolde oder auch der Teufel; die Neuzeit weiß keine Gestalt; sie hat nur die Namen Naturkräfte und Zufälle, also Namen ohne Macht, Namen, mit denen man niemand rufen kann, Namen, unter denen sich niemand offenbart, vielleicht aber jemand verbirgt." (22)

[12] „Allein die katholische Kirche ruft diese Erscheinungen noch an, gebietet ihnen und verbietet ihnen. Soweit ich aber ihre Funktionäre kenne, tun sie es nur noch mit leeren Worten, nicht mehr mit dem vollen Glauben und der hellen Schau der für Menschenaugen unsichtbaren Wirklichkeiten; sie sind durch die modernen, von den Aufklärun-

---

41 Die Texte [8] bis [12] sind zusammenhängend und nur aus redaktionellen Gründen abgesetzt.

gen der Naturwissenschaft beherrschten Schulen gegangen und verwenden nur die alten Worte, meinen aber Naturkräfte und Zufälle. Sie gehören ja eben auch meist zu der Gruppe der Menschen, der die Erde als eine dienstbar gemachte entgegentritt, während die Kirche ihre Sprache in einer Zeit empfangen und gebildet hat, in der die Undienstbarkeit der Erde noch von dämonischer Gewalt und Herrschaft war." (22)

[2.4] Text D:
Sensibilität für die Schöpfung

[13] „Die Kirche ist heutigentages die einzige Gestalt, die zur Kreatur spricht; die also den Glauben hat, daß die Kreatur hören und gehorchen kann, und zwar nicht einfach so, daß physischer Widerstand physischer Gewalt weichen müße, und auch nicht so, wie man vom Tiere weiß, daß es sich durch Zurufe dressieren läßt, sondern eher so, wie der antike Krieger in den feindlichen Heeresschwarm hineinbrüllte, wohl wissend, daß seine Stimme dort zu Gehör und Wirkung kommen werde. Sie beauftragt sogar die von ihr geweihte Kreatur, nun Wache zu stehen oder ins Feld zu ziehen gegen eine Kreatur, die keine Weihe mehr erreichen kann, die aber erschrecken und flüchten kann vor dem Geweihten." (22)

3 Leitlinien zur Interpretation der Texte

An eine ausführliche Interpretation oder Kommentierung der Texte ist nicht gedacht. Man sollte die Texte lesen und auf sich wirken lassen. Lediglich eine Leitlinie soll aufgezeigt werden, die ein wenig die Auswahl der Textfragmente rechtfertigen könnte.

[1] Von der Wissenschaft als Methode, die alles mit dem Verstand erklären und „begreifen" will, sagt sich Wittig los. Letztlich behauptet er, daß das cartesianische Denken, das eine Trennung von Subjekt und Objekt vornimmt, religiöses Leben als menschliche Erfahrung nicht wahrnehmen, geschweige denn begreifen kann.

[2] Auch die Theologie bedient sich seit der Scholastik des Mittelalters der „ratio" als methodisches Mittel, um religiöses Leben zu erklären. Theologie als Wissenschaft erhebt den Anspruch, den Glauben mit der Vernunft zu begründen. Schließlich wurde die Glaubens*lehre* (die fides quae creditur – der Glaubensinhalt, der geglaubt wird) wichtiger als der Glaubens*akt* (die fides qua creditur – der Glaubensakt, das Ver-

tauen, das dem Glauben zu Grunde liegen muß). Dieser Prozess wurde als Reaktion auf die Reformation in der Gegenreformation und durch den Einfluss von René Descartes in der katholischen Kirche gefördert. Wittig als akademischer Lehrer hat diese Methode übernommen, aber er merkte bald, dass damit dem Menschen nicht geholfen werden konnte. Durch seine „Geschichten" führte er die Menschen, die der Kirche entfremdet wurden, zum Glauben zurück.

[3] Seit der Gegenreformation verlangt die Kirche von den Gläubigen, daß sie die Glaubens*lehren* annehmen („glauben, was die Kirche zu glauben vorgibt"), aber damit tötet sie religiöses Leben, das auf der menschlichen Erfahrung basiert. Für Wittig, der den Glauben nicht nur mit dem Verstand erfassen wollte, wurde der Lebens- und der Lehrraum Kirche zu eng. Er konnte darin nicht mehr leben. Die Kirche als Institution musste Wittig exkommunizieren, weil in der Institution das religiöse Leben erstorben war. Eine Kritik an den „Funktionären der Kirche" übt Wittig in Text 12.

[4] Religiöses Leben war für Wittig eine Erfahrungstatsache. Als er sich einen Raum für das religiöse Leben schaffen wollte, begann er Erfahrungen des praktischen Lebens zu sammeln. Er lernte die Erfahrungen der Handwerker zu schätzen. In ihrer Praxis jahrhundertealter Erfahrungen erkannte er die Traditionsströme, wie sie im biblischen Schöpfungsbericht, in der Vorstellung vom Sechstagewerk, sich niedergeschlagen haben, was den Wissenschaftlern, den Exegeten verloren gegangen zu sein scheint.

[5] Der Hausbau wird Wittig zum Bild für geistliches Leben. Die Werkzeuge und Materialien, die zum (geistigen) Hausbau gebraucht werden, sind „beseelt". Sie zu schätzen und einzusetzen ist eine „geistige" Begabung.

[6] Natürlich bietet die materielle Welt auch Widerstand, auch wenn sie „beseelt" ist, auch die Kreatur, die Schöpfung Gottes. Die Auseinandersetzung damit, den Widerständen die Stirn zu bieten, ist „Einübung" (sind „Exerzitien") für das geistliche Leben.

[7] Die Voraussetzungen für das geistliche Leben sind in den seltensten Fällen ideal. Sand und Lehmboden müssen, ehe man ein Haus darauf errichten kann, bearbeitet werden. Allein das Vermessen von Grund und Boden macht Schwierigkeiten. So war es kein Zufall, dass Wittig das Grundstück, auf dem er bauen wollte, am Pfingstfest vermessen wollte. Er war überzeugt, dass der Heilige Geist sein Tun be-

gleite und begünstige. Das Gegenteil war der Fall. Die Schwierigkeiten häuften sich.

[8] Diese Erfahrung liess die Frage aufkommen, woher die Widerstände im (geistlichen) Leben kommen. Es gibt Widerstände, mit denen man von vorherein rechnen muss. Das ist normal.

[9] Neben diesen normalen Behinderungen und Einschränkungen gibt es Boshaftes, das den Menschen begegnen kann und ihm seine Freude verdirbt.

[10] In früheren Zeiten versuchte man das Böse als Dämon, Kobold oder Teufel zu erklären und zu benennen. In der Neuzeit spricht man von „namenlosen Mächten", von Naturkraft oder von Zufall. Man weiss das Böse nicht mehr zu benennen.

[11] Die katholische Kirche ruft nach den Erfahrungen Wittigs im Exorzismus und im Segen diese Mächte an, nennt sie beim Namen. Damit bannt sie die bösen Mächte und unterstellt sie den guten. Weil aber die „Funktionäre der Kirche" dies mit leeren Worten tun, ist deren Tun unwirksam. Sie glauben nicht mehr an unsichtbare Wirklichkeiten.

[12] Wittig ist der Überzeugung, dass die Kirche sich der Sprache bedient, die zur Kreatur sprechen kann. Diese Wende in dem Gedankengang Wittigs mag uns zunächst einmal schwerfallen, ihn nachzuvollziehen. Die Praktiken des Exorzismus und die Praxis des Segnens stehen für uns heute in der Nähe magischen Denkens. Vielleicht ist Wittig hier mit seiner Sprache und mit den Methoden, geistliches Leben zu artikulieren und zu erfassen, an Grenzen gestossen. Trotzdem, was Wittig im letzten erreichen wollte, in den Menschen, die geistlich leben wollen, eine Sensibilität auch für Schöpfung zu wecken, das haben wir heute auf andere Weise gelernt. Nicht die Kirche, die in ihrem Denken und in ihrem Glauben heute noch am cartesianischen Subjekt-Objekt-Schema festhält, auch wenn nach den Dokumenten des II. Vatikanischen Konzils die Gläubigen nicht mehr Objekte der Seelsorge, sondern Subjekte sind, – die Kirche hat uns nicht die Sensibilität für Geschöpflichkeit, Körperlichkeit, „Natürlichkeit" vermittelt, sondern das „moderne" Bewusstsein. Gute und schlechte Erfahrungen, zum Beispiel Fortschritte in der Medizin und von Menschen verursachte Katastrophen in der Natur haben den Menschen bewusst gemacht, was Paulus im Römerbrief als wichtigste Aufgabe der christlichen Spiritu-

alität bezeichnet hat. Die Schöpfung, die im Argen liegt, wartet auf das Offenbarwerden der Söhne und Töchter des Geistes.

4. Übersetzen von Sprache und Erfahrungen ins Heute

Die Schwierigkeiten bleiben. Der Zugang zu den Texten wird uns nicht erleichtert. Was die methodischen Zugänge anbelangt, so hat sich das Methodenspektrum enorm erweitert. Vieles was Joseph Wittig intuitiv erfahren, ausgesprochen und reflektiert hat, ist heute in den meisten theologischen Fakultäten zur Selbstverständlichkeit geworden. Fragen der Erfahrungen mit Geschichte, der Deutung von Geschichte, der Bestimmung des Verhältnisses von Geschichte und Dogmatik, der Geschichtlichkeit dogmatischer Aussagen u. a. m. werden heute erörtert, ohne dass jemand befürchten müsste auf den „Index der verbotenen Bücher" zu gelangen oder dass ihm ein Lehrzuchtsverfahren angehängt würde. Allerdings muss hinzugefügt werden, dass von dieser Sachlichkeit in päpstlichen Enzykliken und Verlautbarungen römischer Kongregationen kaum etwas zu spüren ist. Das II. Vatikanische Konzil, das zwar die Trennung zwischen Priestern und Gläubigen nicht aufgehoben hat, aber in seinen Dokumenten von einem „wandernden Gottesvolk" spricht, dem alle Menschen, die sich zu Christus bekennen, angehören, sieht die Gläubigen nicht mehr als Objekte der Seelsorge, sondern als Subjekte. Damit sind die Voraussetzungen geschaffen, dass die biblischen Vorstellungen vom Allgemeinen Priestertum in die Wirklichkeit umgesetzt werden können. Dieses neue Bewusstsein wirkt sich in den Gemeinden heute schon aus und wird, davon bin ich überzeugt, auch einmal hierarchische Strukturen in der Kirche Jesu Christi katholischer Prägung aufbrechen und verändern. Die Kirchengeschichte als Wissenschaft reagiert mit neuen Methoden auf diese soziologischen und bewusstseinsmässigen Veränderungen. Sie schreibt nicht mehr Institutionsgeschichte und Personengeschichte, die diese Institutionen stabilisieren – mögen noch so viele Piuspäpste des 19. und 20. Jahrhundert selig oder heilig gesprochen werden. Sie bedient sich der Methoden der Sozial-, Mentalitäts- und Gesellschaftsgeschichte und bringt damit vieles in Bewegung. Und schliesslich hat die Betroffenheit, die der Holocaust hervorgerufen hat, ohne Zweifel dazu beigetragen, dass die Geschichtsschreibung, die den einzelnen Opfern gerecht werden muss, nicht mehr objektivistisch und noch weniger nationalistisch betrieben werden kann.

Aber es bleiben Schwierigkeiten, wenn es um geschichtliche Einordnung und um die Deutung religiöser Erfahrungen geht. Auf alle Fälle stossen wir dabei an Grenzen. Das bekommen wir auf Schritt und Tritt bei der Interpretation der Texte von Joseph Wittig zu spüren. Die Grenzen, die wir bei ihm ausmachen können, liegen im methodischen und im inhaltlichen Bereich. Methodisch arbeitet der „Erzähler" Wittig „narrativ" und assoziativ. Heute gibt es eine „narrative Theologie" und eine Theorie dazu. Wittig ging noch mit der Machete durch das Gestrüpp und hat dieser Methode einen Weg gebahnt. Die Inhalte, die er mit seiner Methode fassen möchte, die religiösen Erfahrungen, werden insofern zu einem Problem, da deutlich erkennbar ist, dass er sich mit der bäuerliche-handwerklichen Welt auseinandersetzt, der Erfahrungswelt der kleinen Leute, das sind die Erfahrungen jener Leute, die vom katholischen Milieu der Grafschaft Glatz geprägt waren. So sehr er sich mit diesen kleinen Leuten identifizierte und solidarisierte, er löste sich gleichzeitig schreibend von diesem Milieu. Was Wittig damals auch als Kirchenhistoriker noch nicht so bewusst war, ist, dass dieses „katholische" Milieu der Grafschaft Glatz ein Produkt der Gegenreformation war. Dies war zustandegekommen durch gewaltsame Vertreibung aller reformatorisch denkenden und empfindenden Einwohner. Die Habsburger wollten das kleine abgeschlosse Gebiet zu einem katholischen Musterstaat machen. Auch wenn die Theorie und Praxis der Inkulturation, welche die Jesuiten im Zuge der Rekatholisierung anwandten, Erfolg hatte, muss das gesagt werden[42]. Dann wird die Loslösung von diesem Milieu nicht mehr als gewaltsam empfunden. Wir müssen feststellen: Die Welt von Joseph Wittig ist nicht mehr unsere Welt. Die Erfahrungen, die er in seiner Welt gemacht hat, das sind nicht mehr unsere Erfahrungen. Die „message", die Joseph Wittig verkünden will, ist für uns nicht mehr oder nur schwer erkennbar. Wir machen andere Erfahrungen, und wir sprechen eine andere Sprache. In den Texten von Joseph Wittig ist vieles enthalten, womit er gerungen hat, und das war seine Welt. In vielem haben wir heute andere Instrumentarien zu Verfügung, um religiöse Erfahrungen aufzu-

---

42 Arno Herzig, Reformatorische Bewegungen und Konfessionalisierung. Die habsburgische Rekatholisierungspolitik in der Grafschaft Glatz (Hamburger Veröffentlichungen zur Geschichte Mittel- und Osteuropas. Eine Reihe des Historischen Seminars der Universität Hamburg, Bd. 1), Hamburg 1996.

arbeiten und darzustellen. An einer Stelle im *Roman mit Gott* schreibt Wittig einmal, dass er gern Biologie studieren würde, um die Schöpfung besser zu begreifen. Hier hat er vorausgedacht und vorausgeahnt. Denn das naturwissenschaftliche Denken, das seine Ausprägungen durch die modernen Theorien, die die Physik, oder heute müsste man sagen die Mikrobiologie, bereitgestellt haben, prägen unser Weltbild. Zu unseren Erfahrungen mit der Schöpfung gehören die Naturkatastrophen, ob sie vom Menschen verschuldet oder nicht verschuldet wurden. Zu unseren Erfahrungen gehört „Auschwitz", das deshalb in der Erinnerung wachgehalten werden muss, damit es sich nicht wiederholt. Und zu unseren Erfahrungen gehören die totale Kommunikation, die durch die elektronischen Medien ermöglicht wird, und die virtuellen Welten. Wie können wir mit diesen Erfahrungen von Gott, von Gott in der Schöpfung reden?

Aber wir müssen mit diesen Erfahrungen umgehen. Wir können uns nicht in eine heile Welt flüchten. Wir dürfen Gott nicht in einer Nische suchen, die wir mit alten Tapeten ausgelegt haben. Sobald wir aber Gott wirklich suchen wollen und uns auf unsere Erfahrungen verlassen, spüren wir, unsere Instrumentarien reichen nicht aus, um diesen Gott zu fassen. Auf einmal sind wir in der Situation des Exodus, wie sie Wittig gelebt und beschrieben hat. Wir fühlen uns ausgesetzt, schutzlos, verunsichert. Es kann Situationen geben, wo wir uns völlig entblösst vorkommen, gewohnte Strukturen und Bindungen geben keinen Halt mehr. Institutionelle Hilfen versagen. Sie werden uns genommen, oder wir müssen sie aufbrechen: „Ziehe fort aus dem Land deiner Väter und gehe in das Land, das ich dir zeigen werde", hatte Gott zu Abraham gesagt, der diesem Ruf folgte und damit zum Urbild des Glaubenden geworden ist.

In der Beschäftigung und Auseinandersetzung mit Wittig-Texten mussten wir feststellen: das ist nicht (mehr) unsere Sprache, das ist nicht (mehr) unsere Welt. Wir können uns darin nicht mehr ansiedeln. Lohnt es sich dann überhaupt noch, mit Wittig-Texten umzugehen? Ich sage, es lohnt sich, weil Joseph Wittig und Anca Geisler uns vorgelebt haben, wie sie in existentieller Unsicherheit und Entblößung ausgehalten haben, geglaubt haben, heute würden wir sagen, authentisch waren. Institutionelle Hilfen haben versagt. Sie mussten versagen, weil Institutionen Authentizität nicht zulassen. Eigene Erfahrungen, auch wenn sie noch so hilflos artikuliert werden, zerstören die Macht der Institutionen. Eigene Erfahrungen brauchen wir, um zu überleben. Wir könnten von „schöpferischer Humanität" reden. In dem Vortrag von Professor Licharz wurde darauf hingewiesen, dass die Zeit der Krankheit für Franz Rosenzweig die fruchtbarste Zeit war. Vielleicht verstehen Sie jetzt das Motto, das ich meinem Vortrag vorangestellt habe:

„Und ich bin wie eine Kornähre im Hochsommer, die dem Bauern zuruft: ‚Komm doch und bringe mich in deine Scheuer, sonst muß ich meine Körnlein fallen lassen in denselben Grund, aus dem ich aufgewachsen bin! Komm, im Winter brauchst du meine Körner! Du bereitest dir ein Brot; wer davon isst, der wird nicht sterben und wird nicht elend werden und wird nicht untergehen."[43]

Wenn Bilder Authentizität vermitteln, bleiben sie für Menschen immer gültig. So auch die Schriften von Joseph Wittig, weil das Schicksal von Joseph und Anca Wittig uns zur eigenen Authentizität verhelfen kann.

ANHANG

Joseph Wittig

Mitarbeit in: *Die Kreatur*

Band I, 1926/1927

Das Volk von Neusorge, in: *Die Kreatur* I, 1926/1927, 87–103
[Abmeier, Nr. 123 und 134]

Band II, 1927/1928

Aus meiner letzten Schulklasse, in: *Die Kreatur* II, 1927/1928, 7–33
[Abmeier, Nr. 130]
Super aquas, in: *Die Kreatur* II, 1927/1928, 123–134

---

43 Joseph Wittig. Aussichten und Wege (GA 6), Heilbronn 1930, 173. Kontext, Drei Legenden, 142–173.

[Abmeier, Nr. 131]

Im Anfang, in: *Die Kreatur* II, 1927/1928, 281–294

[Abmeier, Nr. 140]

Das Geheimnis des „Und", in: *Die Kreatur* II, 1927/1928, 419–425

[Abmeier, Nr. 141]

Schweigendes Warten, in: *Die Kreatur* II, 1927/1928, 477–480

[Abmeier, Nr. 142]

[Unter gleichem Titel:] in: Aussichten und Wege (Gesamtausgabe, Bd. 6), Heilbronn 1930, 300–306.

Band III, 1929/1930

„Erschaffung und Fall der Engel", in: *Die Kreatur* III, 1929/1930, 2–14

[Abmeier, Nr. 147]

Der Weg zur Kreatur, in: *Die Kreatur* III, 1929/1930, 137–157

[Abmeier, Nr. 148]

„Laß den Mond am Himmel stehn", in: *Die Kreatur* III, 1929/1930, 236–249

[Abmeier, Nr. 151]

[Unter gleichen Titel:] in: Aussichten und Wege (Gesamtausgabe, Bd.6), Heilbronn 1930, 216–235.

Die Wüste, in: *Die Kreatur* III, 1929/1930, 308–330

[nicht bei Abmeier]

[unter dem Titel:] Von der Wüste und von der Vorsehung Gottes, zunächst aber vom Autofahren und von freundlichen Gesichtern, in: Aussichten und Wege (Gesamtausgabe, Bd. 6), Heilbronn 1930, 216–235.

Leben im Zwischen –
Viktor von Weizsäcker und „Die Kreatur"
– Grundtexte der Gestaltkreislehre

Rainer–M. E. Jacobi, Bonn

Viktor von Weizsäcker, 1937

Die Gestaltkreislehre Viktor von Weizsäckers bildet den Kern seines Werkes – zugleich freilich auch den Anlass für dessen weitverbreitetes Unverständnis. Insofern kündet die überaus häufige Zitation des Gestaltkreises, die sich zumeist auf das Nennen des Begriffes beschränkt, weniger von dessen wirklicher Rezeption als vielmehr von eben jenem einhelligen Befund, dass es sich hierbei um das eigentliche Hauptwerk Weizsäckers handelt. Zur Vorbereitung des Verständnisses der Gestaltkreislehre ist ein Blick auf die Genese des Weizsäckerschen Werkes unverzichtbar. Dieser zeigt, dass die hier als Gestaltkreislehre bezeichnete Thematik spätestens seit der legendären naturphilosophischen Vorlesung im Wintersemester 1919/20 „Am Anfang schuf Gott Himmel und Erde" bis hin zum Spätwerk im Zentrum seiner sowohl philosophischen als auch klinischen und experimentellen Bemühungen stand.[1] Die geistesgeschicht-

---

1 Hier sei auf den Band 2 „Empirie und Philosophie-Herzarbeit/Naturbegriff" der Gesammelten Schriften Viktor von Weizsäckers (Hg. von Peter Achilles/Dieter Janz/ Martin Schrenk/Carl Friedrich von Weizsäcker), Frankfurt/M. 1998, verwiesen, der die frühen naturphilosophischen Texte Weizsäckers enthält, sowie auf den Band 4 „Der Gestaltkreis. Theorie der Einheit von Wahrnemen und Bewegen" (Frankfurt/M. 1997), der neben dem titelgebenden Haupttext alle weiteren Texte des unmittelbaren thematischen Umfeldes enthält. Unter Spätwerk sei seine Schrift „Pathosophie"

liche Tragweite dieser Thematik bringt Weizsäcker selbst in einem umfangreichen Vorwort zur Sprache, das er der 1950 erschienenen vierten Auflage seines Gestaltkreis-Buches in gleichsam kommentierender Absicht voranstellt.

Neben einigen Nachdenklichkeiten zur Begriffsbildung „Gestaltkreis" und dem Hinweis auf neuere Arbeiten zur sinnesphysiologisch-experimentellen Dimension der Gestaltkreislehre, kommt wie sonst an keiner Stelle in seinem Werk die Intention und Tragweite dieser Konzeption zur Sprache. So erweist sich ihm die Frage, „ob die Anfänge im Laboratorium, in der Klinik oder in der theoretischen Spekulation lagen" als ebenso unbeantwortbar, wie jeglicher Versuch einer Zuordnung der Gestaltkreislehre zu „Biologie, Psychophysik, Naturphilosophie" fehl ginge.[2] Wichtiger ist ihm der Hinweis, dass hier eine neue „Arbeitsweise und Denkweise" in der Medizin grundgelegt werden soll, die er als „medizinische Anthropologie" bezeichnet und in Verbindung mit einer „Veränderung des Wissenschaftsbegriffes" bringt. Wissenschaft gilt ihm hier „nicht als 'objektive Erkenntnis' schlechthin, sondern ... als eine *redliche Art des Umganges von Subjekten mit Objekten. Die Begegnung, der Umgang ist also zum Kernbegriff der Wissenschaft erhoben.*"[3] Nun ist dieser veränderte Wissenschaftsbegriff selbst die Folge eines Umganges, nämlich desjenigen mit dem kranken Menschen. Liegt genau hier der eigentliche Ausgangspunkt der Bemühungen Weizsäckers, so markiert er zugleich auch den „philosophischen Charakter dieser medizinischen Anthropologie". Denn die „Vertiefung in einen Gegenstand selbst" - hier also der Umgang mit dem kranken Menschen – „nötigt zu jenen Wesensbestimmungen, für welche sich in der Geschichte der Philosophie entdeckte Begriffe zunächst anbieten, dann aber neu probiert, korrigiert, verlassen oder wiederhergestellt werden müssen."[4] Mit anderen Worten: *Im Umgang* mit der Wirklichkeit, auch und besonders der des kranken Menschen, vollzieht sich ein Begriffswandel, dem dann die Veränderung des Wissenschaftsbegriffes selbst folgt. Weizsäcker kleidet diesen Begriffswandel in das Bild einer Krise, „die darin besteht, daß eine Stufe der klassischen Naturwissen-

---

    verstanden, die als letztes größeres Werk vor seinem Tod erschien (Göttingen 1956). Die Gesammelten Schriften werden im folgenden als GS zitiert.
2 Weizsäcker, Gestaltkreis (1940), GS, Bd. 4, 94.
3 Ebd. 96.
4 Ebd. 99.

schaften unter Kritik gestellt werden muß und so die Denkweise im Gestaltkreis entsteht. Diese neue Stufe wird also nur erreicht, indem die klassischen Begriffe sich teils ändern, teils in andere Beleuchtung rücken, teils verlassen werden. An die Stelle jenes naturwissenschaftlichen Weltbildes tritt eben das, was wir Gestaltkreis nennen und die Realität in ihm kann daher eine 'cyklomorphe' genannt werden (ein Terminus, der noch nicht benützt wird)."[5]

Die Tragweite des hier Ausgesagten kann schwerlich überschätzt werden: Weizsäcker betrachtet die „Denkweise im Gestaltkreis" gleichsam als neuen Wissenschaftstypus, der die klassische Naturwissenschaft ablöst und assoziiert damit ein der heutigen Rede vom Paradigmen-Wechsel vergleichbares geistesgeschichtliches Phänomen. Auch kann nicht übersehen werden, dass hiermit, zwar nicht expressis verbis, so doch sinngemäß zum Ausdruck kommt, dass eine sich im herkömmlichen Sinn als 'naturwissenschaftlich' verstehende Medizin die Wirklichkeit des kranken Menschen notwendig verfehlt. Nur folgerichtig ist es dann, wenn der Aufbau der medizinischen Anthropologie - was Weizsäckers „hauptsächliches Bemühen" ausmacht - untrennbar mit einem „Grundbegriff-Wandel" einhergeht. Freilich nicht irgendeines Grundbegriff-Wandels, sondern des Wandels - oder wie er auch formuliert: der Revision - der Grundbegriffe unseres bis in das Alltagsbewusstsein reichenden Weltbildes der klassischen Naturwissenschaft: Zeit, Raum, Zahl, Kraft und Energie; damit auch unserer Vorstellungen von Kausalität, Materie und Geschichte. Mit der „Denkweise im Gestaltkreis" verbindet sich dann nicht nur ein neues Bild vom Menschen und seiner Wirklichkeit, sondern ein neues Bild der Welt im ganzen, also auch der Weise, wie wir Menschen in dieses Ganze hineingehören.

Hier ist nicht der Ort, die Angemessenheit dieses Anspruches kritisch zu befragen, beziehungsweise zu überprüfen, wieweit Weizsäcker selbst diesem Programm Genüge getan hat. Vorrangiges Interesse gilt vielmehr der Frage, inwiefern der genannte *Umgang* mit der Wirklichkeit des kranken Menschen zu diesen weitreichenden Konsequenzen Anlass zu geben vermag? Daran erst schlösse sich die Frage nach den Bestimmungsstücken oder Kategorien der „Denkweise im Gestaltkreis" an, was einer Entfaltung der Gestaltkreislehre gleichkäme, die hier

---

5 Ebd. 99.

nicht zu leisten ist. Mit der ersteren Frage indes wird nicht nur die Genese des Gestaltkreis-Entwurfs in den Blick genommen, sondern jener geistesgeschichtliche Kontext erschlossen, von dem her ein Grundverständnis der Weizsäckerschen Intention allererst möglich wird. Hierzu muss auf Texte zurückgegangen werden, in denen die „Vertiefung in einen Gegenstand", von der in besagtem Vorwort die Rede war, tatsächlich geleistet worden ist. Es wird zu zeigen sein, dass in der Tiefe der ärztlichen Elementarsituation, des Umgangs mit dem kranken Menschen also, eine Problematik verborgen liegt, die sich dem Bewusstsein unserer herkömmlichen Grundbegriffe entzieht. Insofern hat die „Denkweise im Gestaltkreis" mehr noch als mit dem Wandel der Grundbegriffe, mit den Grenzen des bewussten Denkens selbst zu tun. Die Schwierigkeiten ihres Verständnisses nehmen genau hier ihren Ausgang.

I

Gemeinsam mit Martin Buber und Joseph Wittig begründet Viktor von Weizsäcker, nicht ohne anfangs größte Zurückhaltung gezeigt zu haben, die Zeitschrift *Die Kreatur*.[6] In deren erstem Jahrgang (1926/27) kommen zwei Texte Weizsäckers zum Druck, die als programmatisch für sein gesamtes weiteres ärztliches und geistiges Wirken gelten dürfen. Der Titel des ersten Textes lautet: *Der Arzt und der Kranke*, der

---

6 Die Bedeutung dieser von Martin Buber angeregten Zeitschrift, die als Vierteljahresschrift von 1926 - 1930 bestand, muss vor dem Hintergrund der geistigen und religiösen Situation Deutschlands nach dem 1. Weltkrieg beurteilt werden. Sie verstand sich als ein Beitrag zur „Konvergenz des religiösen Bewusstseins", freilich im Sinne einer erneuerten Religion, wie sie an der Haltung der Herausgeber zu ihrer eigenen Konfession ersichtlich wird. In seinem autobiographischen Bericht gibt Weizsäcker eine überaus prägnante Einschätzung der Zeitsituation, worin wohl auch die Bereitschaft zur eigenen Mitarbeit gründete:

„Die religiöse Erregung, die ein großer und vor allem ein verlorener Krieg immer zur Folge hat, führte nach dem Weltkriege nicht zu einer Konvergenz des religiösen Bewußtseins, sondern zu einer unübersehbaren Divergenz der Arten, geistig zu existieren. Dies mußte jeder sehen, und diese Zerstreuung, dieser Zweifel darüber, nicht nur was christlich, sondern was überhaupt religiös sei, hat dann folgerecht zu einer ungeheuerlichen Katastrophe in Deutschland geführt." (Ders., Begegnungen und Entscheidungen (1949), GS, Bd. 1, 191-399, hier 197).

des zweiten *Die Schmerzen*, beide verbindet der Untertitel „Stücke einer medizinischen Anthropologie". Im späteren Nachdruck vereint dieser Untertitel beide Texte mit einem weiteren Text *Krankengeschichte*, der im zweiten Jahrgang (1927/28) der Zeitschrift *Die Kreatur* erschien.[7] Nun gilt unser Interesse eigentlich weniger diesen Texten und ihrem gedanklichen Reichtum, zumal hier bereits die Umrisse einer „neuen Medizin" skizziert werden, die Weizsäcker dann später als eine „anthropologische" bezeichnen wird, als vielmehr dem, was diese Texte zu wirklichen Grundtexten macht. So spricht viel dafür, dass die insgesamt mangelhafte Rezeption des Weizsäckerschen Werkes, auch die häufig zu beobachtenden Missverständnisse, mit dem Unvermögen zu tun haben, die in den frühen Texten formulierte Programmatik überhaupt wahrzunehmen. Erschwerend kommt freilich hinzu, dass es sich bei den genannten und noch einigen wenigen anderen Texten dieser Zeit in der Tat um in vielerlei Hinsicht besondere Texte handelt. Wobei es ihrem paradigmatischen Charakter durchaus entspricht, dass sie nicht eigentlich Fachtexte sind. Weder sind sie in medizinischen Fachorganen erschienen, noch als Vorträge vor medizinischem Fachpublikum gehalten worden, sondern für die einem breiten gebildeten Publikum anempfohlene *Kreatur* geschrieben oder aber vor Theologen und Philosophen vorgetragen worden.[8] Sie galten nicht zuerst einer Diszip-

---

7 Jetzt eröffnen diese drei Texte den Band 5 der Gesammelten Schriften „Der Arzt und der Kranke. Stücke einer medizinischen Anthropologie", Frankfurt/M. 1987. Der Anhang dieses Bandes gibt noch einige weiterführende Hinweise zur Gründungsgeschichte der Zeitschrift „Die Kreatur" und zur Bibliographie der genannten Texte.

8 Neben den sog. Kreatur-Texten „Der Arzt und der Kranke" (1926), GS, Bd. 5, 9-26; „Die Schmerzen" (1926), GS, Bd. 5, 27-47; „Krankengeschichte" (1928), GS, Bd. 5, 48-66; gehören hierzu die Vorlesungen während der Hochschulwochen des Apologetischen Seminars der Universität Göttingen in Helmstedt im Oktober 1925 „Seelenbehandlung und Seelenführung. Nach ihren biologischen und metaphysischen Grundlagen betrachtet" (1926), GS, Bd. 5, 67-141, sowie die Vorträge vor der Kölner Kant Gesellschaft im Februar 1927 „Über medizinische Anthropologie" (1927), GS, Bd. 5, 177-194, und vor der Deutschen Philosophischen Gesellschaft im Oktober 1928 „Kranker und Arzt. Eine Wirklichkeit der Gemeinschaft" (1929), GS, Bd. 5, 221-244. In die Reihe der Grundtexte der medizinischen Anthropologie aus den zwanziger Jahren müssten strenggenommen noch zwei weitere aufgenommen werden, die aber in mehrerlei Hinsicht von den genannten sich unterscheiden, was aber hier nicht näher zu erörtern ist: „Das

lin, sondern zunächst wohl der geistigen Situation der Zeit. Der eigentümliche Stil dieser Texte mag diesem Umstand geschuldet sein. In Anlehnung an eine Collage fließen mitunter - im besten Sinne des Wortes - belletristische Elemente ein, was auf den ersten Blick die intendierte Problematik eher zu verbergen als zu erhellen scheint. Insofern dies nun gerade im Text *Die Schmerzen* am ausgeprägtesten der Fall ist, es sich aber hier um den Grundtext der Gestaltkreislehre schlechthin handelt, gerät die Frage nach der Angemessenheit des Stils in ein völlig neues Licht: so als ob die Textgestalt schon ein Teil jener Erkenntniskritik ist, der als verborgenem Thema der Text im ganzen gilt?

Ohne diesen Überlegungen jetzt weiter nachgehen zu können, bleibt als Kennzeichen dieser Texte ihre Ambiguität festzuhalten, gleichsam als Zeugnis jener „Vertiefung in einen Gegenstand", von der schon die Rede war: einerseits also wirklicher Grundtext der medizinischen Anthropologie zu sein, andererseits aber den disziplinären Rahmen dessen, was gemeinhin unter Medizin verstanden wird, zu sprengen. Man wird daher nicht umhin können, in diesem transdisziplinären Gestus ein Kennzeichen der medizinischen Anthropologie selbst zu sehen. Doch nicht die zur plakativen Formel verkommene Rede von Interdisziplinarität ist hier gemeint, sondern eher eine Tiefendimension, deren Ort sich jeglichem disziplinären Denken entzieht. Schon ein Blick auf die Titelformulierungen der genannten Texte zeigt, dass es sich um Grunderfahrungen oder sogenannte „Urszenen" handelt, deren Wesen ein aus disziplinären Trennungen erwachsendes Denken - also auch interdisziplinäres Denken - notwendig verfehlen muss. Vielmehr liegt es im Wesen dieser Grunderfahrungen und Urszenen, dass sie nicht eigentlich Gegenstand bewussten Denkens werden können. Dies nun markiert genau die Problemstellung, aus der Viktor von Weizsäckers Bemühen um eine neue Grundlegung der Medizin erwuchs: Der Versuch der „Neubildung eines geistigen Systems der Medizin als Grundform"[9]. Die Radikalität und Tragweite dieses Bemühens wird wohl nirgends so exemplarisch vorgeführt wie in einer Passage, mit der er selbst den Kerngedanken seines Textes *Die Schmerzen* nochmals

---

Antilogische" (1923), GS, Bd. 2, 368-394; „Einleitung zur Physiologie der Sinne" (1926), GS, Bd. 3, 325-428.

9   Weizsäcker, Psychotherapie und Klinik (1926), GS, Bd. 5, 161-176, hier 174.

zu verdeutlichen sucht. Ihrer zentralen Bedeutung wegen sei diese Passage im folgenden komplett zitiert.

„Es sind dies die großen Ereignisse des menschlichen Erlebens: die Scham, die Angst, der Zorn, die Verzweiflung, aber auch die Schmerzen, die Schwäche, der Schwindel, die Vernichtungsgefühle, die alle zentralste Ereignisse eines jeden Krankheitsgeschehens ausdrücken; sie sind nicht bloße Sekundärfolgen, sondern sie sind selbst Ausdruck desselben Geschehens, welches die pathologische Anatomie und Physiologie aufzeigen und erschließen können.

Ein weiteres Nachdenken über diese Phänomene ergibt, es sei nur eine Folge der kulturellen Differenzierung des Menschen, dass er jene Erscheinungen der *Not* gleichsam in Fakultäten verteilt; dass die Not des Kranken vor die medizinische, die Not des Schuldbewussten und Sterbenden vor die theologische, die des Beleidigten vor die juristische und die des Zweifelnden vor die philosophische Fakultät kommt. Diese Urformen der Not sind gewiss zu scheiden, aber sie hängen auch in den innersten Kreisen der menschlichen Kreatur zusammen, und wenn der Schamane für alle diese Fälle Helfer, Führer und Beschwörer ist, so ist dieser Primitivismus auch ein Hinweis auf eine ursprüngliche Einheit. Auch wenn diskursiv also die krankhaften Prozesse unabhängig von jenen ursprünglichen Ereignissen des Menschenherzens darstellbar sind, so sind sie urphänomenal doch in ihnen beschlossen.

Jede Not ist nun ein ausgesprochen ich-bezogener Zustand; der Mensch, der im Gleichgewicht seiner störungsfreien Mitte geht, braucht sich nicht wahrzunehmen. Die Not erst zwingt zur Selbstwahrnehmung und steht vielleicht an der Wiege des Selbstbewußtseins. So steckt in jeder Not ein Stück Narzißmus. Aber eben weil die Not die bewußtlose Hingabe ans Außen, an die Welt, das Du, an alles Nicht-Ich unterbricht und eine Selbstbeziehung schmerzlich erzwingt, eben darum kann man auch sagen: dies Urphänomen der Not ist nicht nur eines des Ich-für-sich, sondern ebenso sehr das wesenhaft Zweisame: sie ist ein Getrenntsein vom Anderen, der Welt, dem nächsten Menschen. Ja, wir können weiter sagen, sie ist ein Getrenntsein von *dem* Nächsten, der mir der nächste scheint, von mir selbst. Sie trennt in mir mich von meinem Ich. Die Not der Schmerzen, wenn ein Glied gewaltsam von mir getrennt wird, die Not des Schwindels, wenn mein Ich von seiner räumlichen Welt getrennt wird, die Not der Schwäche, wenn es von seiner Tätigkeit getrennt wird - sie alle sind Trennungserscheinungen in mir, und sie alle rufen nach dem Anderen - nach Hilfe. So sind sie Wahrnehmungen der Zweisamkeit unserer Existenz. Und insofern kann man sagen, die Notphänomene seien Beziehungstatsachen von Mensch zu Mensch, und die Selbstwahrnehmung sei nur eine Variante des Gesetzes der unaufhebbaren Gemeinschaft. Freilich gerade die Variante, welche als Not die zwischenmenschliche Beziehung zugleich in Frage stellt und sie eben dadurch auf einer neuen Ebene aufruft, zeugt."[10]

Wenn Selbstwahrnehmung und Selbstbewusstsein ihre Herkunft im Schmerz erlittener Trennung haben, so muss ihnen ein 'Zusammenhang' vorausgehen, der verloren geht, noch bevor er gedacht werden kann. Kündet mithin jeder Schmerz und jede Not von etwas Undenkbarem? Also, wie es im vorstehenden Textzitat heißt, von jener „bewußtlosen Hingabe ans Außen, an die Welt, das Du, an alles Nicht-Ich". Doch was meint dieses Undenkbare? Zwar entzieht es sich dem bewussten Denken, hat gleichwohl aber mit dem Leben selbst, mit dessen eigentlicher Wirklichkeit zu tun; gäbe es sonst Not und Schmerz? Im Schmerz zeigt sich gleichsam „die Ordnung des lebendigen Zusammenhanges alles Lebendigen", freilich als ein „dynamischer Schwebezustand", denn „im Schmerz will ein Sein sich spalten in ein Ich und ein Es und will zugleich dies Sein seine Einheit bewahren"[11]. In diesem „Unentschiedensein" gibt der Schmerz gleichermaßen Kunde von der Gefährdung jener Ordnung wie auch von deren je individuellem 'Lebenswert'.[12] Im bewussten Denken hingegen ist jegliches Unentschiedensein aufgehoben, kommt also weder der lebendige Zusammenhang selbst noch dessen Gefährdung in den Blick, setzt es doch die Trennung in ein Ich und ein Es immer schon voraus.

Mündet nun die Grunderfahrung des Schmerzes und der Not in die „Urszene", in die Begegnung des Patienten mit dem Arzt, so kommt die eingangs gestellte Frage wieder in den Blick: inwiefern die weitreichenden Konsequenzen der Gestaltkreislehre im Umgang mit dem kranken Menschen ihren Ausgang nehmen können? Wenn der Umgang

---

10 Weizsäcker, Kranker und Arzt, GS, Bd. 5, 221-244, Frankfurt/M. 1987, hier 241f.
11 Weizsäcker, Die Schmerzen, GS, Bd. 5, 27-47, Frankfurt/M. 1987, hier 35,32.
12 Ebd. 43.

von Patient und Arzt, was zunächst trivial erscheinen mag, am Leitfaden des Schmerzes und der Not erfolgt, heißt dies ja zugleich, dass er im Zeichen jenes „Unentschiedenseins", jener dynamischen Schwebe steht, die dem Schmerz eignet; also gerade nicht - zumindest nicht ursprünglich - die Folge eines intentionalen Aktes ist. Mit anderen Worten: gelingender Umgang von Patient und Arzt verdankt sich weder der Intentionalität des Patienten oder des Arztes, noch der Reflexivität eines bewussten Ich, sondern allererst der Wahrnehmung eines Schmerzes. Insofern Schmerzen von der „Ordnung des lebendigen Zusammenhanges alles Lebendigen" künden, zeigt sich in deren Wahrnehmung, die selbst Schmerz ist, die unaufhebbare Gemeinschaftlichkeit menschlicher Existenz. In der Weise, wie dieser Verweisungscharakter oder besser: die Relationalität des Schmerzes, einen inneren Zusammenhang erlebbar werden lässt und äußere Zusammenhänge zu stiften vermag, also für die Lebens- und Leidenswirklichkeit des kranken Menschen steht, erhellt er die transzendental-philosophische Denkweise der Intentionalität, die sich vom Apriori des Cogito her entwirft, als abkünftigen und defizitären Erkenntnismodus.

II

Viktor von Weizsäckers Text *Die Schmerzen* darf als Schlüsseltext für den erkenntniskritischen Charakter der medizinischen Anthropologie gelten. Am Paradigma des Schmerzes - einer Grunderfahrung menschlichen Daseins überhaupt - wird deutlich, dass die Denkordnung des transzendentalen Ich, wie sie die neuzeitliche Subjektivitätsphilosophie repräsentiert, die Wirklichkeit menschlichen Lebens verfehlt. Die Schmerzerfahrung steht gleichsam für die Hintergehbarkeit des Ich und markiert damit den blinden Fleck bewussten Denkens. Macht dies einerseits die Weigerung etablierter wissenschaftlicher Medizin verständlich, im Kranksein eine „Weise des Menschseins" zu akzeptieren, erlangt andererseits jener eigentümliche 'Erkenntniswert', wie er schon immer und in allen Kulturen sich mit Leid- und Schmerzerfahrungen verbindet, erst hierdurch seine anthropologische Dignität.[13]

---

13 Zunehmend kommt in den Blick, dass es nicht die segensreiche Erfindung der modernen medizinischen Anästhesie ist, sondern eine sich im Kontext technischer Perfektion einstellende Medikalisierung des Schmerzes schlechthin, die gleichsam zu einer 'kulturgeschichtlichen Anästhesie' zu

Daran knüpft sich für Weizsäcker die Aufgabe, neben und ergänzend zu der von Kant geleisteten Kritik der Vernunft, eine solche des Willens, des Gefühls, der Seele zu versuchen; mithin die Lebenswirklichkeit des Menschen im Ganzen unter Kritik zu stellen. Doch vermag dies, anders als bei Kant, bewusstes Denken nicht zu leisten. So wird ihm der Schmerz zum Leitphänomen einer Kritik der Wirklichkeit des Menschen. Gleichwohl folgt die medizinische Anthropologie dem Vorbild Kants, nicht aber im Sinne einer kritischen Erkenntnistheorie, sondern als *Erkenntniskritik in anthropologischer Absicht*. Diese Absicht in klarer Weise formuliert zu haben, macht die Programmatik des Textes *Die Schmerzen* aus. Sie verdichtet sich in dem Satz: „So wird die Wahrnehmung des Schmerzes verwandelt in eine Kritik der Wirklichkeit, in ein Instrument der Scheidung von echt und unecht in der Erscheinung des Lebendigen."[14]

Die Pointe des Textes indes liegt - wenn auch noch verborgen - in etwas anderem: nämlich in der *ontologischen Differenz* von Schmerzordnung und Denkordnung, die zugleich eine solche von Lebensordnung und Denkordnung ist. Klingt dies zunächst nur an, wenn von der Schmerzordnung als der „Ordnung des lebendigen Zusammenhanges alles Lebendigen" die Rede ist und Weizsäcker dazu einlädt, „am Ariadnefaden der Schmerzen ... ein Gefüge der Lebensordnungen aufzuspüren, derer nämlich, welche eine fleischgewordene Wahrheit, die *Fleischwerdung einer Wahrheit* anzeigen, nämlich einer Lebenswirklichkeit"[15], so wird er in dem 1928 vor der Deutschen Philosophischen Gesellschaft gehaltenen Vortrag „Kranker und Arzt" hinsichtlich der damit verbundenen Konsequenzen sehr viel deutlicher. Unter Verweis auf die „große Urfrage ... , welche in den Worten Logos und Pathos als den Gegenspielern eines weltgeschichtlichen, eines geistigen Dramas kristallisiert", kleidet er sein Programm in die apodiktisch anmutende Forderung, dass als „Vorbedingung" eines Bildes vom wirklichen leibhaften Men-

---

werden droht, indem sie mit dem Schmerz auch all jenes auslöscht, dessen kulturstiftende und stabilisierende Potenz noch gar nicht hinreichend 'bewusst' geworden ist. So wird die Erkundung der Geschichte des Schmerzes als Teil einer umfassenden Körpergeschichte zur Arbeit am blinden Fleck eines rationalen Kulturverständnisses. Vgl. hierzu Jean Starobinski, Kleine Geschichte des Körpergefühls, Konstanz 1987; David B. Morris, Geschichte des Schmerzes, Frankfurt/M. 1994.

14 Weizsäcker, Die Schmerzen, GS, Bd. 5, 35.
15 Ebd.

schen, „der auf der Erde steht", die „*Ungültigkeit* der idealistischen Vernunftbegriffe für den Menschen zu erweisen" wäre, was „auch die Ungültigkeit der Verstandeskategorien einschlösse. Der Weg zu einer Wirklichkeitslehre des Menschen (nicht: des Geistes) wird erst frei, wenn die Wertordnung von Natur und Geist ... 'umgestürzt' ist."[16] Dies wird einsichtig, bringt man es in Zusammenhang mit der luziden Methodenkritik, die der zitierten Passage vorausgeht: gleichsam ein Stück des im Schmerzen-Text angelegten erkenntniskritischen Programmes. Die apodiktisch anmutende Forderung erweist sich dann lediglich als Folge der ontologischen Differenz von Lebensordnung und Denkordnung. [17]

---

16 Weizsäcker, Kranker und Arzt, GS, Bd. 5, 229.

17 Da es sich hier um einen zentralen Gedankengang des erkenntniskritischen Programms Weizsäckers handelt, dessen Ergebnis ja die Gestaltkreislehre bildet, sei der erwähnte Textabschnitt vollständig zitiert: „Die Naturwissenschaft ist in der Medizin doch nur ein Mittel, um überhaupt in Kontakt zu kommen mit dem, was wirklich da ist. Wie soll sich der Arzt der Wirklichkeit des Kranken zuwenden, ohne ihn mit den Sinnen, dem Auge, den Fingerspitzen wahrgenommen zu haben, wie an diese Wirklichkeit herankommen, ohne diese Wahrnehmung logisch kritisiert, in die Tiefe analysiert zu haben. Auch die Physiologie, die Pathologie ist nicht als *kritisches System dieses Kontaktes*. Aber garantiert dieses System der Erfahrung den Kontakt, die *Berührung*, so liefert sie darum kein zutreffendes *Bild* der Wirklichkeit. Ihr ganzes Ethos liegt im Erzeugungsvorgang, eigentlich der Methode der Erkenntnis und nicht in deren Inhalt. An der Wirklichkeit des kranken Menschen gemessen ist die streng naturwissenschaftliche Medizin nur eine *Methode der Verbindlichkeiten*, nicht ein Bild dessen, was *ist*. Ihre Geltung ist also eine kritische, aber keine ontische, es gibt keine Krise des kritischen Erkennens als Methode, aber es gibt eine Krise des Darstellungswertes, des Bildwertes der naturwissenschaftlichen Medizin. Wir erkennen jetzt, daß die naturwissenschaftlichen Daten alle richtig sein, d.h. in Berührung mit der Realität gewonnen sein können, und daß das naturwissenschaftliche Bild des Menschen doch falsch ist. Wir erkennen, daß die Vorstellung, der Mensch sei ein Aufbau aus chemischen Elementen, sein Leben sei eine Kette chemischer Reaktionen, eine Kombination von Reflexen, daß alle diese Urteile nicht nur vorläufige Annäherungen, hypothetische Hilfskonstruktionen sind, nein, daß sie samt und sonders falsch sind. So wie alles dieses aussieht, so sieht der Mensch, das Leben, die Krankheit nicht aus; sie ist in Wirklichkeit etwas anderes." (Weizsäcker, Kranker und Arzt, GS, Bd. 5, 228).

III

Verschiedentlich ist darauf hingewiesen worden, dass sich Viktor von Weizsäckers frühe Denkansätze in das Umfeld der später dann von Eugen Rosenstock-Huessy als „Dialogismus" bezeichneten philosophischen Bewegung einordnen ließen.[18] Mit Blick auf biographische Umstände verwundert es nicht, wenn in diesem Zusammenhang Martin Buber und Franz Rosenzweig genannt werden. In der Tat gibt es vielfältige Hinweise auf enge geistige, im Falle Rosenzweigs auch enge menschliche Verbindungen, nicht zuletzt erkennbar an gegenseitigen gedanklichen Anlehnungen und der Übernahme von Begriffsprägungen. Auch ist es weithin unstrittig, dass die Analyse solcher Beziehungen hilfreiche Aufschlüsse zum genealogischen Verständnis zentraler Denkfiguren oder ganzer Denksysteme zu geben vermag, weniger wird gesehen, dass sie gleichwohl die Originalität von Ansätzen mitunter auch zu verdunkeln hilft. So soll der in der neuzeitlichen Denktradition eher randständige, von Martin Buber aber in das Zentrum seiner philosophischen Überlegungen gestellte Begriff des „Zwischen" als Beispiel für mögliche Missverständnisse synoptischen Bemühens gelten. Sowohl der mit ihm verbundene kritische Impetus als auch seine heuristische Potenz - nicht zuletzt die anthropologische Dimension - legen es nahe, ihn gleichsam bruchlos in jene frühe Phase des Entwurfs der medizinischen Anthropologie Weizsäckers, wie er insbesondere in den *Kreatur*-Texten sich darstellt, einfließen zu lassen. Zumal dieser Begriff von Weizsäcker auch gelegentlich verwendet wird, deutlicher aber die mit ihm verbundene anthropologische Intention; doch nirgends mit der Buberschen Emphase, auch nicht im Sinne eines Grundbegriffs, und - was überraschen mag - nicht in den genannten frühen Texten. Dies freilich besagt wenig, vor allem markiert es keinerlei geistige Dif-

---

18 Eine Vielzahl von Arbeiten hat sich mehr oder weniger ausführlich der Nähe Weizsäckers zum Dialogismus und dessen Vertretern gewidmet. Im folgenden sei eine kleine Auswahl getroffen: Bernhard Casper, Das dialogische Denken. Eine Untersuchung der religionsphilosophischen Bedeutung Franz Rosenzweigs, Ferdinand Ebners und Martin Bubers, Freiburg 1967; Stefan Emondts, Menschwerden in Beziehung. Eine religionsphilosophische Untersuchung der medizinischen Anthropologie Viktors von Weizsäckers, Stuttgart 1993; Heinz-Jürgen Görtz, Tod und Erfahrung. Rosenzweigs 'erfahrende Philosophie' und Hegels 'Wissenschaft der Erfahrung des Bewußtseins', Düsseldorf 1984; Reiner Wiehl, Die Erfahrung im neuen Denken von Franz Rosenzweig, in: Philos. Jahrbuch 89 (1982), 269-290.

ferenz, aber es verdient festgehalten zu werden, ja es gibt Anlass, dem Verhältnis Weizsäckers zu dem, was sich mit dem Begriff des Zwischen bei Buber verbindet, näher nachzugehen. Umsomehr als er für ein zentrales Element der medizinischen Anthropologie steht: für die Gemeinschaftlichkeit und Transzendenz der menschlichen Existenz. Doch kann dies hier nur andeutungsweise geschehen, wiederum unter der Maßgabe, ein erkenntniskritisches Verständnis der Gestaltkreislehre vorzubereiten.

Mit Michael Theunissens fulminanter Studie *Der Andere* liegt der wohl kenntnisreichste Versuch einer systematischen Deutung der Buberschen Rede vom Zwischen vor. Indem sie es sich zur Aufgabe macht, im „Nachvollzug des Buberschen Weges", die Konzeption des Zwischen als „Destruktion des transzendentalphilosophischen Modells der Intentionalität" auszuweisen, leistet sie einen überaus hilfreichen Beitrag zur Beurteilung der geistesgeschichtlichen Bedeutung jener Denkbewegung des Dialogismus, in deren Nähe auch Weizsäckers Grundtexte der medizinischen Anthropologie gehören.[19] Ihre von Theunissen nicht verschwiegene Problematik gründet indes darin, dass sie Bubers Zwischen in den Horizont eines philosophischen Entwurfs stellt - eben jenen der Destruktion der Subjektivität -, wohl wissend, dass die eigentliche Quelle der Buberschen Rede vom Zwischen eine Glaubenserfahrung ist. Das hiermit verbundene Dilemma wird schon von Buber selbst in seiner „philosophischen Rechenschaft" klar benannt, wenn er einräumt: „Ich mußte aus dem im Ich-Du und als Ich-Du-Erfahrenen ein Es machen."[20] Was ja nichts anderes heißt, als dass das 'im Ich-Du und als Ich-Du-Erfahrene' der Sphäre des Zwischen zugehört und als solches nicht begrifflich aussagbar ist. Theunissens Bemühung, die in Bubers philosophischem Grundtext *Ich und Du* unter dem „abstoßenden Gewand der pseudopoetischen Sprache" verborgene „implizite Ontologie" gleichsam systematisch zu explizieren, musste wohl darin münden, sie als eine *negative* Ontologie des Zwischen vorzustellen, in deren Negativität sich noch der Bann dessen zeigt, zu dem sie der

---

19 Michael Theunissen, Der Andere. Studien zur Sozialontologie der Gegenwart, Berlin/New York 1977 (2. Aufl.), 278ff.

20 Buber, Aus einer philosophischen Rechenschaft, in: Ders., Werke, Bd. 1, Schriften zur Philosophie, 1111-1122, München 1962, hier 1111.

vermeintliche Gegenentwurf sein sollte.[21] Was aber, wenn ein philosophischer Gegenentwurf nicht eigentlich intendiert war, also den Anfang kein Akt der Reflexion bildet, sondern eher eine Wahrnehmung, die dem Menschen unabweisbar widerfährt, ihm zum Anlass des Denkens wird, ohne sich aber diesem zu erschließen? Kommt hier nicht vielmehr - vergleichbar der „Schmerzordnung" Weizsäckers - ein im Denken des Ich Uneinholbares in den Blick; das gerade weil es aller Intentionalität schon immer vorausgeht, die Wirklichkeit des Menschen erst eigentlich 'bestimmt'.[22]

IV

Martin Bubers Rede vom Zwischen galt diesseits aller philosophischen Entwürfe und Gegenentwürfe zunächst und vor allem der Wirklichkeit des „wirklichen Menschen, dir und mir, ... unserem Leben und unserer Welt, nicht ... einem Ich an sich und nicht ... einem Sein an sich."[23] Dem menschlichen Denken war damit „eine lebensmäßig *neue* Aufgabe

---

21 Theunissen, Der Andere, 497, aber auch 259ff; ebenso ders., Bubers negative Ontologie des Zwischen, in: Philos. Jahrbuch 71 (1964), 319-330.

22 In einer höchst beeindruckenden „Nachschrift" zu seiner Studie „Der Andere", bringt es Michael Theunissen selbst auf den Punkt: „Enthüllt sich in dieser Negativität (gemeint ist die der Dialogik) nur das Ungenügen der historisch verwirklichten Philosophie des Dialogs oder nicht vielmehr eine grundsätzliche Grenze der Philosophie überhaupt?" (496) Denn es steht außer Frage, daß es die Intentionalität ist, „die die mittelbare Fremderfahrung der Theorie konform macht", hingegen alles dem Menschen unmittelbar widerfahrende - sei es die Begegnung des Du oder der Schmerz – „eine nicht-intentionale Verfassung hat". Womit unstrittig ist, daß „das Du in der nicht-intentionalen Begegnung anders da ist als das fremde Ich für die theoretische Erkenntnis", was soviel heißt wie: „ich bin seiner 'inne' und kann seiner inne sein, weil es als der unverfügbare Grund meines Seins trotz seines personalen Gegenüberstands - wie Buber sagte - 'mir näher ist als mein Ich' „. Insofern „entzieht sich die unmittelbare Begegnung, als existenzielle Praxis und wegen deren andersartiger Verfassung, dem direkten Zugriff theoretischer Auslegung". (494) In einer *Philosophie* des Dialogs indes wird zwangsläufig jenes Unmittelbare „in die Sphäre der Intentionalität abgedrängt und dann zwar analysiert, aber mit inadäquaten Begriffen und an unzureichenden Modellen". Dies mache die „Negativität der historisch verwirklichten Philosophie des Dialogs aus." (495)

23 Buber, Ich und Du (1923), in: Das dialogische Prinzip, 7-121, Heidelberg 1984, hier 17.

gestellt ... und zwar eben eine *lebensmäßig* neue"[24]. Nicht um Subjektivität oder Objektivität sollte ihm zu tun sein, sondern um die „fundamentale Tatsache der menschlichen Existenz": dass „der Mensch mit dem Menschen" sei. Diese Sphäre, „mit der Existenz des Menschen als Menschen gesetzt, aber begrifflich noch unerfaßt", nannte Buber „die Sphäre des Zwischen"[25]. Die Schwierigkeit dieser Begriffsbildung ist freilich, dass sie als *Begriffs*bildung genau das verfehlt, was zum Ausdruck gebracht werden soll. So geht es eben gerade nicht - wie er es nennt - um eine gedankliche „Hilfskonstruktion", sondern das Zwischen *ist* „wirklicher Ort und Träger zwischenmenschlichen Geschehens"[26]. Michael Theunissen versucht die begriffliche Unbestimmbarkeit des Zwischen in der Formel des „reinen Geschehens" einzufangen, womit ihm eine Annäherung an die *personale* Subjektivität Bubers gelingt.[27] Diese nämlich „besitzt ihre substanzielle Fülle ... nicht im selben Sinne *jenseits* des Verhältnisses zum Anderen wie das Subjekt seine Vorhandenheit. Ihre Fülle ist vielmehr ganz von der Beziehung umschlossen." Insofern kommt der Person bei Buber „nicht das Sein eines abgesonderten Seienden" zu, sondern ihr Sein ist „die Wirklichkeit des Zwischen".[28] Als solche ist sie logisch und ontologisch der transzendentalen Subjektivität, d.h. der Konstitution von Objekten voraus. Ihr Ort ist diesseits der Trennung in Ich und Nicht-Ich, sie kann nicht eigentlich Gegenstand von Erkenntnis werden.

Die zentrale Formel des Buberschen Denkens, eines *lebensmäßig* neuen Denkens, nimmt von hier ihren Ausgang. Mit ihr eröffnet er sein wohl bekanntestes Werk: „Die Welt ist dem Menschen zwiefältig nach seiner zwiefältigen Haltung."[29] Nicht nur kennzeichnet die „zwiefältige Haltung" den Menschen in *allen* seinen Beziehungen, mehr noch ist sie für Martin Buber „die große Voraussetzung für den Anbeginn des Philosophierens" überhaupt. Denn dieses stehe schon immer im Zeichen der „Dualität der Grundworte", also des Ich-Du *und* des

---

[24] Buber, Das Problem des Menschen (1942), Heidelberg 1982 (5., verbesserte Aufl.) 158f.
[25] Ebd. 164f.
[26] Ebd. 165.
[27] Theunissen, Der Andere, 268f.
[28] Ebd. 272.
[29] Buber, Ich und Du, 7.

Ich-Es. Insofern ist ihm weder an der Absage philosophischer Systeme gelegen noch am Entwurf eines eigenen, sondern am Aufweis der Gefahr eines elementaren Defizits des Philosophierens selbst. Dem geziemte, wie er betont, keine Systematik; es ginge lediglich darum, eine „vernachlässigte, verdunkelte Urwirklichkeit ... sichtbar zu machen", die in Gestalt jener Dualität „der Grundverhalt im Leben jedes Menschen mit allem Seienden ist." Nicht also „vom Sein war zu handeln, sondern einzig von dem menschlichen Doppelverhältnis zum Sein. Das Philosophieren mußte wesentlich ein anthropologisches sein; in seiner Mitte mußte ... die Frage stehen, wie der Mensch möglich sei."[30] Die Nähe zu Weizsäcker gründet in der Einsicht, dass Philosophie das Sein des Menschen wie das der Welt notwendig verfehlt, sofern es dieses in der Totalität denkt, die dem Begriff eigen ist. War es für Buber die Wirklichkeit der Begegnung, also die Sphäre des Zwischenmenschlichen, so waren es für Weizsäcker jene „großen Ereignisse des menschlichen Erlebens", die - wie am Paradigma des Schmerzes gezeigt - den Trugschluss einer vermeintlich denkbaren Totalität menschlichen Daseins *erlebbar* werden lassen.

Die Erkenntniskritik Weizsäckers - und damit seine Gestaltkreislehre - findet ihr Pendant nicht einfachhin im 'Begriff' des Zwischen, auch nicht in einer „Ontologie des Zwischen", sondern im Gestus eines Denkens, das im Gewinnen von Erkenntnis den Verlust jener Gegenwärtigkeit noch erahnt, die ihm als *menschlichem* Denken von Anbeginn innewohnt. Eines Denkens also, das im Zeichen der „zwiefältigen Haltung" steht, und daher - wie es Jochanan Bloch überaus treffend formulierte - eines sein muss, „das gegen sich einen entscheidenden Vorbehalt hat"[31]. Dieser Vorbehalt zeigt sich nun am Phänomen der *Gegenwart*, an der Weise, *wie* der Mensch in seinem Dasein, in seiner Zeit ist. Auch die Gegenwart selbst ist „zwiefältig", nach der Art der Grundworte. So gibt es jene Gegenwart, die in der logisch-begrifflichen Erkenntnis fest-gestellt, ihrer offenen Zeitlichkeit beraubt, gleichsam zu Vergangenheit, zum zeitlos geltenden Faktum wird. Und es gibt eine Gegenwart, die als „gegenwartende und gegenwährende", erlebt, mehr noch erlitten werden kann; denn ihr ist eine Offenheit und Nicht-

---

30 Buber, Antwort, in: Paul Arthur Schilpp, Maurice Friedman (Hg.), Martin Buber, Stuttgart 1963, 592.

31 Jochanan Bloch, Die Aporie des Du. Probleme der Dialogik Martin Bubers, Heidelberg 1977, 317.

Feststellbarkeit eigen, eine Schwebe und Unentschiedenheit, wie auch den Urformen des Lebens selbst: dem Schmerz und der Liebe. Nur letztere Gegenwart, die des Grundwortes Ich-Du, ist lebbar, d.h. ermöglicht Zukunft; freilich eine Zukunft im Modus der Nicht-Vorhersagbarkeit, der Ungewißheit und Überraschung. Theunissen nennt es einen „Topos des Dialogismus", an der Zwiefältigkeit der Gegenwart gezeigt zu haben, daß jene „im weitesten Verstande vorgestellte Zukunft", wie sie erkennendes Denken zu entwerfen vermag, letztlich immer nur „Fortsetzung der Vergangenheit" sei.[32]

V

Mit Franz Rosenzweigs 1925 veröffentlichten 'nachträglichen Bemerkungen' zum *Stern der Erlösung* erhält jener Gestus des Denkens, der als eine Weise *menschlichen* Denkens einen „entscheidenden Vorbehalt" gegen sich hat, seinen Namen: „Das neue Denken".[33] Hiermit ist nicht einfachhin ein neues *Denken* gemeint, sondern vor allem ein *anderes*. Im Unterschied zum gegenstandskonstituierenden Denken der transzendentalen Subjektivität, dem ein allgemeines Bewußtsein und eine verbindliche Logik der Erkenntnis zugrundeliegen, ist hier von einem *erfahrenden Denken* die Rede, das die Erfahrung statt durch „Zurückführung auf 'das' Ich" vorgeblich denkend 'begründen' zu wollen, als das nimmt, was sie ist: als *Erfahrung*. Erfahrung aber „weiß ... nichts von Gegenständen; sie erinnert sich, sie erlebt, sie hofft und fürchtet"[34]. Den Ausgang dieses neuen Denkens bildet nicht ein wie auch immer zu bestimmendes Subjekt, sondern die geschichtliche Wirklichkeit eines je konkreten Menschen, der immer ein „Mensch mit dem Menschen" ist, immer also in der „zwiefältigen Haltung" steht. Dessen Welt aber kann nicht die von Substanzen sein, „die wie der Begriff der Substanz sagt, in sich bestehen und durch sich ohne Bezogenheit auf andere Begriffe erfaßt werden"; insofern ist auch die Welt

---

32 Buber, Ich und Du, 16f; Theunissen, Der Andere, 294ff, hier 300. Vgl. aber auch Eberhard Grisebach, Gegenwart. Eine kritische Ethik, Halle 1928, 148.

33 Rosenzweig, Das neue Denken. Einige nachträgliche Bemerkungen zum „Stern der Erlösung" (1925), in: Ders., Kleinere Schriften, Berlin 1937, 373-398.

34 Ebd. 378.382.

des neuen Denkens eine „gegenseitiger Beziehungen und lebendigen Geschehens, das nicht Einem allein, sondern immer Einem *und* einem Andern angehört"[35]. Als Grundwort solchen Denkens gilt nicht mehr das „Ich", auch nicht das „ist", sein Grundwort ist - wie Rosenzweig es formuliert – „das Wörtchen Und". Anders als die „Wahrheit der Philosophen, die nur sich selber kennen darf", muß die Wahrheit erfahrenden Denkens immer eine „Wahrheit für jemanden sein"[36].

Das Programmatische an Weizsäckers Text *Die Schmerzen* kommt nun noch deutlicher in den Blick. Es besteht genau darin, am Leitfaden wirklicher Erfahrung die „zwiefältige Haltung" des Menschen als anthropologisches Urphänomen ausgewiesen zu haben. So wäre es keineswegs unzutreffend, *Die Schmerzen* als den *anthropologischen* Grundtext des neuen Denkens zu betrachten. Der Schmerz als die den Aufbau des Textes leitende Erfahrung ist im strengen Sinn Rosenzweigs eine im herkömmlichen Denken nicht hintergehbare, d.h. nicht auf 'das' Ich rückführbare. Genau die Weise, in welcher sie dem Betroffenen geschieht, schließt jene Hölderlinsche „Ur-Theilung" aus, von der her ein Ich erst Aussagen über ein Sein zu machen vermag - sie steht gleichsam für den „Grund im Bewußtsein", dessen Sein aber nicht be-

---

35 Hermann Herrigel, Das neue Denken, Berlin 1928, 229f.

36 Rosenzweig, Das neue Denken, 395. Rosenzweig führt an dieser Stelle weiter aus: „Soll sie dann gleichwohl die eine sein, so kann sie es nur für den Einen sein. Und damit wird es zur Notwendigkeit, daß unsere Wahrheit vielfältig wird und daß 'die' Wahrheit sich in unsre Wahrheit wandelt. Wahrheit hört so auf, zu sein, was wahr 'ist', und wird das, was als wahr - bewährt werden will. Der Begriff der Bewährung der Wahrheit wird zum Grundbegriff dieser neuen Erkenntnistheorie, die an die Stelle der Widerspruchslosigkeits- und Gegenstandstheorien der alten tritt und an Stelle des statischen Objektivitätsbegriffs jener einen dynamischen einführt; ... Von jenen unwichtigsten Wahrheiten des Schlages 'zwei mal zwei ist vier', ... , führt der Weg über die Wahrheiten, die sich der Mensch etwas kosten läßt, hin zu denen, die er nicht anders bewähren kann als mit dem Opfer seines Lebens, und schließlich zu denen, deren Wahrheit erst der Lebenseinsatz aller Geschlechter bewähren kann." (395f) Vergleichbar der Zwiefältigkeit der Gegenwart, die als Erkenntnis zum zeitlosen Faktum gerinnt, als Begegnung aber zum lebendigen Widerfahrnis wird, unterscheidet Rosenzweig die *logische* Wahrheit, die immer und für jeden gilt, von einer *lebendigen* Wahrheit, die *in* einer Zeit *für* einen Menschen nicht eigentlich 'gilt', vielmehr situativ bewährt werden muß. Hiermit verbinden sich dann drei Topoi, zu denen sich Rosenzweigs Erörterungen zum neuen Denken schließlich verdichten: Die „Methode des Erzählens", das „Bedürfen des Anderen" und das „Ernstnehmen der Zeit".

wußt werden kann.³⁷ Weizsäckers Ausführungen kommt hier die Rolle eines Subtextes zu Martin Bubers *Ich und Du* zu, sofern sie dem dort noch weithin im Dunkel bleibenden inneren Zusammenhang der „Grundworte" auf überraschend klare Weise zur Darstellung verhelfen.³⁸ Zugleich aber wird deutlich, daß die Fragen sowohl nach dem 'Wesen des Schmerzes' wie auch nach dem 'Etwas', von dem her der Schmerz kommen müsse, notwendig fehl gehen.³⁹ Indem sie die Unhintergehbarkeit der Schmerzerfahrung verkennen, erreichen sie nicht

---

37 Vgl. Dieter Henrich, Der Grund im Bewußtsein. Untersuchungen zu Hölderlins Denken (1794-1795), Stuttgart 1992. Interessant ist, dass Weizsäckers Bestimmung des „Grundverhältnisses", dem seines Bezuges zu Schleiermacher wegen gern ein religiöser Kontext beigegeben wird, hier seine genuin anthropologische Fundierung erhält: es besagt zunächst nichts anderes als die rationale Unhintergehbarkeit der 'anthropologischen Urphänomene'. Übrigens hat Schleiermacher selbst mit seiner Rede vom „schlechthinnigen Abhängigkeitsgefühl" allererst eine anthropologische Grundbestimmung geben wollen, von der aus dann „alle näheren Bestimmungen ... (zu) entwickeln" seien, auch die Gott betreffenden. (Friedrich Schleiermacher, Der christliche Glaube, 1. Band, § 4,4, hg. von Martin Redeker, Berlin 1960, 7. Aufl., 28f). Zum „Grundverhältnis" vgl. Viktor von Weizsäcker, Anonyma (1946), GS, Bd. 7, 43-89, Frankfurt/M. 1987, hier 47f; ders., Der Begriff der Allgemeinen Medizin (1947), ebd. 135-196, hier 179.

38 Weizsäcker, Die Schmerzen, hier besonders 32f.

39 Ebd. 39. Man mag es irritierend finden, wenn Weizsäcker dieser zentralen erkenntniskritischen Aussage zunächst einen eher beiläufigen Ton verleiht, als wenn es völlig selbstverständlich wäre, nicht nach der Herkunft des Schmerzes *von etwas* zu fragen. Es seien daher die nachfolgenden Sätze mitzitiert:

> „Es ist ein ungeheures Vorurteil, daß ein Schmerz überhaupt von *etwas* kommt. Wir wissen freilich, daß, wenn ich dort die Haut steche, es weh tut. Aber lange nicht immer. Wenn ich abgelenkt bin, wenn ich in Hypnose bin, tut es nicht weh. Und wenn ich krank bin, kann schon die Berührung weh tun. Es kommt also vieles, sicher der Zustand, vielleicht der Gesamtzustand meiner Person zusammen, um zu entscheiden, ob 'etwas' weh tut oder nicht. Das 'Etwas' ist also 'Nichts', es sei denn in Beziehung auf den Zustand einer Person. Wenn also das Etwas immer dasselbe (z.B. der Nadelstich) ist, dann ist es jedenfalls immer so lange nichts, als die Gesamtperson nicht empfänglich für Schmerz ist. Da die Gesamtperson überdies auch ohne diesen Nadelstich Schmerz haben kann, so ist die Nadel gar nicht obligatorisch. Es ist also keine logische Notwendigkeit aus der Natur der Beobachtungen abzuleiten, daß Schmerzen überhaupt von 'Etwas' kommen. Es könnte so sein, aber man kann es nicht beweisen, ja man kann nicht einmal eine überwiegende Wahrscheinlichkeit beweisen."

den, der Schmerzen *hat*, d.h. sie scheitern an der ontologischen Differenz von Schmerzordnung und Denkordnung. Dies wiederum bezeichnet aufs Genaueste den Punkt, von dem her sich Weizsäckers medizinische Anthropologie entfaltet: als Versuch einer Antwort auf die Frage nach „Art und Form des ärztlichen Wissens"[40]. Damit steht sie unweigerlich im Zeichen des Dilemmas von Erkenntnis und Heilung; die Spannung der „Zwiefalt der Grundworte" geht ihr immer schon voraus. Weizsäcker spricht von einem „Dualismus", mit dem die medizinische Anthropologie beginne - wir kommen darauf zurück. Mag man es Martin Buber - ob zutreffend sei dahingestellt - zum Vorwurf machen, dieser Spannung auf philosophische Weise gerecht zu werden versucht zu haben, was ihn freilich nicht hinderte, die religiöse Konnotation seines Grundwortes Ich-Du nicht in Abrede zu stellen; so erhebt Weizsäckers Umgang mit dieser Problematik gerade keinen *philosophischen*, sondern zunächst und vor allem einen *therapeutischen* Anspruch. Daß ihm gleichwohl die Frage nach dem Menschen unterliegt, ist offenkundig. Nur, dies ist für Weizsäcker keine philosophische Frage! Sie nimmt Ihren Ausgang nicht vom transzendentalen Apriori des Denkens, sondern vom „menschlichen Apriori" der lebendigen Teilnahme.[41]

Wird mit dem Text *Die Schmerzen* die anthropologische, näherhin metalogische Dimension des *ontologischen Problems der Medizin* allererst sichtbar, so erfolgt in dem eingangs genannten weiteren Beitrag Weizsäckers für den ersten Jahrgang der Zeitschrift *Die Kreatur* - in dem Text *Der Arzt und der Kranke* - der Entwurf einer *Mäeutik ärztlichen Wissens*. Der Begriff *Mäeutik* sei hier dem der *Methode* vorgezogen, insofern es um das dialogische Geschehen der Freisetzung eines Wissens

---

[40] Weizsäcker, Der Arzt und der Kranke (1926), GS, Bd. 5, 9-26, hier 14.

[41] In einem späteren Text (1948), mit dem er sich nochmals explizit den „Grundfragen medizinischer Anthropologie" zuwendet, kommt Weizsäckers Intention in großer Klarheit zur Sprache: „Die Entstehung (der medizinischen Anthropologie) nämlich ist eine empirisch-experimentelle gewesen und nicht der Fundus der Philosophiegeschichte; und das Resultat ist eine Anthropologie, keine Philosophie. Daraus ergibt sich also, daß auch die Wissenschaftlichkeit von anderer Art ist. Autochthon auf dem Boden der Naturwissenschaft entsteht sie, im Umgang mit dem lebenden Menschen wächst sie, auf Menschliches bezieht sie sich. ... Man kann aber bemerken, daß die experimentelle und praktische Analyse des als Gegenstand genommenen Menschen zu einer Grundlagenrevision der Begriffe geführt hat und daß damit auch ein bestimmter Begriff des Menschlichen entsteht." (GS, Bd. 7, 255-282, hier 263).

vom Anderen geht, das gerade kein vom Ich methodisch vorbestimmtes ist. Das Eigentümliche des Verhältnisses von Arzt und Krankem liegt in eben dieser Spannung zwischen Mäeutik und Methode, gründend in der ontologischen Differenz von Schmerzordnung und Denkordnung. Diese Spannung nicht in der Aporie erstarren zu lassen, sondern ihre konkrete und je individuelle Wirklichkeit als „eine Art von methodischer Urszene" aufzufassen, sie gleichsam zum Paradigma einer ärztlichen Umgangslehre zu erheben, macht die Leistung dieses Textes aus. Er bildet daher auch das Kernstück der medizinischen Anthropologie.[42] Als ein solches umgeben einerseits vom erkenntniskritischen Grundtext *Die Schmerzen*, von dem her sich das Paradigmatische der „methodischen Urszene" erst erschließt, sowie von einem weiteren Text, der die praktischen Konsequenzen in Form einer 'Anleitung' zu formulieren sucht. Dieser Text gibt nun, wie kaum anders zu erwarten, eine erste explizite Darstellung der Gestaltkreislehre.[43] Dessen Leitfrage nach dem „Zusammenhang von Wahrheit und Krankheit", der als ein „ontologisches Verhältnis" auszuweisen ist, bindet ihn indes systematisch an den Text *Die Schmerzen*, womit dieser zum eigentlichen Grundtext der Gestaltkreislehre wird. So begründet denn Weizsäcker auch die für die Arzt-Patient-Beziehung typische Dialektik von Distanz und Nähe von jener dezidiert erkenntniskritischen Haltung her, wie sie in der Formel von der „Schmerzordnung" anklingt. Dies spricht nicht zuletzt für seinen unverstellten Blick auf die problematische Wirklichkeit der ärztlichen Situation selbst.

---

42 Weizsäcker, Der Arzt und der Kranke, 25. Mit diesem Text entwirft Weizsäcker eine „Lehre vom ärztlichen Verstehen", deren Primat aber nicht einfachhin das Verstehen der Krankheit ist, sondern das Verstehen der „Not der Krankheit" und dessen, „was dem Kranken nottut". Die solchem Verstehen vorausliegende Situation des kranken Menschen, „der eine Not hat, der Hilfe bedarf und dafür den Arzt ruft", gilt ihm als das „Urphänomen der medizinischen Anthropologie". (13) Nicht zufällig benutzt Weizsäcker hier den Goetheschen Begriff des *Urphänomens*, denn das Eigentümliche jener Situation ist ihre Unhintergehbarkeit im bewußten Denken. Sie entzieht sich, weil im Zeichen der „Schmerzordnung" stehend, der üblichen Subjekt-Objekt-Relation; mehr noch: das Subjekt dieses Verstehens „ist das Ich des anderen, nicht meines, und das Objekt ist sein Objekt, nicht meines". Für dieses Verstehen, das im herkömmlichen Sprachgebrauch weder 'subjektiv' noch 'objektiv' genannt werden kann, prägt Weizsäcker den Ausdruck „transjektiv". (20)

„Ein kranker Mensch ist für den Arzt also *letzten* Endes weder einfühlbar noch verstehbar, und ich muß überhaupt bestreiten, daß man als schmerzfreier den *Schmerz*, den wirklichen Schmerz des Kranken selbst, die wirkliche Minorität des Neurotikers selbst, die wirkliche Schuld des Melancholikers selbst nachfühlen und verstehen kann. Wer dies behauptet, verfälscht ontologisch die Situation des Arztes zum Kranken.

Als *Erkenntnisgegenstand* betrachtet, befindet sich der Kranke in diesem Sinne in einer Ferne, und zwar in einer radikalen Ferne vom Arzt, und nur die Bejahung dieser *ewigen Ferne* gehorcht seiner Wahrheit. Als Patient aber andererseits rückt der Kranke in eine bis zur Identifizierung unendliche Nähe zum Arzt, wenn dieser die ärztliche Handlung als eine im Gestaltkreis verbundene Lebensgemeinschaft tut. Dies ist die *ewige Nähe* des Kranken und seines Arztes. *In dieser ewigen Nähe des Gestaltens und jener ewigen Ferne des Erkennens bewegt sich das ärztliche Tun und der Prozeß von Erkranken und Gesunden, dessen Verlängerung auch gerade das ärztliche Tun ist.*"[44]

Im Verbund der hier in einen inneren Zusammenhang gestellten Texte wird sehr viel prägnanter als in anderen einschlägigen Texten Weizsäckers die leitende Intention seines Werkes deutlich, die zugleich auch die der Gestaltkreislehre selbst ist. Vielleicht darf man sie im Sinne Franz Rosenzweigs als Anleitung zur Bewährung der Wahrheit des Lebens verstehen. Wobei wohl die Wahrheit gemeint ist, die gleichsam in jenen „großen Ereignissen des menschlichen Erlebens", also auch in Schmerz und Krankheit verborgen wirksam wird. Zunächst aber liegt die Leistung der Gestaltkreislehre im Versuch einer durchaus praktisch zu verstehenden Annäherung an den „metaphysischen Ort des Arztes"[45]. Dessen 'Metaphysik' es ausmacht, eine Einheit von

---

43   Weizsäcker, Über medizinische Anthropologie (1927), GS, Bd. 5, 177-194, Frankfurt/M. 1987.

44   Ebd. 192f.

45   Ebd. 192. Dieser „metaphysische Ort des Arztes" meint jene schon erwähnte eigentümliche Verbundenheit, in der der Arzt mit dem Kranken *in* der Entscheidung steht, sich der „reelle Krankheitsprozeß" gleichsam in den Arzt „existentiell hinein *verlängert*". (Ebd.) Das Unverständnis dieses „metaphysischen Ortes" seitens des medizinisch-naturwissenschaftlichen Denkens muss nicht überraschen, es ist lediglich die Folge jener ontologischen Differenz von Schmerzordnung und Denkordnung, wie sie Weizsäcker im Text *Die Schmerzen* paradigmatisch entwickelt hat. Vgl. auch

Erkennen und Heilen, von Logos und Pathos zu sein, die wohl erlebt und erlitten nicht aber gedacht werden kann; dem bewußten Denken wird sie zum Dilemma. Insofern geht der Gestaltkreislehre wie auch der medizinischen Anthropologie im Ganzen ein „Dualismus" voraus, den zu überwinden sich als Aufgabe gerade nicht eines Programms oder einer Theorie erweist, sondern des Lebens selbst. Hiermit verbinden sich zwei Perspektiven. Einerseits kann die den vorstehenden Überlegungen als Titel dienende Formel „Leben im Zwischen" als Metapher für ein Dualismus-Bewältigungsprogramm gelesen werden, dessen immanente Widersprüchlichkeit und Unauflösbarkeit im Sinne der Gestaltkreislehre Weizsäckers Bedingungen möglichen Lebens sind. Die Momente in denen die Schwebeexistenz im Zwischen verlorenzugehen droht, sind dann gleichermaßen solche der Erkenntnis und der Gefährdung. Nun ist diese aus Gefährdungen erwachsende und mit ihnen verbundene 'Erkenntnis' eine andere als die des transzendentalen Subjekts: eine 'undenkbare' aber gleichwohl erlebbare Erkenntnis. Die denkbaren Trennungen in Ich und Nicht-Ich, in Subjekt und Objekt vermitteln hingegen die Erkenntnisse des Lebens, die selbst nicht Leben *sind*. So klingt in der Formel „Leben im Zwischen" zugleich auch jene eigentümliche Dialektik von Leben und Erkenntnis an, für die Weizsäcker den zutreffenderen Terminus der „gegenseitigen Verborgenheit" wählte.[46] Die Gestaltkreislehre erweist sich dann als

---

Pedro Lain Entralgo, Metaphysik der Krankheit, in: Sudhoffs Archiv 51 (1967) 290-317.

46 Die früheste Entfaltung dieses zentralen Topos der Gestaltkreislehre, der auch als das sog. „Drehtür-Prinzip" bekannt ist, erfolgt in unverkennbar erkenntniskritischer Absicht in dem eingangs erwähnten dritten Text für die Zeitschrift *Die Kreatur* mit dem Titel *Krankengeschichte*. Der Kernsatz lautet: „In dem Augenblick, wo der urteilende Geist sich entfernt vom Momente der erfahrenden Berührung, wo er den Menschen bloß vorstellt im Raum, als räumliches Gebilde, in der Zeit als ablaufenden Vorgang, ihn bloß denkt als Seele, als Ich oder als Charakter - in diesem Augenblick entsteht eine falsche Lehre vom Menschen." (Weizsäcker, Krankengeschichte, GS, Bd. 5, 48-66, Frankfurt/M. 1987, hier 64f). Hier findet sich auch der zutreffendste Beleg für Weizsäckers Verständnis des 'Lebens im Zwischen'. So gilt ihm der Mensch nicht als „ein Wesen in Grenzen des Raumes und der Zeit", sondern „ist vielmehr selbst Grenze. ... Wie eine Möwe ist er zwischen den Elementen, bald in die Lüfte steigend, bald ins Wasser tauchend, eigentlich zwischen beiden nur den Spiegel streifend, wie auch sie vielleicht, ist der Mensch Fleisch und Geist, *durch* beide, *in* keinem; überall ist eines durch das andere, nie ist eines allein." (65) Parallel zu Franz Rosenzweig

Versuch, auf die *Undenkbarkeit des Lebens* hinzuweisen. Sie macht deutlich, daß logisch-begriffliche Exaktheit das Leben ebenso zwingend verfehlt, wie der Lebensvollzug selbst nicht gewußt werden kann. In der Weise, wie sie eine ‚Erkenntnis', besser wohl eine *Erfahrung des Lebens* am Leitfaden der „Urformen der Not" zu leisten versucht, ist sie in ihrem anthropologischen Anspruch implizit erkenntniskritisch. Gelingende Erkenntnis im Sinne der „Bewußtseinsphilosophie" indes verfehlt mit ihren methodischen Entscheidungen notwendig jenen anthropologischen Horizont, den zu erreichen sie vorgibt.

---

und Walter Benjamin etabliert dieser Text eine andere Erkenntnisform, nämlich die der Erzählung oder der „erzählenden Philosophie"; vgl. hierzu vom Verf., Leben, Tod und Geschichte. Zu Viktor von Weizsäckers pathischer Anthropologie, in: Rainer-M.E. Jacobi (Hg.), Geschichte zwischen Erlebnis und Erkenntnis, Berlin 2000, 351-378.

III B

Nachtrag zum Symposion

Joseph Wittig und seine jüdischen Freunde: Martin Buber – Ernst Simon – Emanuel bin Gorion

Dr. Rudolf Hermeier, Dreieich

> Freundschaft und Liebe taufen uns.
> Die Taufe ist der vorbereitende Akt,
> um uns zu der uns verliehenen Originalität hinunterzutauchen.
> Eugen Rosenstock-Huessy: Die Sprache des Menschengeschlechts II, 343

In dem 1993 erschienenen Band *Kraft in der Schwachheit* sind nahezu 500 Briefe von Joseph Wittig (1879–1949) veröffentlicht, von denen jeder fünfte als Adressaten einen Juden hat.[1] Dieses Zahlenverhältnis kann zwar keineswegs als repräsentativ angesehen werden, denn Wittig hat eine außerordentlich umfangreiche Korrespondenz geführt, so daß die Briefe an jüdische Freunde nur einen geringen Bruchteil an der Gesamtzahl seiner Briefe ausmachen – und trotzdem kommt m.E. dem hohen Anteil der veröffentlichten Briefe Wittigs an jüdische Adressaten Zeichencharakter zu: War es doch für einen deutschen Theologen und Volksschriftsteller in der ersten Hälfte des 20. Jahrhunderts durchaus nicht üblich, in Freundesbeziehung zu Juden zu treten. Das Überraschende bei Wittig sind dabei noch zwei Momente: seine starke Heimat- und Volksverwurzelung sowie seine unerschütterliche Treue zur römisch-katholischen Kirche – beide legten diese Beziehungen nicht nahe. Außer den im Titel genannten drei Personen ist Wittig noch weiteren begegnet: Gershom Scholem, Hugo Bergmann und Hans Kohn; auch Franz Rosenzweig ist hier zu nennen, obwohl eine persönliche Begegnung mit dem Letztgenannten wegen dessen labilen Krankheitszustandes im Sommer 1927 nicht zustande kam. Unter ihnen kommt Martin Buber eine besondere Rolle zu: Er ist der früheste Freund und dank ihm wird Wittig und seine Frau während ihrer Palä-

---

1 J. Wittig, Kraft in der Schwachheit – Briefe an Freunde, hg. v. G. Pachnicke u.M.v. R. Hermeier, Moers 1993. Im folg. zitiert: Briefe. – Bedauerlicherweise lagen mir 1993 Wittigs Briefe an Ernst Simon nicht vor.

stinareise im April/Mai 1929 in Jerusalem herzlich aufgenommen. Selbst bei der Bekanntschaft Emanuel bin Gorions und seiner Mutter Rahel spielt Buber als der praktisch leitende Herausgeber der Zeitschrift *Die Kreatur* eine Rolle. Alles begann aber damit, daß Wittig vermutlich schon Anfang 1925 von seinem engen Freund Eugen Rosenstock-Huessy (1888–1973) in Breslau Buber als katholischer Mitherausgeber empfohlen wurde, als es um die Planung der Zeitschrift *Die Kreatur* ging.

Anstelle einer biographischen Skizze Wittigs, die ich hier vorgesehen hatte, möchte ich dem Drängen eines befreundeten Pfarrers nachgeben und eine Deutung des „Falles Wittig" anführen, die Rosenstock in einem Brief an Anca Wittig vom 23.7.1956 gegeben hat.[2] Vorausgeschickt sei für diejenigen Leser, denen Rosenstock unbekannt ist, daß dieser in den 20er Jahren einen juristischen Lehrstuhl an der Breslauer Universität innehatte, den „Fall" an Wittigs Seite miterlebte und ihm beistand (siehe beider Werk: *Das Alter der Kirche*, 1928). Beide Männer teilten den Glauben, daß ein *lebendiger Gott* über uns Menschen walte. Während aber Wittig Gottes Wirken mehr in der Lebensführung von Personen und Gruppen sah (Concursus divinus), liegt der Akzent bei seinem Freund Rosenstock stärker auf „Epoche" als imperativem Wort Gottes an seine Menschenkinder (Heilsgeschichte). Rosenstock hat aus der Einsicht, daß der von ihm als deutscher Soldat erlebte Weltkrieg (1914–18) epochal sei – also zum Umdenken, zur Neuorientierung des Lebens auffordere –, durchaus bemerkenswerte persönliche Entscheidungen getroffen. In dem Brief deutet er auch an, daß seine Sicht des „Falles" bei seiner Adressatin auf wenig Verständnis stoßen könnte. „Danach ist der Fall Wittig mitnichten ein Ereignis *in* der römisch-katholischen *Kirche*, sondern ein Geschehen in der Kosmischen Ordnung Gottes und seiner Teufel. Und wer es dahin stellt, wird Joseph Wittigs Namen wieder zum Tönen bringen, weil er dann mit der Weltkatastrophe 1914–1945 zusammen *steht und fällt!"*

Diese Worte seien durch weitere ergänzt, die Rosenstock am Schluß seiner Vorlesung an der Universität Münster *Die Gesetze der christli-*

---

2 Bezüglich der biographischen Daten Wittigs siehe im Zusammenhang mit der Zeitschrift „Die Kreatur" den vorstehenden Beitrag von J. Köhler. Im übrigen sei auf S. Kleymann: „ ... und lerne, von dir selbst im Glauben zu reden." Die autobiographische Theologie Joseph Wittigs, Würzburg 2000, verwiesen.

chen Zeitrechung im Juli 1958 sprach, wobei er die „Gesellschaft" als die bestimmende Zukunftsgröße ansah: „Im Zeitalter der Gesellschaft wird die Epoche, die Zeit, die Erfüllung der Zeit dann richtig bestimmt, wenn Ihr nicht verführt werdet, durch den technischen Ablauf der Geschwindigkeit der Ereignisse zu glauben, daß das Ereignis schon seelisch bewältigt sei. Die äußere Welt läuft heute schneller als wir Menschen leben sollen! ... Früher war die Seele und der Geist schneller als die äußere Welt; heute ist sie langsamer, und Ihr müßt langsamer leben als Ihr leben könnt! Das ist sehr schwer! ... Und so ist über diesem 3. Jahrtausend allerdings ein Schild aufgehängt, daß das *Ausharren* die einzige Hoffnung des Menschengeschlechts ist! Über der Hölle bei Dante steht: ‚Lasciate ogni speranza, voi ch' entrate' (Laßt alle Hoffnung fahren, die ihr eingeht) – aber in das 3. Jahrtausend kann man umgekehrt nur eintreten, wenn man die Hoffnung bewahrt, daß die Geduld und die Verlangsamung des Lebens gerade das ist, was uns überhaupt noch in der Endzeit ein Zusammenleben ermöglicht!"[3] Von der angesprochenen Tugend des 3. Jahrtausends zeugen sowohl Wittig wie seine jüdischen Freunde. Wer ahnt und beherzigt von uns heute, daß *Ausharren* mit der Verheißung einer neuen Epoche verbunden ist?

I. Der Freund „mächtigen Daseins": Martin Buber (1879–1965)

Martin Buber galt lange Zeit in Deutschland als der Repräsentant des Judentums. Das hatte durchaus gute Gründe. Sein Lebenslauf sei hier nur kurz skizziert: In Wien geboren kam er nach der Trennung seiner Eltern als junges Kind zu seinen Großeltern nach Lemberg und damit in das Haus eines Großkaufmanns und Midraschforschers. Er wuchs mehrsprachig auf (im Gymnasium wurde polnisch gesprochen, in der Synagoge hebräisch und zuhause deutsch) und half schon in jungen Jahren seinem Großvater bei der Klärung von Raschi-Texten (Exegesen von Bibel oder Talmud). Buber studierte 1897–1904 an den Universitäten in Wien, Leipzig, Zürich und Berlin. Nachdem er als Vierzehnjähriger eine kurze Zeit versucht hatte, orthodox-jüdische Verhaltensweisen anzunehmen, geriet er bald darauf in Distanz zur überlie-

---

3 Rosenstocks Brief an A. Wittig ist im Michel-Trüb-Wittig-Archiv Frankfurt. Rosenstocks Münsteraner Vorlesung wurde auf Tonband aufgenommen, von dem Jochen Lübbers eine Nachschrift anfertigte, die ich benutzt habe.

ferten Religion. Doch diese kritische Lebensphase währte nicht lange und endete mit seiner Zuwendung zum Zionismus (1898). Wie Hans Kohn schreibt, führte ihn das zu seinem Ursprung, zur Gemeinschaft, der er entstammt, zurück und beendete seine Assimilationstendenzen.[4] Ernst Simon zitiert in einem Buber-Porträt ihn selbst mit einer Äußerung, nach der er den Ersatz „eines blutleeren Menschheitsideals" durch „gesunde Nationalbesinnung" begrüßt habe.[5] Sicherlich lag Buber auch 1901 Chauvinismus fern, doch seine damalige Haltung entsprach noch nicht seinem späteren „hebräischen" oder „jüdischen Humanismus". Während der Zeit seines Studiums gründete Buber mit einem Bekannten einen jüdischen Verlag, der aber nicht erfolgreich war. In einem eingeführten Verlag gab er eine Reihe von Monographien heraus: *Die Gesellschaft*. Doch seinen eigentlichen Durchbruch erzielte er mit seinen chassidischen Geschichten (ab 1906). Buber selbst hatte den Chassidismus zwar nicht mehr in seiner Blüte erlebt, doch sozusagen noch als Nachblüte in jungen Jahren. Diese religiöse Bewegung innerhalb des Judentums wurde von Zaddikim (Gerechten) getragen, deren Lehren ihre Anhänger aufgezeichnet hatten. Buber hat nun nicht textgetreu diese Aufzeichnungen veröffentlicht, sondern versucht, durch Nacherzählen den Lesern etwas von dem Geist der Zaddikim nahezubringen. In seinen Erläuterungen zu den Erzählungen scheute er sich nicht, etwa auf Parallelen zu Frömmigkeitsbewegungen innerhalb des Christentums hinzuweisen. Im Kriege (1916) gründete er die Zeitschrift *Der Jude,* die er bis 1924 herausgab. 1923 erschien sein von vielen als Hauptwerk angesehenes Buch *Ich und Du*. Seine größeren theologischen Schriften setzten erst 1932 mit dem *Königtum Gottes* ein und wurden durch den *Kampf um Israel* – so der Titel eines Buches 1933, das Reden und Schriften von 1921–32 umfaßte – verzögert.

Franz Rosenzweig, der 1920 das Freie Jüdische Lehrhaus in Frankfurt/Main gegründet hatte, suchte Buber mit seiner Frau 1921 in Heppenheim auf und konnte ihn als Lehrenden ab 1922 für das Lehrhaus gewinnen. Die Begegnung mit Rosenzweig führte zu einer engen Freundschaft, die in der gemeinsamen Verdeutschung der Bibel bis zu Rosenzweigs Tod Ende 1929 ihren bleibenden Ausdruck fand. 1924

---

4   H. Kohn, Martin Buber – Sein Werk und seine Zeit, Köln ³1961, 24.

5   E. Simon, Martin Buber und das deutsche Judentum, in: R. Weltsch (Hg.), Deutsches Judentum – Aufstieg und Krise, Stuttgart 1963, 31.

übernahm Buber an Stelle des erkrankten Rosenzweig einen Lehrauftrag an der Frankfurter Universität, die ihm 1930 eine Professur antrug, die er 1933 niederlegte. Buber baute in der Zeit der Ausgrenzung der Juden die jüdische Erwachsenenbildung aus und ging erst 1938 nach Jerusalem, wo er an der 1925 gegründeten Jüdischen Universität einen Lehrstuhl für Sozialphilosophie erhielt.

1937 fand im Haus der mit Wittig befreundeten Familie Krueger in Gottesberg/Schlesien eine letzte Begegnung mit Buber statt. Es wurden anschließend noch einige Grüße ausgetauscht, doch ist wohl ab 1938 die Korrespondenz völlig abgebrochen und wurde auch 1946, als die Familie nach Westdeutschland kam, nicht wieder aufgenommen (Buber erkundigte sich aber schon 1945 in einem Brief an Hans Trüb/ Schweiz nach dem Schicksal Wittigs). Ein Hauptgrund dürfte dabei der Gesundheitszustand Wittigs gewesen sein. Als jedoch Hans Ehrenberg, und damit mußte dieser wohl schon 1948 begonnen haben, für Wittigs 70. Geburtstag Beiträge für eine geplante, aber dann nicht zustande gekommene Festschrift sammelte, lag ihm Anfang 1949 offenbar schon ein Beitrag Bubers vor: „Das Herz entscheidet". Dem Titel nach zu schließen, handelt es sich um seine Auslegung des 73. Psalms, die später in Bubers Schrift *Recht und Unrecht – Deutung einiger Psalmen* (1952) veröffentlicht wurde. „Es scheinen in diesem Psalm zwei Menschenarten gegenüber zu stehen, die ‚am Herzen Lautern' und die ‚Frevler'. Aber dem ist nicht so. Die ‚Frevler' zwar sind offenbar eine Menschenart, nicht aber die anderen ... Lauterkeit des Herzens ist ein Wesensstand: man ist nicht ein Lauterer, man kann eben nur lauter sein oder werden".[6] Seine Begegnung mit Joseph Wittig hat Buber – auch im Namen seiner Frau – in einem Brief an Frau Wittig vom 3. 4. 1953 in die Worte gefaßt: „Die Erinnerung an Sie und den auch uns so teuer Entrückten ist im Gedächtnis unseres Herzens bewahrt, und dies ist kein Herbarium, sondern ein ewiges Wachstum. Was damals anhob, war und ist gesegnet."

Ich möchte nun versuchen, in drei Ansätzen – Die Kreatur Tier, Das Geheimnis bei *Ich und Du*, Das mächtige Dasein – auf die Beziehung der beiden Männer hinzuweisen.

---

6 Zit. n. M. Buber, Werke II, München, Heidelberg 1962, 982f.

a) Die Kreatur Tier

In seinen *Autobiographischen Fragmenten* schildert Buber seine Begegnungen mit einem Pferd auf dem Gut seines Großvaters während der Sommerferien in der Bukovina. Sein „Liebling" war ein Apfelschimmel, dessen Nacken er zu kraulen pflegte, sobald er das unbeobachtet tun konnte. Dies war für ihn eine „tief erregende Begebenheit", die ihm „frisch" in Erinnerung blieb: „Was ich an dem Tier erfuhr, war das Andere, die ungeheure Anderheit des Anderen, die aber nicht fremd blieb, wie die von Ochs und Widder, die mich vielmehr ihr nahen, sie berühren ließ. Wenn ich über die mächtige ... wilde Mähne strich und das Lebendige unter meiner Hand spürte, war es, als grenzte mir an die Haut das Element der Vitalität selber, etwas, das nicht ich, gar nicht ich war, gar nicht ich-vertraut, eben handgreiflich das Andere, nicht ein anderes bloß, wirklich das Andere selber, und mich doch heranließ, sich mir anvertraute, sich elementar mit mir auf Du und Du stellte. Der Schimmel hob, auch wenn ich nicht damit begonnen hatte, ihm Hafer in die Krippe zu schütten, sehr gelind den massigen Kopf, an dem sich die Ohren noch besonders regten, dann schnob er leise, wie ein Verschworner seinem Mitverschworenen ein nur diesem vernehmbar werden sollendes Signal gibt, und ich fühlte mich bestätigt. Einmal aber – ich weiß nicht, was den Knaben anwandelte, jedenfalls war es kindlich genug – fiel mir über dem Streicheln ein, was für einen Spaß es mir doch mache, und ich fühlte plötzlich meine Hand. Das Spiel ging weiter wie sonst, aber etwas hatte sich geändert, es war nicht mehr Das. Und als ich tags darauf, nach einer reichen Futtergabe, meinem Freund den Nacken kraulte, hob er den Kopf nicht. Schon wenige Jahre später, wenn ich an den Vorfall zurückdachte, meinte ich nicht mehr, das Tier habe meinen Abfall gemerkt; damals aber erschien ich mir verurteilt."[7]

In seinem 1924 mit Zeichnungen von Hans Franke erschienenen Buch *Bergkristall* trägt ein Kapitel Wittigs den Titel: *Vom Ziegenhüten und vom Heiligen Geiste*. Auch hier geht es um Ferienerlebnisse mit Tieren, wobei ein „Lieblingszicklein" eine besondere Rolle einnimmt, doch die Begegnung schließt auch seine Mutter ein, die mit ihrem Kind spricht. Es geht bei dem Grafschafter Knaben zudem nicht nur um einen Be-

---

7 M. Buber, Autobiographische Fragmente, in: P.A. Schilpp / M. Friedman (Hg.), Martin Buber, Stuttgart 1963, 8.

rührungskontakt, sondern er läßt die Tiere (in anderen Erzählungen auch Bäume u.a.m.) antworten, führt also Gespräche mit nichtmenschlichen, mit ‚anderen' Kreaturen oder lauscht ihren „Gesprächen". Das ist ihm durchaus nicht jederzeit und mit jeder anderen Kreatur möglich. Der erste Schritt zu einer dialogischen Begegnung ist für Wittig eine Art „Bann", zumindest ein durch den Anblick des „Anderen" starkes Sich-angesprochen-Fühlen.

Die Erzählung ist eingerahmt von Betrachtungen über Zeit und Ewigkeit. Eine Zeit ist kurz oder lang, doch die Ewigkeit ist „hoch und tief", also hierarchisch strukturiert und vereinnahmt auch „die Zeit", die „dann wie das Herzklopfen der Ewigkeit" ist. Als Hütejunge von Ziegen im Dienste des „Schwarzen Herden", eines Bauern aus der Nachbarschaft für „fünf Böhmen" in der Woche, hatte es Wittig auf dem Habichtshügel nicht mit Zeitlängen, sondern mit der „Ewigkeit" zu tun – also mit Hierarchischem. Und im Gespräch mit seinem Zicklein, das dann zu einem zwischen Mutter und Kind wird, erfährt er aus dem Munde der alten Geis eine Hierarchie, die seinen übermittelten Vorstellungen stark widerspricht: Pflanzen-, Menschen- und Tierreich als unteres, mittleres und oberes Reich, somit die Menschen als Diener der Tiere. Die Muttergeis begründet dieses Ordnungsgefüge durch eine Mengenbetrachtung der landwirtschaftlichen Nutzfläche und des Raumvolumens der Bauerngehöfte sowie der Tätigkeit des Ausmistens durch den Bauern. Diese Beweisführung kann den jungen Hirten zwar nicht überzeugen, doch kann er ihr auch nicht jegliche Beweiskraft absprechen – haben Ziegen je den Mist der Menschen weggeräumt? Der zweifelnde Hirte reflektiert: „Die Pflanzen dienen den Tieren, die Tiere dienen den Menschen, die Menschen dienen – Gott? ... Wie können wir Menschen denken, daß wir so nahe an Gott stehen, daß es nur eines kleinen Sprunges zu ihm hinauf bedürfte! Ja freilich, Gott kommt zu uns hernieder und ist wie einer von uns geworden, aber so, wie der hl. Franz sogar das Gänseblümchen seine kleine Schwester nannte, – oder doch wieder ganz anders!"

Im Mittelteil der Erzählung geht es um die Beziehungen zwischen Menschen: Der junge Joseph wird am Abend, als er mit den Ziegen auf den Hof kommt, Zeuge, wie der von einer Lohnfuhre gerade mit seinem Pferdewagen zurückkehrende Bauer feststellen muß, daß weder seine Frau das Vieh gefüttert noch sein Sohn die aufgetragene Wagensäuberung erledigt hat. Er straft beide körperlich und fragt erregt: „Was herrscht denn da für ein Geist in unserem Hause?" Wittig, dem wohl bewußt ist, daß er bei dem Schwarzen Herden einen Stein im Brett hat, greift diese Frage auf: wie habe er sich das mit dem im Hause herrschenden „Geist" gedacht, er sei doch der Hausherr? Der aber hält ihm darauf lachend entgegen: die Nachbarn meinten, seine Frau sei der Hausherr, doch diese sei es nicht, sondern der „Teufel, der sie reitet!" Nun wurde diese Bestimmung des Hausgeistes kein Einstieg zu einem mehr oder minder gelehrten Disput über den Satan zwischen dem Bauern und seinem Ziegenhirten, zumal es spät und noch viel Arbeit zu erledigen war, bevor man sich am Tisch zum Abendbrot niederlassen konnte. Nach dem Essen fing der Hausherr zu erzählen an, und das konnte er sehr gut, daß die Leute sagten, er „lüge". Und er erzählte von einer Gastwirtschaft „Zur weißen Taube", die durch einen jährlich zu Pfingsten wiederkehrenden Gast Segen erfuhr, so daß Wittig dann fragte: Hat dann schließlich der Heilige Geist das Haus gekauft und die Leute haben ihm gedient? Doch Herden antwortete: Nein, „der Heilige Geist will niemals herrschen und besitzen." Dafür wollte aber der junge Hirte den Fundort wissen, und der Erzähler zeigte auf das Gebetbuch im Regal.

Von „meinem Geist" sprach dann am nächsten Tage auf dem Hügel der „Ziegenbischof", wie ihn der Bauer am Morgen genannt hatte, mit seinem Zicklein. Dieses fragte darauf: Bist du das selbst oder ein anderer? Diese Frage erschreckte den Knaben und ließ in ihm den Wunsch aufkommen, den Heiligen Geist zu bitten, sein Geist zu werden. Doch Ehrfurcht hielt ihn vom Sprechen ab. Eingedenk der Worte des Pfarrers, daß man zwischen dem Geist der Welt und dem Heiligen Geist zu entscheiden habe, bat Wittig dann um einen Geist, der dem Heiligen Geist wohlgefällig sein solle. Seine letzte Mahnung an sein Zicklein, das sich an das vom Schwarzen Herden mitgenommene Gebetbuch zu schaffen machen wollte: „Du mußt die heilige Stufenleiter alles Lebendigen respektieren!" In dem Gebetbuch fand der junge Leser zwar nicht wörtlich den Satz des Hausherrn, doch „das ganze Wesen des Buches war werbend und liebend"[8].

In beiden Schilderungen geht es um Jugenderlebnisse mit Tieren, mit denen die Knaben nur kürzerfristig (Ferien) zusammengetroffen sind.

---

8 Zit. n. Wiederabdruck in: Mit Joseph Wittig durch das Jahr, hg. v. A. Wittig, Leimen 1973, 75ff.

Beide erfahren in der Begegnung mit bestimmten Tieren ein elementares „auf Du und Du"-Stellen durch ihr Gegenüber und auch die „Anderheit des Anderen". Letzteres erfährt Buber durch die Haut seiner Hand, Wittig durch Ausdruck und Gesten seines Zickleins und dessen Mutter, die er dann als Eintreten für eine andere Hierarchie gedeutet hat. Offenbar ist dabei Buber wie Wittig trotz erheblicher Unterschiede ihrer Jugenderlebnisse mit anderer Kreatur eine fundamentale Beziehungs-Basis so bewußt geworden, daß sie in ihr Leben eingeschrieben wurde.

b) Das Geheimnis bei *Ich und Du*

Vor Bubers 50. Geburtstag wurde Wittig von Prager Studenten aufgefordert, einen Artikel für ein Sonderheft *Student und Staat* zu schreiben. So entstand *Das Geheimnis des ‚Und'*, der vom Verfasser als eine von drei „Gaben" des zu Ehrenden gedacht war, doch von den Studenten wegen mangelnder Aktualität zurückgesandt wurde und dann in *Die Kreatur* erschien. In dem Artikel bezieht sich Wittig ausdrücklich auf des Freundes *Ich und Du* (1923) und verdeutlicht ihre Geistesverwandtschaft. Doch bevor auf die Freundesgabe eingegangen werden soll, seien einige Hinweise zu Bubers Buch gegeben.

Ich und Du ist das Werk eines „Sprachdenkers", weil es Zeugnis von einem Denken gibt, das den Primat des Sprechens vor dem Denken wahrt, der Denkende also vom „Wort, das gesprochen wird", ausgeht und nicht seine Reflexion als souverän mißversteht. Zugleich wird auch nicht vom Schöpfer, von Gott abstrahiert. Mit den Worten, „Die Welt ist dem Menschen zwiefältig", beginnt das Buch und läßt somit im ersten Satz schon einen dualistischen Grundzug erkennen. Zwiefältig wird die Haltung des Menschen bestimmt durch die zwei Grundworte: Ich-Du und Ich-Es, wobei die beiden Ichs verschieden sind; so wird beim Sprechen von Du oder Es gleichzeitig das jeweilige Ich mitgesprochen und damit das volle Grundwort gewahrt; es gibt kein Ich an sich. Das „Reich des Es" besteht aus Tun, Wahrnehmen, Fühlen, Denken etc., also aus Etwas, aus Erfahrungen. „Wer Du spricht, hat kein Etwas, hat nichts. Aber er steht in der Beziehung." Die Welt der Beziehungen hat drei Sphären: Leben mit der Natur, mit Menschen und mit geistigen Wesenheiten. Die Beziehung ist mit der Natur „untersprachlich", mit Menschen „sprachgestaltig" und im rein geistigen Bereich „sprachlos, aber sprachzeugend". „In jeder Sphäre, durch jedes uns gegenwärtig Werdende blicken wir an den Saum des ewigen Du hin, aus jedem vernehmen wir ein Wehen von ihm, in jedem Du reden wir das ewige an, in jeder Sphäre nach ihrer Weise." Hier klingt auch Chassidisches an: rechtes Leben in der Welt ist nur in Beziehung zum „ewigen Du", zu Gott möglich. Unsere menschliche Berufung besteht in der Heiligung des Lebens. „Alles wirkliche Leben ist Begegnung." „Nur dadurch, daß das Du gegenwärtig wird, entsteht Gegenwart." „Der Mensch wird am Du zum Ich." „Der Mensch kann der Beziehung zu Gott, deren er teilhaftig geworden ist, nur gerecht werden, wenn er nach seiner Kraft, nach dem Maß jedes Tages neu Gott in der Welt verwirklicht."[9]

Wittig berichtet in dem genannten Artikel zunächst von einer falschen Antwort eines Mitschülers in der Volksschule. Der Lehrer hatte gefragt: Wie viel ist 1 + 1 ? Ein Junge antwortete: 3. Alle lachten, er hatte offenbar das Und (Kreuz) mitgezählt. Nach Jahrzehnten kommen Zweifel: War die belachte Antwort tatsächlich im Leben so falsch? Wittig sollte über das Thema „Der Student und die Kirche" sprechen, wobei er voraussetzen konnte, dass seine Hörer sowohl wussten, was „Student" wie was „Kirche" sei, also war das ‚Und' „das ‚Kreuz' des Themas [… nicht wegen der eigenen Mühen,] sondern weil mir auch an diesem Punkte, an diesem Kreuze, die Welt mit ihrer Weisheit gekreuzigt worden ist. Die Torheit des Schulkameraden wurde mir zur Weisheit." Er erinnert sich seiner Priesterjahre, in denen er für zu ihm Kommende „eine Gestalt jener geistigen Macht [=Kirche – war], deren Begegnung sie sich aussetzen wollten. Da konnte nicht nur geredet und gehört werden; da mußte etwas geschehen; da mußte das ‚Und' Wirklichkeit werden, eine Verbindung oder Verwandlung" von nachhaltiger Art schaffen. Wittig fühlt sich im Nachhinein durch die Lektüre von Bubers Buch bestärkt. Er stimmt diesem mit seiner Unterscheidung von Du- und Es-Welt zu. Nur letztere „ist die allein *erforschbare*, denn die andere, die ‚Ich-Du'-Welt ist von derartig starkem, gegenwärtigem Leben, daß in ihr nur *gelebt* werden kann. Sie hat den Primat vor der anderen Welt, wie das Leben den Primat vor dem Tode hat. Sie ist die Welt der wirklichen Begegnungen." Wittig gesteht dann, daß ihm Buber seine „Scham" der Begegnung mit Bäumen – Buber führt diese wörtlich an – genommen habe. Es war

---

9 Zit. n. M. Buber, Die Schriften über das dialogische Prinzip, Heidelberg 1954, 7ff, 116.

eben sein Du-Sagen zu einem bestimmten Baum oder auch zu anderen Natur-Dingen (Wiese, Landschaft etc.), das eine lebendige Begegnung ermöglichte. Auf gleiche Weise geschah das auch mit „ehrwürdigen Persönlichkeiten des christlichen Altertums": „Ihre Aussprüche, ihre Lehren, ihre Arbeiten wurden mir begegnungsfähig und begegnungslustig, selbständige geistige Mächte, Gestalten und Gewalten, zwar von Gott oder von Menschen geschaffen, nun aber wahrhaftig Geschöpfe, die meiner Geschöpflichkeit wie gleich und gleich begegnen konnten. Und ich wußte nun, daß ... vielleicht zuerst Gott selber oft aus der objektiven Ferne, wo der wissenschaftliche Gottesbegriff herrscht, zu mir gekommen war! Ich bin kein Pantheist, aber überall, wohin ich Du sagen muß, ist Gott. In dieser Welt der lebendigen Beziehung ist das ‚Und' zwischen mir und Gott der Geist, der uns lehrt, ‚Abba' – ‚Vater' zu sagen. Und jedes ‚Und', das mich in Beziehung setzt zu einem Dinge, ist Geist, neuer Geist, der die Einheiten nicht in die Zweiheit hineinaddiert, sondern hineinverwandelt. In der Welt des ‚Er-Sie-Es', wo man also nur in der ‚dritten Person' redet, wo weder Anrede noch Antwort ist, da ist kein Leben und da ist kein Gott; auch kein Geist, sondern nur Geistigkeit; toter Geist, der erst wieder lebendig wird, wenn die Dinge aus dieser Welt herausgerufen werden in die Welt der Begegnung."[10]

Was hier Wittig als „Geist" anspricht und in kirchlicher Tradition trinitarisch deutet, hat Buber versucht, mit dem Wort „Zwischen" zu bezeichnen, wobei er dieses „Zwischen", die „Sphäre des Zwischenmenschlichen", zu recht primär als Dialogmoment zwischen Menschen deutet, es also unmittelbar mit dem Wort verknüpft, das gesprochen wird und – zumindest potentiell, wenn nicht aktuell – sich an einen Hörer wendet. Die „Partizipation beider Partner ist prinzipiell unerläßlich." Die unerlässliche Situation ist somit die eines „Einander-gegenüber", deren Sinn aber nicht in einem oder beiden Gesprächspartnern zu finden ist, „sondern nur in diesem ihrem leibhaftigen Zusammenspiel, diesem ihrem Zwischen." „Wenn wir ein Inventarium aller innerhalb eines dialogischen Vorgangs vorfindbaren physischen und psychischen Phänomene aufzunehmen vermöchten, dann bliebe ein Etwas sui generis uneinbeziehbar draußen, eben das, welches sich nicht als die Summe des Redens zweier oder mehrerer Redenden samt

---

10   J. Wittig, Das Geheimnis des „Und", in: Die Kreatur II 419ff.

allen Nebenumständen, sondern eben als ihr Gespräch uns zu verstehen gab."[11]

Die Gespräche mit Tier, Baum etc. sind Schwellen-Gespräche, die sozusagen im Schatten des Zwischenmenschlichen stehen, d.h. die Dialogverwurzelung des Menschen voraussetzen und die Anerkennung der gemeinsamen Geschöpfbasis von Seiten des Menschen. Die „Unnatur" Sprache ermöglicht also uns Menschen, Dinge der Welt durch Anrede zeitweilig ins Gespräch zu ziehen, sie zu Partnern des Schöpfungsprozesses zu machen – dank des Geheimnisses des ‚Und' bzw. des „Zwischen". Denn alle Kreatur ist mit uns Menschen letztlich *Partner Gottes* (Ernst Michel) und Hörer auf die Stimme unseres Schöpfers und Erlösers am Ende der Zeit wie am Anfang. „Die Zwei ist eine der ersten Schöpfungen des Menschengeistes; das ‚Und' zwischen den beiden Einsen ist sein Zauberwort."[12]

c) Das mächtige Dasein

1930 erschien von Wittig das Weihnachtsbuch *Tröst' mir mein Gemüte* – der Titel stammt aus dem altdeutschen Weihnachtslied „In dulci jubilo". Die kleine Betrachtung in dem Buch, die den Buchtitel als Überschrift trägt, endet mit dem Stichwort „Mächtiges Dasein", das auf Martin Buber gemünzt worden war und Wittig aufgriff – hier ohne, in der *Christlichen Welt* mit namentlichem Bezug. „‚Mächtiges Dasein', d.h. nicht ein Irgendwosein, sondern ein ‚Hier bin ich, Herr, und warte dein', ein Dasein voll verhaltener und darum friedlicher Macht. Daraufhinzu scheint sich zu wandeln das Gemüt unserer Zeit. – Ein solches mächtiges Dasein ist einst in heiliger Nacht geboren. Mit klingendem und singendem Gemüt feierten die Vergangenheiten diese Geburt, um seiner nicht zu vergessen und um in ihm getröstet zu werden. Jetzt aber wartet unser Gemüt in schweigender Spannung, daß dieses mächtige Dasein unser eigen werde."[13] Die Hoffnung, die Wittig 1930 mit diesem machtverhaltenen Warten verknüpfte, hat sich nicht erfüllt. Zwei Jahre später sprach er schon ahnungsvoll von kommenden

---

11 M. Buber, Die Schriften über das dialogische Prinzip, 262, 18. 11. 12.
12 J. Wittig, a.a.O. 420.
13 Ders., Tröst' mir mein Gemüte, Heilbronn 1930, 100.

Leiden, vom „Volk am Kreuz"[14]. Es kam im Jahr darauf kein Mann „mächtigen Daseins", sondern ein verblendet Eigenwilliger eroberte „Macht", und das deutsche Volk, in weiten Kreisen taub gegenüber „der Macht" heilvoller Lebenswege, ließ sich verführen.

Der angesprochene Artikel *Martin Buber oder Das mächtige Dasein* sei bis auf die ersten fünf Absätze zitiert: „Ich habe mit Martin Buber und Viktor von Weizsäcker die drei Jahrgänge *Kreatur* herausgegeben, zunächst nicht gewillt, mich auch als Mitarbeiter zu betätigen. Was soll ich, sagte ich mir, mit meiner einfältigen Schreibart unter den Philosophen? Mein Name sollte nur ein Symbol dafür sein, daß auch aus meiner gleich den übrigen Menschengemeinschaften in der Verbannung fern von der ewigen Heimat lebenden Kirche Stimmen in dieser Zeitschrift hörbar werden sollten. Aber immer drängender wurden Martin Bubers Bitten um Beiträge von mir, – während er selber, mir bis dahin bekannt als fruchtbarer Schriftsteller von europäischem Rufe, in jedem Jahrgang nur einmal das Wort ergriff. Ich merkte auch, daß er jede rein künstlerische Leistung ablehnte. Nicht Literatur, sondern Kreatur wollte er durch die Zeitschrift fördern. Er, der einst selber den schönen Künsten ergeben, von der Kunst alles erwartet hatte, sogar die große Erneuerung seines Volkes, gab mir auf meine Frage, was von meinem bisherigen Schrifttum für die *Kreatur* in Betracht gekommen wäre, die Antwort: ‚Alles, nur keine Dichtung!' Auch in seinen Briefen war es, als müsse er jedes Wort erst mit Gold oder mit Leben bezahlen, ehe er es niederschrieb; und er schrieb es dann in so sorgsamer Schrift, als wäre es ein Heiligtum. Ich habe erst durch ihn die Ehrfurcht vor jedem Wort, nicht nur dem sakralen, gelernt.

Trotz dieser Beobachtung blieb mir der Mann – und auch der Freund – ein Rätsel, bis mir das Buch eines seiner jüngeren und näheren Freunde, *Hans Kohn*, über sein Werk und seine Zeit einen Aufschluss gab, der mir nicht nur das Geheimnis Martin Bubers, sondern auch das seiner und unserer Zeit eröffnete.[15] Zweimal auf seinem Lauf hat

---

14   Ders., Getröst, getröst, wir sind erlöst! – Ein Buch von den Osterzeiten des Lebens, Heilbronn 1932, 121ff. „Das deutsche Volk geht seinem Meisterleiden entgegen!" 129.

15   Wittig rezensierte auch Kohns Buber-Buch und endete mit dem Satz: „Als ich es gelesen und in meine Bücherei gestellt hatte, war ich wie ein Bauer, der seinen vollen Erntewagen in die Scheuer gefahren hat, angestrengt, müde, aber glückselig." Christl. Welt 1930, Sp. 897.

Buber ein Leben glänzender öffentlicher Tätigkeit und Führerschaft verlassen und sich derart zurückgezogen, als wäre er nicht mehr unter den Lebenden; er war nicht mehr unter den Leistenden. Das erste Mal war es 1904 nach Abschluss seiner akademischen Studien, während derer der Frühwache einer der rührigsten Führer der jüdischen, besonders der zionistischen Jugend war. Schon damals sprach er das Wort von einer ‚neuen Macht', die in die Seele seines Volkes einströmen müsse. Er war damals noch ganz seinem Volke allein gehörig, noch nicht, wie jetzt, der von ihm sehnsüchtig gesuchten ‚wahren Menschengemeinschaft'. Als er 1909 aus seiner Zurückgezogenheit heraustrat, kam er als einer, der sich nicht nur die Weisheit und Frommheit der Chassidim (der Zeitgenossen und Widerspieler der evangelischen Pietisten) zueigen gemacht, sondern auch auf die Stimmen vieler Völker über die Berührung des Göttlichen mit dem Menschlichen gehört, sie gesammelt und wieder zur Hörbarkeit gebracht hatte. Und er fand (in Prag) einen Kreis von jungen Männern, die ihm dankbar zuhörten und seine Lehre weitergaben, so daß er zum ‚entscheidenden Führer und Gestalter des mitteleuropäischen Judentums und darüber hinaus' werden konnte.

An diese Jahre knüpft Hans Kohn, einer jener Jünger, die Bemerkung:

‚In jedem Menschen wohnt die Macht, verbunden zu werden (mit dem Wahrgenommenen) und in die Wirklichkeit einzutreten. Viele Stille und Unbekannte sind dem schöpferischen Menschen an realisierender Kraft gleich. *Das Zeichen unserer Zeit ist es, daß sie an Realisierenden arm ist und sie durch Leistende ersetzt.* Die Geschicklichkeit hat so überhand genommen, daß mühelos Fiktives in einer äußeren Vollendung geschaffen wird, daß es sich den Rang des Rechten anmaßen darf ... Diese Zeit leidet an der Übermacht der Orientierung ... Auch in dieser Zeit ergeht an die Menschen der Ruf aus der Ewigkeit: Sei! Lebe dein wirkliches Leben! Sie aber lächeln die Ewigkeit an und wissen Bescheid.'

Es ist unheimlich, wie sich die Menschen mit der Wissenschaft begnügen, auch mit der Wissenschaft von Gott!

Schon 1921 folgte eine neue Zurückgezogenheit aus der Welt der Leistenden, insbesondere der leistenden Zionisten, in die Welt der Realisierenden. Immer tiefere Verantwortlichkeit erfasste den Mann in der Vollreife seiner Jahre. Gott war ihm aus einem Postulat des menschlichen Geistes, aus der ‚Höchsten Idee', die Wirklichkeit geworden, die er als allem zu Grunde liegend wahrnahm. ‚Begegnung' wird sein liebstes und wahrstes Wort; die Begegnung zwischen ihm und Gott wird die Fülle seines Lebens; sie geschieht überall, wo sein Ich zu einem Du spricht. Und die Sprache wird ihm zu einer Offenbarerin. Darum nimmt er jedes Wort so ernst und heilig und fühlt sich ihm verpflichtet. Er nimmt nicht wahr, wie andere Menschen, sondern was er wahrnimmt, ist ihm wirklich wahr, und so nimmt er es. Und von jedem Worte nimmt er den ursprünglichen Sinn wahr. Er horcht auf die Sprache der Völker, was er etwa erlausche von tiefstem, ursprünglichem Leben; er fand den Zugang in das Innere des biblischen Wortes, wo es nicht mehr menschlich, sondern göttlich ist, und wurde sein Interpret als Bibelübersetzer. Die von ihm 1916 gegründete Zeitschrift *Der Jude* genügte ihm nicht mehr; er wollte auch zu anderen Menschen von ihren Angelegenheiten reden. Und nun ist er mehr geworden als der entscheidende Führer und Gestalter des mitteleuropäischen Judentums. Seiner Rede über das Erzieherische lauschten Menschen aus der ganzen Welt. Selbst christliche Theologen, und das will schon viel heißen, horchen auf sein Wort, wenn es wieder einmal hervorquillt wie der Saft der Birke oder das Harz des Kirschbaums. Sein Geheimnis aber, und das Geheimnis des neuen Menschen, ist dies: Abkehr vom gesamten Leistungsunfug unserer Zeit; ‚das echte Wirken ist nicht Eingreifen, nicht Auspuffen einer Macht, sondern das Insichverhalten, *das mächtige Dasein.*"[16]

Im Oktober 1934 sprach Buber im Frankfurter Lehrhaus zur „Mächtigkeit des Geistes", wobei er sich gegen eine damals von Hermann Graf Keyserling vorgetragene Idee der Schaffung einer neuen Kultur durch Einbeziehung „tellurischer Kräfte" – Buber bevorzugt: „Elementarkräfte" – wandte, in der eine Synthese aller vorhandenen Vitalität anzustreben sei. Buber sieht in Keyserlings Worten die Verbindung von richtiger Einsicht in die gegenwärtige Situation mit fehlgreifender Zielsetzung und falscher Ursachenermittlung. Er setzt dagegen: „In der geschichtlichen Wirklichkeit gibt es keine Herstellung aus dem Gedanken. Wohl besteht ein Wirken, eine Mächtigkeit des Geistes in der Geschichte, aber nur eine aus der Unwillkürlichkeit." „Nur aus dem Geist der Ganzheit kommt dem Leben der Person und dem der Gattung sinnhafte Ordnung und Gestalt." Die echte menschhafte Ganzheit ist dabei kein Entwicklungsprodukt, sondern wurzelt im Ursprung des Menschen und muss personhaft immer wieder entfaltet werden. Der Geist, der sich ins ganze Leben auswirkt, ist Glaubenskraft. „Im Seelengeheg der Person erscheint er als gläubiger Mut und

---

16   J. Wittig, Martin Buber oder das mächtige Dasein, in: Christl. Welt 1930, Sp. 888f.

als gläubige Liebe." Durch Mut und Liebe wirkt der Geist in die Welt, ist er machtvoll – auch über Elementarkräfte. „Mag der Geist auch Geschichtszeit um Geschichtszeit immer wieder aus seiner Macht verdrängt und verbannt werden, seine Mächtigkeit bleibt ihm: das Eigentliche in der Geschichte geschieht immer wieder unerwarteter-, unvorhergesehenerweise durch ihn, durch gläubigen Mut und gläubige Liebe. Die Verborgenheiten des Geistes dienen seinen Offenbarungen."
„ ... im Judentum ist der Geist nichts anderes als jene Macht, welche die Welt heiligt." Er ist dabei nicht Selbständiges, sondern das Verbindende, er führt zur Gottverbundenheit des jüdischen Volkes, zum Ursprung der Gemeinschaft. „Der von der Schöpfung her in den Menschen, in die Welt gelegte Sinn wird durch die Heiligung erfüllt. Nicht wird hier also die Welt zum Geist verklärt, aber sie wird auch nicht vom Geist überwunden. Der Geist liegt nicht heiltumgenießend einer heilen Welt in den Armen, noch schwebt er heiltumverhaltend über einer unheiligen Welt, sondern er wirkt Heiligung und die Welt wird geheiligt."[17]

Schon in seiner Patmos-Schrift von 1920 *Die Hochzeit des Kriegs und der Revolution* spricht Rosenstock vom Heiligen Geist als dem „heilenden Geist". 1926 griff er zu Ehren seines Freundes Rosenzweig den Satz Hermann Cohens auf: „Der Geist des Menschen ist der heilige Geist", der aber nicht zum Denken ermächtigt, sondern zum *Mitteilen* gegenüber Hörunwilligen unter Gefahr. Diesem Wirken des Geistes haben Buber und Wittig Ausdruck verliehen und auch beide in ihren Leben bezeugt. Das kann jedoch nicht heißen, daß alle ihre Worte echtes Geisteswirken widerspiegeln würden. Wir – einzelnen – Menschen haben „Geist" nur als „Atem", jedoch nicht als immerwährende Potenz, woran unsere individuell verschiedene „Geist"-Empfänglichkeit nichts ändert.[18]

Buber und Wittig sind verwandte Geister. Als Dank für den Artikel in der *Christlichen Welt* sandte der Geehrte zwei Bücher *Daniel* (1913)

---

17 M. Buber, Die Mächtigkeit des Geistes, in: Ders., Der Jude und sein Judentum, Gerlingen ²1993, 557ff.

18 Rosenstocks Gabe an Franz Rosenzweig ist veröffentlicht in: Das Alter der Kirche – Die Berliner Vorträge, hg. v. F. Herrenbrück u. M. Gormann-Thelen, Münster 1999, 49. Im letzten Satz greife ich den Buchtitel Rosenstocks auf: Der Atem des Geistes, Frankfurt 1951, – mit dem Buber wenig anfangen konnte.

und *Ereignisse und Begegnungen* (1917). Wittig notierte am 11. 10. 1930: „Ich las den ganzen Tag darin und erstaunte über die viele Gemeinsamkeit unseres inneren Lebens und Erfahrens." Kurz darauf waren Buber und Rosenstock in Neusorge zu Gast (26.10.1930). Der Gastgeber notierte in der Hauschronik: „Es wurde ein schöner Abend in unserer Wohnstube. Buber sagte: ,Da sind wir wirklich in einer Stube, in der alles stimmt!' Tiefe Wahrnehmungen und Gespräche knüpften sich an dieses Wort." Wittig hatte nicht nur den Plan seines Haus erstellt, sondern beim Bauen auch selbst mit Hand angelegt. Zudem war er noch sozusagen sein eigener Innenarchitekt gewesen.

II. Der verständnisvolle Freund: Ernst Simon (1899–1988)

Wie schon angedeutet, fand Wittig während seiner Palästinareise 1929 offene Türen als „Freund Martin Bubers" in Jerusalem. Einer Reihe von Personen begegneten er und seine Frau dort: Gershom Scholem, bei dem sie einen Abend verbrachten; Hans Kohn, der mit ihnen einen Tag lang herumfuhr, um ihnen jüdische Siedlungen zu zeigen; Hugo Bergmann, dem Wittig gerne Bücher zukommen lassen wollte (dieser betreute damals die im Aufbau begriffene Bibliothek der Jerusalemer Universität) und Ernst Simon mit seiner Frau. Mit letzteren kamen engere Beziehungen zustande, die zwar nicht ungetrübt, aber doch – wenn man die Begegnungen und die Korrespondenz mit Anca Wittig nach dem Krieg mitberücksichtigt – nachhaltig gewesen sind.[19]

Ernst Simon wurde in Berlin als ältester Sohn eines Kaufmanns geboren. Im Elternhaus hatte man die jüdische Lebensweise aufgegeben, so daß der junge Simon erst durch einen Vorfall – er war von einem Schulkameraden zu dessen Geburtstagsfeier ein- und kurz darauf ausgeladen worden mit der Begründung, Juden dürfe er nicht einladen – auf sein Judentum gestoßen wurde. Auf die Frage an seinen Vater, ob er denn Jude sei, antwortete dieser: Ja – und sei stolz darauf. Doch vom Vater erfuhr er nicht viel mehr als die strikte Ablehnung der Taufe. Ein weiterer Anstoß erfolgte im Krieg – 1916 hatte er sich freiwillig gemeldet – durch diskriminierendes, antisemitisch bestimmtes Verhalten von Kriegskameraden. Dies wurde für ihn mit ein Anlass, sich zio-

---

19 Zur Palästinareise Wittigs s.v.a. die zwei Kapitel seines Buches: Aussichten und Wege, Gotha 1930, 110ff, „Eine evangelische Fahrt" und „Gast in Erez Israel".

nistischen Kameraden anzuschließen. Doch Simon wurde kein orthodoxer, sondern ein liberaler Jude – entscheidend beeinflusst durch seine Lehrer Franz Rosenzweig, Nehemia Nobel und Martin Buber. 1920 kommt er nach Frankfurt und begegnet den drei Genannten. Relativ früh taucht sein Name als Lehrender im Programm des Freien Jüdischen Lehrhauses auf (schon für den Lehrgang Okt.–Dez.1921, wenn auch zusammen mit Siegfried Kracauer und Fritz Edinger – Vorlesung „Gegenwart und Zukunft: Unsere Zeit"). 1923 promoviert er bei dem Historiker Hermann Oncken mit der Arbeit *Ranke und Hegel*. Nach Heirat mit Tatjana/Toni Rapoport (März 1925) und kurzer Unterrichtszeit an einem Frankfurter Gymnasium wandert er im April 1928 nach Palästina aus. Er erhält in Jerusalem zunächst einen Lehrauftrag an einem orthodoxen Lehrerinnenseminar, von 1930–33 ist er Lehrer an der Realschule in Haifa. Auf Bitte von Martin Buber wird er von Mai bis Dezember 1934 Mitarbeiter an der Mittelstelle für jüdische Erwachsenenbildung in Deutschland. Ab 1935 wirkt er wieder in Jerusalem, in der Verwaltung der Universität und als Lehrer an anderen Institutionen. 1939 wird er zum Dozenten für ‚Geschichte der Pädagogik' ernannt, doch erst 1950 folgt die Berufung zum Professor der Pädagogik. Sein Vater starb im November 1938 in Berlin, und seine Mutter wurde 1944 in Triest von deutschen Soldaten erschlagen.[20]

Wie angedeutet, bin ich zu spät in den Besitz der Brieftexte Wittigs an Ernst Simon gekommen, um diese in den Briefband berücksichtigen zu können. Hier werde ich sie etwas ausführlicher zitieren. Der erste Brief (ihm ging ein Brief Frau Wittigs an Frau Simon vorauf v. 15.6.1929) trägt das Datum vom 25.6.1929 und beginnt recht ungewöhnlich: „Lieber Herr Doktor!

Wäre ich ganz wahrhaftig und unmittelbar und unbekümmert, wie ich es zu sein wünsche, so würde ich Sie mit Freund anreden, denn es ist doch nun einmal so, daß wir uns lieb gewonnen haben und einander nichts weniger als Herren sind und mehr Auditores als Doctores sein wollen. Aber wir wissen es ja, und es ist so schön, daß es zugedeckt

---

20 Zur Biographie Ernst Simons s.v.a. seine autobiographischen Äußerungen „Mein Judentum" und „Wie ich Zionist wurde" in seinem Sammelband: Entscheidung zum Judentum, Frankfurt 1980, 11ff, sowie Ders., Sechzig Jahre gegen den Strom – Briefe von 1917–84, Tübingen 1998. – Vgl. zu Simons pädagogischer Tätigkeit in Deutschland M. Bühler, Erziehung zur Tradition – Erziehung zum Widerstand, Berlin 1986.

bleiben mag. Ihr Brief hat uns ganz innig erfreut und, ich muß sagen, reich beschenkt. Wohl noch niemand hat mir eine so bereichernde Rezension über den *Ungläubigen* geschrieben. Ich vermag nun selbst die Dinge, die Sie berühren und die ich schier unbesehen aus mir heraus gesagt habe, in größerer Bedeutsamkeit zu sehen und ihre Verwurzelung nicht nur in mir und meinem Volke und Lande, sondern auch in Ihnen und Ihrem Volke zu erkennen. Wie die Völker untereinander verbunden sind durch Lebensadern und gemeinsames Lebensgut, das wird so wenig beobachtet; immer nur, wie sie auseinandergehen und in verschiedenen Formationen in die Sichtbarkeiten treten. Da denke ich, Sie wären der rechte Mann dafür, solch vergessene Wissenschaft zu erneuern und *Der Ungläubige* wäre das rechte Exempel dazu – Sie haben das Buch als solches Exempel erkannt."

Es ist mir nicht gelungen festzustellen, ob Simons Besprechung publiziert wurde. Die Frage einer Veröffentlichungsmöglichkeit wird in dem Brief ohne konkreten Hinweis angesprochen. Das Buch *Der Ungläubige und andere Geschichten vom Reiche Gottes und der Welt* erschien 1928 in Gotha und umfasste eine Reihe einzelner Artikel, von denen einige zunächst in der Zeitschrift *Die Kreatur* erschienen waren. Vermutlich kann der titelgebenden Erzählung *Der Ungläubige* leitmotivische Bedeutung zugesprochen werden, denn in ihr wird das rechte Sprechen und Schweigen von Gott thematisiert, was sicherlich auch Simon angesprochen hat.

Es geht um die Schilderung des Lebenslaufes des Bergmanns Benedikt Geyer, der durch sein Verhalten insbesondere dann, wenn im Dorf vom Herrgott die Rede war, Anlass bot, ihn als Ungläubigen anzusehen; schon als Junge verhielt er sich auffällig. Künstlerisch veranlagt kam er zunächst in die Lehre eines Bildhauers und wollte nicht den „Herrgott am Kreuz", sondern „einen sehr schönen Menschen meißeln." Doch seine Mutter erschrak, als sie das Modell eines nackten weiblichen Körpers erblickte, und bewirkte, daß aus ihm ein Untertagearbeiter wurde. Durch einen Unglücksfall in der Grube wurde er zum Invaliden. An Sonn- und Feiertagen ging er regelmäßig in die Kirche. Nach dem Grund gefragt, sagte er, sonst erführe er nichts von der Welt – eine Erklärung, die auch nicht für ‚Glauben' sprach. Der Erzähler führt aber an, daß allein das gegenseitige Grüßen und Zurufen der Kirchgänger als „das echte und lebendige Kirchliche" verstanden werden könne. Die Benennung ‚Ungläubiger' ging nicht auf einen der drei sehr unterschiedlichen Dorfpfarrer zurück – der erste war ein großer Freund von Chronogrammen (lateinische Sprüche, deren Buchstabenwert einer Jahreszahl entsprach) und Liebhaber der Dichtkunst, hatte Benedikt zum Ministranten erwählt und für ein Jahr das Lehrgeld an den Bildhauer gezahlt bevor er starb; der zweite verlor die Sprache und blieb als Stummer lange im Amt, auf seine Ruhe bedacht; der dritte zeichnete sich durch bäuerliches Gehabe aus –, sondern auf die Gruppe frommer Dorfleute, die vorgaben, über Gottes Handlungen Bescheid zu wissen. Geschehnisse wurden als Segen oder Züchtigung des Herrgotts gedeutet. Benedikt Geyer war dagegen überzeugt, daß wir Menschen nicht so ohne weiteres Gottes Handeln erkennen können. Das fromme Gerede provozierte ihn manchmal so, daß er sagen konnte: „An den Herrgott glaube ich nicht." Dieser Satz war dann Wasser auf den Mühlen der Frommen, die zu wenig Sinn für die Gefahr aufbrachten, daß auch ein an sich religiös richtiger Gedanke tyrannische Folgen haben und zu ganz unreligiösem Tun Anlaß geben kann, wenn er nicht von starker Liebe geleitet wird. In seiner Totenpredigt auf Geyer sagte deshalb der bäuerliche Pfarrer, daß Gott es manchen Menschen gegeben hätte zu vermeinen, Gottes Handeln erkennen zu können. „Manchen aber hat er es gegeben, seine ganze Unbegreiflichkeit zu fühlen, daß nämlich kein Gedanke an ihn heranreicht und kein Wort wahrhaftig zu sagen vermag, was er ist und was er tut ... Jene nennen sich Gläubige, diese aber nennen sich gar nicht, aber ihr nennt sie Ungläubige. O wollet dies nicht tun."[21]

Dieses *Ungläubigen*-Problem ist nicht nur eins der naiv Frommen, sondern auch eins jedes Gläubigen, der zu recht überzeugt ist, daß Gott nicht bloß ein erster Verursacher, sondern eine wirkende Macht im menschlichen Leben ist. Jeder Beteiligte an einem heilsgeschichtlichen Gespräch muss sich deshalb bewusst machen, daß seine Deutung von Gottes Wirken von Gott widerlegt werden kann. 1975 schreibt Ernst Simon an Viktor Ehrenberg, daß für ihn „die Frage der Theodizee dem Schöpfungsgott gegenüber schwieriger als dem Gott der Geschichte gegenüber [erscheine ...]. Am Geschichtlichen ist der Mensch immer noch irgendwie mitschuldig, wenn auch oft ohne jede Proportion zu dem, was er verschuldet hat. Aber man kann immerhin sagen, daß die von oder durch Menschen geschehenen Schlechtigkeiten der – allzu

---

21 J. Wittig, Der Ungläubige. Wiederabgedr. in: Das Joseph Wittig Buch, hg. v. P.M. Laskowsky, Stuttgart 1949, 64ff.

hohe – Preis für unsere Freiheit ist. Anders steht es bei Naturkatastrophen ... Dafür habe ich nie eine Antwort gefunden, und wenn mich Schüler oder Studenten fragen, ... kann ich nur mein Nichtwissen bekennen. Darüber hinaus ist meine ‚Rechnung' mit Gott immer wieder offen: ich finde, daß er entweder die Welt besser oder den Menschen etwas stärker hätte schaffen sollen; wir sind hoffnungslos überfordert."[22] Dass Gott uns immer wieder unsere ‚Rechnungen' öffnet, schildert Wittig in *Der Ungläubige* – und Ernst Simon geht über dieses immer wiederkehrende Öffnen hinaus in Richtung Hiob. Und beide rechnen trotzdem mit Gott.

Auf einer Postkarte vom 23.12.1930 bedankt sich Wittig wieder bei Simon für eine Besprechung: „Niemand hat bisher mein Büchlein so tief und gut verstanden wie Sie (heute wurde es im Breslauer Radio verlästert)." Hierbei handelt es sich offenbar um das Weihnachtsbuch *Tröst' mir mein Gemüte*. Im folgenden Brief wird auch der Erscheinungsort angegeben: Berliner Tageblatt, Morgenausgabe, v. 29.3.1931 – Überschrift: „In dulci iubilo".

In dem Brief v. 22.5.1931 (Pfingsten) bedankt sich Wittig für eine „wieder so freudige Besprechung meines kleinen Erzählungsbändchen. Sie bejahen den Geist, aus dem ich meine Büchlein geschrieben habe, – und diese Bejahung ist doch die schönste Mitfreude und Mitfeier am Feste des Geistes Gottes. Nichts anderes will ich am Pfingsttage feiern als diesen Geist, unter dessen Leitung ich mich von Jugend auf stellte und der den Söhnen und Töchtern Israels verheißen ist. Es ist immer wie ein Wunder, was Sie so ‚beglückt und beseligt' von meinen Büchern schreiben. Als wäre für mich die ganze elende Geschichte ausgelöscht, als gäbe es keine historischen Trennungen mehr für mich. Ich war in meiner Jugend Fanatiker und Polemiker und focht eine scharfe Klinge gegen alles, was sich nicht christlich und katholisch nannte. Dann kam in den Mannesjahren eine mächtige Umwandlung über mich. Jetzt geht mein Herz dorthin, wo früher meine Waffe ging. Ich kann diese Umwandlung nur als Wachstum im Christentum und katholischen Wesen ansehen gegen alle Stimmen der Kirche und der aus lauter Konfessionen bestehenden Welt. Es ist immer der Sturm des Pfingstmorgens in mir. Meine Position ist nicht die des Ruhigen, Gesättigten, Befestigten und Gerechtfertigten. Solch ein freundliches Wort, wie Sie

---

22   E. Simon, Sechzig Jahre gegen den Strom, 249.

es mir schreiben, ist etwas, wonach ich verlange und lange, Brot für den Hungernden, Trunk für den Dürstenden, Halt für den (aus sich selbst heraus) Haltlosen. Es ist aber auch dann alles, was ich begehre; ich könnte hernach sterben mit den Worten: ‚Es ist vollbracht!' Daran mögen Sie erkennen, wie dankbar ich Ihnen bin. Ginge die Geschichtsschreibung über *uns,* wie anders wäre dann ihr Text. Die Geschichte geht aber doch über uns und erfüllt sich in uns!"

Wittig berichtet Simon noch, daß sich auch Martin Buber, „dieser wortkarge und lobkarge Freund", zu dem Büchlein *Michel Gottschlichs Wanderung* geäußert habe. Buber schrieb: „In keinem Ihrer Werke scheinen mir die innersten Dinge eine so bildklare, so direkte und so selbstverständliche Aussprache gefunden zu haben wie in diesem kostbaren Büchlein."

In einem ausgeliehenen Wittigbuch fand ich vor Jahren einen kleinen Zeitungsausschnitt ohne Fundorthinweis, auf dem die Besprechung Simons der genannten Schrift mit der weiteren *Das Schicksal des Wenzel Böhm* (8. Aufl.) stand. Sie sei hier vollständig zitiert, obwohl nicht auszuschließen ist, daß Wittig eine ausführlichere vorlag. Sie trägt den Titel „Ein Dichter aus dem Glauben":

„Auf diesen Dichter, dem die einfachsten Dinge geheimnisvoll und die größten Geheimnisse einfach werden, muß man immer wieder hinweisen. In dem einen dieser kleinen Bücher, der Wanderung des Michel Gottschlichs, läuft ein frommer schlesischer Katholik, auch er, wie fast alle Gestalten Wittigs, aus dem eigenen irdischen und kirchlichen Heimatboden gewachsen, immer ‚seiner Nase lang', dieser großen Nase, die ihn unter den Menschen auffällig macht, aber ins Gottesreich auf Erden leitet.

Die zweite Geschichte vom Wenzel Böhm zeigt nicht nur den Dichter, sondern auch den großen Kirchenhistoriker Wittig: wie ein Stück des manichäischen Dualismus hier aus schlesischem Sektenwesen lebendig wird und sich mit einer reichen Liebesgeschichte verbindet, das muss man selber lesen. Die im Sommer 1922 geschriebene Geschichte führt überdies nicht nur in das wundersame Schicksal der Gestalten, sondern auch in das ihres Verfassers. In jenem kritischen Sommer brach sein Treubund mit der katholischen Kirche äußerlich zusammen. Wie stark er innerlich noch Wittigs Schaffen bestimmt, davon zeugen in der menschlich schönsten und künstlerisch aufschlußreichen Weise diese beiden kostbaren kleinen Bücher."

Im nächsten Brief vom 28.6.1931 ist die Rolle Wittigs vertauscht: nun hat er eine Rezension von Simons Schrift *Das Werturteil im Geschichtsunterricht* für *Die Christliche Welt* geschrieben und ist nach nochmaligem Lesen enttäuscht über sein Produkt. „Es liest sich alles, als ob es über das Buch eines fremden Menschen geschrieben wäre." Doch er meint dann, daß ein Buch – und hier ist zu ergänzen: oder seine Besprechung – ein ganz anderes Ding ist für Freund oder Fremden. Als Kirchenhistoriker macht er eine überraschende Feststellung: „Für mich war schier alles darin neu ... Was haben Sie für ein reiches Wissen, und ein tiefes, auch um das Dämonische in der Geschichte, um den Geist, der aus dem immer göttlichen Geschehen Geschichte macht!"

In seiner Besprechung macht Wittig schon im zweiten Satz eine erstaunliche Feststellung: „Wir Theologen leben und lehren von der Geschichte viel mehr als jeder andere Stand und haben das neue Buch notwendiger als die Geschichtslehrer, für die es zunächst geschrieben ist." Geschichtsforscher übersehen leicht, daß sie „im Werturteil selber Erforschte und Eingefangene" sind. Der erste Teil des Buches, der werttheoretische, sei eine „Mahlzeit für Philosophen" über Wertbeziehungen und -setzungen; der zweite Teil, der wertpolitische, wende sich vor allem an die Schulreformer; der dritte Teil, der wertpraktische, führe „in die wirkliche Welt der Schule" und erläutere anhand von Beispielen (Kulturkampf, Zollpolitik unter Bismarck etc.) die Bedeutung von Werturteilen. Zum Schluss meint Wittig, daß auch Politiker und Journalisten zum Buch greifen könnten. „An der stillen Klugheit, die durch das ganze Buch leuchtet, werden aber alle Menschen Freude haben, die es lesen."[23]

Vermutlich gibt es in der Korrespondenz dann eine Lücke, denn der nächste Brief Wittigs trägt das Datum vom 25.5.1932. In diesem spricht Wittig auch Politisches an:

„Die ‚nationalsozialistische Bewegung' umwirbt und umgarnt mich sehr. Ich wehre mich aus Leibeskräften und möchte ihr nicht einmal den kleinen Finger reichen – und merke doch manchmal – mit Schrecken –, daß ich, zwar nicht der Bewegung, aber doch den Bewegten, den jungen Menschen, ihrem Glauben und Hoffen, mein Herz ge-

---

23 J. Wittigs Besprechung von E. Simon, Das Werturteil im Geschichtsunterricht, in: Christl. Welt 1931, Sp. 766f.

schenkt habe. Von der ‚Partei' will ich nichts wissen. Ich habe die Bilder der zerstörten Friedhöfe und Gräber eines Volkes, dem ich von Jugend auf zugetan bin[, vor Augen]. Diese Bilder machen mich zum Feinde der Partei, deren Geist die ehrwürdigen Denkmäler zerstört hat. Meine Freundschaft zu Martin Buber ist zudem weithin bekannt und ist mir ein gewisser Halt und Schirm. Die nationalsozialistischen Jungen und Freunde achten diese Freundschaft."

Der folgende Brief vom 6.7.1932 ist der letzte mir vorliegende von Wittig an Simon. Er ist eine Antwort auf ein Schreiben des letzteren, in dem dieser eine scharfe Kritik an den *Deutschen Thesen 1931* übte, deren Hauptverfasser der Breslauer ev. Theologe und Wittig-Freund Karl Bornhausen war, unter denen aber auch Wittigs Name stand neben anderen. Hier sei nur die 1. von 8 Thesen zitiert, die die Berechtigung einer Ablehnung dieser programmatischen Äußerung schon erkennen lässt:

„Da unser Herr und Meister Jesus Christus spricht: ‚Was ich euch sage, sage ich allen: Wachet', will er, daß das ganze Leben seiner Gläubigen ein unaufhörliches Beten und Arbeiten für die Wiedergeburt des Volkes sei. Daher gehen unsere Hoffnungen weit über das ‚deutsche Erwachen' in der Gegenwart hinaus in eine christliche Zukunft, in der Volkstum und Vaterland zu den höchsten Gütern des Glaubens zählen."[24]

Hier wird also bestenfalls Vorletztes als Letztes ausgegeben, keine Geistesgegenwart – Sprechen *nach dem Ereignis Weltkrieg* – bezeugt und nicht „bis drei gezählt" (Rosenstock), d.h. Kirche, Staat und Gesellschaft unterschieden.

Wittig antwortet Simon: „Ihre Kritik an den ‚Deutschen Thesen', unter denen ich meinen Namen nie gern gesehen habe, kommt mir ganz aus dem Herzen. Sie können freilich nicht wissen, wieviel Schärfe und Gefahr ihnen durch meine ‚Mitarbeit' genommen worden ist. Aber dem Gericht verfällt mit Recht, was dasteht."

Noch stärker als das Bekenntnis seiner Neigung zu Jugendlichen in der braunen Bewegung legen diese Worte den Schluss nahe, daß es Wittig hier an Schärfe geistiger Differenzierung gemangelt habe, an Gespür für fatale Konsequenzen einer falschen Wegweisung. Daran än-

---

24 S. Kleymann stellte mir dankenswerterweise eine Abschrift der „Deutschen Thesen 1931" aus „Auf der Wacht" zur Verfügung.

dert sicherlich nicht viel, daß er, wie er auch schreibt, damit gerechnet habe, daß das Echo auf die Thesen nur gering sein würde; was offenbar der Fall war. Wie aus seinen Worten klar hervorgeht, war ihm das Desorientierende der Thesen voll bewusst. Warum ließ er trotzdem seinen Namen missbrauchen? Dafür gibt es eine naheliegende Erklärung: wegen seines Freundes Bornhausen. In einem Schreiben an Martin Rade spricht er seine Sorge um Bornhausen aus. Dieser hatte sich damals – wohl nicht ohne eigene Schuld, auch Wittig selbst nahm Anstoß an seinem zwiespältigen Verhalten – in der ev.-theol. Fakultät in Breslau ins Abseits begeben und litt unter dieser Situation sehr. Das hatte zu einem Mitleiden bei Wittig geführt. Obwohl er selbst angesichts einer besseren Versorgung seiner Familie zu jener Zeit daran interessiert war, wieder einen Lehrstuhl zu bekommen (Kunstgeschichte) – um den sich Rade bemühte –, heißt es im Brief v. 1.6.1931 an diesen: „Bornhausens Schicksal liegt mir also viel mehr am Herzen als mein eigenes."[25] Und ganz offenbar war er wegen des Freundes – der übrigens seinerseits einiges tat, um Wittigs isolierte Situation zu erleichtern und ihm die Begegnung mit Studenten zu ermöglichen –, bereit, in einer zweifelhaften Sache die Hand zu reichen und nicht wegzuziehen. Dabei spielte auch eine Rolle, daß er nur durch Kompromissbereitschaft in der Lage war, die „Thesen" zu entschärfen – wenn auch nicht soweit, daß er sie sich zueigen machen konnte.

Dieses Hineinbegeben in ein Zwielicht war vermutlich der Grund, warum Simon dann seine Korrespondenz mit Wittig abbrach. Auch 1934 während seines längeren Deutschlandaufenthaltes nahm er offenbar keine Beziehung mehr zu ihm auf, wobei ein derartiger Schritt sicherlich durch sein großes Engagement in der jüdischen Erwachsenenbildung nicht begünstigt wurde. 1948/49 weigerte er sich, für die von Hans Ehrenberg geplante Wittig-Festschrift einen Beitrag zu liefern. Allerdings fußte seine Weigerung auf einem Irrtum. Diesen hat Simon später Frau Wittig gegenüber in seinem Brief vom 3.7.1967 eingestanden und sich gleichzeitig entschuldigt: Er habe damals geglaubt, daß er mal von Buber einen Satz aus einem Wittig-Schreiben gehört, der etwa so gelautet habe: „Die geschändeten Grabsteine meiner jüdischen Freunde retten mich vor dem Anschluß an diese große Volksbewegung." Wittigs Briefe an Buber, Simon hatte sie inzwischen ebenfalls

---

25   J. Wittig, Briefe, 191.

durchgesehen (er beriet Frau Schaeder bei ihrer Herausgabe von Bubers Briefwechsel), sind veröffentlicht und enthalten keinerlei Aussage dieser Art. Dagegen hat ja Wittig tatsächlich von den „geschändeten Grabsteinen" an ihn selbst geschrieben, wie zitiert, allerdings mit dem ausdrücklichen Abstandnehmen von der „Partei" und seinem Herz-Schenken an die jugendlich Bewegten. Ich vermute, daß Simon in der Erinnerung Aussagen verbunden hat, die, so wie sie gemacht wurden, nicht verbunden werden konnten (was auch mir schon mehrmals passiert ist).

Exkurs: „Volk" bei Wittig

Vorbemerkung: Eigentlich wollte ich hier nur kurz das wiederholen, was ich vor drei Jahren auf dem ersten Wittig-Symposium in Neurode/Nowa Ruda zum Volksverständnis Wittigs gesagt habe in meinem Beitrag „Joseph Wittig als ‚Lehrer des Volkes'". Doch mein Eindruck, der mir jetzt auch wieder durch Kleymanns Buch vermittelt wurde – siehe Fußnote 2 –, ist, daß wir es uns mit kritischen Bemerkungen zu leicht machen angesichts eines breiten Publikums, das mit totalitären Staatsgebilden überhaupt keine Erfahrung verbindet, und angesichts unserer „kritischen" Intellektuellen, die keine Grenzen der Kritik anerkennen und sich bei eigenen Fehlurteilen gegebenenfalls mit „neuer Unübersichtlichkeit" herausreden. Auf Seite 282 bringt Kleymann ein längeres Zitat aus der *Chronik der Stadt Neurode* (1937), in dem es um die Aussonderung von fremdem Blut und Geist im kulturellen Stadtbereich geht. Ich hatte vor langen Jahren die *Chronik* in der Hand und nur kleine Stücke daraus gelesen. In der Erinnerung ist mir vor allem auf dem Titelblatt der Satz aus dem Credo geblieben: „Ich glaube an eine Auferstehung der Toten und an ein ewiges Leben." Und ich frage mich: Warum erwähnt K. diese sehr viel auffälligere Wittig-Botschaft nicht, der noch dazu sehr viel mehr Text in der *Chronik* entspricht? Wittig war doch kurz vor seiner letzten Begegnung mit Buber nicht so schizophren zu glauben, daß er mit dem Blut-Kriterium Buber erfreuen könne. Alles spricht dafür, wenn man die Mechanismen totalitärer Staaten etwas kennt (Ende 1936 waren diese mindestens so wirksam, daß sie die Stadtverwaltungen beherrschten), daß das Zitierte nicht originär aus Wittigs Feder stammen konnte. Kleymann lässt die Frage offen. Genügt das aber heute?

Wittigs politische Haltung während der Hitler-Zeit ist von dieser Zeit eigentlich unberührter als heute kritische Geister geneigt sind zu unterstellen. In seinem ganzen Leben war sie bestimmt durch seine *Liebe* zum eigenen Volk, zur eigenen Heimat, die wie alle echte Liebe Züge der Auswahl besaß (wie Rosenstock, Simon u.a. betonen, hat Liebe ein selektives Moment). Was verstand er unter „Volk"? Sicherlich auch das „deutsche" Volk, doch von dem spricht er nicht ausdrücklich in seiner Rede „Das Volk von Neusorge", die gerade Buber, Ludwig Strauß, Rahel und Emanuel bin Gorion u.a.m. aufhorchen ließ. Dort verbindet er

„Volk" einmal aufs engste mit seinem eigenen Herkunftsort der Siedlung „Neusorge" in der Dorfgemeinde Schlegel, also einer Gruppe von 13 Ansiedlungen mit geringem Grundbesitz, deren Besitzer – vorwiegend Bergleute – ihren Lebensunterhalt hauptsächlich als Arbeiter verdienen müssen. Sie setzen sich bewusst ab von den wohlhabenden Bürgern des Dorfes, gehen aber mit diesen sonn- und feiertags zur Kirche. Durch letzteres wird der universale Bezug des Neusorger „Volkes" sichtbar und auch etwas vom „Fluß des Volkstums", der durch Neusorge geht. „Der Fluß ist eine Gnade für die Landschaft, das Volkstum für die Menschheit." Dieses auf den ersten Blick recht partikulare Volks-Verständnis schließt ausdrücklich die Völker der Menschheit nicht aus, sondern ein. Charakteristisch ist in Wittigs Schilderung, daß die reale Lebenssituation der einzelnen Familien – also eine bestimmte Dürftigkeit – maßgebend ist für die Abgrenzung des „Volkes von Neusorge" zum Dorf. Die selbst erlebte Erfahrung der Armut wurde dann allerdings auch für Wittig die Einbruchstelle, in die ungewollt „die Partei" näher zu ihm trat. Er wollte sich dem Anliegen der NSV, die ja rechtlich eine eigene, von der „Partei" geschiedene Organisation der Volksfürsorge für alle Deutschen war, nicht entziehen und trug sich in eine Liste ein. Erst sehr viel später erfuhr er über den Postboten von seiner Parteimitgliedschaft.[26] Doch statt nun sein Verständnis von „Volk" braun bzw. rassisch einzufärben, beharrte er auf dem tradierten Grund-Bezug, nach dem „Glaube" mit Kirche und mit Volk verbunden ist.

Wittigs „Volks"-Verständnis muss derjenige verfehlen, der nicht anerkennt, daß es frei von jedem Chauvinismus ist und etwas Höchstlebendiges meint, was als solches auch begrifflich nicht streng gefasst werden kann. Es hat biblischen Bezug, steht also dem jüdischen Volksverständnis (das das „Volk" als *Körper* einschließt) nahe, aber keinem der „Rasse". Dies geht u.a. aus einem Schreiben an Hans Kohn vom 2.1.1930 klar hervor, nachdem er erfahren hatte, daß dieser im Begriff war, Palästina zu verlassen (Grund dazu war die Unterdrückung des arabischen Aufstandes 1929; Kohn ging 1931 nach Amerika und machte sich einen Namen als Forscher von Nationalismus und Osteuropa). Wittig fragte ihn: „Wissen Sie nicht, daß Ihr dortiges Werk, das Werk Ihres Volkes, wie wir es aus Ihren Worten kennen gelernt haben, mit

---

26 Vgl. ders., Das Volk von Neusorge, in: Die Kreatur I 87ff, sowie Ders., Roman mit Gott, Stuttgart 1950, 63f.

zu unserem Glücke gehört? Wir wissen selbst nicht, wie sich das verhält. Aber wir haben an allem, was wir im neu werdenden Heiligen Lande, zumeist unter Ihrer gütigen Führung, gesehen und gehört haben, in Wahrheit so teilgenommen, daß wir einen Teil an uns genommen haben, und da das Ganze unteilbar ist, ist unser Teil eben irgendwie das Ganze. Will das Neue Jahr gerade das zuschanden machen, was wir als Lebendigstes und Hoffnungsvollstes im alten Jahr kennen und lieben gelernt haben, die Arbeit unserer Freunde an Ihrem Volke? Ich muß leider einsehen, daß die Freunde mit Recht und mit Not von der Arbeit zurücktreten müssen. Aber sie werden ihr Volk nicht allein lassen. Gerade dann, wenn ein Volk von allen guten Geistern verlassen ist, darf es nicht von guten Menschen verlassen werden. Ich habe ja freilich erfahren, daß der Weg von Amt, Stellung, Führung hinweg oft gerade in die Mitte und in das Herz des Volkes führt; der Beauftragte und Führende wird auf diesem Wege selbst zum Volke, nicht nur ein Glied des Volkes, sondern Substanz. So sehe ich, daß wir wirklich Freunde geworden sind, weil die Freunde in Jerusalem einer nach dem anderen meinen Weg zum Volke zu gehen beginnen."[27]

Wittig hätte wohl etwas klarer seine Haltung artikulieren können, wenn er vom „Volk" als „Gemeinde", d.h. als hörwillige bzw. ansprechbare Gruppe gesprochen hätte und statt von „Führenden" (aus dem ja „Führer" herauszuhören ist) von „Lehrern". Doch aus dem Brief geht auch hervor, daß er die Aufgabe der Lehrer/Führenden eines Volkes als eine der Mehraltrigkeit (Rosenstock), d.h. der Generationenverkettung versteht, die als Voraussetzung die Hörwilligkeit des Volkes auf Fragen der Tradition wie der künftigen Gestaltung hat.

Es ist in diesem Zusammenhang vielleicht etwas erhellend, das Verhalten Wittigs mit dem seines Breslauer Freundes Rosenstock zu vergleichen. In seinem ersten Brief an Buber 1925 deutet Wittig den Unterschied zwischen ihnen an: er könne nicht so wissenschaftlich wie Rosenstock erfassen, „weder die Gemeinsamkeit noch die Geschiedenheit. Ich sehe die Gemeinsamkeit viel deutlicher als die Geschiedenheit."[28] Es ist auch gar nicht vorstellbar, daß Wittig, wenn er noch unangefochtener Lehrstuhlinhaber 1933 gewesen wäre, etwas dem Rosenstockschen Handeln Vergleichbares getan hätte, nämlich in seiner

---

27 J. Wittig, Briefe, 150f.
28 Ebd. 80.

Fakultät den Antrag zu stellen, diese wegen „Revolution" zu schließen – und nach Ablehnung eines Antrages dieser Art auszuwandern. Sicherlich wäre da von Wittig in der theologischen Fakultät kein paralleles Vorgehen zu erwarten gewesen, wie es in der juristischen Fakultät möglich war und Sinn ergab (Revolutionen sind ja auch immer Rechtsbrüche). Ich halte es aber nicht für ausgeschlossen, dass Wittig als wohlbestallter Professor und namhafter Volksschriftsteller gegenüber den braunen Machthabern wirksamer und eindeutiger aufgetreten wäre, als er das dann als vorzeitiger Emeritus, Exkommunizierter und verantwortungsvoller Familienvater getan hat.

Am 1.3.1936 schreibt Wittig an Rosenstock einen Brief, der einen längeren, zweideutigen Absatz enthält und mit folgenden Sätzen beginnt: „Im übrigen ist jetzt das Leben bei uns so eigenartig herrlich geworden, daß Ihr Euch in der Ferne kaum eine Vorstellung machen könnt. Ich hätte nie gedacht, daß ich noch jemals eine derartig andere Welt erleben würde. Es verschlug uns wohl manchmal den Atem, und es war uns wie den Fischlein, die aus dem Wasser aufs Land gesetzt werden. Es müssen völlig neue Organe wachsen, um das Leben in dem neuen Element möglich zu machen. Und ich kann nicht sagen, daß sich dieses Wachstum bei uns schnell genug vollzieht. Es ist ausgemacht, daß die Epoche des Christentums endgültig vorbei ist." Wittig hält die neue Epoche für Rosenstocks „Nachchristentum", womit er wohl irrt, denn die „nach"-christliche Epoche fußt – langfristig – auf Hör- und Dankbarkeit gegenüber den „vor"- und „mit"-christlichen Epochen. Bezeichnend ist nun aber, dass der Briefabschnitt gar nicht euphorisch, sondern resignativ schließt: „Man zog mich in letzter Zeit zu einigen Vorlesungen in Volksbildungsstätten hinzu und ich fand für meine alten Geschichten viel Zuhörerschaft, Aufmerksamkeit, Andacht, sogar Ergriffenheit. Aber eben deshalb kann ich auf weitere Einladungen kaum hoffen."[29] Hieraus spricht nicht so sehr Anpassungswilligkeit an das Neue, sondern Treue zum Alten.

In einem Dankesbrief aus der Lüneburger Heide für ein Lebensmittelpaket aus Amerika vom Nov. 1946 spricht Wittig aus einer sehr harten Zeit heraus auch sein Unverständnis an: „Ich weiß, in welches Elend Du im Jahre 1933 gehen mußtest, habe es anfangs nicht genügend verstanden und war sicher nicht hilfreich genug. Aber unser jetziges

---

29 Ebd. 256.

Elend ist doch vielfach größer."[30] Man soll an diese Worte eines alten kranken Mannes, der in sehr beengtem Raum mit seiner Familie lebte, keinen strengen Maßstab anlegen. Eins sollte aber beachtet werden: Wittig war sehr viel mehr ein Mann der Güte, als es Rosenstock und auch wohl Simon waren, obwohl der letztere in seiner Kritik an Hannah Arendts Bericht über den Eichmann-Prozeß kritisch vermerkt, dass bei ihr nur einmal der Gedanke aufgeblitzt sei, dass auch Güte dazu beitragen könne, eine „schauerliche Wirklichkeit" zu verkennen.[31] In praktischer Dialogbereitschaft steht Wittig Buber näher als Rosenstock, denn Buber wahrte diese auch gegenüber Antisemiten und Deutschen.

Nach allem stellt sich die bedrückende Frage (in diesem Jahr hat sich ihr ja auch der Papst in Jerusalem gestellt): Was hat Wittig nun zum Holocaust gesagt? Wie hat er darauf als einer der viel zu wenigen Deutschen mit jüdischen Freunden reagiert? Vermutlich gäbe es hierauf eine befriedigende Antwort, wenn Wittig nicht im Alter von siebzig, sondern von fünfundsiebzig Jahren gestorben wäre. Nach all dem, was mir bekannt ist, ist ihm in der Kriegszeit das volle Ausmaß des Verbrechens von Hitler und seinen gewissenlosen Dienern nicht zu Ohren gekommen. Obwohl diese Unkenntnis heute immer wieder bezweifelt wird, gibt es doch wohl genug glaubwürdige Stimmen, die das zur Tatzeit auch nicht vernommen haben (ich meine hier weniger Günter Grass als etwa Helmut Schmidt). Bei Wittig kommt noch etwas anderes hinzu: seine Krankheiten, die ihn wegen Falschbehandlung an den Rand des Todes führten. So schreibt er im Juni 1944 während eines Kuraufenthaltes in Bad Altheide an seinen Freund Hermann Mulert: „Untätig, tief verzagt, ohne Leben und Glauben, so verbringe ich den Tag. So wolle Gott auch dies segnen!"[32] 1945/46 lebte er zwar in seiner Heimat und in seinem Haus, erlebte aber Plünderungen, Mißhandlungen und Bedrohungen sowie bittere Not mit seinen Nächsten. Er kam dann im April 1946 nach Westdeutschland, „heimatlos", sofort in ein Krankenhaus. Auch im Westen ging es damals, was eigentlich bekannt sein müßte, keineswegs befriedigend zu, schon gar nicht bei Flüchtlin-

---

30 Ebd. 423.
31 E. Simon, Hannah Arendt und Eichmann – Eine Analyse, in: Ders., Entscheidung zum Judentum, 308.
32 J. Wittig, Briefe, 396.

gen, die keine tragfähige Hose mehr hatten. Trotz eigener Not stand ihm die Trostlosigkeit seiner vertriebenen Landsleute als dringendste Aufgabe vor der Seele. Während und nachdem er sein noch in der alten Heimat begonnenes Manuskript, posthum unter dem Titel *Roman mit Gott* erschienen, fertiggestellt hatte, sah er seine Hauptaufgabe darin, zu trösten und Gottes Lob gerade angesichts des Erlittenen weiterzusagen und sich von einer überzogener Heimatverehrung loszusagen. Wer heute die Nöte in der zweiten Hälfte der vierziger Jahre übersieht, wird sich sicher schwer tun, Wittig Gerechtigkeit widerfahren zu lassen.

In seiner Rede „Dank an Freunde" vergleicht Ernst Simon die Liebe- und die Freunde-Beziehung.[33] Der Untreue bei der ersten stellt er den Verrat bei der zweiten gleich. Das führt zu der Frage: Hat Wittig seine jüdischen Freunde verraten? Die Antwort muss m.E. lauten: nein. Trotz einiger politischer Torheiten, die man an wenigen kurzen Stellen bei ihm finden kann (etwa in dem Sammelband *Toll-Annele will nach Albendorf,* 1938), ist er doch der durch die Bibelübersetzung getauften deutschen Sprache treu geblieben, hat sich zu dem „Buch der radikalen Wirklichkeit" (1939) bekannt und in diesem Bekenntnis Martin Buber genannt.[34]

III. Der Freund als „Sohn": Emanuel bin Gorion (1903–1987)

In seinem Schreiben an den befreundeten ev. Pfarrer Rudolf Reich in der Schweiz vom 29.1. 1931 führt Wittig als „Curiosum" an, dass unter den ihm vor Weihnachten zugegangenen Besprechungen – von *Der Ungläubige*

Emanuel bin Gorion, 1936

---

33 E. Simon, Dank an Freunde, in: H.J. Schultz (Hg.), Was der Mensch braucht – Anregungen für eine neue Kunst zu leben, Stuttgart 1977, 83.

34 J. Wittig, Das Buch der radikalen Wirklichkeit, in: K. Ihlenfeld, Das Buch der Christenheit – Betrachtungen zur Bibel, Berlin 1939, 292ff.

u.a. – "die beiden schönsten" von einem Juden und einem "Araber (dem Namen nach zu schließen)" waren.³⁵ Sein Schluss hat sich dann sehr schnell als falsch erwiesen: auch der letztere war Jude. Dieser suchte ihn mit seiner Mutter Rahel bin Gorion schon am 7.4.1931 auf. Letztere hatte nach Umzug von Breslau nach Berlin 1911 ihre Tätigkeit als Zahnärztin aufgegeben und fortan ihren Mann Micha Josef bin Gorion bei seiner schriftstellerischen Tätigkeit unterstützt, nach dessen Tod 1921 sogar sein Werk – Übersetzung und Herausgabe des *Born Judas* – fortgesetzt, daneben auch eigene Übersetzungen publiziert (so von Tolstoj). Sie war es, die ihren Sohn auf Schriften Wittigs hingewiesen hatte. Durch besondere Umstände war das erste Heft der Zeitschrift *Die Kreatur* in ihre Hände gekommen mit Wittigs Beitrag *Das Volk von Neusorge*. Schon gleich nach dem Beginn der Lektüre fiel ihr die Qualität des Erzählenden auf, so dass sie ihren Sohn aufmerksam machte. Diesen wiederum veranlasste die Lektüre, sich umgehend über Wittigs Schriften zu informieren. Er wurde fasziniert von *Das Leben Jesu in Palästina, Schlesien und anderswo* und beeindruckt von dem Schicksal Wittigs durch *Das Alter der Kirche*. An Rahel bin Gorion richtet sich der erste Wittig-Brief v. 17.4.1931. In ihm gesteht der Besuchte, dass er die Begegnung am Osterdienstag nicht nur als "Freudentag", sondern als "Festtag" erfahren habe. Beim Abschied habe eine innere Stimme gesprochen: "Dieser Tag bleibt!"³⁶ Geblieben sind sicherlich bei allen Beteiligten – zu denen nicht zuletzt auch Anca Wittig zählte – die freundschaftlichen Bande. Die erhaltenen Briefe weisen eine große Lücke zwischen 1934 und 1946 auf. Nach dem Krieg kam durch die Mitteilung einer über Wittigs Schicksal und Adresse informierten deutschen Familie ein Briefwechsel zustande, in dem Frau Rahel die Frage stellte: "Was könnten wir für Euch tun und womit könnten wir Euch helfen? Wir wären sehr froh!" (11.5.1947)

Zunächst einige biographische Daten zu Emanuel bin Gorion. Er wurde in Breslau geboren, wuchs in Berlin auf und studierte dort. Doch in sein eigentliches "gelehrtes Fach" Judentum/Hebräismus kam er recht unakademisch: Drei Jahre lang übersetzte er mit seiner Mutter Textstücke des Manuskriptes seines Vaters aus dem Hebräischen und Aramäischen, damit das Buch *Sinai und Garizim* erscheinen konnte.

---

35 J. Wittig, Briefe, 182.
36 Ebd. 186.

Sechs Jahre lang bot sich ihm dann die Gelegenheit, in der Redaktion an der *Encyclopaedia Judaica* mitzuarbeiten. Am 14.6.1936, „kurz vor seiner Heimkehr in das Land der Väter", kam er das letzte Mal nach Neusorge. In Tel Aviv war er Bibliothekar an der Stadtbibliothek bis Ende 1967. In Berlin hatte er 1932 den „Morgenland-Verlag" gegründet, in dem als erstes Buch von Elisabeth Langgässer *Grenze: Besetztes Gebiet – Die Ballade eines Landes* erschien. Seine Besprechungen – darunter auch Veröffentlichungen von Wittig – hat er in Sammelbänden publiziert: *Ceterum recenseo* I + II (Tübingen 1929, Berlin 1932). Nach offenbar schnell zerronnenen Hoffnungen für ein weiteres schriftstellerisches Wirkungsfeld in Deutschland – auch Wittig versuchte zu helfen – muss er wohl bald schon den Entschluss zur Auswanderung nach Palästina gefasst haben. Mit großer Intensität hat er in der Zwischenzeit versucht, die geistige Orientierung der ausgegrenzten Juden zu stärken. Im November 1934 erschien das *Philo-Lexikon,* an dem er führend mitgewirkt hatte, und das mehrere Auflagen erzielte (einer der Herausgeber gab es nach dem Kriege als *Lexikon vom Judentum* wieder heraus). 1936 erschien im Schocken-Verlag sein Lesebuch *Das siebenfache Licht – Gestalten und Stoffe des Judentums in der deutschen Dichtung.*[37] Nach dem Kriege gelang es ihm, alte und neue Veröffentlichungen zu publizieren: so *Die schönsten Geschichten der Welt, hundert an der Zahl* (1. Aufl. Tübingen 1930, dann Olten 1967, Frankfurt 1984), *Geschichten aus dem Talmud* (Frankfurt 1966, 1985), *Der Mandelstab – Jüdische Geschichten aus drei Jahrtausenden* (Olten 1963). Es handelt sich dabei um „Lesebücher" bzw. Anthologien, bei denen die Übersetzung teilweise von ihm stammt. Daneben hat er wieder *Der Born Judas* herausgegeben und mit einem Nachwort über seine Eltern versehen (Frankfurt 1959, 1993).

Die Begegnung Wittigs mit Emanuel bin Gorion – und seiner Mutter – hatte, wie gesagt, gleich zu einer großen Vertrautheit geführt, so dass man schließen darf, dass zwischen ihnen von Beginn an ein weitgehendes gegenseitiges Verständnis herrschte, das sich auch auf die Wertschätzung literarischer Erzeugnisse erstreckte. Eigentlich war dies wegen der recht unterschiedlichen Herkunft von Wittig und bin Gorion erstaunlich: Bei dem einen waren es außerordentlich dürftige ländliche

---

37 Vgl. V. Dahm, Kulturelles und geistiges Leben, in: W. Benz (Hg.), Die Juden in Deutschland 1933–1945 – Leben unter nationalsozialistischer Herrschaft, München 1988, 202ff.

Verhältnisse, bei dem anderen städtische, allerdings kaum als wohlhabend einzustufen, bei hochintellektuellen Eltern. Doch ist davon auszugehen, dass beide entscheidend Gemeinsames teilten: eine Geisteshaltung, die in dem Begegnenden seine Fähigkeiten zu würdigen weiß – trotz Gestaltung in fremdem Gewande. Hier nur ein kleiner Hinweis. Wittig schrieb am 18.10.1931: „Da geriet ich gestern an Döblins *Alexanderplatz* und bin noch mehr verzagt und verwirrt. Ich möchte gern Ihrer und Ihrer Mutter Urteil haben über dieses Werk, das ich nur mit Mühe weiterlesen kann. Es hat mich in die Großstadt hineingerissen. Ich habe doch drei Jahrzehnte lang in der Großstadt gelernt und gelehrt; 1893 habe ich mich zum ersten Mal in ihren Straßen verirrt, aber ich bin damals nicht so irr an ihr geworden wie jetzt. So muß man also schreiben können, um in der Welt ein Dichter zu sein!" Wittig erhielt hierauf eine ihn befriedigende Antwort über den *Doktor Allwissend*, wie bin Gorion Döblin in seinem zweiten Rezensionsband charakterisiert hat.[38] Nach dessen Lektüre liest Wittig nochmals den ersten und schreibt, dass er „angeregt, beglückt und bereichert" sei. „So war ich in den letzten Tagen viel mit Ihnen." (23.6.1932) Es ist deshalb nicht so verwunderlich, wenn man bald darauf auf den Satz stößt: „Daß ich in Ihnen so etwas wie einen Sohn verspüre, habe ich ja schon verraten, hab mich zum Beispiel ganz unverständlich gefreut, daß Ihr Vater auch Joseph hieß." (18.11.1932) Dieses Gespür muss offensichtlich sehr tief gesessen haben, denn im Mai 1948 in der Lüneburger Heide kommt er darauf zurück. Wahrscheinlich wurde es auch durch das Verhalten des „Sohnes" gegenüber seinem leiblichen Vater verstärkt. Emanuel muss als der geistige Testamentsvollstrecker seines Vaters, seiner Eltern, angesehen werden. So findet man in seinem späten autobiographischen Manuskript die Aussage: „ ... und ich sehe den letzten Sinn meines Lebens darin, [dass ich] sein Leben fortsetze und

---

38 J. Wittig, Briefe 196. E. bin Gorions Rezensionen von Döblins „Berlin Alexanderplatz" und „Wissen und Verändern" in Neue Revue, 1931, sind jetzt wieder in I. Schuster / I. Bode (Hg.), Alfred Döblin im Spiegel der zeitgenössischen Kritik, Bern - München 1973, abgedruckt. Die letztgenannte Rezension erschien unter „Doktor Allwissend". Bin Gorion sieht im „Alexanderplatz" „ein Schulbeispiel für das, was man Pseudo-Dichtung nennen muß. Kein Stoff, nur reichlich 500 Seiten Text. Kein Aufbau und keine Begebenheit, sondern aneinandergereihte Fetzen von Schauerberichten". Franz Biberkopf sei ein allzu fiktiver „Überhiob". Schuster / Bode, 258ff.

zuende zu leben versuche".[39] Ein diesen späten Worten entsprechendes Verhalten hat Wittig schon damals aus ihm herausgehört und zweifellos geschätzt.

Micha Josef bin Gorion (ursprüngl. Berdyczewski; 1865–1921) stammte von einer Rabbinerfamilie ab aus der Ukraine (Polodien). Sein einziger Sohn beschreibt ihn als Erzähler, Denker, Kritiker, Gelehrten, Quellenforscher. Er habe sich durch außerordentliche Entbehrungen Bildung angeeignet, zunächst auf einer Rabbinerschule im Osten, später an westlichen Universitäten. Die prosaischen Schriften seines Vaters seien alle „Auseinandersetzungen mit der Judenfrage, Bekenntnisse eines Einzelnen, der den offiziellen Lehrmeinungen im Munde religiöser, geistiger und politischer Führer den Versuch entgegensetzte, das Judentum, indem er seinen verborgenen Ursprüngen nachging, aus sich selbst zu begreifen."[40] Er zählte mit zum Berliner ‚Donnerstag-Kreis', dem W. Rathenau, S. Fischer, G. Hauptmann, M. Heimann, M. Buber u.a.m. angehörten. Den „geistigen Zionismus" von Achad Haam lehnte er vehement ab, den sich Buber zueigen gemacht hatte. Das war sicherlich mit ein Grund mehr für beide, Distanz zu wahren (der Name M.J. bin Gorion fällt nicht in Bubers *Der Jude und sein Judentum*). Obwohl Emanuel auch hinsichtlich einer kritischen Haltung gegenüber Buber in die Fußtapfen seines Vaters getreten ist, hat die hohe Achtung Bubers durch Wittig nicht sein Verhältnis zu letzterem getrübt.

Welche Bedeutung das Judentum für Emanuel bin Gorion hatte, geht aus seinem Briefwechsel mit Reinhard Bendix hervor, den letzterer in seiner Biographie wiedergegeben hat. Bendix, 1916 in Berlin geboren, emigrierte 1938 in die USA, seine Eltern, der Vater angesehener Jurist, nach Palästina. Nachdem er eine Professur in Berkeley erhalten und geheiratet hatte, stellte sich ihm die Frage nach dem Wohnort seiner Eltern, zumal der Vater ausgesprochene Probleme hatte, sich in Palästina einzugewöhnen. Als bessere Lösung wurde die Übersiedlung der Eltern in die Nähe des Sohnes angesehen. Von diesem Entschluss erfuhr auch Emanuel bin Gorion, der seit 1945 mit Bendix Eltern bekannt geworden war und seinen Vater besonders schätzte. Er schrieb

---

39   E. bin Gorion, Linien des Lebens – Von Weges Ende zu Weges Mitte – autobiographische Aufzeichnungen. Manuskript im Deutschen Literaturarchiv Marbach.

40   E. bin Gorion, Der Verfasser und sein Werk, in: M.J. bin Gorion, Der Born Judas, Frankfurt 1993, 774f.

daraufhin an Sohn und Schwiegertochter in Kalifornien im Okt.1946: „Der Jude, der hier im Lande Israel Wurzel geschlagen hat, weiß, mit allen Fasern seiner Seele, daß das jüdische Volk als Ganzes und jeder einzelne Jude, wo auch immer er sei, nur eine Hoffnung und Zukunft hat, Eretz Israel." Der Schreiber gesteht die Unmöglichkeit des Versuches des Vaters seines Adressaten zu, als Träger seiner Generation im „Land der Jugend" ein „zweites Leben aufzubauen". Der Brief schließt mit dem Rat, doch hebräisch zu lernen, damit Sie eines Tages „die Wurzel mitbringen zu der einzigen Erde, in der Sie haften können." – In seiner Antwort schreibt Bendix, daß ihm die „Betonung der jüdischen Nationalidee Sorge" mache, „denn ihr Erfolg ist zumindest teilweise vom Wachsen des Humanismus und der Toleranz abhängig, die durch den Nationalismus kaum gefördert werden ... Es ist deshalb unrecht, daß die Zionisten nicht willens sind zu bekennen, daß ihr Werk auch den Humanisten etwas schuldet, ob diese nun Juden sind oder nicht." – Darauf erwidert bin Gorion: Er habe nur beabsichtigt, Bendix einen Rat zu geben, nämlich Hebräisch mit der Familie zu pflegen. „Mir scheint eine Vorstufe zur Lösung der Judenfrage damit gegeben, daß alle Juden in der Welt sich das Hebräische wieder zum Eigentum machen, damit sie, die von der Enge des Ritus sich emanzipiert und den Segen des nationalen Bodens nicht erfahren haben, *ein* Fundament besitzen, das ihr Jude-Sein bestätigt ... Ich glaube, daß der Mensch eine Heimat braucht, und daß dieses Ideal fundamental ist, wie Vater und Mutter, wie Ehe und Familie, wie Gott, Mensch und Natur. Ich wuchs so auf, als ob Deutschland meine Heimat sei, in einem tiefen Trugglauben, und mir widerfuhr das Glück, daß der Schleier zerriß und die Irrheimat als solche rechtzeitig sich offenbarte. Daß ich diesen Schnitt überstanden habe, verdanke ich dem Hebräischen. Meine neue Heimat, die eigentliche, vorgestimmte – das Glück ist so groß und unverdient, daß ich es noch gar nicht fasse."[41]

Vermutlich hätten diese Worte viel Verständnis bei Wittig gefunden, weniger bei Rosenstock. Der letztere hat Mehrsprachigkeit – wenn auch oft in einem anderen Sinn – zwar immer wieder betont, doch die Zukunft des Juden verband er mehr mit der wirksamen Fortsetzung einer Geisteshaltung, der Verkörperung einer Zeitgestalt als mit Eretz Israel.

---

41 R. Bendix, Von Berlin nach Berkeley – Deutsch-jüdische Identitäten,

Emanuel bin Gorion ist trotz seiner Hochschätzung des Hebräischen in der deutschen Sprache beheimatet geblieben – über Menschen, die ihm begegnet sind und denen er die Treue gehalten hat. So schreibt er am 5.9.1980 an Anca Wittig: „Mein alter Traum, für die sieben ‚Bleibenden', denen ich das Glück hatte verbunden zu sein, eine Stätte zu wissen, die diesen meinen Glauben teilt, verwirklicht sich; die ‚Bleibenden' selbst sind, in chronologischer Reihenfolge: Carl Fischer, Moritz Heimann, Joseph Wittig, Wilhelm Lehmann, Oskar Loerke, Hans Voss und Elisabeth Langgässer." Auch hier ist väterliche Spurfolge auszumachen, denn im Portrait seines Vaters steht, dass dieser die Lebenserinnerungen des Arbeiters Carl Fischer, hg. von Paul Göhre, als Werk des größten Prosaikers deutscher Zunge ansah. Angedeutet wurde schon, dass sein Vater im dem ‚Donnerstag-Kreis' Moritz Heimann, der dessen Mittelpunkt war, begegnet ist und dieser sein engster Freund wurde. Heimann war Cheflektor des S. Fischer Verlags und auch eng mit Wilhelm Lehmann und Oskar Loerke befreundet.[42] Zu Hans Voss, der recht unbekannt ist, sei angemerkt, dass es sich um einen Übersetzer bzw. Nachdichter aus altgermanischen und anderen Sprachen handelt (z.B. der Edda). An seine Vorträge und Lesungen erinnert sich bin Gorion: „Für immer tönt mir (wie allen, die dabei gewesen sind) seine mächtige Stimme im Ohr, die eines Sängers der Vorzeit, dessen Pathos eines ist mit dem der Dichtung innewohnenden Pathos und der nichts will, als sie verherrlichen, indem er ihr dient."[43]

Emanuel bin Gorion hat nach seiner Pensionierung das schon erwähnte Manuskript geschrieben *Linien des Lebens – Von Weges Ende zu Weges Mitte – autobiographische Aufzeichnungen,* das in drei Bücher gegliedert ist: 1. Micha Josef (Vater), 2. Rahel (Mutter; dies enthält auch Würdigungen der sieben ‚Bleibenden') und 3. Deborah (Ehefrau). Die Würdigung von Wittig steht an zweiter Stelle der ‚Bleibenden'. Sie sei skizziert:

Zunächst schildert er, wie er auf Wittig aufmerksam wurde, umreißt etwas Wittigs Leben und Schreiben sowie seinen „Fall". Nach dem *Leben Jesu* hält er *Höregott* für Wittigs „zweites großes Buch", „in dem er

---

Frankfurt 1990, 389ff.
42 Siehe M. Heimann, Was ist das: ein Gedanke?, Frankfurt 1986 – hg. v. G. Mattenklott.
43 E. bin Gorion, Biographische Skizze über Hans Voss. Manuskript im Deutschen Literaturarchiv Marbach.

sein ganzes Leben, von der ersten geistigen Regung bis zum Tode seines Erstgeborenen, in einer, wie ich sie nennen möchte, glaubensstarken Offenheit vor allem Volk darlegte." „Aus seinem Nachlaß erschien vielleicht sein merkwürdigstes Buch, mit dem Titel *Roman mit Gott* und dem Untertitel ‚Tagebuchblätter der Anfechtung' (1950). Dieses Werk ist seine zweite oder, mit *Höregott*, dritte Autobiographie; der Quell war, nach der langen Zwischenzeit, noch einmal hervorgebrochen, und der Dichter gab sein Letztes, sein Tiefstes und sein Offenstes." Bin Gorion hält darin die Schilderung der Zeit der Bedrohung und schließlichen Aussiedlung 1945/46 für „ergreifend", doch weist er in diesem Zusammenhang auch auf den gegenüber seinem Entdecker Moritz Heimann undankbaren „zum Nazi Entarteten" Hermann Stehr hin, sowie auf Gerhart Hauptmann. „Aber Wittig und Neusorge, das ist so wie Königsberg und Kant. Ein neuhebräischer Schriftsteller [... läßt] den toten Philosophen ‚Ja' sagen zu der Eroberung und Umbenennung der Stadt, deren Volk den kategorischen Imperativ verraten hatte; und Ähnliches möchte ich über Wittigs verlorene Heimat sagen: sein Volk war abtrünnig geworden von seinem, und gerade seinem, Gotte."

Abschließend bietet bin Gorion noch ausführliche Zitate aus dem *Leben Jesu* (Spaziergang mit der Großmutter und Unterhaltung übers Heiraten), aus *Höregott* (über die Tragik des katholischen Priesterlebens) und aus *Aussichten und Wege* („Der tolle Hahn", „Hans im Glück") und schließt: „Das war der Mann, solchen Kinderglaubens, den seine Kirche abzuurteilen sich vermaß; das der Dichter, solcher Unmittelbarkeit des Schauens, des Herzens – den sein Volk vergessen hat."

Zu der ungedruckten Festschrift zu Franz Rosenzweigs 40. Geburtstag am 25.12.1926 steuerte auch Wittig eine Seite ohne Titel bei, auf der er sein Verhältnis zu der Gabe *Zeit* schildert. Sie war die erste aller Gaben, doch er erkannte sie als letzte. Sie sei nicht sein Eigentum, sondern seine Eigenschaft. Sie entspringe einer Quelle in ihm, die mit seinem Sterben versiege. „Die Zeit ist wie die eine Hand Gottes, die mich schuf, und ich bin wie die andere Hand, von der sie gestaltet wird." Ein Bauer habe in einem Gespräch über die Zeit auf sie als „Wunder" und unsere Zeitmaße als „Becher" hingewiesen. Wittig schließt seine kurze Besinnung: „Stunden, Tage, Jahre sind Mahnungen, die Schalen zu füllen; sind Daten, an denen gegeben wird. Ob wir die Schalen füllen, wie hoch wir sie füllen, wieviel uns gegeben wird und ob wir auch wirklich genommen haben, vermögen sie nicht zu sagen. Wenn Du Deinen Geburtstag feierst, nimm die neue Schale und halte sie unter den ewigen Brunnen und frage nicht, ob sie Stunde oder Tag oder Jahr oder Jahrzehnt heiße. Sie ist eine Wunderschale und kann Ewigkeiten fassen."[44]

Rosenzweigs Geburtstags-Mappe war von Buber mit Hilfe von Frau und Mutter des zu Feiernden sowie Martin Goldner erstellt worden. An letzteren schrieb Rosenzweig vier Tage später: „Zu dem Fragezeichen am Schluß Ihres wunderschönen Beitrags zur Mappe: Wenn Opfer und Gebet einmal wirklich Dienst der Menschheit geworden sein werden, dann, aber wirklich erst dann, ist Pflicht auch hier so in der Verbundenheit gelöst, wie sie es in der Freundschaft, die ja dieses Dann nicht bloß vorbildet, sondern tatsächlich und wirksam vorwegnimmt, schon immer ist. Freundschaft ist ja nicht wie Liebe Abbild des Bundes zwischen Gott und Mensch, sondern selber ein Baustein zum Bau des Reichs."[45] In Freundschaft wird Zukunft vorweggenommen und wird, wie es im Motto zum Ausdruck kommt, die Erlangung von Originalität, Ursprünglichkeit vorbereitet. Freundschaft ist somit Wegbereitung zum eigentlichen Wesen von uns Menschen: unserer Zeitlichkeit zwischen Ziel und Ursprung. Unser Leben ist nicht ohne Wahlmöglichkeit zwischen Zeit-Schalen und ihrer Füllung, denn es ist mit Freiheit im Bösen und Guten verbunden. Trotz aller Unzulänglichkeiten sind die Begegnungen Joseph Wittigs mit seinen jüdischen Freunden nicht ohne exemplarische Bedeutung für Bausteine zum Reich Gottes und für das Hinuntertauchen zu „der uns verliehenen Originalität".

---

44 Veröffentlicht in: Das Alter der Kirche – Die Berliner Vorträge, hg. v. F. Herrenbrück / M. Gormann-Thelen, Münster 1999, 48.

45 F. Rosenzweig, Ges. Schriften I,2 – Briefe und Tagebücher, Den Haag 1979, 1119.

IV
Anhang

Biographische Daten zu Joseph Wittig

Prof. Dr. Dieter Nestle, Schopfheim

Kurze Chronik von Joseph Wittigs Leben und Werk
(in der Hauptsache nach *Christgeburt* 138–143)

1812 Urgroßvater Joseph Wittig wird in Schlegel ansässig

1837 Vater Eduard W. in Schlegel geboren

1844 Mutter Johanna geb. Strangfeld geboren

1867 Eheschließung der Eltern

1879 22.1. Joseph wird als sechstes Kind des Zimmermanns und Maschinenmeisters E. W. in Schlegel geboren

1885 Beginn der Schulzeit. In den nächsten 7 Jahren besucht W. die Volksschule in Schlegel

1886 Pater Heinrich May (gest. 1942) kommt als Aushilfsgeistlicher nach Schlegel. Er erkennt als erster die Begabung des Jungen. Lebenslange Freundschaft beider

1892 W. kommt ins Pfarrhaus Neu-Gersdorf zu Pater May, der ihn im Winterhalbjahr auf die Aufnahmeprüfung in die Untertertia des Gymnasiums vorbereitet

1893 Bestehen der Prüfung und Aufnahme ins St.-Matthias Gymnasium in Breslau. J. wohnt (kostenlos) im Kloster der Hedwigsschwestern, Hirschstr. 23

1899 Reifeprüfung und Beginn des Studiums der Theologie an der Breslauer Universität. Er hört insbesondere den Kirchengeschichtler Prof. Sdralek, der ihm den Weg in die Wissenschaft weist. Sdraleks letzter Wunsch: Wittig möge sein Nachfolger werden

1900 W. nimmt teil am 5. Internat. Kongress Kath. Gelehrter in München und legt dort seine erste kirchengeschichtliche Arbeit vor

1901	1. theol. Examen. Abschluss der Doktorarbeit über Papst Damasus I., Tod des Vaters
1902	Examen rigorosum mit „magna cum laude" abgeschlossen
1903	Promotion zum Dr. theol., Priesterweihe durch Kard. Kopp in der Breslauer Kreuzkirche. Ab 1.8. als 2. Kaplan in Lauban
1904	1.10. Beginn des durch ein Stipendium ermöglichten Studienaufenthaltes in Rom. W. beschäftigt sich mit christl. Archäologie
1905	Reisen [vom Stipendium abgespart] nach Sizilien und Tunis. In der „Römischen Quartalschrift" berichtet W. über seine Forschungen
1906	Sein Buch *Die altchristlichen Skulpturen im Museum der deutschen Nationalstiftung am Campo Santo in Rom* erscheint. Heimkehr nach Schlesien, Seelsorger in Patschkau
1907	Ab April als Kaplan an St. Maria in Breslau
1909	Prof. Sdralek erkrankt, W. soll ihn vertreten. Neben der vollen Kaplanstätigkeit Ausarbeitung der Habilitationsschrift, Habilitation für Kirchengeschichte und Kirchengeschichtliche Hilfswissenschaften, Beginn der akademischen Lehrtätigkeit
1911	Ernennung zum a. o. Prof. für Kirchengeschichte und Archäologie. Eigene Wohnung in Breslau, Sternstr. 108
1912	Schwere Erkrankung infolge Überarbeitung. Erholungsaufenthalt in Schatzlar/Böhmen. Das Buch *Die Friedenspolitik des Papstes Damasus I. und der Ausgang der arianischen Streitigkeiten* erscheint
1913	Längerer Aufenthalt in Lomnitz/Oberschlesien. Besuch des Wallfahrtsorts Czenstochau. W. beginnt „unakademisch" zu schreiben. Das „nicht für die Welt der Wissenschaft, sondern für das Volk" bestimmte Buch *Das Papsttum – Seine weltgeschichtliche Entwicklung und Bedeutung. In Wort und Bild dargestellt.* Hansa-Verlag Hamburg, 192 S. Großes Querformat, Auflage 18000. – *Das Toleranzedikt von Mailand 313*, in: Festgabe zum Konstantins-Jubiläum 1913, hg. v. Franz J. Dölger

1914 Unter dem Pseudonym „Dr. Johannes Strangfeld" veröffentlicht W. seine erste Erzählung im *Heliand*: *Der schwarze, der braune und der weiße König. Ein religiöses Erlebnis*

1915 Ernennung zum Ordinarius für Kirchengeschichte, Patrologie und kirchliche Kunst. Das Missionsbüchlein *Ludwig Uhlands Gesang von der verlorenen Kirche* erscheint

1916 Erzählung „Das Riesengebirge" in der Zeitschrift *Heliand*

1917 Für die Amtsjahre 1917/1918 Dekan der Kath.-theol. Fakultät

1918 Abermalige Erkrankung mit monatelanger Schlaflosigkeit. *Das Mysterium der menschlichen Handlungen und Geschehnisse* entsteht (siehe *Herrgottswissen* 1922, 180ff.) Herausgabe des Buches *Heiliges Wissen. Heimatgrüße der Kath. Theol. Fakultät ... an ihre Studenten im Felde*

1919 Beginn der Mitarbeit am Sonntagsblatt der Diözese Breslau

1920 *Leben, Lebensweisheit und Lebenskunde des ... hl. Basilius d.Gr.* in: ‚Ehrengabe dt. Wissenschaft' [z. 50. Geb. von Prinz J. G. Herzog zu Sachsen]. – ‚Vincenz von Paul', in: Religiöse Erzieher der kath. Kirche aus den letzten vier Jahrhunderten'

1921 Bearbeitung von G. Rauschens ‚Grundriß der Patrologie' im Herder-Verlag. Kardinal Bertram, Wittigs Bischof, lobt das Werk und ernennt W. zum geistlichen Präses der Congregatio Mariana. Das Buch *Ein Apostel der Karitas. Der Breslauer Domherr Robert Spiske u. s. Werk*

1922 *Herrgottswissen – Geschichten von Webern, Zimmerleuten und Dorfjungen.* Der Osteraufsatz *Die Erlösten* in der Zeitschrift *Hochland*. Von Bertram beanstandet. Der Kampf um *Die Erlösten* beginnt. *Das Schicksal des Wenzel Böhm – eine Herrgottsgeschichte, Des hl. Basilius geistliche Übungen ...*

1923 Auf des Churer Domherrn Gisler ‚Lutherus redivivus?' und andere Angriffe antwortet W. mit der *Schrift Meine „Erlösten" in Buße, Kampf und Wehr, Wiedergeburt* [Cyprian und Donatus]. In *Hochland* beginnt der Vorabdruck des *Leben Jesu*

1924 Kard. Schulte verbietet der Köln. Volkszeitung den weiteren Vorabdruck des *Leben Jesu*. Der zu Lebzeiten W.s nie beendete

Kampf um das *Leben Jesu* beginnt. Die Bücher *Die Kirche im Waldwinkel* und *Bergkristall* mit Bildern von Hans Franke

1925 *Das Leben Jesu in Palästina, Schlesien und anderswo* 2 Bände, 513 und 464 S. Nach Scheitern aller Bemühungen um das Imprimatur (die kirchl. Druckerlaubnis) erscheint es ohne diese im Verlag Kösel & Pustet, München; innerhalb weniger Tage vergriffen. 29.7. Das ‚*Herrgottswissen*' *Leben Jesu, Die Erlösten* und zwei theol. Aufsätze W.s werden auf den Index Romanus der verbotenen, dem Glauben schädlichen Bücher gesetzt. Für das Wintersemester 1925/1926 wird W. beurlaubt

1926 W. hält eine ‚gedeihliche Wiederaufnahme seiner Lehrtätigkeit' für unmöglich und bittet am 13.3. um seine Emeritierung. Gemeinsam mit Martin Buber und Viktor von Weizsäcker Herausgabe der Zeitschrift *Die Kreatur* (bis 1930; darin insges. elf Beiträge W.s). 12.6. W. wird, da er seine Bücher nicht öffentlich zurückziehen kann, exkommuniziert. 19.6. Heimkehr nach Neusorge und Grundsteinlegung zum Bau des eigenen Hauses. Neuausgabe des *Leben Jesu* im Verlag Leopold Klotz, Gotha

1927 22.6. W. heiratet Bianca, Tochter des Habelschwerdter Bürgermeisters Geisler. Reise an den Bodensee, nach Innsbruck und Maria-Zell. Besuch bei dem schlesischen Dichter Hermann Stehr. Zeitschriftenbeiträge für *Eckart* und *Die christliche Welt* (bis 1941). Zusammen mit Eugen Rosenstock: *Das Alter der Kirche* – Kapitel und Akten' I–III

1928 Das erste Kind ‚Höregott' (11.–15.5.) Mit Prof. Martin Rade, dem Herausgeber der ‚christlichen Welt' Reise nach Prag. ‚Aus dem Fragenbuch des Ambrosiasters, in: Festgabe Martin Buber zum 50. Geburtstag. Das Buch *Der Ungläubige*

1929 50. Geburtstag. Die Zeitschrift ‚Wir Schlesier' widmet W. ein Sonderheft. Reise ins Heilige Land. Sohn Johannes Raphael geb. Das Buch *Höregott*

1930 Zahlreiche Besucher kommen nach Neusorge, darunter die Dichter Weismantel und Weinrich, die Professoren Buber, Rade und Rosenstock, der Herausgeber des *Hochland* Carl Muth. Die Bücher *Aussichten und Wege* und *Tröst mir mein Gemüte. Ein Weihnachtsbuch*

1931 Beitrag zu dem Buch *Dichterglaube. Stimmen religiösen Erlebens*. Tochter Bianca Maria Schnee geb., getauft vom Dichterpfarrer Ernst Thrasolt. Buch *Michel Gottschlichs Wanderung*

1932 Kauf eines Motorrades, erste Fahrt nach Albendorf. Studium des Philosophen Ernst Rehmke. Vortrag über ihn in Breslau. ‚Das Spätherbstspiel' in Hassitz aufgeführt

1933 Polizeiliche Haussuchung nach verbotener Literatur. Vortrag über Schlegler Kunstwerke. Das Vorfrühlings-, Erntefest-, Mittwinter-, und Madonnenspiel in Hassitz aufgeführt. Buch *Das verlorene Vaterunser*

1934 Vortrag über Hermann Stehr. Reise nach Oberammergau. Entzündung des Trommelfells und des Gehörgangs

1935 Arbeit an der Chronik der Stadt Neurode begonnen

1936 Neuroder Chronik beendet. Die Dichter Ludwig Finckh, Hans Christoph Kaergel und Willibald Köhler in Neusorge

1937 18.1 Letztes Treffen mit Martin Buber. Sohn Christoph Michael geb. Ehrenbürger der Stadt Neurode. Arbeit an der Chronik der Gemeinde Schlegel begonnen

1938 Lesereisen nach Sachsen und Mecklenburg. Ansprache bei der Jahrestagung des Bundes für Gegenwartschristentum. Ferien in Westerland. Die Bücher *Vom Warten und Kommen – Adventsbriefe* und *Toll-Annele will nach Albendorf*

1939 60. Geburtstag. Überreichung einer ‚Ehrenschrift der Stadt Neurode'. Ansprache vor dem Ev. Jungmännerwerk in Berlin. Besuch von Potsdam und Sanssouci u. der Lutherstätten in Wittenberg. Dichterlesungen in Schwerin, Stettin u. a. –*Das Buch der radikalen Wirklichkeit*, in: Das Buch der Christenheit – Betrachtungen zur Bibel, hg. v. Kurt Ihlenfeld. Buch *Volksglaube und Volksbrauch in der Grafschaft Glatz*

1940 Dichterlesungen in Leipzig und Jena. Reise nach Schönpriesen bei Aussig, dort Studien über Schloss und Kirche. Teilnahme an H. Stehrs Beerdigung. Der Bildhauer Alfred Fuchs modelliert eine W.-Plakette.

1941 Arbeit an einem vom Eugen Salzer Verlag Heilbronn geplanten Weihnachtsbuch. Das Buch darf nicht erscheinen. Druck der

Spiele und Gespräche verboten. Reinschrift der Schlegler Chronik

1942 Dichterlesungen in Breslau, Freystadt, Gnadenfrei, Guhrau und Schweidnitz. Schwere Erkältung, zur Beobachtung im Breslauer Josephs-Krankenhaus. *Engel und Zeichen*, in: Zeitschrift *Eckart*

1943 Reise nach Salzburg und Wien. August Winnig in Neusorge. Die Geschichten *Karfunkel, Unter dem krummen Apfelbaum, Der Himmel*, und *Die Verewigten*. Lesungen in Ratibor, Teschen, Bielitz und Kattowitz. Beginn der schweren Erkrankung.

1943 Kuraufenthalt in Bad Altheide. Vera Klepper, Base des Dichters, kommt als Oberschwester nach Schlegel u. betreut W. Das Bleistiftportrait des Malers Herbert von Krumhaar entsteht

1945 Längerer Aufenthalt im Krankenhaus Schlegel. Am Krankenbett ergebnislose Aussprache mit Generalvikar Negwer. Hohes Fieber. Letzte Ölung. Die Rote Armee besetzt Neusorge. Wiederholte Plünderung des Hauses, Körperliche Misshandlung. W. arbeitet am – später so benannten – *Roman mit Gott*

1946 Aufhebung der Exkommunikation. Evakuierung von Schlegel und Neurode. Nächtliche Einbrüche ins Haus. Raub des Flüchtlingsgepäcks und der letzten Habe. Flucht in geschenkten Kleidern. Im Viehwaggon nach Altena/Westf. Operation im dortigen Krankenhaus. Noch im Krankenbett *Der Herrenschirm aus Kohlendorf* geschrieben. Übersiedlung nach Göhrde-Forst. *Roman mit Gott* vollendet (1950 erschienen). Literarische Pläne

1947 ‚Lehrgenehmigung' der Militärregierung. Vergebliche Bitte an Bischöfe und den Papst um Imprimatur für das *Leben Jesu*. Die Texte des Buches *Bergkristall* erscheinen unter dem Titel *Das neue Antlitz*

1948 *Gold, Weihrauch und Myrrhe – Geschichten aus der verlorenen Heimat; Karfunkel – Weltliche Unterhaltungen und Skizzen für die heilige Weihnachtszeit, Novemberlicht – Drei Skizzen über Allerseelen, Totensonntag, okkulte Erfahrungen und Auferstehungsleib; Revision des Heimatglaubens*, in: Anruf und Zeugnis der Liebe – Beiträge zur Situation der Caritasarbeit. Vergebliche Bemühungen, in Marburg/L. oder in Süddeutschland Fuß zu fassen

1949 Feier des 70. Geburtstages mit Sendung des Westdeutschen Rundfunks. Im Krankenhaus Dannenberg. Erteilung der Zuzugsgenehmigung für Meschede. *Der St. Annaberg bei Neurode*, in: Heilige Heimat – von Schlesiens Gnadenstätten, hg. v. Joh. Kaps; Geleitwort für die ‚Schlesische Bilderbibel'. Letzter Beitrag für die Westdeutsche Rundschau. 22.8 gegen 22 Uhr J. W. stirbt 24.8 Überführung nach Meschede, 26.8. Beerdigung in Meschede.

Das „Joseph Wittig-Archiv" (JWA) – Ein erster Überblick

Nicole Rust, Frankfurt

Der Nachlass Joseph Wittigs wurde der Gemeinsamen Bibliothek der Fachbereiche Evangelische und Katholische Theologie am 8. Mai 1999 in einer offiziellen Feier übergeben. Seitdem wird der Nachlass katalogisiert und geordnet. Diese Phase ist noch nicht vollständig abgeschlossen, aber dennoch möchte ich hier schon einen kleinen Ausblick auf den Inhalt und den geplanten Aufbau geben.

Es handelt sich bei Berücksichtigung der Sprachregelung des Bundesarchivs Koblenz beim Wittig-Nachlass um einen „angereicherten Nachlass"[1]. Ein angereicherter Nachlas enthält nicht nur den „echten Nachlass", also von der betreffenden Person gesammelte Schriften und Korrespondenzen, sondern auch sogenannte „Fremdprovenienzen", Schriftstücke, die von Erben oder durch eine mit der Nachlassbetreuung beauftragte Person hinzugefügt wurden.

Nach dem Provenienzprinzip ist ein echter Nachlass immer einheitlicher Provenienz, d.h. er umfasst lediglich Akten einheitlicher Herkunft. Es sind nur wenige Korrespondenzen und Schriftstücke vorhanden, die dem echten Nachlass angehören, da die Familie Wittig nach dem Zweiten Weltkrieg aus ihrer Heimat Schlesien vertrieben wurde und Joseph Wittig bereits 1949 verstarb. Somit sind nur einige wenige Schriftstücke aus diesen Jahren vorhanden, die meisten früheren Schriften jedoch verlorengegangen. Der größte Teil des Nachlasses besteht somit aus den umfangreichen Fremdprovenienzen, die von seiner Witwe Bianca Wittig gesammelt wurden. Zu den Fremdprovenienzen gehören eine große Sammlung an Artikeln, die nach dem Tode Wittigs erschienen sind, und auch eine kleine Menge an Kopien von Briefen, die Wittig an Freunde und Bekannte verschickt hat.

---

[1] S. hierzu u.a. Wolfgang A. Mommsen, Die Nachlässe in den deutschen Archiven (mit Ergänzungen aus anderen Beständen). Einleitung und Verzeichnis 1971.

Der Gesamt-Nachlass Wittigs befand sich seit 1949 im Besitz seiner Witwe, nach ihrem Tod wurde er von seiner Tochter Bianca Prinz an die Gemeinsame Bibliothek der Fachbereiche Evangelische und Katholische Theologie übergeben. Durch ihre freundliche Unterstützung konnte der Nachlass bereits relativ geordnet übernommen werden. Seither steht sie freundlicherweise bei Rückfragen zur Verfügung, so dass eine umfassende Einordnung der Schriftstücke und ein Erfassen ihrer jeweiligen Bedeutung für das Werk Wittigs möglich ist.

Dennoch stellte sich eine eingehende Sichtung des Nachlasses und seine vollständige Katalogisierung als erste Aufgabe. Die Gliederung des Nachlasses wird später der Gliederung des Ernst-Michel-Archivs angeglichen werden, welches im Jahre 1995 von der Gemeinsamen Bibliothek der Fachbereiche Evangelische und Katholische Theologie übernommen wurde und das bereits vollständig geordnet ist.

Durch die Fülle von Schriften und Briefen, die von Frau Bianca Wittig vorhanden sind, wird ein gesonderter Teil im Nachlass für diese Dokumente angelegt werden. Gemäß dem Provenienzprinzip stellt er einen eigenständigen Archivbestand dar.

Die Bestände des Nachlasses Joseph Wittigs werden also voraussichtlich nach folgendem Schema gegliedert werden:

A. Echter Nachlass

I. Korrespondenz

> I.1 Schreiben an Joseph Wittig
> (alphabetisch geordnet nach Absendern, chronologische Binnenordnung)
>
> I.1.1 Verlagskorrespondenz
> (alphabetisch geordnet nach Verlagen, chronologische Binnenordnung)
>
> I.2 Durchschläge von Schreiben Joseph Wittigs
> (alphabetisch geordnet nach Empfängern, chronologische Binnenordnung)

II. *Werkkomplex*

    II.1 Buchpublikationen
    II.2 Aufsätze/Beiträge in Zeitungen und Zeitschriften
    II.3 Beiträge in Sammelwerken/Festschriften
    II.4 Vortrags-/Vorlesungstätigkeit

III. *Urkunden, sonstige Unterlagen*
    (chronologisch geordnet)

B. Fremdprovenienzen

I. *Rezensionen zu Werken Joseph Wittigs*
    (den jeweiligen Werken zugeordnet, chronologische Binnenordnung)

II. *Biographisches / Würdigungen von Leben und Werk Joseph Wittigs*
    II.1 Würdigungen
    II.2 Nachrufe

III. *Literatur zu Leben und Werk Joseph Wittigs*
    III.1 Lexikon-/Handbuchartikel
    III.2 Monographien
    III.3 Zeitschriften-/Zeitungsartikel
    III.4 Beiträge in Sammelwerken

C. Teilnachlass Bianca Wittig

I. Korrespondenz

I.1 Schreiben an Bianca Wittig

(alphabetisch geordnet nach Absendern, chronologische Binnenordnung)

I.1.1 Verlagskorrespondenz

(alphabetisch geordnet nach Verlagen, chronologische Binnenordnung)

I.2 Durchschläge von Schreiben Bianca Wittigs

(alphabetisch geordnet nach Empfängern, chronologische Binnenordnung)

II. Werkkomplex

II.1 Aufsätze in Zeitungen/Zeitschriften

III. Urkunden, sonstige Unterlagen

(chronologisch geordnet)

Es ist vorgesehen, an einschlägigen Stellen Querverweise im Teilnachlass Bianca Wittig anzubringen, damit vorliegende, nach dem Tod Joseph Wittigs fortfahrende Korrespondenzen und Veröffentlichungen leicht nachzuvollziehen sind.

Um die vorgestellte Gliederung zu erarbeiten, war es zuerst nötig, das gesamte übergebene Material zu sichten und zu katalogisieren. Zu diesem Zweck wurden mehrere Dateien angelegt, mit deren Hilfe einzelne Schriftstücke leicht zu finden sind. Eine erste Datei beinhaltet ein Verzeichnis der Korrespondenzen, einmal chronologisch, zum anderen alphabetisch nach Empfängern geordnet. Eine zweite Datei bietet einen Überblick über sämtliche Artikel, Aufsätze und andere von Joseph Wittig verfasste Texte, ebenfalls chronologisch geordnet, zum anderen aber auch nach übergeordneten Aspekten sortiert. Eine dritte Datei besteht aus all den Artikeln, die von anderen Verfassern stammen, zum einen chronologisch, zum anderen nach übergeordneten Aspekten sortiert. Weitere Dateien zeigen den Inhalt der einzelnen Nachlassteile an. In sämtlichen Dateien sind Querverweise auf den Ablageort vorhanden, teilweise sind Hinweise vorhanden, auf welchen Inhalt sich das Schriftstück bezieht.

Bisher sind ca. 3000 Briefe und Postkarten von ca. 300 Korrespondenzpartnern verzeichnet, darunter z.B. so bedeutende Namen wie Prof. Karl Heussi und Franz Rosenzweig. Davon sind jedoch die meisten an Frau Bianca Wittig adressiert, dennoch geben sie einen Einblick in den Freundeskreis Joseph Wittigs. Gleichzeitig vermitteln die Briefe eine Vorstellung davon, welche Bedeutung Joseph Wittig und sein Werk in den letzten fünfzig Jahren hatte.

Bedingt durch Kriegseinwirkungen sind kaum Briefe oder Karten aus den Jahren vor 1945 vorhanden, daher ist auch nur sehr wenig Korrespondenz von Joseph Wittig selbst enthalten. Die umfangreichere Überlieferung stammt somit aus den Jahren nach 1945 bis Mitte der neunziger Jahre.

Unter den Beständen befindet sich ebenfalls eine kleine Sammlung an handschriftlichen Manuskripten, die nicht veröffentlicht wurden. Dazu kommen handschriftliche Originale von Texten aus Joseph Wittigs Werken *Christgeburt auf der Straße nach Landeck, Karfunkel, Novemberlicht*.

Besonders zu erwähnen ist ebenfalls das handschriftliche Manuskript zu Joseph Wittigs *Roman mit Gott*, das hier noch mit *Gott – Roman, Bekenntnis und Testament* überschrieben ist.

Eine kleine Sammlung an Fotografien ist den jeweiligen Korrespondenzpartnern zugeordnet. Sie geben Einblicke in die Kreise und Persönlichkeiten, mit denen Bianca und Joseph Wittig in ständiger Korrespondenz standen.

Neben dem Archiv ist auch eine Präsenzbibliothek im Archivraum vorhanden, in dem die meisten Bücher Wittigs vorhanden sind. Teilweise stammen sie aus dem Nachlass Bianca Wittigs, teilweise sind sie der freundlichen Spende von Freunden Wittigs zu verdanken.

Da die Verzeichnung und Ordnung der Bestände des Joseph Wittig-Archivs noch nicht vollständig beendet ist, kann sich die Gliederung des Nachlasses noch geringfügig verändern. Es ist jedoch bereits jetzt zu erkennen, dass durch Frau Bianca Wittigs umfangreiche Sammlung an Korrespondenzen und Artikeln die fortwährende Bedeutung von Joseph Wittigs Werk in den letzten fünfzig Jahren hervorragend dokumentiert ist.

Bibliographie zu Joseph Wittig

(Derzeit erhältliche Werke von Joseph Wittig)

Prof. Dr. Dieter Nestle, Schopfheim

A) Im Buchhandel

1. Eugen Rosenstock und Joseph Wittig, *Das Alter der Kirche*, Bd. I–III. Nachdruck. der Ausgabe im Lambert Schneider Verlag Berlin 1927 – [Erweitert um ein Widmungsgedicht Bianca und Joseph Wittigs, Geleitwort der Herausgeber, ‚Drei Worte vorweg' (= 2 Texte Wittigs u. einer Rosenstocks), Beiträge über Wittig von Michael Gormann-Thelen, Prof. Dr. Joachim Köhler u. Prof. Dr. Walter Ullmann, mit ausführlichen Hinweisen in jedem Band, Nachweis der Erstveröffentlichungen, Literaturverzeichnis und Register, alle von Pfarrer Fritz Herrenbrück. 572, 411, 461 Seiten], neu herausgegeben von Fritz Herrenbrück und Michael Gormann-Thelen. Agenda Verlag, Hammerstraße 223, 48153 Münster 1998, DM 268. – [Das Werk enthält wissenschaftliche, aber nicht fachsprachliche Aufsätze zu Wesen und Geschichte der Kirche vom Anfang bis zur Zeit nach dem Ersten Weltkrieg und dem ‚Fall Wittig', zwölf von Rosenstock, 22 von Wittig.]

2. Der gestohlene Christbaum und andere Weihnachtserzählungen, hg. von Hans Steinacker. Hänssler-Verlag Holzgerlingen 1999, 64 S.

3. Ein Wittig-Lesebuch mit ausgewählten Erzählungen erschien im Herbst 2000 im Franz und Sternberg Verlag Metzingen /Württ. unter dem Titel „Das geleimte Jesuskind".

B) Bei ‚Grafschafter Bote', Worthstr. 40, 58511 Lüdenscheid:

4. J. W., Die Christgeburt auf der Straße nach Landeck – Geschichten, Gedichte und Gedanken aus dem Nachlaß. – Mit einem Nachwort, einer Chronik von Wittigs Leben und Werk, sowie einem Bildteil verse-

hen und herausgegeben von Gerhard Pachnicke, 1981, 160 S., DM 23.–
[Restbestände]

5. J. W., Getröst. getröst, wir sind erlöst – ein Buch von den Osterzeiten des Lebens (1. Aufl. 1932) mit zahlreichen weiteren Ostergeschichten und Vorwort von (Wittigs Frau) Anca Wittig. Viele Abbildungen aus der Grafschaft, 152 S., 1994. DM 26.– [Restbestände]

6. Mit J. W. durch das Jahr. Ausgewählt und zusammengestellt von Anca Wittig, 2. unveränderte Auflage 1973. Zahlreiche Fotos aus J. Wittigs Leben, und Nachwort, 180 S., DM 18.– [Restbestände]

7. J. W., Ein Geigenspiel – Erzählung, 1992, 23 S. [Restbestände]

8. Rund um den Annaberg. Allerlei aus dem Neuroder Land [Texte verschiedener Autoren, zahlreiche Abbildungen], vier Beiträge von J. W., DM 15.–

C) Bei: Großdechant Franz Jung, Krumme Str. 9 (Büro), 48413 Münster, Tel. (0251) 46 114:

9. J. W, Meine ‚Erlösten' in Buße Kampf und Wehr. 1. Aufl. Frankes Buchhandlung/Habelschwerdt in Schlesien 1925 (= Bücher der Wiedergeburt 2), neu hg. v. Großdechant Franz Jung, mit Geleitwort v. F. J. und einem Beitrag von Anca Wittig, im Selbstverlag des Herausgebers 1989, DM 8.–

Stand: 24. Mai 2000

Literaturverzeichnis

Abmeier, Hans-Ludwig, Verzeichnis der Veröffentlichungen von Joseph Wittig (+ 1949), in: Archiv für schlesische Kirchengeschichte 34, 1976, 93–122

Althaus, Hans-Ludwig, Ökumenische Dokumente. Quellenstücke über die Einheit der Kirche, Göttingen 1962

Augstein, Rudolf, in: Hausmitteilung v. 24. Mai 1999. Betr.: Titel, SPIEGEL Spezial, in: Der Spiegel 21/1999 (24. Mai 1999) 3

Beil, Alfons, Aus meinem Leben. Erfahrungen, Zeugnisse und Fragen, Ms. Heidelberg 1989 (mit Aggiornamento I–XI, zuletzt aus dem Jahr 1995)

Beil, Alfons, Max Josef Metzger in der Friedensarbeit. Erlebnisse mit einem Freund und Erinnerungen an ihn, in: Feneberg, Rupert / Öhlschläger, Rainer (Hg.), Max Josef Metzger. Auf dem Weg zu einem Friedenskonzil, Akademie der Diözese Rottenburg-Stuttgart 1987, 20–27

Beil, Alfons, Nochmals: Romanität oder Katholizität?, Hochland 28/II (1931) 259–267 [unter dem Pseudonym Albert Bieler]

Beil, Alfons, Tagebücher 1919–1932 (Manuskript)

Beil, Alfons, Umkehr. Gedanken zur gegenwärtigen Prüfung, Heidelberg 1948

Belz, Winfried, Zu hoffen wider alle Hoffnung, in: Rhein-Neckar-Zeitung (RNZ), Heidelberg 3.9.1996, 6

Bendix, R., Von Berlin nach Berkeley – Deutsch-jüdische Identitäten, Frankfurt 1990

Benjamin, Walter, Briefe, 2 Bde. Hg. von Gershom Scholem und Theodor W. Adorno, Frankfurt /M. 1966/1968 (Taschenbuchausgabe 1978)

Biographisch-Bibliographisches Kirchenlexikon, begr. und hg. v. Bautz, Friedrich Wilhelm, fortgef. v. Bautz, Traugott, Bd. II, Herzberg 1990

Bloch, Jochanan, Die Aporie des Du. Probleme der Dialogik Martin Bubers, Heidelberg 1977

Buber, Martin, Autobiographische Fragmente, in: P.A. Schilpp / M. Friedman (Hg.), Martin Buber, Stuttgart 1963

Buber, Martin, Briefwechsel aus sieben Jahrzehnten, 1918–1938, Heidelberg Bd. I 1972, Bd. II 1973, Bd. III 1975

Buber, Martin, Das Problem des Menschen, Heidelberg ⁵1982

Buber, Martin, Der Jude und sein Judentum, Gerlingen 1993

Buber, Martin, Die Kreatur, in: Viktor von Weizsäcker. Eine Festgabe zum 70. Geburtstag am 21. April 1956, hg. v. Paul Vogel, Göttingen 1956, 5f

Buber, Martin, Die Mächtigkeit des Geistes, in: Ders., Der Jude und sein Judentum, Gerlingen ²1993

Buber, Martin, Die Schriften über das dialogische Prinzip, Heidelberg 1954

Buber, Martin, Fragmente über Offenbarung, in: Martin Buber, Nachlese, Heidelberg 1966

Buber, Martin, Werke I, Schriften zur Philosophie, München 1962

Buber, Martin, Werke II, München, Heidelberg 1962

Buber, Martin, Zu einer neuen Verdeutschung der Schrift. Beilage zum ersten Band. Die fünf Bücher der Weisung, Heidelberg o.J.

Bühler, M., Erziehung zur Tradition – Erziehung zum Widerstand, Berlin 1986

Bußmann, Magdalene, „Wir sind die Kirche", in: Groß, Arnulf / Hainz, Josef / Klehr, Franz Josef / Michel, Christoph (Hg.), Weltverantwortung des Christen, Frankfurt 1996, 127–146

Bußmann, Magdalene, Religio populata. Erinnerungen an den vergessenen Theologen Joseph Wittig, in: Katechetische Blätter 115 (1990) 346–349

Casper, Bernhard, Das dialogische Denken. Eine Untersuchung der religionsphilosophischen Bedeutung Franz Rosenzweigs, Ferdinand Ebners und Martin Bubers, Freiburg 1967

Clauss, Manfred / Gatz, Erwin, Art. Schreiber, Christian, in: Gatz, Erwin (Hg.), Die Bischöfe der deutschsprachigen Länder 1785/1803 bis 1945. Ein biographisches Lexikon, Berlin 1983, 672–675

Cosack, Gert, Akademische Freischar, Winter 1928/29, in: Rundbrief Deutsche Freischar, Gau Schlesien, Nr. 18, Weihnachten 1928, 10

Dahm, V., Kulturelles und geistiges Leben, in: W. Benz (Hg.), Die Juden in Deutschland 1933–1945 – Leben unter nationalsozialistischer Herrschaft, München 1988

Die Kreatur. Eine Zeitschrift, hg. von Martin Buber / Viktor von Weizsäcker / Joseph Wittig, Verlag Lambert Schneider Berlin (Jg. I 1926/27 – II 1927/28 – III 1929/30), Nachdruck 1969 bei Kraus Reprint Nendeln/Liechtenstein (3 Bde.)

Domschke, M., Art. Schreiber, Christian, in: LThK² IX (1964) 483

Drewermann, Eugen, Glaube als Einwurzelung oder: Eine Birke im Winter, in: Wittig, Joseph, Roman mit Gott [Nachdruck], Moers 1990, I–XI

Emondts, Stefan, Menschwerden in Beziehung. Eine religionsphilosophische Untersuchung der medizinischen Anthropologie Viktor von Weizsäckers, Stuttgart 1993

Entralgo, Pedro Lain, Methaphysik der Krankheit, in: Sudhoffs Archiv 51 (1967) 290-317

Fellermeier, Josef, Art. Metzger, Max Josef, in: LThK² VII (1962) 380

Florenski, Pawel, Fünfter Brief: Der Tröster, in: Ehrenberg, Hans, Östliches Christentum, Bd. II, München 1925, 63–80

Friedmann, Maurice, Begegnung auf dem schmalen Grat. Martin Buber – ein Leben, Münster 1999

Ginter, Hermann, Nachruf auf Franz Roser, in: Freiburger Diözesan-Archiv 1950, 251f

Glanz, L., Art. Federer, Heinrich, in: LThK² IV (1960) 49

Glaser, H., Art. Hochland, in: LThK² VII (1960) 399f

Goderski, Wilhelm, Nachruf für C. Tetzlaff, in: Korrespondenzblatt für die Alumnen des Collegium Germanicum et Hungaricum, Mai 1954, 56f

Gorion, Emanuel bin, Biographische Skizze über Hans Voss. Manuskript im Deutschen Literaturarchiv Marbach

Gorion, Emanuel bin, Der Verfasser und sein Werk, in: M.J. bin Gorion, Der Born Judas, Frankfurt 1993

Gorion, Emanuel bin, Linien des Lebens – Von Weges Ende zu Weges Mitte – autobiographische Aufzeichnungen. Manuskript im Deutschen Literaturarchiv Marbach

Görtz, Heinz-Jürgen, Tod und Erfahrung. Rosenzweigs ‚erfahrende Philosophie' und Hegels ‚Wissenschaft der Erfahrung des Bewußtseins', Düsseldorf 1984

Grisebach, Eberhard, Gegenwart. Eine kritische Ethik, Halle 1928

Gritz, Martin, Rezension zu „Roman mit Gott", in: [Tübinger] Theologische Quartalschrift 131, 1951, 124–126

Groß, Arnulf / Hainz, Josef / Klehr, Franz Josef / Michel, Christoph (Hg.), Weltverantwortung des Christen. Zum Gedenken an Ernst Michel, Frankfurt 1996

Gründel, Johannes, Art. Wittig, Joseph, in: LThK² X (1965) 1202f

Haas, Georg, Ein Leben und Sterben aus der Hoffnung, in: Rhein-Neckar-Zeitung 6.3.1997, 6

Hacker, Friedrich H., Um die religiöse Mündigkeit im Romkatholizismus, in: Alt-katholisches Volksblatt Nr. 58 (Nr. 50, v. 16. Dez. 1927), 393–395; (Nr. 51, v. 23. Dez. 1927), 402–404

Hacker, Fritz Heinrich, Der neue Wittig, in: Alt-katholisches Volksblatt 59 (Nr. 47, v. 23. Nov. 1928), 370–375

Hausberger, Karl, Der „Fall" Joseph Wittig, in: Hubert Wolf (Hg.), Antimodernismus und Modernismus in der katholischen Kirche, Paderborn 1998, 299–322

Heimann, M., Was ist das: ein Gedanke? hg. v. G. Mattenklott, Frankfurt 1986

Henrich, Dieter, Der Grund im Bewußtsein. Untersuchungen zu Hölderlins Denken (1794-1795), Stuttgart 1992

Hermelink, Heinrich, Hehn und Wittig. Päpstliches Bücherverbot gegen zwei deutsche Gelehrte, Frankfurter Zeitung 70. Jg., Nr. 927, 13.12.1925, 1

Herrigel, Hermann, Das neue Denken, Berlin 1928

Herzig, Arno, Reformatorische Bewegungen und Konfessionalisierung. Die habsburgische Rekatholisierungspolitik in der Grafschaft Glatz (Hamburger Veröffentlichungen zur Geschichte Mittel- und Osteuropas. Eine Reihe des Historischen Seminars der Universität Hamburg, Bd. 1), Hamburg 1996

Hoffmann, Hermann, Im Dienste des Friedens. Lebenserinnerungen eines katholischen Europäers, Stuttgart und Aalen 1970

Hofmann, Horst Klaus, Wachstum aus Stille und Sturm, in: Wittig, Joseph, Roman mit Gott, Moers 1990, 233–252

Hofmannsthal, Hugo von / Rang, Florens Christian, Briefwechsel 1905-1924, hg. von Adalbert Rang, in: Die Neue Rundschau 70 (1959), Heft 3, 402-462

Holste, Christine, Der Forte-Kreis (1910-1915). Rekonstruktion eines utopischen Versuchs, Stuttgart 1992

Hüffer, A. W., Art. Muth, Carl, in: LThK² VII (1962) 706

Ihlenfeld, Kurt, Noch spricht das Land. Eine ostdeutsche Besinnung, Hamburg 1966

Jacobi, Rainer-M.E., Leben, Tod und Geschichte. Zu Viktor von Weizsäckers pathischer Anthropologie, in: Rainer-M.E. Jacobi (Hg.), Geschichte zwischen Erlebnis und Erkenntnis, Berlin 2000, 351-378

Kampmann, Theoderich / Padberg, Rudolf (Hg.), Der Fall Joseph Wittig 50 Jahre danach, Paderborn 1975

Kaufmann, Carl Maria Paul Heinrich, Die Indizierung Wittigs, in: Der Fels 20. Jg. Heft 4, Januar 1926, 131–138

Kaufmann, Carl Maria Paul Heinrich, Die Irrtümer Wittigs, in: Der Fels 20. Jg. Heft 5, Februar 1926, 161–171

Kleineidam, Erich, Die Katholisch-Theologische Fakultät der Universität Breslau 1811–1945, Köln 1961

Kleinwächter, J., Frauen und Männer des christlichen Widerstands. 13 Profile, Regensburg 1990

Kleymann, Siegfried, „ ... und lerne, von dir selbst im Glauben zu reden." Die autobiographische Theologie Joseph Wittigs (1879–1949), Würzburg 2000

Klusmann, Carl-Peter / Keller, Norbert (Hg.), Joseph Wittig – Die Erlösten. Text und Dokumentation (AGP-Edition I), Dortmund 1978, ²1980

Köhler, Joachim (Hg.), Joseph Wittig, Historiker – Theologe – Dichter, München ²1980

Kohn, H., Martin Buber – Sein Werk und seine Zeit, Köln ³1961

Kopf, Hermann, Art. Höfler, Heinrich Philipp, in: Badische Biographien. Neue Folge, Bd. II, Stuttgart 1987, 136–138)

Krebs, Engelbert, Nachlaß: Tagebücher 1928–1932, Kapsel 13 (Universitätsarchiv Freiburg i.Br.)

Krückeberg, Wilhelm, Die Sprache des Glaubens. Der katholische Theologe Joseph Wittig, in: Christ in der Gegenwart 1983, Nr. 5, 37f

Kuschel, Karl-Josef, Menschensohn – gegen den Strich gebürstet. Jesus im Spiegel der Weltliteratur. Eine Jahrhundertbilanz, in: Publik-Forum 1999, Nr.18 (24.9.1999) 22–25

Laskowsky, P. M. (Hg.), Das Joseph Wittig Buch, Stuttgart 1949

Lehmann, Jürgen, Bekennen – Erzählen – Berichten. Studien zur Theorie und Geschichte der Autobiographie, Tübingen 1988

Lennert, Rudolf, Joseph Wittig 100 Jahre, in: Neue Deutsche Hefte 26,2 (Heft 162) 1979, 440–443

Liberale Jüdische Gemeinde Beth Shalom München (Hg.), Jüdische Gebete für Shabbat und Wochenende, München 1996

Licharz, Werner / Schonefeld, Jacobus (Hg.), Neu auf die Bibel hören. Die Bibelverdeutschung von Buber/Rosenzweig – heute, Gerlingen 1996

M[artin] B[uber] – J[oseph] W[ittig] – V[iktor] v[on] W[eizsäcker]: [Vorwort], in: Die Kreatur I (1926/1927) 1f

Michel, Ernst (Hg.), Kirche und Wirklichkeit, Jena 1923

Mitteilungsblätter der Eugen-Rosenstock-Huessy-Gesellschaft e.V., Jahrgänge 1996–1999

Mommsen, Wolfgang A., Die Nachlässe in den deutschen Archiven (mit Ergänzungen aus anderen Beständen). Einleitung und Verzeichnis 1971

Moraw, Frank / Ast, Rainer, „Möglichst viel Selbsterlebtes der Vergessenheit entreißen ... " Das Wort eines unerschrockenen Christen – Gespräch mit Alt-Dekan Dr. Beil Alfons, in: Rhein-Neckar-Zeitung 13./14.5.1995, 33

Morris, David B., Geschichte des Schmerzes, Frankfurt/M. 1994

Müller, Georg-Norbert, Franz Roser, in: St. Cäcilia in Mosbach 1935–1985. Kirchliches Leben in Vergangenheit und Gegenwart, hg. v. Herbert Dewald, Mosbach 1986, 103–111

Nober, P., Art. Fonck, Leopold, in: LThK² IV (1960) 194f

Osten-Sacken, Peter von der, Begegnung im Widerspruch. Text und Deutung des Zwiegesprächs zwischen Karl Ludwig Schmidt und Martin Buber im Jüdischen Lehrhaus in Stuttgart 1933, in: Leben als Begegnung. Ein Jahrbuch Martin Buber (1878–1978), Selbstverlag Institut Kirche und Judentum, Berlin 1982

Pachnicke, Gerhard (Hg.) unter Mitwirkung von Hermeier, Rudolf, Joseph Wittig, Kraft in der Schwachheit. Briefe an Freunde, Moers 1993

Patelos, Constantin G. (Hg.), The Orthodox Church in the Ecumenical Movement. Documents and Statements 1902–1975, Genf 1978

Petuchowski, Elizabeth, Die Kreatur, an Interdenominational Journal, and Martin Buber's Strange Use of the Term ‚Reality' (‚Wirklichkeit'), in: Deutsche Vierteljahrsschrift 64 (1995), Heft 4, 766-787

Pfliegler, Michael, Joseph Wittig. Zu seinem Fall und seiner Auferstehung, in: Gloria Dei 4 (1949/50), 241–250

Prümm, Karl, Walter Dirks und Eugen Kogon, Heidelberg 1984

Rahner, Karl, Frömmigkeit früher und heute, in: Schriften zur Theologie, Bd. VII, Einsiedeln 1966 (²1971), 11–31

Raske, Michael, Zeitgenosse des Jahrhunderts. Alfons Beil – Zeuge der Hoffnung wider alle Hoffnung, in: imprimatur 29. Jg., 18.9.1996, Nr. 5+6, 226–228

Reifenberg, Peter, Art. Michel, Ernst, in: LThK³ VII (1998) 240

Risse, Georg, Joseph Wittig, in: Frankfurter Zeitung 69. Jg, Nr. 17, 7.1.1926

Rosenberg, Alfons, Wiclif und Hus, in: Die Wahrheit der Ketzer, hg. v. Hans Jürgen Schultz, Stuttgart-Berlin 1968, 89–98

Rosenstock, Eugen / Wittig, Joseph, Das Alter der Kirche, Bd. I: Stiftung/Wachstum. – Bd. II: Innerung/Verklärung. – Bd. III: Alltag. Akten und theologisch-kanonistisches Gutachten [zum Schrifttum Joseph Wittigs], Berlin 1927/28 (= Nachdruck, neu hg. v. Fritz Herrenbrück / Michael Gormann-Thelen, Münster 1998)

Rosenstock, Eugen, Der Atem des Geistes, Frankfurt 1951

Rosenstock, Eugen, Die Furt der Franken und das Schisma, in: Das Alter der Kirche, Bd. I, Berlin 1927 (= Münster 1998), 461–547 [461–556]

Rosenstock, Eugen, Religio depopulata, Berlin 1926 (auch in: Das Alter der Kirche, Bd. III, Berlin 1927, 103–132 [= Münster 1998, 98–128])

Rosenstock, Eugen, Soziologie I. Die Kräfte der Gemeinschaft, Berlin und Leipzig 1925 (= Ders., Soziologie I [Die Übermacht der Räume], Stuttgart 1956)

Rosenstock-Huessy, Eugen, Das Geheimnis der Universität, Stuttgart 1958

Rosenstock-Huessy, Eugen, Die Ehe, Gesetz oder Sakrament? In: Das Alter der Kirche, Bd. II, Berlin 1928, 929–936 (= Nachdruck, 351–358)

Rosenstock-Huessy, Eugen, Heilsgeschichte wider Theologie [1936], jetzt in: Heilkraft und Wahrheit, Stuttgart 1951 [= Moers/Wien 1991], 22–50

Rosenstock-Huessy, Eugen, Ja und Nein. Autobiographische Fragmente, Heidelberg 1968

Rosenzweig, Franz, Briefe, Berlin 1935

Rosenzweig, Franz, Das neue Denken. Einige nachträgliche Bemerkungen zum „Stern der Erlösung" (1925), in: Ders., Kleinere Schriften, Berlin 1937

Rosenzweig, Franz, Der Name, in: Ders., Jehuda Halevi, 95 Hymnen und Gedichte Deutsch und Hebräisch, in: Der Mensch und sein Werk. Gesammelte Schriften IV, Bd. 1, The Hague, Bosten, Lancaster 1983

Rosenzweig, Franz, Die Schrift und Luther, in: Rosenzweig, Franz, Der Mensch und sein Werk. Gesammelte Schriften III Zweistromland. Kleine Schriften zu Glauben und Denken, Dodrecht, Boston, Lancaster 1984

Rosenzweig, Franz, Gesammelte Schriften I,2 – Briefe und Tagebücher, Den Haag 1979

Rübner, Tuvia / Mach, Dafna (Hg.), Martin Buber – Ludwig Strauß, Briefwechsel, Frankfurt 1990

Ruster, Thomas, Die verlorene Nützlichkeit der Religion. Katholizismus und Moderne in der Weimarer Republik, Paderborn 1994

Schaeder, Grete, Martin Buber. Briefwechsel aus sieben Jahrzehnten, I 1897–1918. Einleitung, Heidelberg 1972

Schilpp, P.A. / Friedman, M. (Hg.), Martin Buber, Stuttgart 1963

Schmidt, Susanna, Art. Muth, Karl, in: LThK³ VII (1998) 555f

Schneider, Lambert, Rechenschaft. 1925-1965. Ein Almanach, Heidelberg1965

Schneider, Reinhold, Winter in Wien. Aus meinen Notizbüchern 1957/58, Freiburg 1958

Schneider, Thomas, „Schreiben ist eine Form der Liebe". Er glaubt – an einen Gott, der abwesend ist. Fragen an den Schriftsteller Andrzej Szczypiorski, in: Publik-Forum 1999, Nr.18 (24.9.1999) 26f

Schottroff, Willy, Die Bedeutung der Verdeutschung der Schrift von Buber/Rosenzweig für die christliche Theologie, in: Licharz, Werner / Schonefeld, Jacobus (Hg.), Neu auf die Bibel hören. Die Bibelverdeutschung von Buber/Rosenzweig – heute, Gerlingen 1996

Schultz, Hans Jürgen (Hg.), Die Wahrheit der Ketzer, Stuttgart-Berlin 1968

Schuster, I. / Bode, I. (Hg.), Alfred Döblin im Spiegel der zeitgenössischen Kritik, Bern, München 1973

Schütte, Ehrenfried, Vita mea. Manuskript, 1987

Schwedt, Herman H., Der römische Index der verbotenen Bücher, in: Historisches Jahrbuch 107 (1987) 296–314

Seiterich-Kreuzkamp, Thomas, Links, frei und katholisch – Walter Dirks. Ein Beitrag zur Geschichte des Katholizismus der Weimarer Republik, Frankfurt 1986

Seiterich-Kreuzkamp, Thomas, Wider Hoffnung hoffen. Ein Besuch bei dem 97 Jahre alten katholischen Kirchenreformer Alfons Beil in Heidelberg, in: Publik-Forum 10.6.1994, 32–36

Simon, Ernst, Dank an Freunde, in: H.J. Schultz (Hg.), Was der Mensch braucht – Anregungen für eine neue Kunst zu leben, Stuttgart 1977

Simon, Ernst, Entscheidung zum Judentum, Frankfurt 1980

Simon, Ernst, Martin Buber und das deutsche Judentum, in: R. Weltsch (Hg.), Deutsches Judentum – Aufstieg und Krise, Stuttgart 1963

Simon, Ernst, Sechzig Jahre gegen den Strom – Briefe von 1917–84, Tübingen 1998

Sonnenschein, Carl, Nach Breslau, in: Notizen. Weltstadtbetrachtungen, Berlin 1928, Heft 5 [6.7. – 3.10.1926]

Spoerl, Johannes, Grundformen hochmittelalterlicher Geschichtsschreibung, München 1934

Stahmer, Harold M., Franz Rosenzweig's Letters to Margrit Rosenstock-Huessy, 1917–1922, in: Leo Baeck Institute, Year Book XXXIV, London u.a. 1989, 385–409 [vgl. Ders., The Letters of Franz Rosenzweig to Margrit Rosenstock-Huessy: ‚Franz', ‚Gritli', ‚Eugen' and »The Star of Redemption«, in: Schmied-Kowarzik, Wolfdietrich, (Hg.), Der Philosoph Franz Rosenzweig (1886–1929). Internationaler Kongreß, Kassel 1986, Bd. I, Freiburg/München 1988, 109–137]

Starobinski, Jean, Kleine Geschichte des Körpergefühls, Konstanz 1987

Strangfeld, Johannes (Pseudonym für Joseph Wittig), Vom Reiche Gottes, in: Heliand 8 (1917) 236–241

Strauß, Ludwig, in: Rübner, Tuvia / Mach, Dafna (Hg.), Martin Buber – Ludwig Strauß, Briefwechsel, Frankfurt 1990

Theunissen, Michael, Bubers negative Ontologie des Zwischen, in: Philos. Jahrbuch 71 (1964) 319-330

Theunissen, Michael, Der Andere. Studien zur Sozialontologie der Gegenwart, Berlin/New York ²1977

Tillich, Paul, Das Alter der Kirche, in: Sämtliche Werke, Bd. 12, Stuttgart 1971, 248–250

Trappen, Jürgen von der, Die Schlesische Jungmannschaft, Diss. phil. Essen 1996

Trüb, Hans, in: Buber, Martin, Briefwechsel aus sieben Jahrzehnten, II 1918–1938, Heidelberg 1973, 267f

Ullmann, Wolfgang, Eine ökumenische Soziologie der Kirche, in: Rosenstock, Eugen / Wittig, Joseph, Das Alter der Kirche, Bd. III, Münster 1998, 353–378

Villiger, J.B., Art. Gisler, in: LThK² IV (1960) 903

Vorgrimler, Herbert, Art. Stolz, Alban, in: LThK² IX (1964) 1093f

Voss, Gerhard, Art. Metzger, M.J., in: LThK³ VII (1998) 211

Weismantel, Leo, Der Katholizismus zwischen Absonderung und Volksgemeinschaft, Würzburg 1926

Weiss, Otto, „Narrative Theologie". Joseph Wittig, in: Ders., Der Modernismus in Deutschland. Ein Beitrag zur Theologiegeschichte. Mit einem Geleitwort von Heinrich Fries, Regensburg 1995, 514–526

Weiss, Otto, Der Modernismus in Deutschland, Regensburg 1995

Weizsäcker, Viktor von, Arzt im Irrsal der Zeit. Eine Freundesgabe zum 70. Geburtstag am 21. April 1956, Göttingen 1956

Weizsäcker, Viktor von, Begegnungen und Entscheidungen, Stuttgart 1949

Weizsäcker, Viktor von, Gesammelte Schriften, hg. von Achilles, D. / Janz, D. / Schrenk, M., Frankfurt/M. 1998

Wiehl, Reiner, Die Erfahrung im neuen Denken von Franz Rosenzweig, in: Philos. Jahrbuch 89 (1982) 269-290

Wiesel, Elie, Adam oder das Geheimnis des Anfangs. Brüderliche Urgestalten, Freiburg im Breisgau 1980

Witte, Bernd (Hg.), Ludwig Strauß. Dichter und Germanist. Eine Gedenkschrift, Aachen 1982

Wittig, Anca (Hg.), Mit Joseph Wittig durch das Jahr, Leimen 1973

Wittig, Anca, Nach schweren Zeiten wieder Freude und Geborgenheit in der Kirche, in: Diakonia 18 (1987) 37–40

Wittig, Anca: Stationen eines Lebens. Worte zum Geleit, in: Joseph Wittig, Kraft in der Schwachheit. Briefe an Freunde, hg. v. Gerhard Pachnicke unter Mitwirkung von Rudolf Hermeier, Moers 1993

Wittig, Joseph, „Laß den Mond am Himmel stehn!", in: Die Kreatur III (1929/30) 236-249 (= Ders., Aussichten und Wege, Heilbronn 1930 [GA 6], 216-235)

Wittig, Joseph, Aedificabo ecclesiam, in: Rosenstock, Eugen / Wittig, Joseph, Das Alter der Kirche, Bd. I, Berlin 1927 (= Münster 1998) 233–276 [213–260]; zuerst erschienen unter dem Titel: Aedificabo ecclesiam. Eine Studie über die Anfänge der katholischen Kirche, in: Hochland 18,2 (Juni 1921) 257–282; vgl. auch die Ergänzung in: Hochland 22,2 (April 1925) 120–122

Wittig, Joseph, Aus meiner letzten Schulklasse, in: Die Kreatur II, Berlin 1927/28, 7–33 (= Ders., Widerstände und Beistände, in: Ders., Der Ungläubige, Gotha 1928 [GA 3] 24–61)

Wittig, Joseph, Aussichten und Wege, Heilbronn 1930 [GA 6]

Wittig, Joseph, Chronik des Hauses Professor Dr. Joseph Wittig Schlegel bei Neurode, Neusorge 12a

Wittig, Joseph, Das Buch der radikalen Wirklichkeit, in: Ihlenfeld, Kurt (Hg.), Das Buch der Christenheit, Berlin-Steglitz 1939, 292–334

Wittig, Joseph, Das Geheimnis des „Und", in: Die Kreatur II 419ff

Wittig, Joseph, Das Mysterium der menschlichen Handlungen und Geschehnisse, in: Heliand 10 (1919/20) 161–186

Wittig, Joseph, Das Volk von Neusorge, in: Die Kreatur I 87ff

Wittig, Joseph, Der Geburtstag der christlichen Sprache, in: Schlesische Volkszeitung, Sonntags-Beilage Nr. 22 (zu Nr. 252), 57. Jg., v. 31.5.1925 (= Nachdruck, in: Das Alter der Kirche, Bd. I, Münster 1998, 13–18)

Wittig, Joseph, Der Ungläubige. Wiederabgedr. in: Das Joseph Wittig Buch, hg.v. P. M. Laskowsky, Stuttgart 1949

Wittig, Joseph, Der Weg zur Kreatur, in: Die Kreatur III (1929/30) 137–157 (= Ders., „Man möchte sprechen ... ", in: Ders., Aussichten und Wege, Heilbronn 1930 [GA 6] 267–295)

Wittig, Joseph, Der Wiederaufbau des Tempels, in: Novemberlicht, Kempen 1948, 41–73

Wittig, Joseph, Die Christgeburt auf der Straße nach Landeck, Leimen/Heidelberg 1981

Wittig, Joseph, Die Erlösten, in: Hochland 19/II, 1922, 1–26

Wittig, Joseph, Die Kirche als Auswirkung und Selbstverwirklichung der christlichen Seele, in: Die Tat 14 ([Heft 1, April] 1922) 13–33; unveränderter Nachdruck in: Michel, Ernst (Hg.), Kirche und Wirklichkeit, Jena 1923, 189–210 (unter dem Titel: Die Kirche als Selbstverwirklichung der christlichen Seele auch in: Rosenstock, Eugen / Wittig, Joseph, Das Alter der Kirche, Bd. I, Berlin 1927, 45–78 [= Münster 1998, 75–105])

Wittig, Joseph, Die Kirche als Selbstverwirklichung der christlichen Seele, in: Rosenstock, Eugen / Wittig, Joseph, Das Alter der Kirche, Bd. I, Berlin 1927, 45–78 (= Münster 1998, 75–105)

Wittig, Joseph, Die Kirche im Waldwinkel, Kempen 1949 [erstmals 1924]

Wittig, Joseph, Die Wüste, in: Die Kreatur III (1929/30) 308–330 (= Ders., Von der Wüste und von der Vorsehung Gottes, in: Ders., Aussichten und Wege, Heilbronn 1930 [GA 6] 235–267)

Wittig, Joseph, Drei Legenden, in: Aussichten und Wege (GA 6), Heilbronn 1930, 142–173

Wittig, Joseph, Einem falschen Heimatglauben verfallen, in: Butterwegge, Hubert / Erdle, Albert (Hg.), Erlebte Diaspora, Paderborn 1966, 28–34

Wittig, Joseph, Fußspuren des lebendigen Gottes, in: Pastoralblatt 73 (1931/32) 7–17

Wittig, Joseph, Getröst, getröst, wir sind erlöst! – Ein Buch von den Osterzeiten des Lebens, Heilbronn 1932

Wittig, Joseph, Herrgottswissen von Wegrain und Straße. Geschichten von Webern, Zimmerleuten und Dorfjungen, Freiburg 1922 [Heilbronn 1928]

Wittig, Joseph, Höregott, Gotha 1929 (GA 5)

Wittig, Joseph, Höregott. Ein Buch vom Geiste und vom Glauben, Heilbronn 1929

Wittig, Joseph, In Gottes Händen, in: Die Christliche Welt 53 (Nr. 18, v. 16. Sept. 1939), Sp. 702

Wittig, Joseph, Kraft in der Schwachheit. Briefe an Freunde, hg. v. Gerhard Pachnicke unter Mitwirkung von Rudolf Hermeier, Moers 1993

Wittig, Joseph, Leben Jesu in Palästina, Schlesien und anderswo, Bd. I+II, Gotha 1929 [GA 2] – zuerst Kempten 1925

Wittig, Joseph, Martin Buber oder das mächtige Dasein, in: Christl. Welt 1930, Sp. 888f

Wittig, Joseph, Meine Geschichte von den Erlösten. Eine Selbstverteidigung und Selbstkritik, in: Hochland 19 (1922) 585–597

Wittig, Joseph, Meine Zeit, in: Aussichten und Wege, Heilbronn 1930, 136–142 [GA 6]

Wittig, Joseph, Roman mit Gott. Tagebuchblätter der Anfechtung, Stuttgart 1950 (= Nachdruck: Mit einem Vorwort von Eugen Drewermann und einem Nachwort von Horst-Klaus Hofmann [Reihe Apostroph], Moers 1990)

Wittig, Joseph, Tröst' mir mein Gemüte, Heilbronn 1930

Wittig, Joseph, Vom allgemeinen Priestertum, in: Das Alter der Kirche, Bd. II, Berlin 1928, 843–890 (= Nachdruck, Münster 1998, 272–313)

Wittig, Joseph, Vom Warten und Kommen, Leipzig 1939

Wolf, Hubert (Hg.), Antimodernismus und Modernismus in der katholischen Kirche, Paderborn 1998

Ziegler, J., Art. Hehn, Johannes, in: LThK^2 V (1960) 62